Alexander Pavel

WANDERN IM *sagenhaften* NÜRNBERGER LAND

22 spannende Touren und Sagen

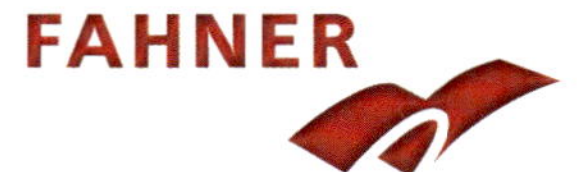

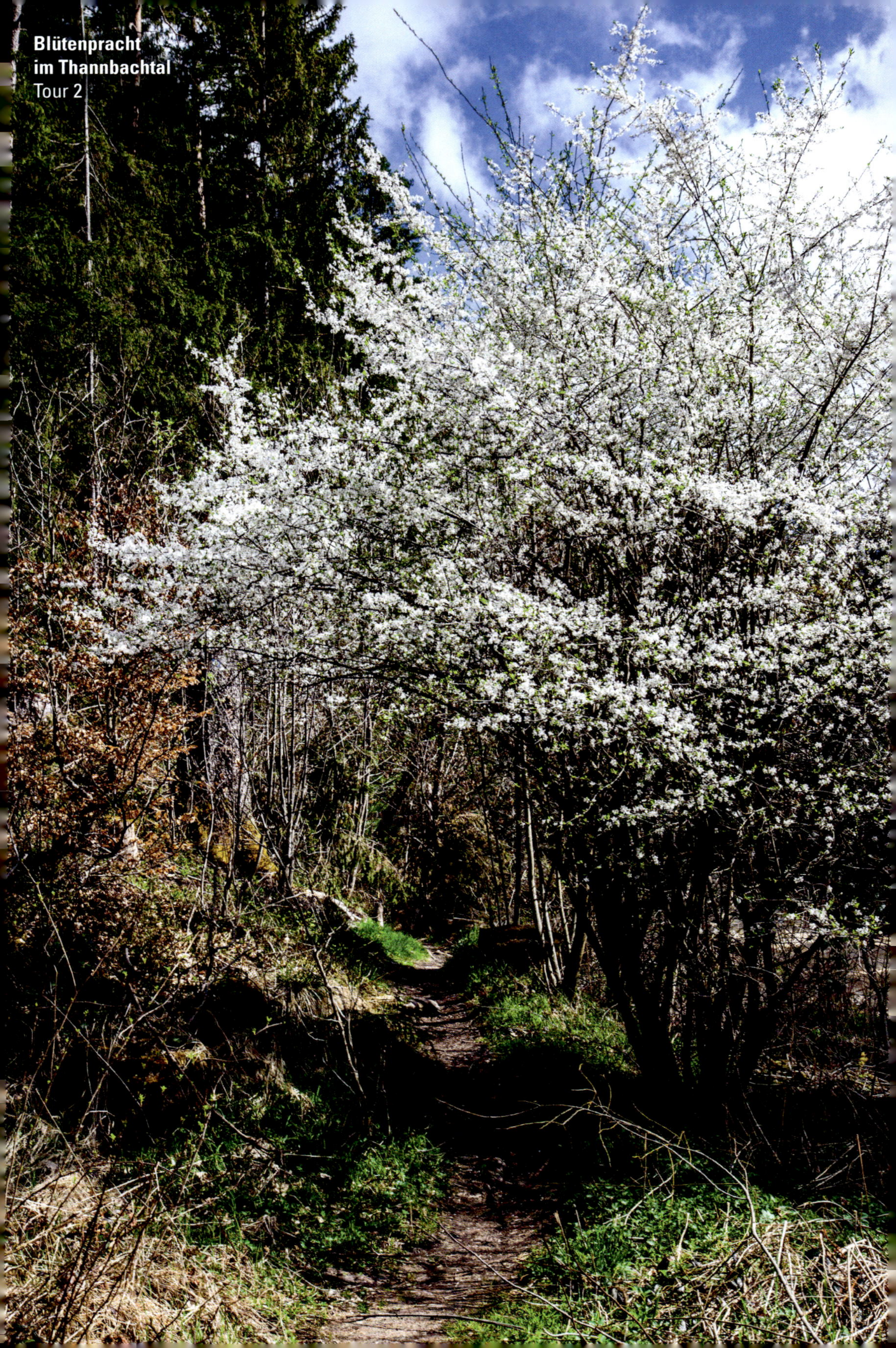

Blütenpracht im Thannbachtal
Tour 2

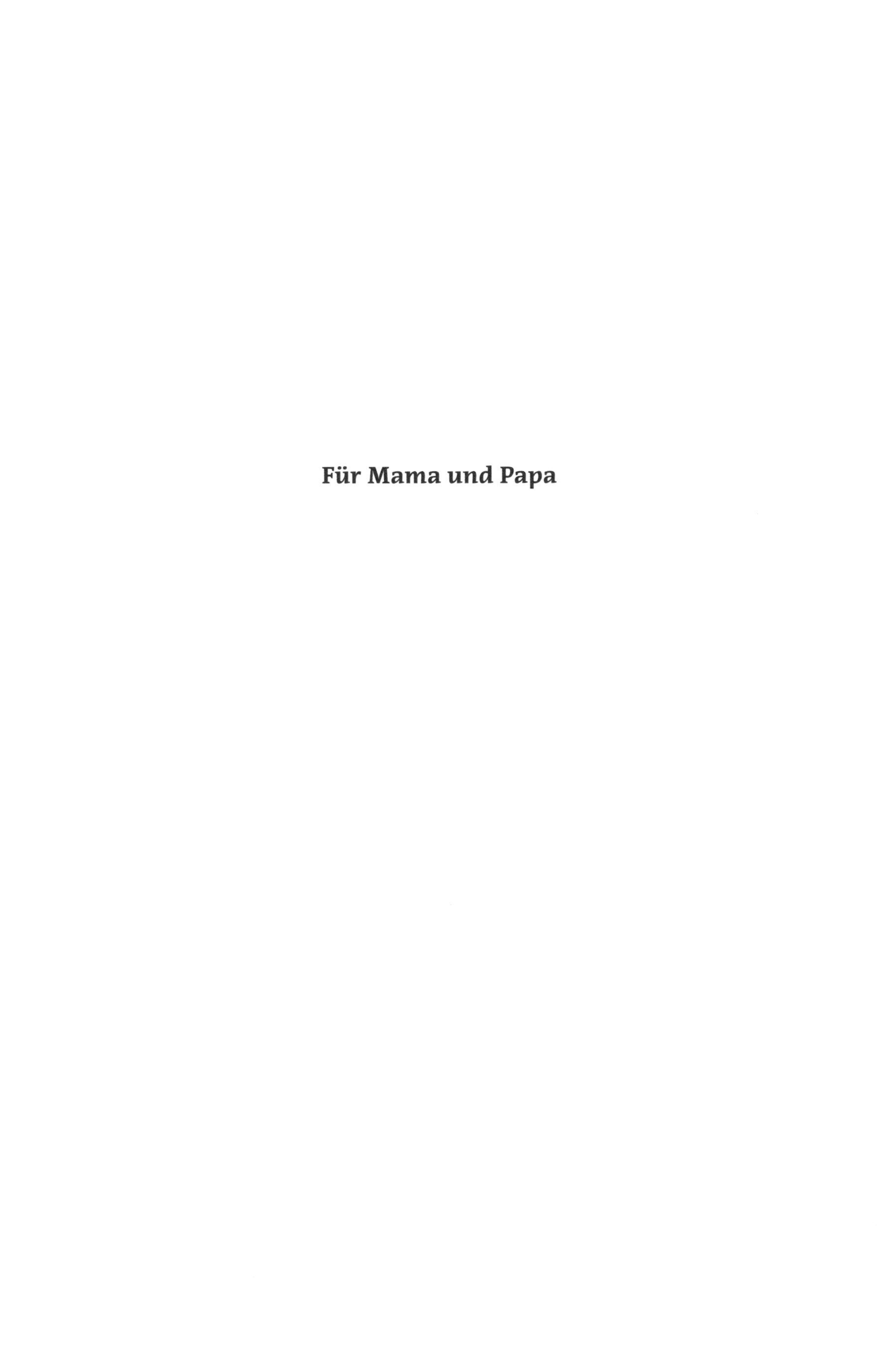

Für Mama und Papa

Vorwort 8

Wandertipps und Verhaltensregeln 10

GPS-Informationen 13

1 Der Seelenfänger im Schwarzachtal 14
12,1 km · 100 Hm · 3–4 h · leicht

2 Jakobsweg, Wolfsschlucht und Zauberbuch 26
13,6 km · 242 Hm · 4 h · mittel

3 Magische Orte rund ums Schwarzachtal bei Altdorf 38
14,3 km · 104 Hm · 4 h · mittel

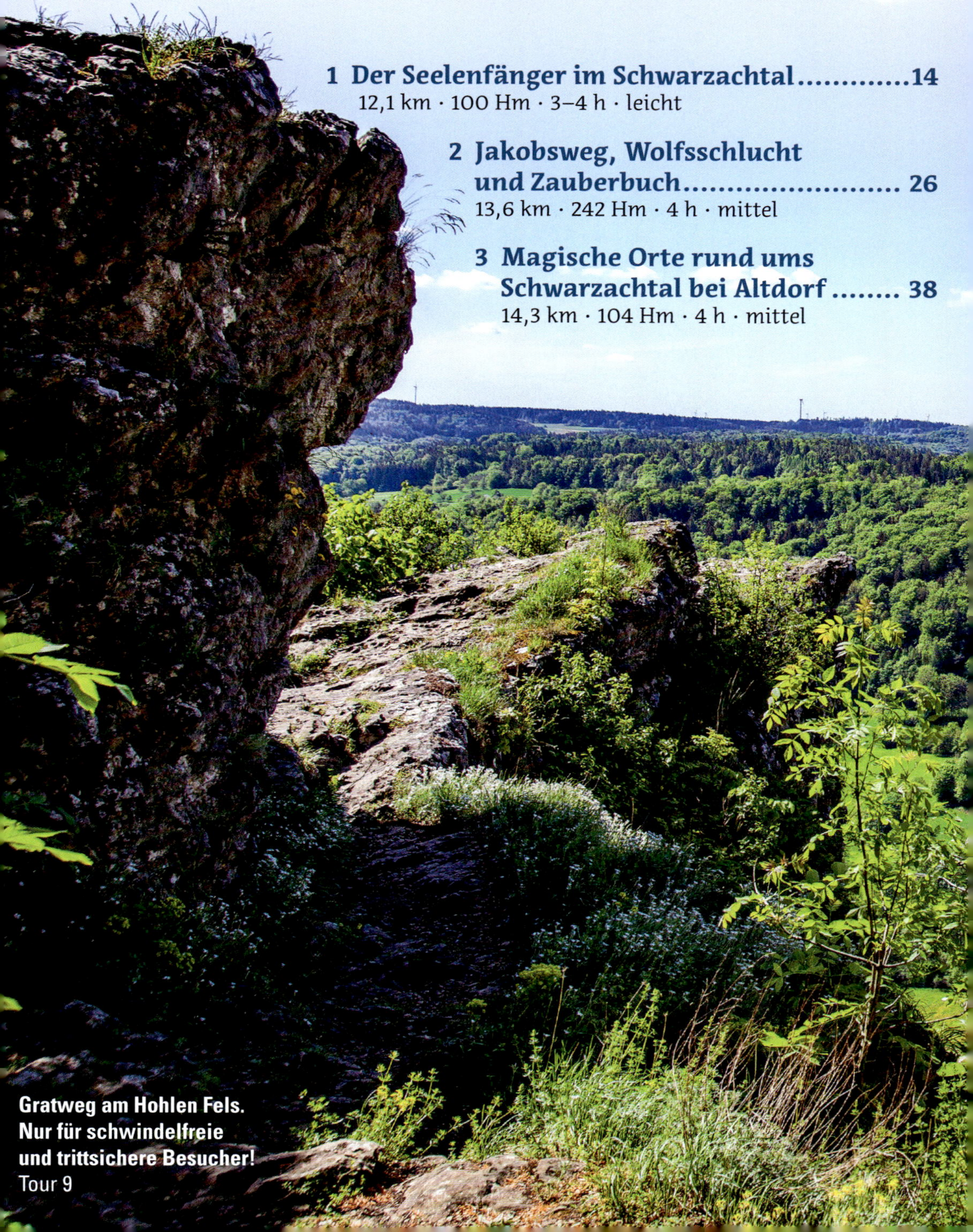

Gratweg am Hohlen Fels. Nur für schwindelfreie und trittsichere Besucher!
Tour 9

4 **Schöne Jungfrauen und arme Nonnen** **50**
22,2 km · 483 Hm · 7 h · schwer

5 **Stadt, Land, Schlucht – Lauf an der Pegnitz**........ **64**
8,8 km · 70 Hm · 2,5 h · leicht

6 **Im Schatten des Moritzbergs** **76**
16,5 km · 157 Hm · 4,5 h · mittel

7 **Spuk in und um Hersbruck** **88**
8 km · 218 Hm · 3 h · mittel

8 **Blockschutthalden, Teufelskanzel und Keltenberg** **98**
13,1 km · 487 Hm · 4,5 h · mittel

9 **Die Hunnen im Nürnberger Land**......................**112**
15 km · 640 Hm · 5–6 h · schwer

10 **Raubritterburg und Naturparkromantik**........... **126**
14,7 km · 619 Hm · 5 h · schwer

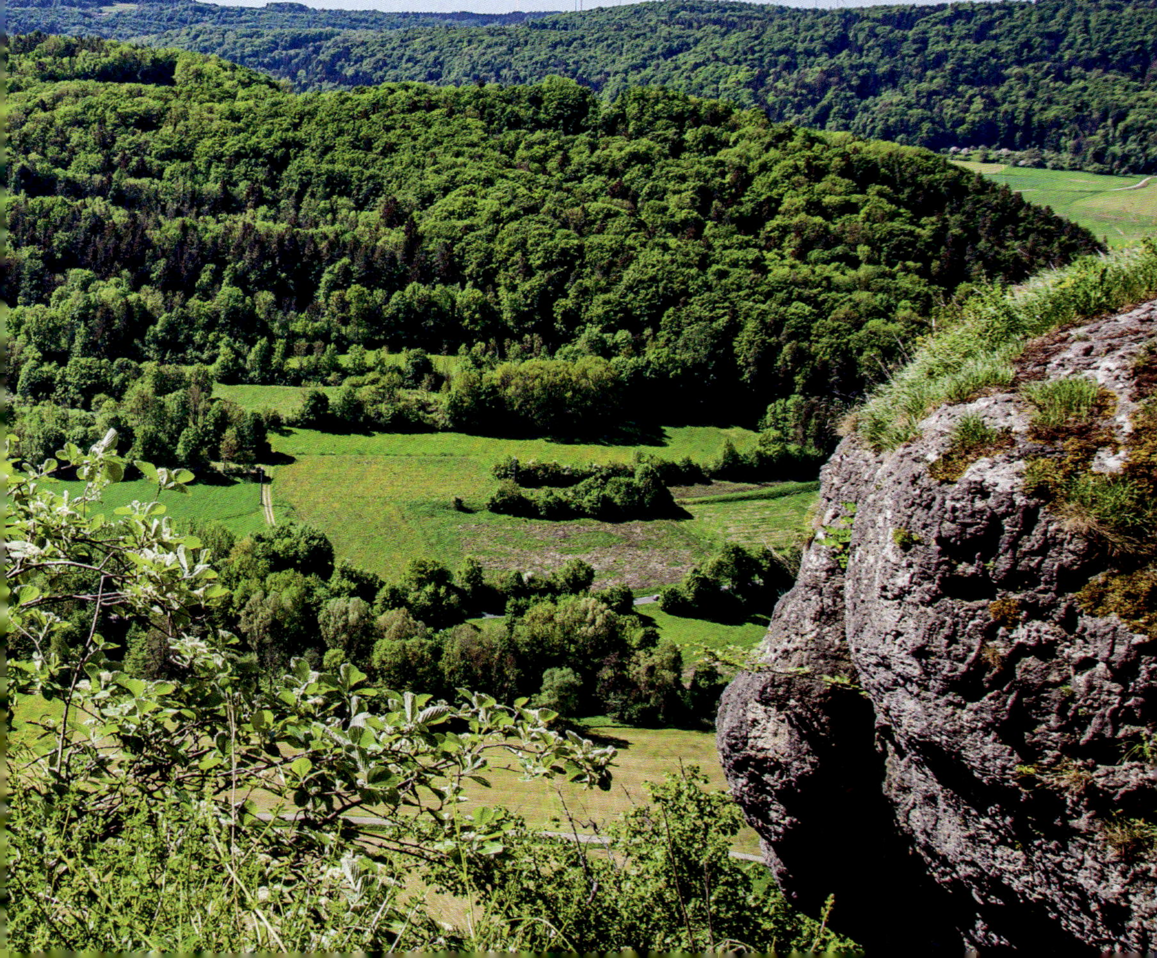

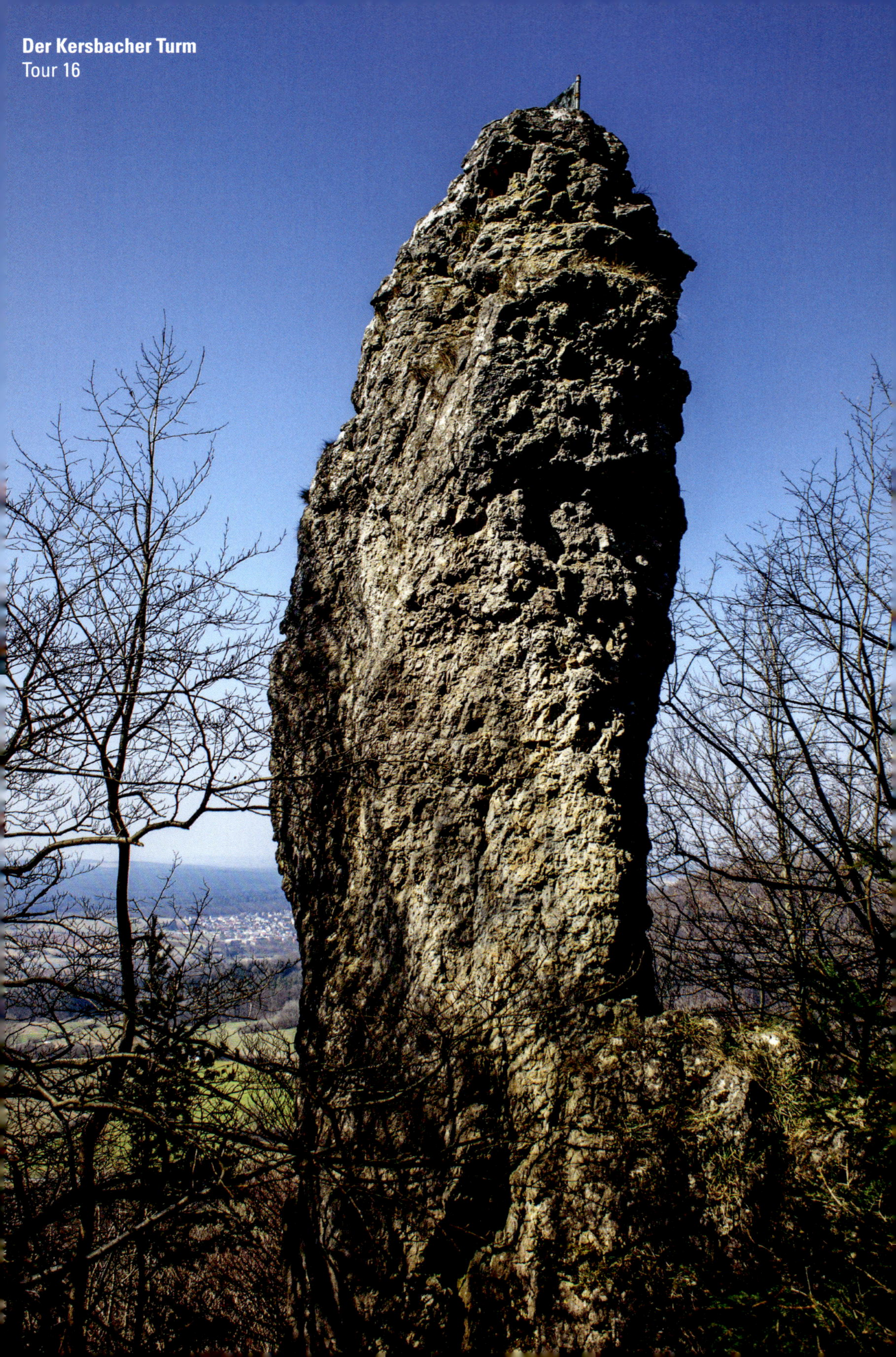

Der Kersbacher Turm
Tour 16

11 Stolze Burg und Zauberwald 138
14,7 km · 410 Hm · 5 h · mittel

12 Die Liebenden vom Zankelstein 148
12,9 km · 362 Hm · 4,5 h · mittel

13 Der Arme Kunrad im Hirschbachtal 158
17 km · 447 Hm · 5–6 h · schwer

14 Märchenwald und Felsenklippen 172
12,4 km · 338 Hm · 4,5 h · mittel

15 Auf den Spuren der Toten 182
16,6 km · 521 Hm · 5 h · mittel

16 In die Felsenwelt des Glatzensteins 194
11,8 km · 315 Hm · 4 h · mittel

17 Festungsmacht und Burgenglück 202
16,1 km · 363 Hm · 5,5 h · mittel

18 Der Teufel bei Bühl 212
17,8 km · 445 Hm · 5,5 h · mittel

19 Wasserspiele und Burgenzauber 222
13,3 km · 247 Hm · 3–4 h · mittel

20 Uferzauber und Höhlenmagie 230
17,7 km · 377 Hm · 6 h · mittel

21 Hexenzauber und Höhlenbär 242
12,8 km · 404 Hm · 4–5 h · mittel

22 Die verfluchten Frauen bei Krottensee 252
18,1 km · 391 Hm · 5–6 h · schwer

Danksagungen 266

Literaturverzeichnis 268

Impressum 270

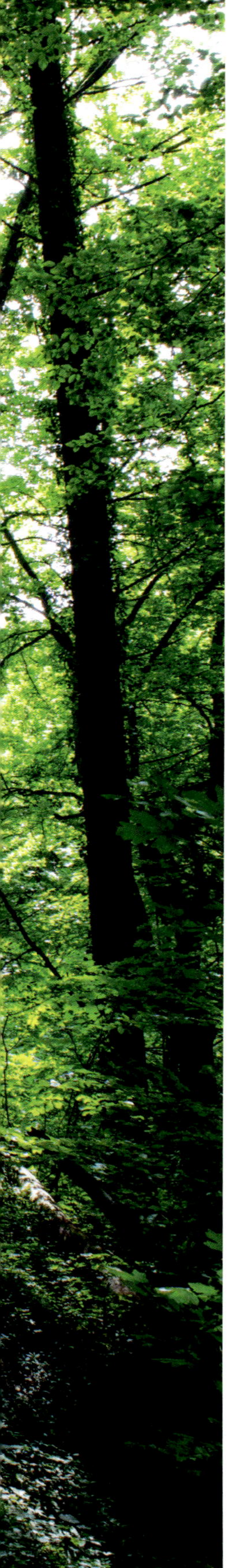

Vorwort

Über dem Nürnberger Land liegt allerorten ein märchenhafter Zauber. Während euch im Westen bunt schimmernde Sandsteinschluchten erwarten, begeistert euch der Osten mit schroffen und hoch aufragenden Dolomitfelsen, durch deren graues Gestein sich abenteuerliche Höhlen winden.

Inmitten dieser abwechslungsreichen Landschaft hat der Mensch bereits vor vielen Tausend Jahren seine Lager aufgeschlagen. In einer Höhlenruine bei Hunas, einem Ortsteil von Pommelsbrunn, wurden sogar die ältesten Spuren menschlichen Lebens in ganz Bayern gefunden. Der Backenzahn eines Neandertalers und mehr als 200 000 Jahre alte Steinwerkzeugreste wurden hier bei Grabungen entdeckt.

Wo Menschen siedeln, dort werden auch Geschichten, Märchen und Sagen erzählt. Denn mithilfe dieser Erzählungen wurden Wissen und Erfahrungen von Generation zu Generation weitergegeben. Das sicherte zum einen unser Überleben und schuf zum anderen die Basis für unser kulturelles Erbe.

Begonnen mit dem Erzählen haben im Nürnberger Land vermutlich die Neandertaler. Ob diese bereits sprechen konnten oder sich mit Händen und Füßen verständigten, darüber sind sich die Forscher bis heute noch nicht ganz einig. Auch noch nicht so ganz sicher ist, ob die kräftigen Neandertaler schließlich vom vermeintlich schlaueren Homo sapiens verdrängt wurden oder schlicht genetisch im modernen Menschen aufgingen, nachdem man sich untereinander vermutlich über Generationen hinweg munter miteinander gepaart hatte. Der Homo sapiens zumindest begann schon mal, an Höhlenwänden zu zeichnen und mit diesen Kunstwerken Geschichten zu erzählen. Die Kelten, die vor gut 3000 Jahren das Ruder in weiten Teilen Frankens übernahmen und zum Beispiel auf der Houbirg eine gewaltige Befestigungsanlage erbauten, hinterließen zwar keine eigene Schrift, machten sich dafür aber hin und wieder die römischen Schriftzeichen zunutze. Nach den Kelten kamen die Germanen in Form der Franken, was sinngemäß mit „die Kühnen" übersetzt werden kann. Stück für Stück verleibten sie sich das heutige Franken, das heute noch den Namen ihres Stammes trägt, in einem Zeitrahmen von etwa 500 Jahren ein und brachten das Christentum mit, das sich anschickte, die alten Götter vom Sockel zu stoßen. Mancherorts geschah die Missionierung sanfter als anderswo und die alten Götter wurden einfach in die neue Religion integriert. So war es zum Beispiel nur ein kurzer Weg von Mjölnir, Thors Hammer, zum christlichen Kreuz. An einem besonderen Ort, den ihr auf einer der Wanderungen in diesem Buch entdecken werdet, zeugen noch heute heidnische Runen von der Koexistenz beider Religionen.

Von der Religion ist es wiederum zum Aberglauben nicht sehr weit. Da wurden kräuterkundige Frauen ab dem 15. Jahrhundert schnell als Hexen abgestempelt, die angeblich die Ernte verdarben und auch sonst ziemlich wilde und gotteslästerliche Dinge angestellt haben sollen. Immer wenn etwas schief lief, wurden vermeintliche Hexen und Zauberer dafür grausam zur Rechenschaft gezogen. Und die vorgeblich braven Bürger raunten sich aller Orten die seltsamsten Geschichten über das angeblich zauberkundige Hexenvolk zu. So entstanden weitere spannende und teils haarsträubende Geschichten.

Heute verdanken wir all diesen faszinierenden Erzählungen, von den Germanen bis in die Neuzeit, einen geradezu überbordenden Sagenschatz, der der märchenhaften Landschaft des Nürnberger Lands Rechnung trägt und dessen Zauber noch einmal verstärkt.

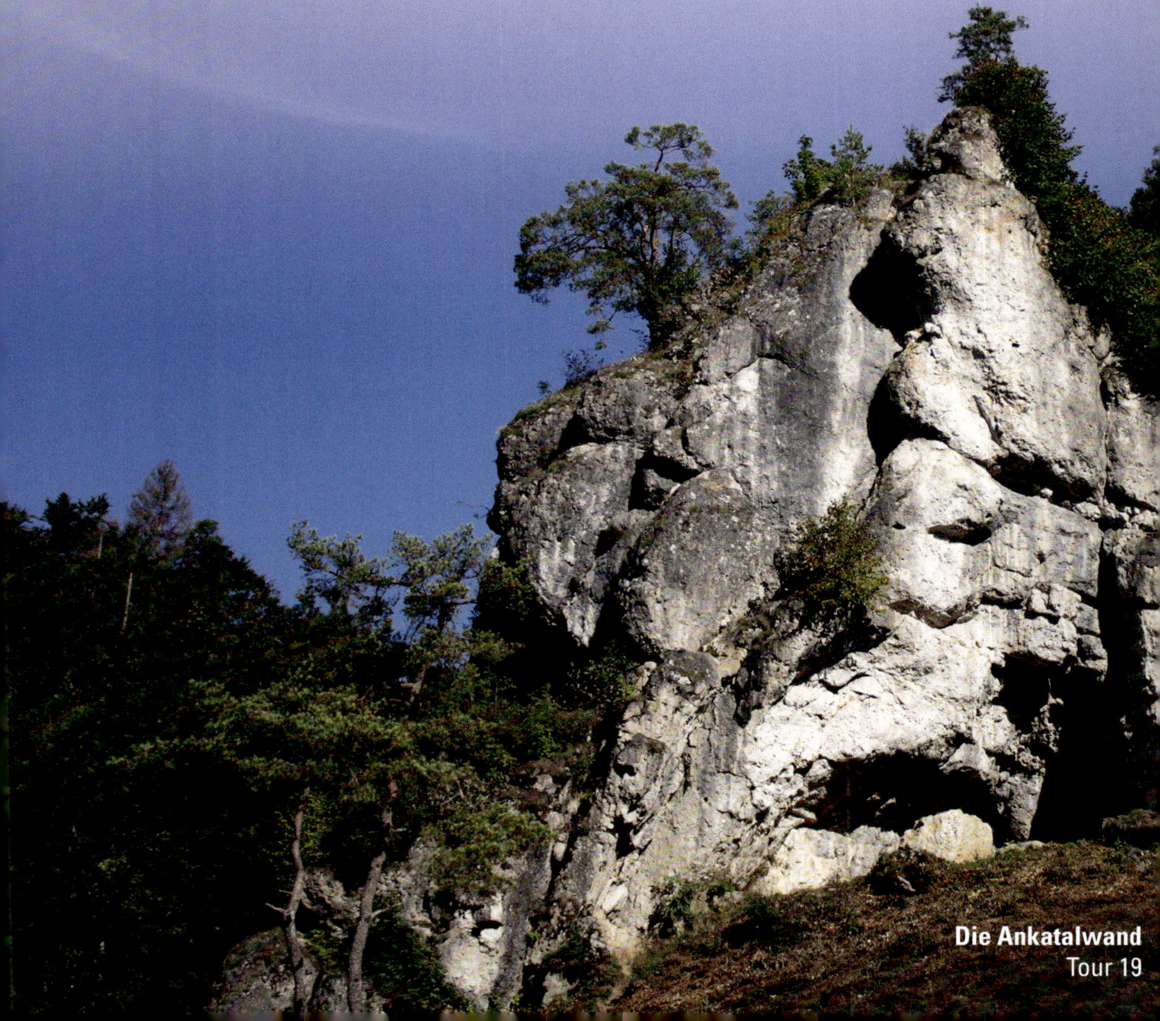

Die Ankatalwand
Tour 19

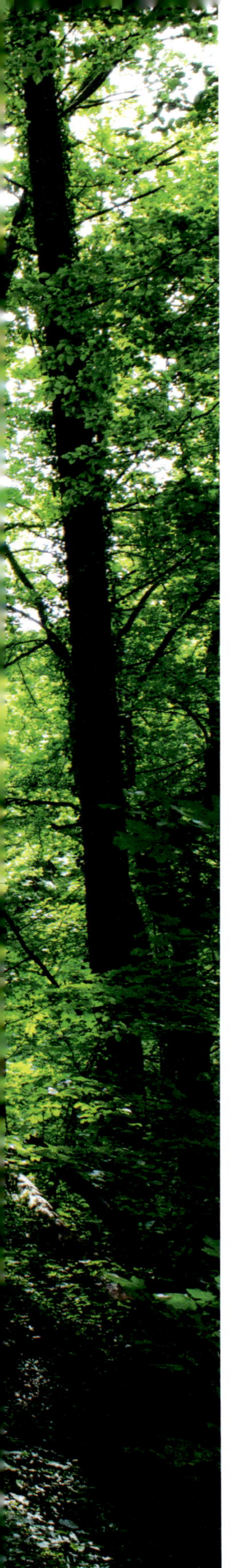

Tipps für einen Rucksack für Tagestouren

So vielfältig die am Markt verfügbaren Modelle sind, so vielfältig sind auch die persönlichen Anforderungen, die jeder Rucksackträger an seinen „Kofferraum“ stellt. Hier findet ihr einige Tipps, die auf den Erfahrungen unserer Familie bei der Rucksackauswahl der vergangenen Jahre basieren.

- Die Verwendung widerstandsfähiger und robuster Materialien setzen wir an dieser Stelle einfach mal voraus.
- Elementar ist für uns ein gut funktionierendes Belüftungssystem. Die besten Erfahrungen haben wir mit sogenannter Netzrücken-Belüftung („Mesh“) gemacht. Da bleibt der Rücken auch bei hohen Temperaturen am längsten trocken.
- Mindestens genauso wichtig sind stabile, breite und bequeme Hüftflügel. Es gibt wenig Unbequemeres als Hüftflügel, die einschneiden.
- Die Größe des Rucksacks sollte der jeweiligen Verwendung angepasst sein. Für den Familienvater, der neben der Familien-Brotzeit- und dem Wasservorrat eine komplette Fotoausrüstung transportiert, darf es ruhig ein 32-Liter-Modell sein. Viel mehr werdet ihr für eine Tagestour wahrscheinlich nicht benötigen.
- Der Zugang zum Rucksack sollte möglichst einfach und mit wenigen Handgriffen gewährleistet sein. Verschließbare Seitenfächer, eine oder mehrere Fronttaschen sowie ein großes Fach für sperrige Gegenstände und darin ein Klemmfach für Wanderbücher, Mützen oder Handschuhe bedienen schon die meisten Bedürfnisse. Denkt immer daran, dass ihr den Rucksack auch einmal bei schlechtem Wetter abnehmen und etwas entnehmen müsst. Wenn um euch herum alles nass und matschig ist, ist es praktischer, wenn ihr den Rucksack auf dem Knie ablegen könnt und mit wenigen Handgriffen alles findet, was ihr benötigt.
- Bleiben wir beim Thema Regen. Für alle, die nicht nur bei Sonnenschein wandern, ist ein integrierter Regenschutz ein sehr sinnvolles Utensil. Meist sind diese Regenhauben im äußeren Rucksackboden verstaut, mit einem Griff befreit und über den Rucksack gezogen. Hierbei empfiehlt sich ein Regenschutz, der auch vom Rucksack gelöst und daheim separat auf der Heizung getrocknet werden kann.

Wandertipps und Regeln für den Umgang miteinander und mit der Natur

Zwiebeln haben Schichten

Und du als gut vorbereiteter Wanderer auch. Als Basis ein T-Shirt. Darüber, abhängig vom Wetter ein Hemd oder etwas Wärmeres. Und, je nach Jahreszeit, über allem eine Jacke – am besten wasserdicht.

Zuerst warmlaufen, dann losheizen

Wenn du schön sanft startest, fährt dein Motor entspannt hoch und schnurrt den restlichen Weg wie ein zufriedenes Kätzchen.

Es kann nur einen (Wanderführer) geben.

(Connor McLoud aus „Highlander")
Die Aufgabe des Wanderführers ist es, die Teilnehmer vorher über die Eckdaten der Wanderung zu informieren. Mit Informationen wie Länge der Tour, Anzahl der Höhenmeter und voraussichtlicher Dauer sollte jeder potenzielle Teilnehmer selbst entscheiden können, ob er teilnehmen möchte.

Straßen? Dort, wo wir hingehen, brauchen wir keine Straßen.

(Doc Brown aus „Zurück in die Zukunft")
Querfeldein ist fein. Zumindest, wenn ihr auf halbwegs erkennbaren Wegen und Pfaden bleibt und nicht hemmungslos durchs Unterholz springt und junge Tiere verschreckt oder ihre Eltern vertreibt.

Ich kenn da `ne Abkürzung!

Wirklich?

Keiner wird zurückgelassen

Der Langsamste bestimmt das Tempo! Wenn sich Wanderer mit hohem Fitnesslevel auf eine Tour mit Anfängern einlassen, sollten sie auch damit leben können, dass sie dieses Mal keinen neuen Geschwindigkeitsrekord aufstellen werden.

Geht schon mal vor. Ich komm nach.

Tust du nicht. Wir wandern zusammen oder gar nicht.

Kommst Du endlich? Können wir jetzt weiter?

Könnt ihr nicht! Du bist gerade einen fordernden Anstieg hinauf gesprintet und hast oben auf jemanden gewartet, der langsamer ist als du. Lass denjenigen auch erst mal Luft holen und sich kurz regenerieren, bevor es weitergeht.

Ich geh schon mal vor.

Tust du nicht. Du bleibst bitte schön in Sichtweite deiner Gruppe. Vermisste Gruppenmitglieder sorgen schnell für unangenehme Anspannung und trüben das Wandervergnügen der gesamten Gruppe.

Können wir uns ein bisschen beeilen? Ich habe im Anschluss noch was vor.

Zeitdruck reduziert das Wandervergnügen. Plane Folgeveranstaltungen mit einer gewissen zeitlichen Kulanz, damit du auf der sicheren Seite bist.

Motivation in Reinkultur.

Hälfte der Wanderung geschafft = wir sind schon auf dem Rückweg.

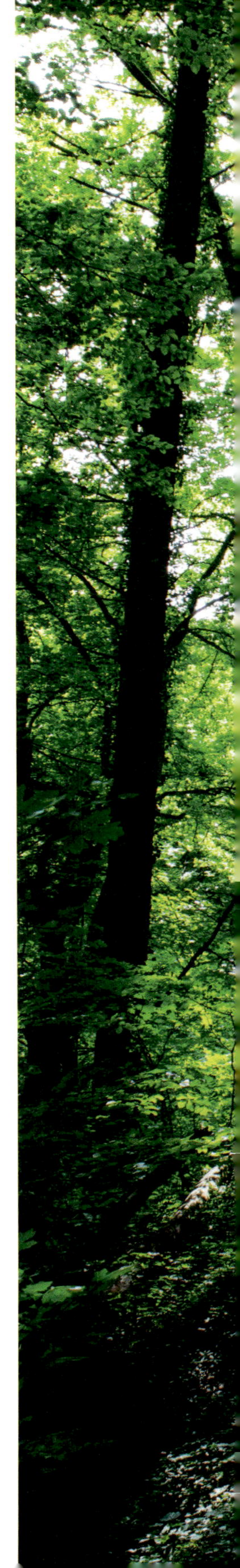

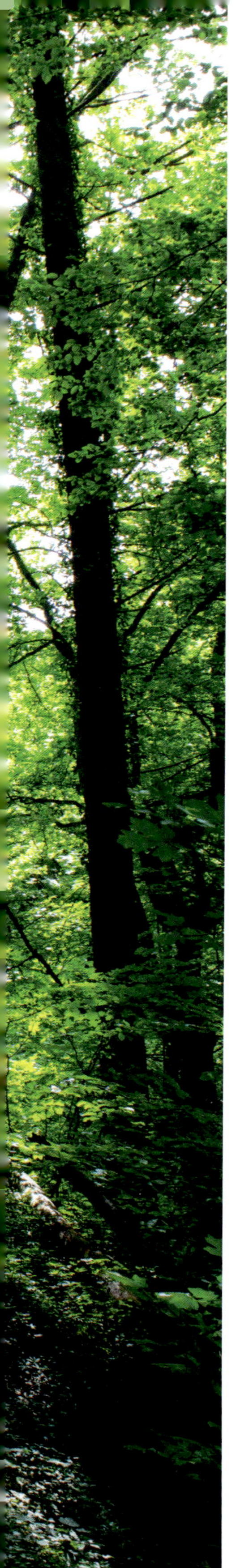

Durst ist schlimmer als Heimweh

Regelmäßiges Trinken bewahrt dich vor Kreislaufproblemen. Achte auch im Winter darauf. Selbst wenn sich der Durst nicht so häufig meldet wie im Sommer, braucht dein Körper trotzdem Flüssigkeit.

Wer rastet, der rostet.

Pausen sind wichtig. Es müssen ja nicht gleich stündlich zweimal fünfzehn Minuten sein. Doch ein kurzes Päuschen hebt die Stimmung. Besonders während und nach anstrengenden Anstiegen.

Ich brauch unbedingt mal `ne Pause.

Dann machen wir eine.

Mit vollem Bauch wandert sich's schlecht.

So lecker ein Schäufele auch schmecken mag, am besten schmeckt es nach der Wanderung. Zur Halbzeit genossen, sorgt es bei vielen Menschen nur für ein unangenehmes Völlegefühl beim Weiterwandern und mindert die Leistungsfähigkeit.

Kann man das essen?

Essen kannst du alles. Es kommt nur darauf an, ob du's auch verträgst. Im Ernst: Finger weg von allem, was du nicht hundertprozentig kennst!

Fledermäuse schlafen im Winter viel zu fest, als dass man sie aufwecken könnte.

Und das weißt du, weil du seit Jahrzehnten Vespertilio-Experte bist? Laut Gesetzgeber gibt es zu diesem Thema keine Interpretationsmöglichkeiten: Höhlen dürfen von Oktober bis März nicht betreten werden!

Der (Hund) will nur spielen.

Womit? Mit meinem Arm, meinem Bein? Auch wenn in Bayern keine Leinenpflicht herrscht, gibt es auch hier genug Menschen, die bei frei laufenden Hunden nervös werden.

Wie die Zecken!

Bayern ist Zeckengebiet. Deshalb solltest du dich nach jeder Wanderung gut auf die kleinen Blutsauger untersuchen. Sie lieben weiche, gut durchblutete und dünne Hautstellen: also Brust, Bauch, Lendenbereich, Achseln, Kniekehlen und auch schon mal Kopf und Ohren.

Ich pass beim Rauchen schon auf, dass keine Glut runterfällt.

Rauchen im Wald ist von März bis Oktober grundsätzlich verboten. Basta! Und in den verbleibenden Monaten empfiehlt es sich, für das Zigarettchen zwischendurch einen entsprechenden Pausenort abzuwarten und einen Taschenaschenbecher zu verwenden.

Ach, das Wurstbrot verrottet doch ganz schnell.
Und wenn ein Tier dein weggeworfenes Brot frisst und daran jämmerlich verendet? Für Rehe zum Beispiel ist Brot unbekömmlich, im schlimmsten Fall sogar tödlich. Pack es bitte ein, iss es später oder entsorge es sachgerecht.

Sonnenschutz ist was für Weicheier.
Stimmt. Deshalb darfst du den Weicheiern auch nicht zumuten, dich zu stützen oder gar zu tragen, wenn du harter Typ später einen Sonnenstich bekommen hast.

Nach mir die Sintflut.
Wenn du Äste beiseite biegst, um einen Weg passieren zu können, achte beim Loslassen darauf, dass niemand direkt hinter dir geht.

Wer das Hindernis auf seiner Seite hat, der wartet.
Gilt im Straßenverkehr und auf dem Wanderweg.

Haben dir deine Eltern nicht beigebracht, dass man zurückgrüßt?
Doch, haben sie. Und noch schöner ist es, wenn du als Erster grüßt und dafür ein erfreutes Lächeln geschenkt bekommst.

Respekt!
Lass nichts zurück außer Fußabdrücke! Nimm nichts mit außer Bildern! Behalte nichts außer Erinnerungen!

GPS-Informationen

Um die GPX-Navigation der Touren auf einem mobilen Endgerät nutzen zu können, scannt ihr den abgedruckten QR-Code. Ihr müsst die GPX-Daten herunterladen und mit einer geeigneten App mit GPX-Viewer auf eurem Handy, z. B. Outdooractive, öffnen. Dazu öffnet ihr zunächst eure App und importiert die heruntergeladenen Daten. Diese Dienste sind kostenlos, allerdings ist meist eine Registrierung in der jeweiligen App notwendig. Viel Spaß beim Nachwandern!

Die Wege:
Alle Touren in diesem Buch wurden im Jahr 2022, teilweise sogar mehrfach, überprüft. Allerdings können sich sowohl Wanderzeichen als auch Orientierungspunkte im Lauf der Zeit ändern. Sollten sich euch Änderungen offenbaren, die den Wegverlauf beeinflussen, informiert am besten den Verlag mit einer kurzen E-Mail. Dann können eventuell folgende Auflagen den veränderten Gegebenheiten angepasst werden. Vielen Dank

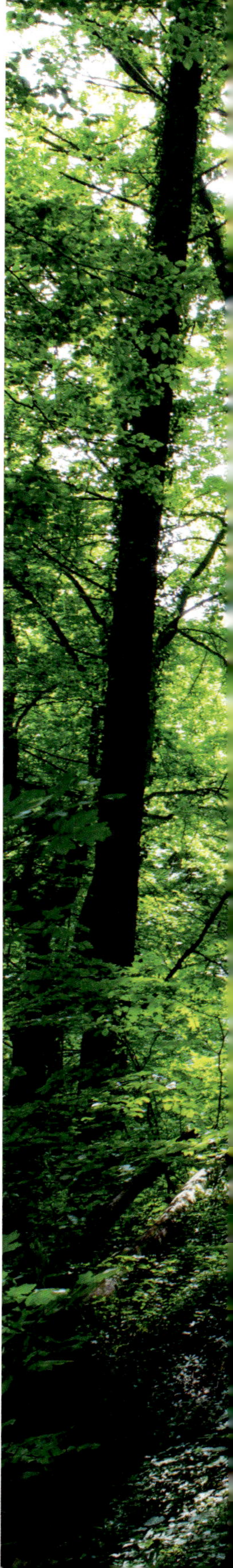

1

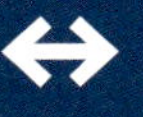 12,1 km

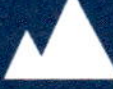 100 Hm

 3-4 h

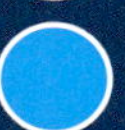 leicht

Eckdaten:

- **Schatten/Sonne:** lange sonnige Abschnitte
- **Start-/Endpunkt:** Bahnhof Ochenbruck in Schwarzenbruck Linie S3
- **Parkplatz:** Wanderparkplatz Schwarzachklamm am Ende der Straße „Am Brückkanal“ im Wald nahe der Waldschänke Brückkanal; bitte parkt im Wald auf dem erdigen Parkplatz und nicht auf dem gepflasterten Parkplatz der Waldschänke
- **Ausrüstung:** Kopfbedeckung, Sonnencreme
- **Einkehrtipp:** Waldschänke Brückkanal, Tel. 09128 4326

Der Seelenfänger im Schwarzachtal

Richtig tief hat sich die Schwarzach bei Schwarzenbruck über Jahrmillionen in den Sandstein gegraben und so eine wunderbare Schlucht entstehen lassen, in der es sich zwischen den teils hohen Felswänden hervorragend wandern lässt. Faszinierende Farben und bizarre Formen regen die Fantasie an. Als Kontrast dazu findet ihr auf dem bequemen Weg entlang des Ludwigskanals Entspannung und Gelassenheit. Und das Schwarzenbrucker Moor, das einzige echte Moor im Nürnberger Land, weckt die Lust am Unheimlichen.

Highlights:

1. Faberschloss
2. Faberwehr
3. Ludwigskanal
4. Schwarzachklamm
5. Karlshöhle
6. Gustav-Adolf-Höhle
7. Schwarzenbrucker Moor
8. Petz'sches Schloss

Die Sage

Der Seelenfänger im Schwarzachtal Meist tragen Dämonen, diese bösartigen Kreaturen aus der Unterwelt, unheilvolle Namen wie Asmodäus, Baal oder Incubus. Allein deren Klang lässt einem schon die Haare zu Berge stehen. Im Tal der Schwarzach bei Schwarzenbruck hauste einst ein Dämon, der zwar nicht weniger bösartig und hinterhältig war als seine Artgenossen, jedoch einen weitaus gefälligeren Namen trug. Sein Name war Sporizel. Um diesen Namen ersann er ein hinterlistiges Spiel, bei dem der Mitspieler (dafür suchte er sich gern arglose und leicht zu beeindruckende Menschen aus) um nicht weniger spielen musste als um seine unsterbliche Seele.

Eines Tages spazierte der Sporizel, angetan mit einem langen schwarzen Mantel, einer schwarzen Hose und einem schwarzen Hut, den er tief in sein von pechschwarzem Haar umwuchertes Gesicht gezogen hatte, durchs Schwarzachtal. Mit seinem schwarzen Wanderstock und seiner schwarzen Tasche wirkte er fast schon harmlos, beinahe wie ein Durchreisender, der seinen Weg verloren hatte.

Wie so oft hielt er Ausschau nach neuen Opfern. Und es dauerte nicht lange, da schien er auch schon einen geeigneten Kandidaten gefunden zu haben. Es war ein Knecht, dem seine Arbeit offensichtlich keinerlei Freude bereitete. Müde die Augen und träge die Bewegungen, versah er seinen Dienst mehr schlecht als recht. Dieser tumbe Kerl sollte sein

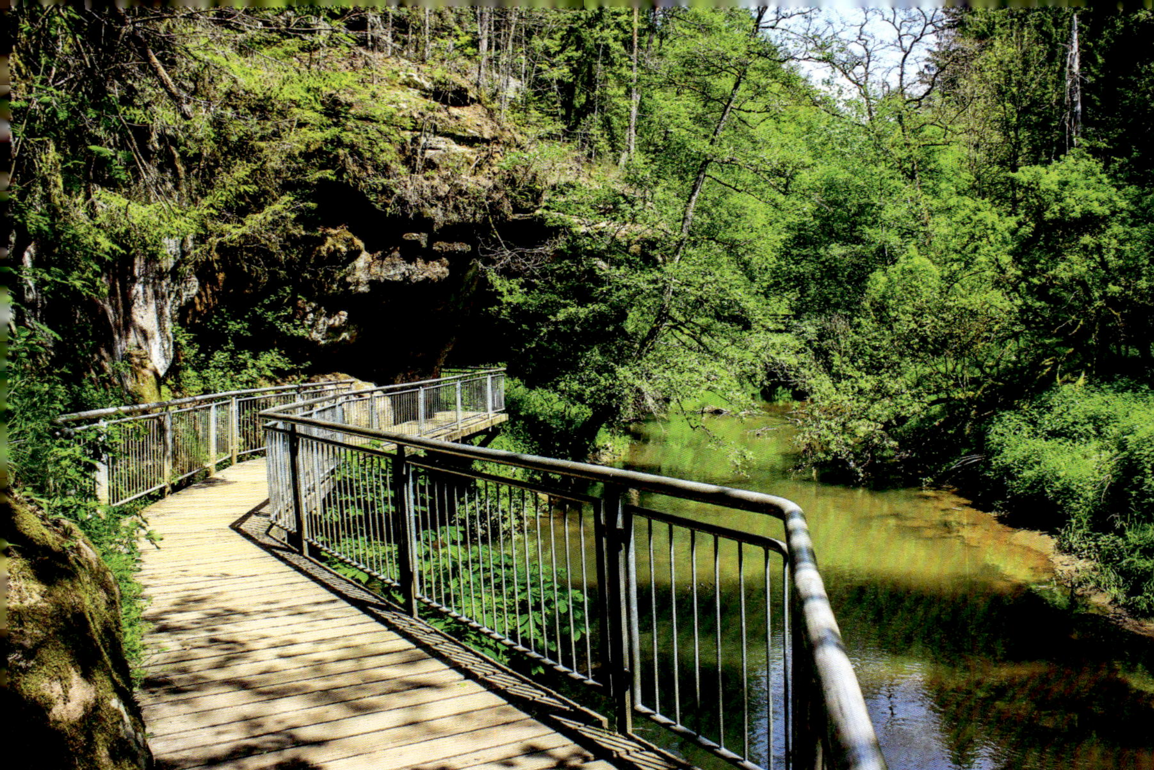

In der Schwarzachklamm

heutiger Spielpartner werden, entschied der Dämon.
Er trat an den Knecht heran, setzte seine schwarze Tasche ab, legte den Wanderstock daneben und lüpfte den Hut zum Gruß. „Seid gegrüßt, fleißiger Herr. Wie ich sehe, verlangt Euch Eure Tätigkeit an diesem heißen Tag viel zu viel ab."
Der Knecht zuckte zusammen. Normalerweise sprach ihn niemand mit „Herr" an. Doch es gefiel ihm, wie zuvorkommend der Fremde war. Und als dieser weitersprach: „Wenn Ihr es erlaubt, werde ich die Arbeit gerne für Euch übernehmen", gefiel er dem Knecht noch besser.
Dennoch ein wenig misstrauisch fragte er: „Und was verlangst Du dafür?"
„Nicht viel, nur ein kleines Spiel nach getaner Arbeit. Ihr müsst nur mit drei Fragen meinen Namen erraten", erwiderte der Sporizel.
„Und was ist der Einsatz?", fragte der Knecht.
„Nur Eure Seele", antwortete der Dämon lächelnd, wobei einige seiner spitzen Zähne zwischen den Lippen hervorblitzten.
Der Knecht überlegte ein wenig und ging dann, dem Sporizel fast schon ein wenig zu unbekümmert, auf den Handel ein: „Gut, Du machst meine Arbeit und ich errate Deinen Namen. Und während Du Dich plagst, mache ich ein Nickerchen."
Mit diesen Worten legte sich der Knecht in den Schatten eines großen Baumes, drehte sich um und begann sogleich zu schnarchen.
Der Dämon hingegen machte sich wie vereinbart daran, die Arbeit des Knechts zu erledigen.
Während einer kurzen Pause trat er ein paar Schritte auf den Knecht zu und rieb sich gierig die Hände. Dabei bemerkte er nicht, dass sein vermeintliches Opfer für einen kurzen Augenblick wach wurde. Zu müde, um die Augen zu öffnen, hörte er jedoch, was der Dämon vor sich hin

flüsterte: „Armes Menschlein, armer Narr! Deine Seele gehört so gut wie mir. Niemals wirst Du erraten, dass ich der Sporizel bin."
Nun kannte der Knecht den Namen des bösen Geistes, behielt weiter die Augen zu und schlief nach wenigen Sekunden wieder seelenruhig ein.
Als der Abend dämmerte und der Sporizel die Arbeit vollends erledigt hatte, weckte er den Knecht ruhig, aber bestimmt auf. „Wie Ihr seht, habe ich meinen Teil erfüllt. Nun lasst uns spielen."
Der Knecht, der Gefallen an dem Spiel fand, verfiel in lautes Wehklagen: „Es gibt so viele Namen. Wie soll ich da den richtigen finden? Bitte lass uns um etwas anderes spielen."
Der Dämon jedoch blieb unerbittlich: „Ich habe meinen Teil erfüllt. Nun seid Ihr dran." Sein Lächeln wurde immer breiter. Siegesgewiss sprach er: „Stellt Eure erste Frage!"
Mit bebender Stimme fragte der Knecht: „Bist Du vielleicht der Stoffel?"
„Nein!", lachte der Fremde. Der Knecht packte noch ein leichtes Wimmern in seine Stimme: „Dann bist Du vielleicht der Steffel?"
„Niemals!", rief der Dämon triumphierend. „Jetzt bleibt Dir nur noch eine Frage."
„Dann bist Du am Ende der – Sporizel?", rief der Knecht plötzlich mit einem triumphierenden Grinsen.
Der Sporizel erstarrte vor Schreck und stand wie versteinert da. Er kochte vor Wut. All die Arbeit! Und nun war er von diesem tumben Knecht überlistet worden. Doch ein Handel ist ein Handel. Das gilt auch für die Dämonen der Hölle. Und so schnappte sich der Sporizel seine Tasche und seinen Wanderstock und verschwand so schnell, wie er gekommen war. Niemand hat ihn je wieder gesehen. Doch wer weiß, ob er sich nicht nur, schäumend vor Wut, irgendwo im Schwarzachtal versteckt und auf neue Opfer wartet?

Nach Alfred Kriegelstein: Der Sporizel.
Sagen, Legenden, Geschichten aus Mittelfranken. S. 190 f.

Die Wegbeschreibung

Zum Faberschloss Eure Wanderung beginnt am Bahnhof Ochenbruck in Schwarzenbruck. Hier trefft ihr, von den Gleisen kommend, auf euer erstes Wanderzeichen, den Blauen Punkt auf Weißem Grund. Er ist das Zeichen des Wildmeistersteigs. Mit ihm geht ihr vorbei am Parkplatz und an den Fahrradständern über eine Treppe hinunter auf die Bahnhofsallee.

Gegenüber der Treppe weist euch ein Schild den Weg Richtung Schwarzenbrucks Ortsmitte, geradeaus in die Marienstraße und führt euch auf dieser durchs Wohngebiet bis zur kreuzenden Frauenfeldstraße, die ihr mit eurem Wanderzeichen auf dem Zebrastreifen überquert.
Dahinter, weiterhin dem Blauen Punkt folgend, geht ihr auf gepflastertem Weg an einem Supermarkt vorbei und erreicht die Bundesstraße. Rechts daneben führt euch der Blaue Punkt nach unten und nach links durch eine Unterführung. Auf der anderen Seite aus der Unterführung heraustretend, gabelt sich der Weg. Ihr geht zunächst ohne erkenn-

bares Wanderzeichen nach links oben Richtung Bundesstraße. Dort angekommen trefft ihr wieder auf den Blauen Punkt, der euch nun den Weg nach rechts ins Wohngebiet weist. Ihr befindet euch auf der Straße mit dem klingenden Namen „Zum Wiesengrund". Schon bald geht es auf der Straße ein Stück hinunter. Die geteerte Straße wird zum Schotterweg und mündet in das Landschaftsschutzgebiet des Wiesengrunds, der sich großzügig und grün vor euch ausbreitet. Das schönste Gefühl, wenn man von einer geteerten Straße auf eine Wiese wechselt, ist, wenn der Weg unter den Füßen plötzlich sanft federnd nachgibt, statt wie vorher hart dagegenzuhalten. Dieses Gefühl, wenn man von der Natur spürbar wohlwollend aufgenommen wird, ist einfach herrlich.

Auf sichtbarem Pfad überquert ihr die Wiese und kommt zu einer Bank und einer Wandertafel in einen breiten Schotterweg. Diesem folgt ihr, weiterhin mit dem Blauen Punkt, nach rechts. Auf dem Schotterweg schlendert ihr gemütlich in Sichtweite der ruhig neben euch dahinfließenden Schwarzach entlang.

Hier stand einst die Schwarzachmühle, die weithin als böser Ort bekannt war. Die Frau des Müllers soll eine Hexe gewesen sein, der viele unschuldige Knechte zum Opfer gefallen waren, bis es einem besonders frommen Burschen gelang, ihr zu widerstehen. Mit einem Säbel hieb er ihr, als sie ihm nachts als weiße Katze erschien, eine Pfote, also eine Hand, ab. Dadurch wurde sie am nächsten Morgen entlarvt und ihrer gerechten Strafe zugeführt.

Am Ludwigskanal

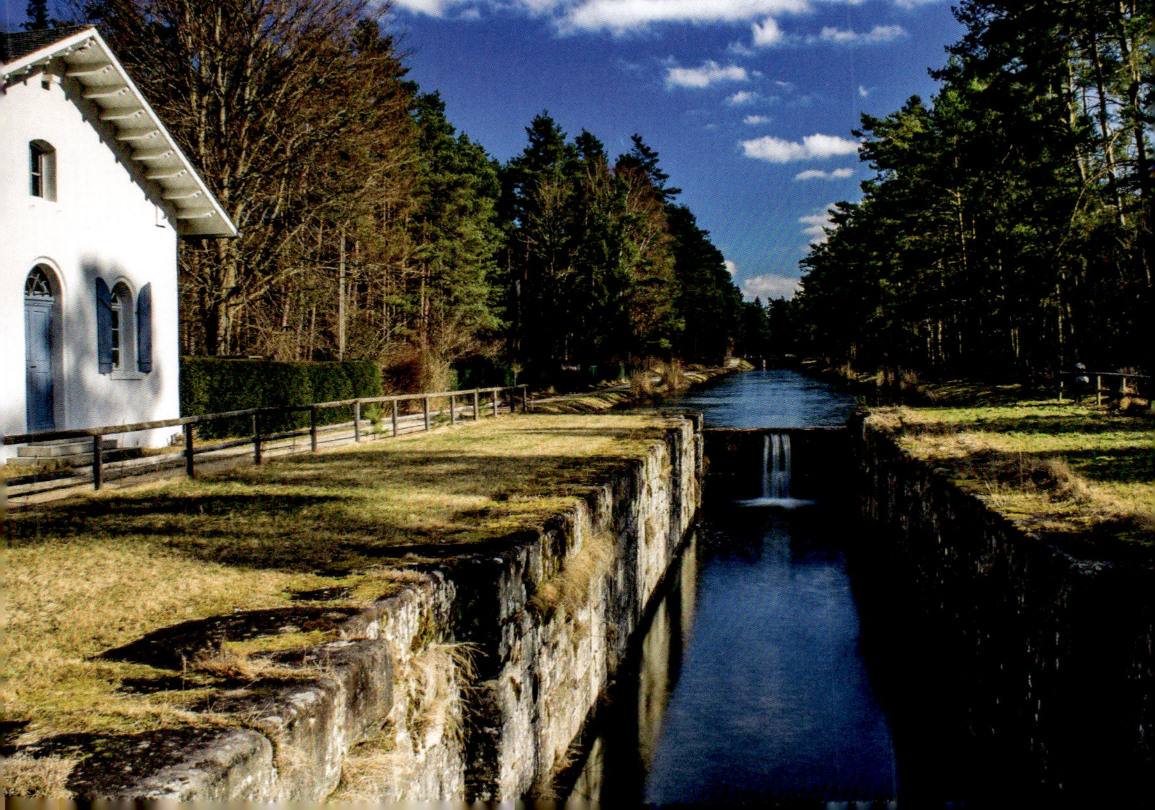

1

An einer Wegteilung haltet ihr euch mit dem Blauen Punkt links und gelangt schließlich mit eurem Wanderzeichen an eine Kreuzung mit Wandertafel. Hier folgt ihr dem Blauen Punkt auf dem mit alten Steinen gepflasterten Weg nach links, überquert nach wenigen Metern auf einer Brücke die Schwarzach und gelangt in ein schönes Wäldchen.

Kurz hinter der Brücke erreicht ihr eine Weggabelung, an der ihr mit dem Blauen Punkt nach links oben abbiegt und schon bald die nächste Einmündung erreicht. Hier, an einer idyllisch gelegenen Bank, folgt ihr dem Blauen Punkt nach rechts und lasst euch von ihm noch ein Stückchen hinauf und vor das prächtige Faberschloss tragen. Dieses Herrenhaus mit seinem prächtigen Rundturm und den vielen Verzierungen sollte vor mehr als 100 Jahren ursprünglich dem erfolgreichen Bleistiftfabrikanten Lothar von Faber als Alterssitz dienen. Stattdessen hat er seinen Lebensabend in Stein verbracht. Seiner einst angedachten Verwendung wurde das Schloss dann letztlich in gewisser Weise doch noch zugeführt, denn heute wird es als Senioren- und Pflegeheim genutzt.

Zum Kanal Beim Faberschloss verabschiedet ihr euch für eine ganze Weile vom Blauen Punkt, der nach links in den Wald abbiegt, und wandert stattdessen ohne Wanderzeichen auf der Dürrenhembacher Straße geradeaus nach unten. Ihr folgt der Straße, die euch bald durch eine zerfurchte Sandsteinschlucht führt, hinab an eine Weggabelung. Hier trefft ihr auf euer nächstes Wanderzeichen, die Weiße Nummer 5 auf Blauem Grund. Dieses führt euch, vorbei an einem wunderschönen Fachwerkhaus, nach links hinauf Richtung „Parkplatz Liegewiese" in den Wald. Doch vorher lohnt noch ein kurzer Abstecher. Denn rechts von euch hört ihr es gewaltig rauschen. Es ist das Wasser der Schwarzach, das

Die Karlshöhle

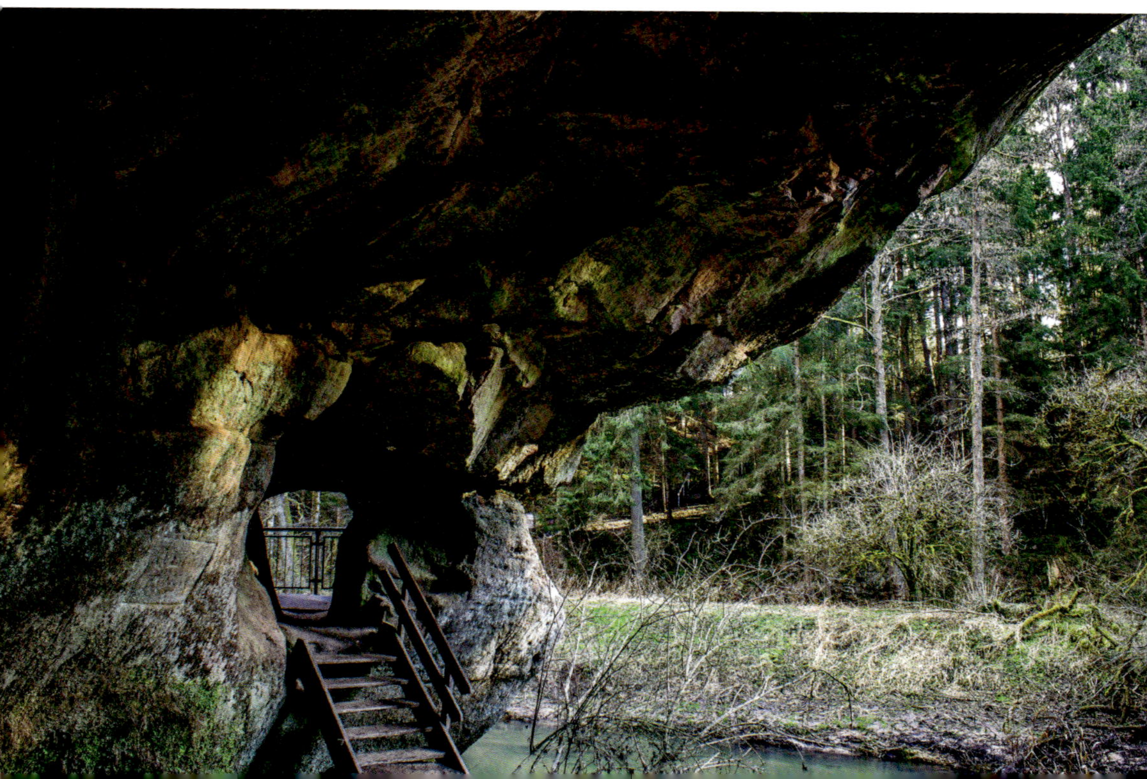

elegant über das Faberwehr nach unten strömt. Über dem Wehr ragt ein hölzerner, altertümlich anmutender Steg weit in die Schwarzach hinein. Im Sommer ist es wunderbar erfrischend, auf dem Steg über der Gischt zu stehen und die von unten heraufziehende Kühle zu genießen.

Dann geht es mit der Nummer 5 auf geschotterter Straße nach oben Richtung „Parkplatz Liegewiese" in den Wald. Sanft bergan wandert ihr an einem Trafohäuschen vorbei und geht an einer Weggabelung mit der Nummer 5 weiter geradeaus. Hinter dem sich bald ins Blickfeld schiebenden hölzernen Alten Forsthaus biegt ihr mit eurem Wanderzeichen nach rechts ab und geht auf einem lang gezogenen Schotterweg, der linker Hand von einem im Herbst lila schimmernden Heideteppich gesäumt wird. Wenn die Morgensonne die Szenerie mit ihren wärmenden Strahlen beleuchtet und dem noch feuchten Waldboden einen sanft über den Farben schwebenden Dunst entlockt, möchte man am liebsten jeden Moment und den dazugehörenden Duft wie ein alle Sinne belebendes Gemälde festhalten und konservieren.

Nach einer Weile gelangt ihr, rechts vorbei an einem Schleusenhaus, an den Ludwig-Donau-Main-Kanal. Direkt am Schleusenhaus bietet sich euch die Gelegenheit, ein paar Schritte auf die den Kanal überspannende Brücke zu tun und das wundervolle Panorama des sanft fließenden Wassers zu bewundern.

Von der Brücke kehrt ihr zum Schotterweg zurück und folgt nun eurem nächsten Wanderzeichen, der Weißen Nummer 2 auf Grünem Grund, nach links. Es führt euch für fast 2,5 Kilometer bequem und entspannt am Ludwigskanal, wie der Ludwig-Donau-Main-Kanal auch gerne genannt wird, entlang.

Ihren Namen verdankt diese mehr als 172 Kilometer lange Wasserstraße dem bayerischen König Ludwig I. Er wollte Mitte des 19. Jahrhunderts mit dem Kanal, der von der Donau bei Kelheim bis zum Main bei Bamberg über 100 Schleusen einen Höhenunterschied von insgesamt 264 Metern bewältigt, eine schiffbare Verbindung zwischen der Nordsee und dem Schwarzen Meer schaffen. Die Grundidee dazu hatte vor ihm übrigens schon ein anderer berühmter König. Karl der Große ließ im 8. Jahrhundert den Karlsgraben errichten, der jedoch nicht lange genutzt wurde.

Euer Weg führt euch kanalabwärts. Gemächlich schlendert ihr vorbei an den Schleusen, die das Wasser Richtung Nürnberg leiten. An jeder Schleuse wird die Stille des Kanals durch das Wasserrauschen unterbrochen. Es stellt sich schnell ein angenehmes Gefühl ein. Der Kanal entschleunigt. Das langsame Fließen des Wassers, das konstante Rauschen an den Schleusen, das sanfte Dahingleiten der Fische im Kanal. Ein guter Ort für angeregte Gespräche, oder um einfach mal gedankenverloren dahinzuschlendern.

Nach gut 2,5 Kilometer entlang der Wasserstraße überquert ihr eine beeindruckende Brücke, in deren Bett der Kanal die tief darunter fließende

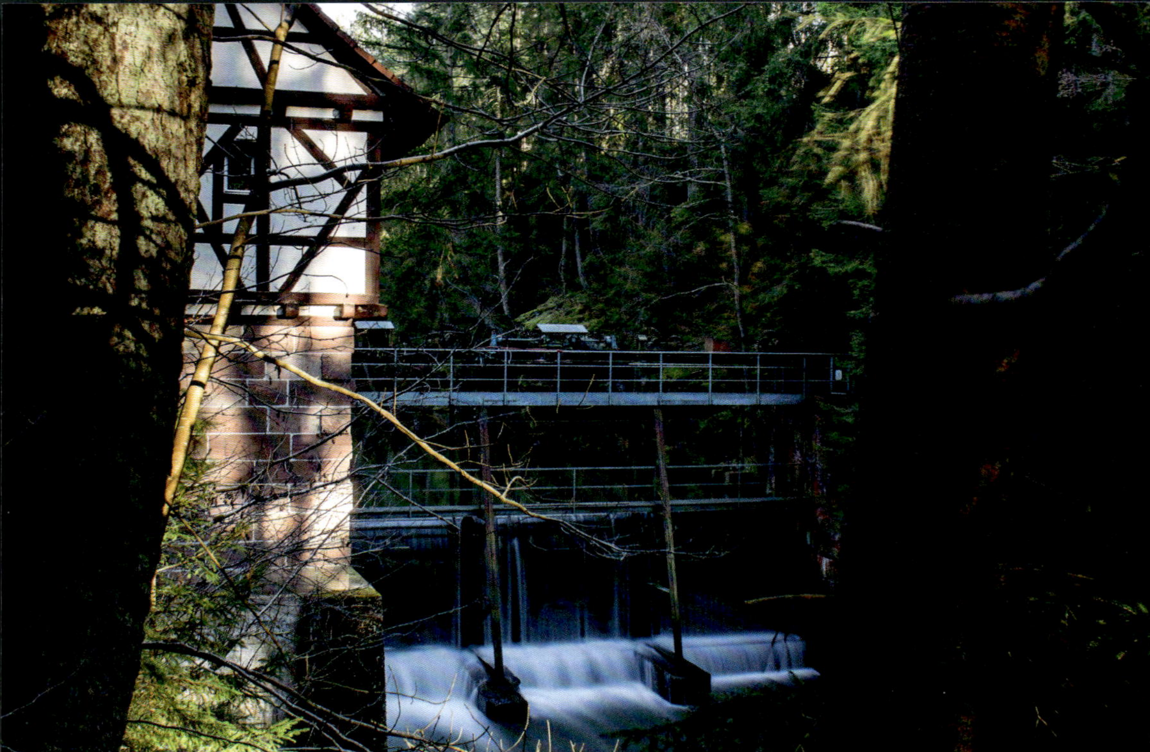

Das Flusskraftwerk Schwarzach

Schwarzach überquert. Dann erreicht ihr die Waldschänke Brückkanal. Ihr geht an deren Eingang vorbei und biegt etwa 20 Meter dahinter ohne Wanderzeichen nach rechts in den Parkplatz ein. Diesen überquert ihr entlang der Waldschänke, geht auf der anderen Seite über die Straße und ohne Wanderzeichen geradeaus in den Wald.

Wenn ihr mit dem Auto anreist, beginnt eure Wanderung hier am Wanderparkplatz Schwarzachklamm an der Waldschänke Brückkanal.

Auf einem urigen Trampelpfad umrundet ihr den Biergarten nach rechts und gelangt an eine Kreuzung. Hier trefft ihr auf euer nächstes Wanderzeichen, den Fränkischen Dünenweg, der euch geradeaus über die Kreuzung nach unten trägt. Über einige Stufen und vorbei an einer munter sprudelnden Quelle gelangt ihr schließlich ans Ufer der Schwarzach.

Durch die Schwarzachklamm Am Ufer der Schwarzach führt euch der Fränkische Dünenweg auf weichem Waldboden nach links. Rechts von euch fließt die Schwarzach träge dahin. Zu Beginn des Weges hört ihr noch den Straßenlärm der nahe gelegenen Autobahn. Doch schon bald schirmen die sich links und rechts in euer Blickfeld schiebenden Felsformationen den Grund der Schlucht gegen die Geräusche der Außenwelt ab. Ihr wandelt nun durch die faszinierende Felsenwelt der Schwarzachklamm. Gleich schützenden Wällen erheben sich die teils bizarr anmutenden Sandsteinformationen über euch. Die Sonne lässt die Wasseroberfläche der Schwarzach golden glitzern. Und wenn im Frühjahr der Wind die Schirmchen der Pusteblumen und andere Pollen über das Wasser bläst, wirkt es fast so, als würden kleine, feingliedrige Naturgeister ausgelassen darauf tanzen.

Kleine Höhlen am Hang, deren Dächer in die Schlucht ragen, öffnen staunend ihre Münder und scheinen euch willkommen zu heißen. Immer wieder führen euch schmale Pfade vom Wanderweg nach oben und dort am Fels entlang, bevor sie euch stets sicher zurück auf den Wanderweg tragen.

Bald erreicht ihr eine der außergewöhnlichen Sehenswürdigkeiten der Schwarzachklamm. Der Weg führt über einen hölzernen Steg direkt an einer Felswand entlang und hinein in die Karlshöhle. An deren Rückwand plätschert ein feines Rinnsal aus dem Fels. Besonders faszinierend ist das kräftige Grün an den Wänden, das diesem Ort eine magische Stimmung verleiht. Das kleine Felsentor, durch das ihr wieder auf den Weg gelangt, wirkt geradezu wie ein Pfad ins Licht, das euch im ersten Moment gleißend blendet, dann jedoch angenehm wärmend umarmt.

Kurz hinter der Karlshöhle folgt ihr dem Fränkischen Dünenweg vorbei an einer Brücke. Dahinter gewinnt die Schlucht an Breite, und die Sandsteinformationen, besonders an der gegenüberliegenden Wand, werden zu steil emporragenden Felswänden.

Am Ende dieser ersten Etappe gelangt ihr über eine Treppe hinauf, vorbei am Wehr des alten Flusskraftwerks Gsteinach, an dem die sonst so gediegen dahinfließende Schwarzach mit ordentlich Getöse ihren Weg über das Wehr findet. Oben verlasst ihr die Schlucht für ein kurzes Stück und biegt mit dem Fränkischen Dünenweg nach rechts ab. Auf geteerter Straße, dem „Felsenweg", geht ihr etwa 200 Meter entlang eines Wohngebiets.

Die Gustav-Adolf-Höhle im Sommer

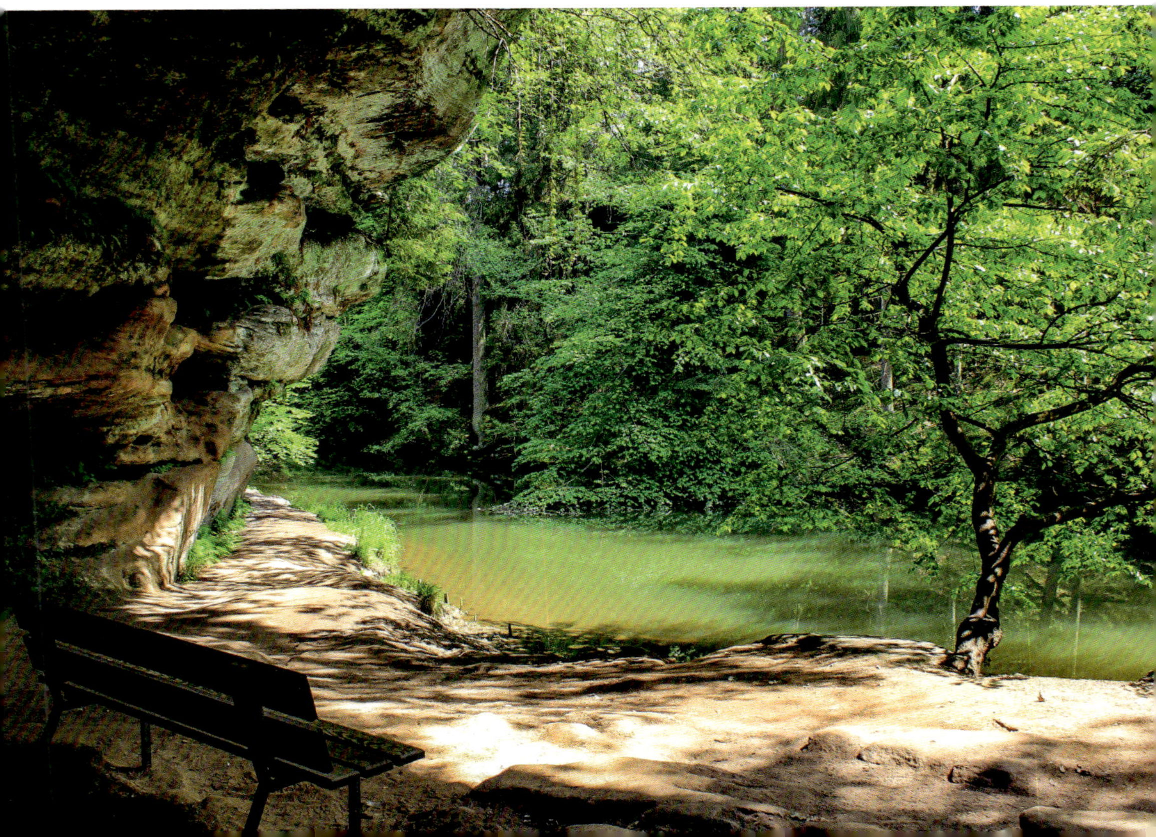

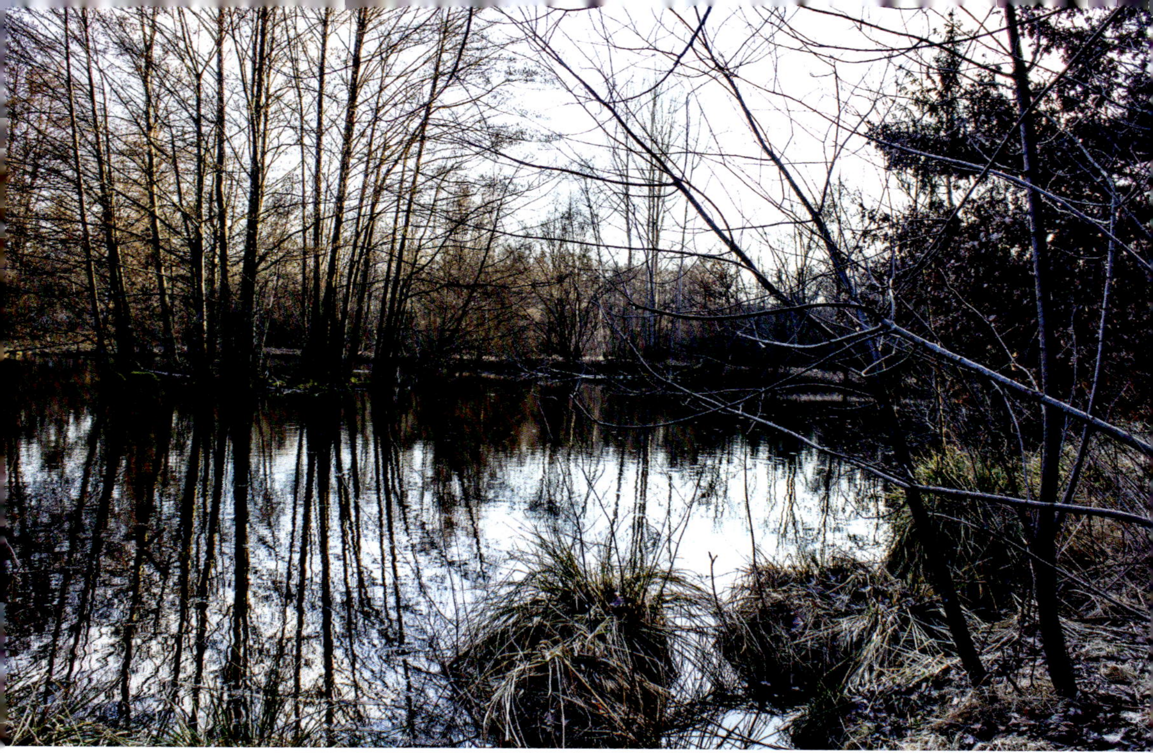

Im Schwarzenbrucker Moor

Dann zweigt der Fränkische Dünenweg mit euch erneut nach rechts unten ab. Über Stufen kehrt ihr am Fuß beeindruckender Sandsteinfelsen zurück in die Felsenwelt der Schwarzachklamm. Der fantastische Eindruck der Schlucht setzt sich hier auf oft schmalen Wegen fort.

Ihr erreicht die wundervolle Gustav-Adolf-Höhle. Hier hat der Schwedenkönig Gustav-Adolf im Jahr 1632 einem Dankesgottesdienst gelauscht, nachdem er Wallensteins Truppen in einer Schlacht besiegt hatte. Was für eine fantastische Kulisse. Dieser Ort lädt auch heute noch zum Verweilen ein. Eine Bank dafür steht auf jeden Fall bereit. Besonders bei schönem Wetter, wenn sich das Wasser in der Höhlendecke spiegelt und dadurch faszinierende Licht- und Schattenspiele bildet, fühlt man sich für einen Augenblick wie in einer anderen Welt.

Ins Schwarzenbrucker Moor Hinter der Gustav-Adolf-Höhle führt euch der Weg verhältnismäßig schnell heraus aus der Schlucht. Am Ende passiert ihr eine geheimnisvolle Höhlenwohnung, die vor langer Zeit von Menschenhand in den Stein gehauen wurde, und erreicht einen Parkplatz. Hier verabschiedet ihr euch vorerst vom Fränkischen Dünenweg und folgt der Hammerwerkstraße ohne Wanderzeichen geradeaus nach oben. Die Straße schwingt nach links und trägt euch oberhalb eines Sportplatzes ins Wohngebiet. Nach gut 200 Metern im Wohngebiet biegt ihr, gegenüber einem Trafohäuschen, ohne Wanderzeichen scharf rechts in einen Schotterweg ein, der euch an eine Treppe führt. Auf dieser steigt ihr nach unten. Auf der Hälfte der Treppe zweigt ein unmarkierter, schmaler Pfad nach links ins Gebüsch ab. Vorbei an einem Schild, das diesen Ort als Naturschutzgebiet ausweist, gelangt ihr an den Rand des Schwarzenbrucker Moors, dem einzigen echten Moor im Nürnberger Land.

„O schaurig ist's, übers Moor zu gehen", schrieb vor 180 Jahren schon die Autorin Annette von Droste-Hülshoff in ihrer Ballade „Der Knabe im Moor". Und tatsächlich, wen es am frühen Abend hierher verschlägt, wenn sich die Sonnenstrahlen aus dem Talkessel des Schwarzenbrucker Moors zurückziehen, den umfängt eine geheimnisvolle, wenn nicht sogar unheimliche Stimmung. Manchem Besucher mag es dann wie dem Knaben aus der Ballade gehen. Jedes Geräusch, jede Bewegung vermag es, einem schreckhaften Geist Schauer über den Rücken zu jagen. Der abendliche Dunst wird von scheinbar unsichtbaren Mächten in feinen Fäden zwischen den Grashalmen hindurch gesogen. Gleich weißem Geisterhaar verfangen sich die wabernden Schwaden zwischen den Halmen. Was raschelt hier und knackt dort? Unwillkürlich kommt einem hier am Rand des Moors der Gedanke an den Schwarzen Sporizel. Was, wenn der hinterhältige Seelenfänger gar nicht wirklich aus dem Schwarzachtal verschwunden ist, sondern sich nur hierhin, an diesen unheimlichen Ort, zurückgezogen hat? Was, wenn er hier seit vielen Jahren auf leichtsinnige Opfer wartet, denen er die Seele rauben kann? Man weiß ja nie, welcher Funken Wahrheit alten Sagen innewohnt …

Der schmale Pfad mündet in einen breiten Weg, dem ihr nach rechts folgt. Vorbei an zwei Seen endet der Weg abrupt und wird zur geteerten Straße, die euch ein wenig hinauf und an die Straße mit dem klingenden Namen Moorweg führt. In diesen biegt ihr nach rechts zum Sportgelände hin ab.

Das Petz'sche Schloss

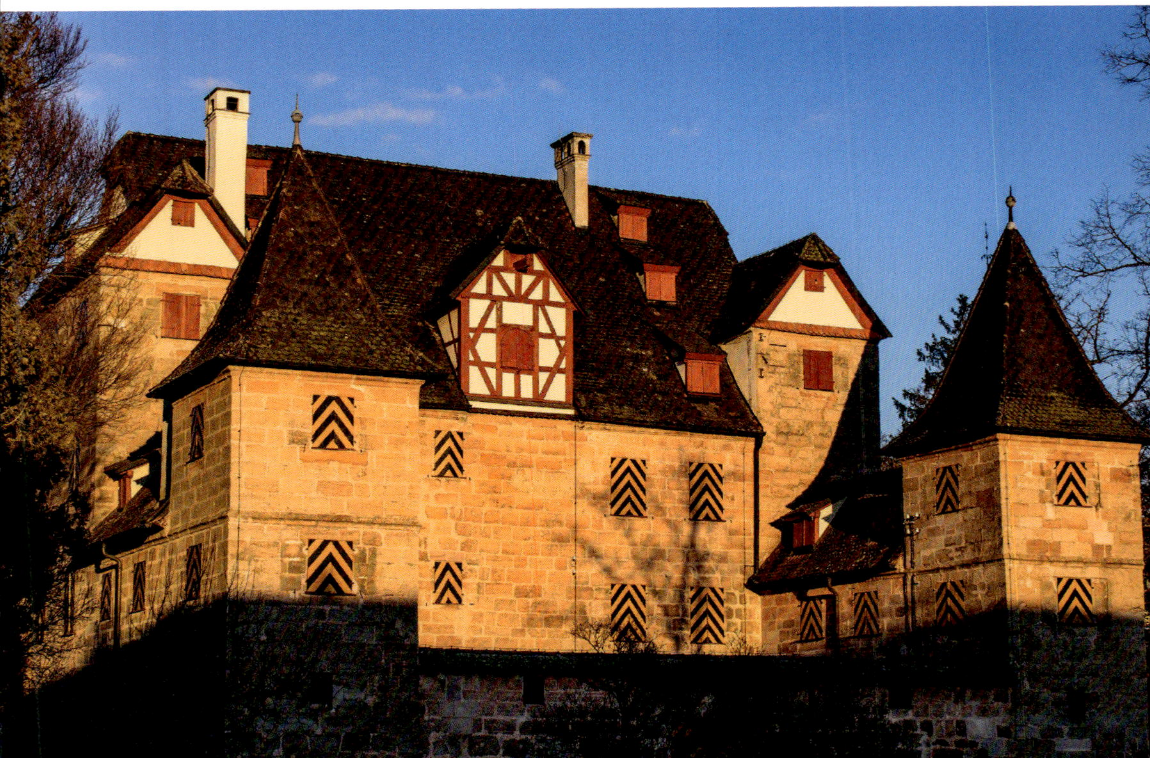

1

Zum Petz'schen Schloss Ihr geht ein Stück am Sportgelände entlang und verlasst die Straße dann kurz hinter einem Kleiderspende-Container nach links in den Wald. Hier empfängt euch wieder die Schwarzach. An der nächsten Einmündung begegnet ihr erneut dem Fränkischen Dünenweg und folgt diesem nach links auf eine Brücke über den Fluss. Auf der anderen Seite geht es weiter durch den Wald, den ihr schließlich über eine weitere Brücke Richtung Wohngebiet verlasst. Auf dem Hirtenweg steigt ihr ein Stück nach oben an die Dürrenhembacher Straße. In diese biegt ihr nach rechts unten ein und gelangt an eine Brücke, von der aus sich euch erneut ein schöner Blick auf das Faberwehr bietet. Vor der Brücke verlasst ihr die Straße mit dem Fränkischen Dünenweg nach links. Schon nach etwa 100 Metern zweigt ihr mit einem unmarkierter Pfad für einen lohnenswerten Abstecher nach links oben ab. Bald, zwischen einigen Häusern hindurch und rechts haltend, gelangt ihr direkt vor das Petz'sche Schloss. Mit seinen massiven Mauern wirkt es eher wie eine Burg. Erbaut wurde es im Jahr 1562. Doch schon vorher soll hier ein Schloss gestanden haben. Man vermutet sogar, dass der Vorgänger, ein auf einem Sandsteinfelsen thronendes Wasserschloss, den Ursprung des Ortes Schwarzenbruck darstellt.

Der Rückweg Vom Schloss kehrt ihr zurück in den Wald und zum Fränkischen Dünenweg. Diesem folgt ihr entlang der Schwarzach nach links. Euer Weg führt euch durch einen breiten Graben. Links von euch erhebt sich das Petz'sche Schloss und ihm gegenüber, auf der rechten Hangseite, das Faberschloss. Ein geradezu märchenhafter Eindruck, den die beiden in ihrer Bauart so grundverschiedenen Schlösser bieten. Das eine massiv und wehrhaft, das andere zart und verspielt. Schließlich gelangt ihr in den Wiesengrund und an die Kreuzung mit dem gepflasterten Weg. Hier erwartet euch wieder euer erstes Wanderzeichen, der Blaue Punkt auf Weißem Grund. Diesem folgt ihr nun geradeaus durch den Wiesengrund, bis ihr den Wanderzeichenbaum und die Bank erreicht, von denen euch der Blaue Punkt nach links über die Wiese zurück ins Wohngebiet und auf die Straße „Zum Wiesengrund" führt. Es geht ein Stück bergan und leicht rechts haltend an die Bundesstraße. Diese unterquert ihr wieder mit der Unterführung und folgt dann dem Blauen Punkt, vorbei am Supermarkt und auf der Marienstraße zurück zum Bahnhof Ochenbruck, dem Start- und Endpunkt eurer Wanderung.

Wissen für Angeber

Gustav II. Adolf – ein Schwede in Franken Wie vielerorts im Nürnberger Land hat der Dreißigjährige Krieg (1618–1648) auch im Schwarzachtal seine Spuren hinterlassen. So trägt die schönste Höhle der Schwarzachklamm den Namen des protestantischen Schwedenkönigs, der dort einst eine Messe lesen ließ, um Gott für einen Sieg über katholische Gegner zu

danken. Als protestantischer König Schwedens war er im Jahr 1630 mit seiner Armee auf Usedom gelandet, um die im Kampf gegen die Katholiken in arge Bedrängnis geratenen deutschen Protestanten zu unterstützen. Und tatsächlich errang er einen Sieg nach dem anderen und drang mit seiner Streitmacht bis nach Franken vor. Hier traf er auf die Truppen des katholischen Generals Wallenstein. Nach einem zermürbenden, zweimonatigen Stellungskrieg mit vielen kleineren Gefechten – vermutlich führte der Sieg in einem dieser Gefechte zu dem Gottesdienst in der Schwarzachklamm – gelang es Gustav II. Adolf nicht, auch aufgrund des vom Regen aufgeweichten Bodens, Wallensteins Truppen in der Entscheidungsschlacht an der Alten Veste bei Zirndorf endgültig zu besiegen. Gustav II. Adolf zog mit seiner Armee im September des Jahres 1632 ab. Bei Lützen, einer der wichtigsten Schlachten des Dreißigjährigen Krieges, trafen Gustav II. Adolf und Wallenstein im November 1632 erneut aufeinander. Ersterer warf sich tollkühn an der Spitze seiner Reiterei in die Schlacht und wurde getötet. Auch wenn diese Schlacht, wie die an der Alten Veste, letztlich unentschieden ausging: Der Tod des Schwedenkönigs war für die Protestanten ein fürchterlicher Verlust. Ohne den wohl charismatischsten Feldherrn des Dreißigjährigen Krieges dauerte das Blutvergießen weitere 16 Jahre an, bis es 1648 endlich zum Westfälischen Frieden kam.

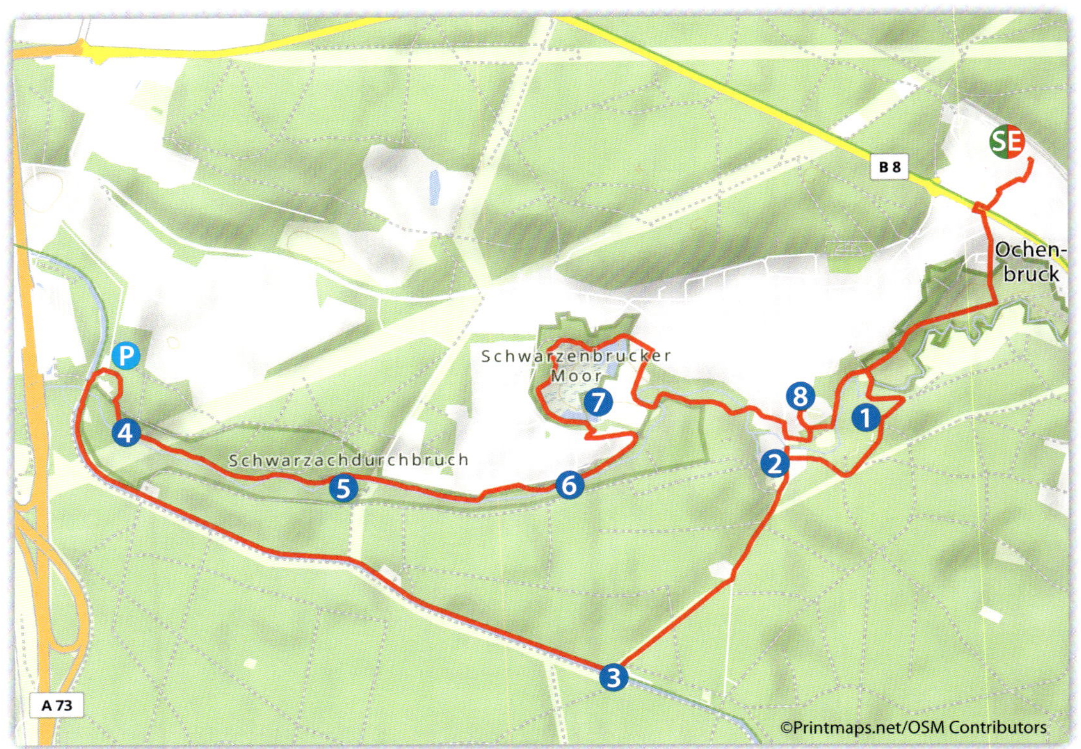

2

13,6 km

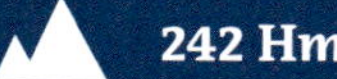
242 Hm

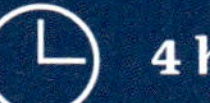
4 h

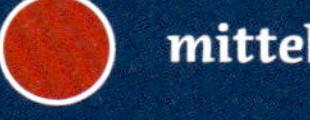
mittel

Eckdaten:

Schatten/Sonne: ausgeglichenes Verhältnis zwischen sonnigen Feldwegen, Straßen und schattigen Waldwegen

Startpunkt: Bahnhof Ochenbruck Linie S3

Endpunkt: Bahnhof Burgthann Linie S3

Parkplatz: Bahnhof Ochenbruck, Am Bahnhof 3, 90592 Schwarzenbruck

Ausrüstung: Taschenlampe für einen Blick in den Distellochdammstollen

Einkehrtipp: Burgschänke Restaurant und Hotel in Burgthann, Tel. 09183 95638-0

Extratipp: Besuch des Museums Burg-Thann direkt in der Burg Burgthann, Tel. 09187 41805

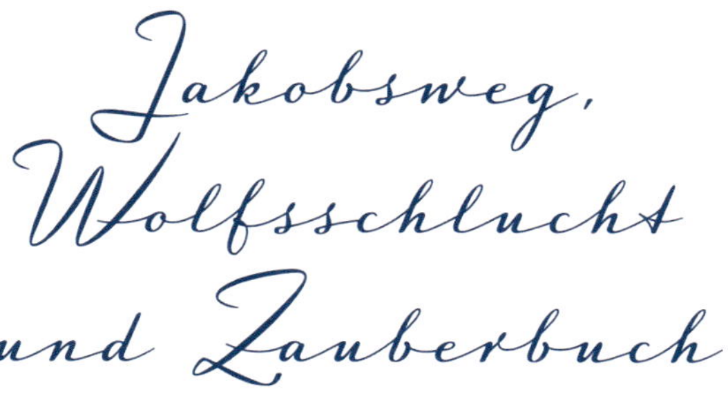

Jakobsweg, Wolfsschlucht und Zauberbuch

Ein märchenhafter Waldweg, eine geheimnisvolle Schlucht, eine stolze Burg und ein rauschender Wasserfall. Das sind die Zutaten dieser entspannenden Wanderung, die so manche Überraschung für euch bereithält.

Highlights:

1. Kraftort Thanngraben
2. Wolfsschlucht
3. Burg Burgthann
4. Distellochdammstollen
5. Tiefenbachabsturz

Die Sage

Das Hexenbuch Es begab sich in Burgthann, dort, wo sich unterhalb der stolzen Burg die engen Gassen geschickt zwischen schiefen und verwinkelten Fassaden hindurchwinden, wo durch kleine Fenster nur verzagtes Licht in die Stuben fällt und man in alten Zeiten acht geben musste, beim morgendlichen Schlendern durch die Gässchen nicht mit dem noch dampfenden Inhalt eines Nachttopfes übergossen zu werden. Dort, in einer solchen Gasse, hatte einst ein Schneider seine bescheidene Werkstatt. Seine Kunstfertigkeit war im Ort und weit darüber hinaus bekannt und viel gerühmt. Selbst die hohen Herren und Damen nahmen seine Dienste gerne in Anspruch. Doch keiner der vollends zufriedenen Kunden besuchte den patenten Schneider jemals in seiner kleinen Werkstatt inmitten des wuseligen Ortskerns. Zu unheimlich war allen das uralte, mit brüchigem Fachwerk geschmückte Häuschen, das sich zwischen zwei größeren Häusern so ungehörig in eine Lücke hineinpresste, dass sein Gebälk unter dem Schieben und Drücken von rechts und links hörbar ächzte und stöhnte. Noch mehr als das unheimliche Haus fürchteten die Leute jedoch die betagte Mutter des Schneiders. Sie war denn auch letztlich der Grund dafür, dass ihr Sohn all seine Kundentermine außer Haus wahrnehmen musste. Schon immer galt sie den Menschen als absonderlich und bösartig. Hinter vorgehaltener Hand raunte man sich zu, die Alte vom Schneidershaus sei mit dem Teufel im Bunde. So mancher wollte sie nachts, während fromme Christenmenschen im Orte Nachtruhe hielten, fliegenderweise auf einem Besen um den Bergfried der Burg kreisen gesehen haben. Und natürlich wurden diese und noch viele weitere unheimliche Geschichten, die

sich um die Mutter des Schneiders rankten, in bierseligen Nächten in den Schenken des Ortes zum Besten gegeben. In eben diesen Schenken und Tavernen trieb sich allabendlich auch der Schneider gerne herum, nachdem er seine Kundentermine abgearbeitet hatte. Manch üble Mär über seine Mutter hatte er sogar selbst in Umlauf gebracht, um sich vor seinen Zechkumpanen zu profilieren. 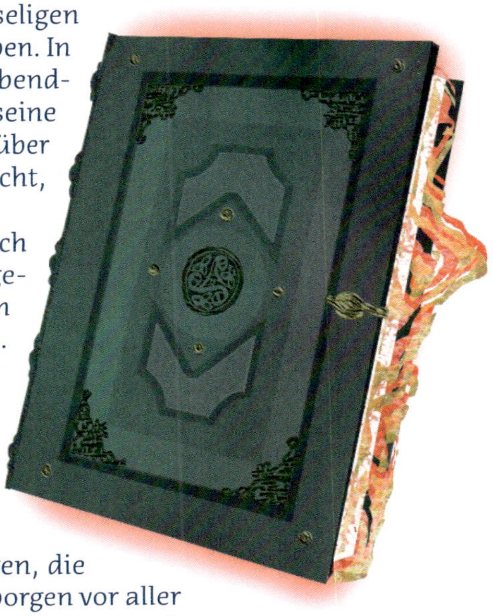
Eines Abends, der Schneider wankte angesäuselt nach einem der beschriebenen, feuchtfröhlichen Trinkgelage im Mondschein durch die engen Gassen seinem Zuhause entgegen, da kam ihm eine verwegene Idee. Hatten sie ihn heute Abend in der Schankwirtschaft nicht wieder einmal einen Wichtigtuer und Aufschneider genannt, als er von dem uralten Hexenbuch seiner Mutter erzählt hatte? Hatten sie ihn nicht verlacht und ihn verhöhnt und verspottet?
Doch er würde es ihnen schon zeigen! Gleich heute Nacht würde er sich der alten Schwarte bemächtigen, die seine Mutter seit Jahrzehnten eifersüchtig und verborgen vor aller Menschen Augen in ihrer Kammer verwahrte. Schon war er an seinem Haus angelangt, schüttelte den bierschweren Kopf, um klarer denken zu können, drehte den Schlüssel sachte im Schloss und öffnete vorsichtig die Tür.
Was sollte denn auch passieren, wenn er sich den dicken Wälzer für eine Nacht auslieh? Schließlich war das alles doch eh nur fauler Zauber und überkandidelter Mummenschanz, den seine Mutter in ihrer Kammer aufführte, um mit ihrem Getöse, den flackernden Lichtern und dem Rauch, der unter ihrer Zimmertür und durch die Fensterschlitze nach draußen drang, bei ihm und den abergläubischen Nachbarn Eindruck zu schinden. So warf das vom Bier viel zu tapfer gewordene Schneiderlein die Gedanken in seinem benebelten Kopf hin und her, während er sich auf möglichst leisen Sohlen der Tür zur Kammer seiner Mutter näherte. Kaum vernehmbar öffnete er die Tür und schlich sich in den Raum. Zufrieden und arglos schlummerte seine Mutter in ihrem Bett und erfüllte die Kammer mit brummendem Schnarchen. Der Schneider blickte sich in dem kleinen Raum um, der durch das hereinfallende Mondlicht erhellt wurde. Dort, auf einem mit allerlei seltsamen Zeichen und Ornamenten verzierten Sekretär lag das grünlich schimmernde Zauberbuch. Den Seitenrändern entwich ein glühendes Glimmen, wie man es rot gleißend von heißen Kohlen kennt. Je näher er dem Buch kam, umso stärker hörte und spürte er ein pulsierendes Pochen in seinem Kopf. Die Seitenränder des Buches glommen, als würden sie kleine Flammen versprühen. Seine Mutter wurde dieser beunruhigenden Szene nicht gewahr. Doch ihr stetes Schnarchen schien in seinem Kopf mehr und mehr zu entschwinden. Ebenso wie die Wände der Kammer, die Stück für Stück in eine fassungslose Ferne zu fliehen schienen. Das Pochen in seinem Schädel geriet immer mehr zu einer hämmernden Sinfonie abscheulicher Töne und Klänge. Immer stärker und lauter wurde das Hämmern. Immer weiter entflohen die Zimmerwände seinem Blickfeld.

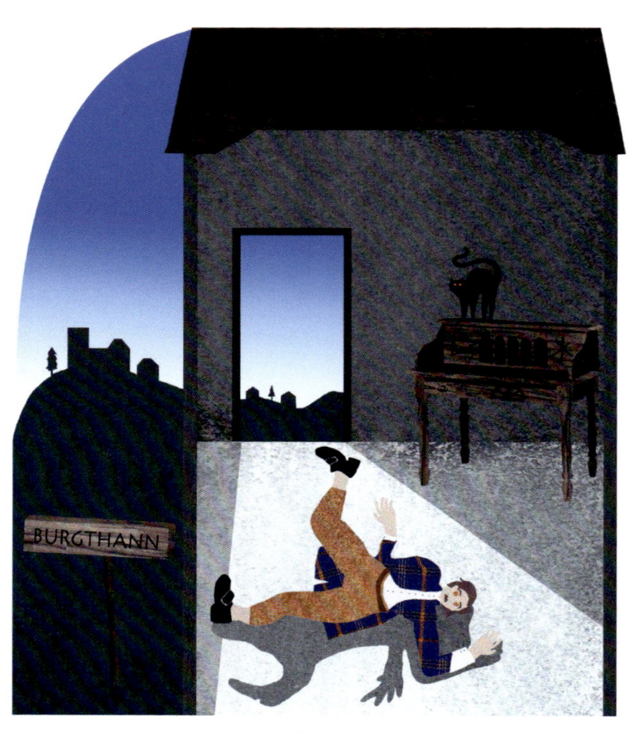

Da endlich erreichte er das verfluchte Hexenbuch. Mit einem Mal Stille. Das Glühen verschwand und die Wände kehrten an ihren angestammten Platz zurück. Der Schneider wischte sich den Schweiß von der Stirn, blickte sich angsterfüllt um, legte seine Hand auf das Buch und öffnete es.

Der gellende Schrei, der die Nacht in Fetzen zu reißen schien, ließ ganz Burgthann aus dem Schlaf schrecken. Angestrengt hörten Groß und Klein durch die eilig geöffneten Fenster und Läden in die Nacht, ob dem fürchterlichen Geräusch weitere folgen würden. Doch es blieb still. Nur der Wind jagte die Wolken über den Himmel und der Mond verbarg sein Antlitz vor dem grausigen Geschehen, das sich unten im Haus des Schneiders zugetragen hatte.

Nachdem man weder den Schneider noch dessen Mutter an den darauffolgenden Tagen im Ort gesehen hatte, brachen besorgte Nachbarn die Tür des Schneiderhauses auf und durchsuchten die Zimmer. In der Kammer der stadtbekannten Hexe fanden sie den Schneider schließlich. Mit grauenvoll verzerrtem Gesicht und in alle Himmelsrichtungen verdrehten Gliedmaßen lag er tot vor dem Sekretär seiner Mutter. In seinen weit aufgerissenen Augen schien es eigenartig rot zu glimmen. Das Hexenbuch, von dem er in der Schenke immer wieder erzählt hatte, konnten die Nachbarn nicht finden. Ebenso wenig die Mutter des Schneiders. Nur eine schwarze Katze entdeckte man. Doch die duckte sich flink und elegant unter den Griffen der neugierigen Hausdurchsucher hinweg und verschwand durch einen Spalt in der Tür auf Nimmerwiedersehen.

Nach Hans Pöhner: Das Hexenbuch. Heimat 1/1926, S. 1 f. und nach „Vinzenz" Reinhard Dorn: Das Hexenbuch. Sagenhaft S. 220 ff.

Die Wegbeschreibung

In den Thanngraben Eure Wanderung beginnt am Bahnhof Ochenbruck in Schwarzenbruck. Von den Gleisen kommend, gelangt ihr, vorbei am Parkplatz und an den Fahrradständern, an die Bahnhofsallee. Euer erstes Wanderzeichen ist hier schon potent vertreten. Es ist der Blaue Punkt auf Weißem Grund, das Zeichen des Wildmeistersteigs. Mit ihm biegt ihr nach rechts in die Bahnhofsallee ein. Diese wird geradeaus bald zur Laubendorfer Straße, der ihr mit dem Blauen Punkt, parallel zum Gleisverlauf, folgt. Vorbei an einigen Containern zweigt ihr von der Straße leicht rechts in den dem Straßenverlauf folgenden Schotterweg ab, verlasst mit eurem Wanderzeichen den Ort und erreicht eine große

Kreuzung mit zwei Wandertafeln. Hier biegt ihr mit dem Blauen Punkt nach rechts ab, überquert die Bahngleise und betretet auf breitem Fahrweg den Lorenzer Reichswald.

Dank des besonders hohen Anteils an Kiefern, den Nadelbäumen mit den langen und kahlen Stämmen, wird er auch scherzhaft „Steggerlaswald" genannt. Die Bezeichnung Reichswald verdankt er der Tatsache, dass er im Mittelalter zum Reichsgut gehörte. Doch was war das Reichsgut eigentlich? Das waren Ländereien, Burgen und Schlösser, die an das Amt des gewählten Königs oder Kaisers gebunden waren. Starb der Herrscher, übernahm sein Nachfolger das Reichsgut. Es blieb somit in Reichsbesitz und fiel nicht als Erbe an die Verwandten des Verstorbenen.

Schon etwa 150 Meter nachdem ihr den Wald betreten habt, verabschiedet ihr euch von dem Blauen Punkt und zweigt mit dem Jakobsweg Richtung Rummelsberg sehr scharf nach rechts in einen sich verjüngenden Pfad ab. Das Zeichen dieses Pilgerwegs ist die Weiße Jakobsmuschel auf Blauem Grund. Sie wird euch auf den nächsten sieben Kilometern treu und sorgsam leiten. Schon nach wenigen Metern ist der vormals breite Fahrweg nur noch graue Erinnerung. Binnen eines Wimpernschlags wird der Jakobsweg zum nachgiebigen Trampelpfad und schwingt sich, von üppigen Heidesträuchern flankiert, mit euch nach links. Der Jakobsweg führt euch zuverlässig durch das Weggewirr des Reichswalds. Auch wenn der Weg seinen Charakter immer wieder ändert, verbreitet er dank der bekömmlichen Stille, die über weite Teilstücke herrscht, eine besinnliche Stimmung. Schließlich überquert ihr mit der Jakobsmuschel eine geteerte Straße und wandert dahinter – links von euch erkennt ihr die Gebäude der Rummelsberger Diakonie – durch den Wald der Philippuskirche entgegen. An der Kreuzung vor der Kirche biegt ihr mit eurem Wanderzeichen zuerst links und bei der nächsten Gelegenheit rechts auf den Kirchenhof ab.

Die Philppuskirche in Rummelsberg

Das Besondere an der noch nicht einmal 100 Jahre alten Kirche ist, dass sie zum Großteil in Eigenleistung erbaut wurde. Die vor allem aus den Reparationsansprüchen der Siegermächte aus dem Ersten Weltkrieg erwachsene Inflation zwang die Weimarer Republik zur Währungsreform. Das für den Bau der Kirche gesparte Geld war dadurch quasi über Nacht wertlos geworden. Entschlossen, den Bau zu vollenden, brachen die Diakonieschüler und die „Zöglinge" der Erziehungsanstalt die benötigten Steine mit ihrer Hände Arbeit aus dem nahe gelegenen Sandsteinbruch und bauten die Kirche innerhalb von drei Jahren selbst.

Der Jakobsweg führt euch links an der Kirche vorbei, über den Friedhof und dahinter nach links hinunter an die Straße, wo euch eine Wandertafel empfängt. Hier biegt ihr rechts ab und folgt eurem Wanderzeichen kurz darauf an einer Weggabelung in die linke Abzweigung, die euch auf der Straße, an den Gewächshäusern einer Gärtnerei vorbei und geradeaus über eine Kreuzung trägt. Direkt hinter der Kreuzung verlasst ihr die Straße mit der Jakobsmuschel nach rechts unten in einen Waldweg, der wieder in eine Straße mündet. Ihr biegt für ein kurzes Stück nach links in die Straße ein und überquert ein Bächlein, das an einer kleinen Schleuse keck nach unten springt. Weiter rechts von euch liegen die Weiher der Fröschau, deren Idylle durchaus einen hier nicht beschriebenen kurzen Abstecher wert ist. Kurz darauf verlasst ihr die Straße schon wieder nach links Richtung Thanngraben und biegt bei der nächsten Gelegenheit mit eurem Wanderzeichen auf geschottertem Fahrweg nach rechts in den Thanngraben ein. Benannt wurde diese Sandsteinschlucht nach dem gleichnamigen Bächlein, das in Altenthann entspringt.

Weg von der Straße und hinein in die Natur – was für ein schönes Gefühl! Nach nicht einmal 200 Metern zweigt ihr auf schmalem Pfad leicht links in den Wald ab und begleitet den rechts von euch etwas weiter unten verlaufenden Schotterweg sozusagen auf dem erholungsfördernden Alternativweg. Sofort wird aus dem launigen Knirschen des Schotters unter den gut profilierten Wanderschuhsohlen ein wohlig gedämpftes Geräusch, das den Stimmen der Natur um euch Raum zur Entfaltung bietet. Ihr hört den munteren Gesang der Vögel. Hier und da raschelt es unter dem Laub, das den Waldboden ziert. Im Frühling ergötzen sich ganze Geschwader eifriger Pollensammler und Nektarschlürfer an den prachtvollen Blüten, die den Weg schmücken.

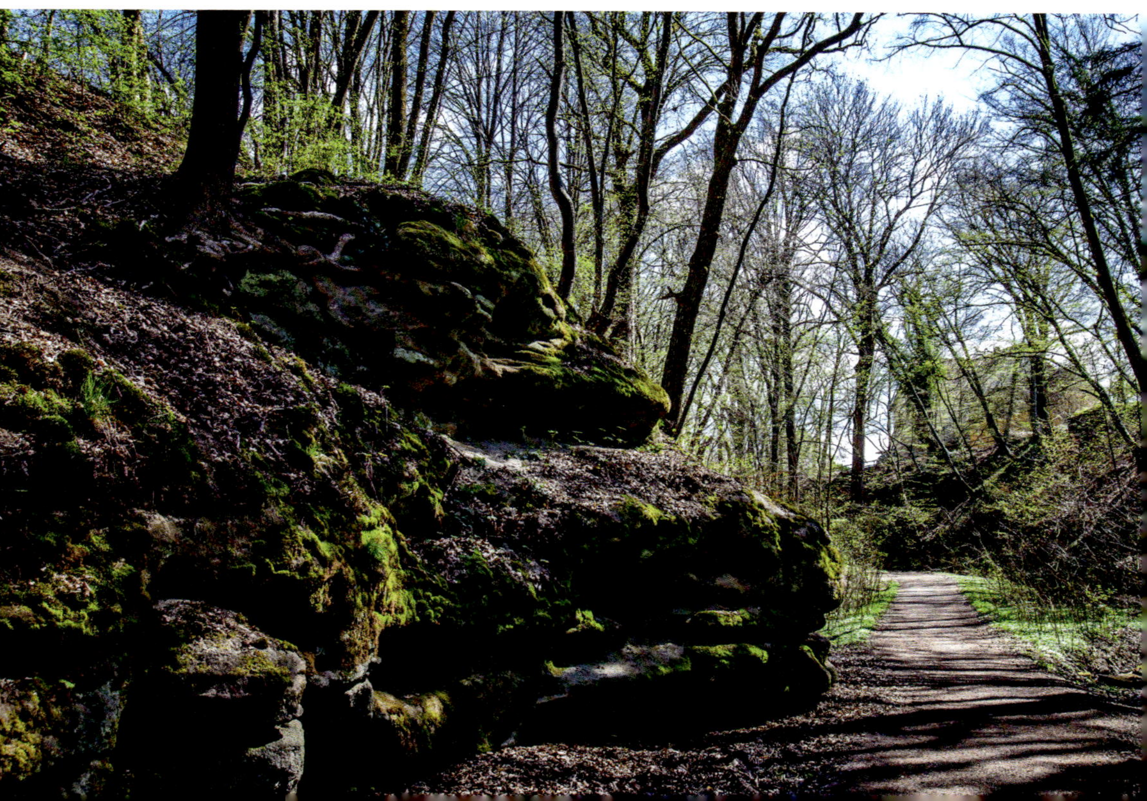

Sandsteinformationen bei Altenthann

Entlang der Hänge überzieht dichtes Moos den Waldboden wie ein anschmiegsamer, weicher Teppich. Diesen Anblick bekommt ihr auf Wanderungen immer wieder geboten. Bemerkenswert ist in diesem Wald, dass auch der Großteil der Bäume mit dem grün schimmernden und leuchtenden Flaum überzogen ist. Entlang der Baumstämme findet das weiche Polster seinen Weg nach oben und umgarnt sogar die einzelnen Äste, an denen es, gleich vom Wind zerfledderten, immergrünen Fahnen, in langen Fäden herabhängt und dem Wald, besonders bei Regen, einen geheimnisvollen, fast schon mystischen Charakter verleiht.

Schließlich mündet der schmale Pfad an einem großen Wendeplatz wieder in die geschotterte Waldstraße. Doch nur für einen Augenblick. Denn hinter dem Wendeplatz kehrt ihr mit dem Jakobsweg nach rechts zurück in den Wald. Ihr wandert vorbei an einer geheimnisvollen Sumpflandschaft und gelangt immer tiefer in den verwunschen wirkenden Märchenwald. Rechts von euch mäandert das Bächlein munter, einen Bogen nach dem anderen schwingend, durch den Grund der Schlucht. Die Mittagssonne vermag in diesem Waldstück wahre Stürme von Lichtspielen zu entfesseln. Lange Schatten durchziehen den Wald und verändern mit jedem eurer Schritte ihre Position. Gleißend helle Lichtstraßen lassen die Luft flirren und zaubern leuchtend tanzende Feenwesen auf euren Weg. Bald erreicht ihr mit dem Jakobsweg an einer Weggablung nach rechts das Zentrum dieses magisch anmutenden Waldes. In einer Senke quert ein hölzerner Steg das Bachbett und führt euch, inmitten der sanft abfallenden Hänge, auf eine kleine Lichtung. Hier spürt man das Herz des Waldes regelrecht schlagen und pulsieren. Ein kraftvoller und wunderschöner Ort, an dem Ruhe und Gelassenheit ein Zuhause gefunden haben.

In die Wolfsschlucht Aus der Senke führt euch linker Hand ein schön geschwungener Wurzelweg mit der Jakobsmuschel nach rechts den Hang hinauf. Dahinter folgt ihr eurem Wanderzeichen noch ein Stück auf dem schönen Pfad, bis dieser nach rechts in einen Schotterweg mündet, der Zeidlerweg genannt wird. Auf diesem wandert ihr mit dem Jakobsweg immer weiter durch den Wald und dann links an einem Fischweiher vorbei bis nach Altenthann. Kurz vor Erreichen des Ortes zeigt euch der Thanngraben noch seine felsige Seite. Spektakulärer als die körnigen Sandsteinwände sind jedoch die darüber und darin wachsenden Bäumen, die sich mit ihren schier endlosen Wurzeln an die Vorsprünge und Kanten klammern und dabei teils waghalsige Posen einnehmen.

An einer Weggabelung haltet ihr euch rechts und gelangt mit der Jakobsmuschel an die Ochenbrucker Straße. Ihr überquert die Straße nach rechts und, jetzt aufgepasst, biegt mit eurem Wanderzeichen bei der hinteren zweier dicht aufeinanderfolgender Gelegenheiten links ab. So gelangt ihr aus Altenthann hinaus auf die Ebene, an deren rechtem Rand ihr, bar jeglichen Wanderzeichens, weiter wandert, bis ihr an einer alten Hütte wieder eure Jakobsmuschel erblickt. Kurz dahinter mündet ihr nach links in eine Straße, die euch, weiter über

2

die sonnenbeschienene Ebene mit prachtvoller Fernsicht zur und durch die Einöde Wallersberg führt. In dem Örtchen passiert ihr eine Wandertafel, an der die Sophienquelle ausgeschildert ist. Sie dient euch auf dem Weg zur Wolfsschlucht als zusätzliche Orientierungshilfe. Direkt hinter Wallersberg nimmt euch wieder der kühlende Wald auf und führt euch mit der Jakobsmuschel auf dem mit großen natürlichen Steinplatten durchzogenen Weg nach rechts unten an eine Weggabelung. Hier folgt ihr dem Jakobsweg und der Beschilderung zur Sophienquelle für den Abstecher zur Wolfsschlucht nach links.

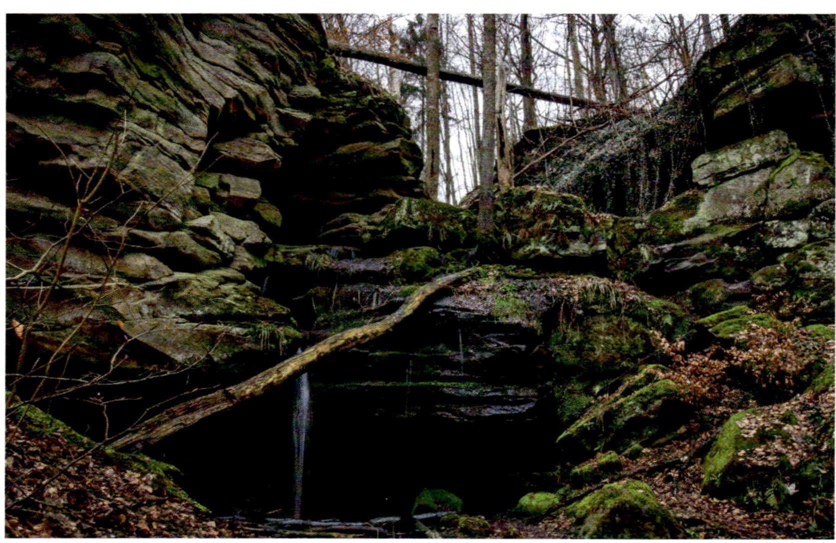

In der gewaltigen Wolfsschlucht

Der Weg schwingt auf und ab und trägt euch in ein sonnendurchflutetes Tal. Bald schwenkt euer Weg in einer scharfen, richtungswechselnden Kurve nach rechts. Hier heißt es aufpassen: Genau in dieser Kurve zweigt vom beschilderten Wanderweg ein gar nicht so schmaler, unmarkierter Weg, entlang eines Bächleins, nach links in die Wolfsschlucht ab. Da der Grund der Schlucht über weite Teile des Jahres mit Matsch bedeckt ist, empfiehlt es sich, stattdessen den links, ein wenig am Hang gelegenen Trampelpfad zu benutzen.

Wie aus der Zeit gefallen präsentiert sich euch diese Schlucht als Ort unbändiger Naturgewalten. Felsbrocken, die aus den Sandsteinhängen über euch von der Witterung herausgesprengt wurden, zwingen dem Pfad verschlungene Kapriolen ab. Sich hin und her werfend strebt der Pfad mit euch dem grandiosen, die Schlucht begrenzenden Felsmassiv entgegen. Schließlich erhebt es sich in seiner ganzen, ungebändigten Pracht vor euch. Die einen fantastischen Überhang bildenden Gesteinsschichten schieben sich euch beachtlich weit entgegen. Der in Ranken von der Kante der Schlucht herabhängende Efeu verleiht dem schroffen Ort eine gewisse Zartheit. Und das in der Sonne fast golden glänzende Rinnsal, das zwischen den Rissen und Spalten seinen Weg nach unten findet, formt zu guter Letzt einen feingliedrigen Wasserfall, dessen Plätschern von den Wänden des Massivs widerhallt.

Zur Burg Burgthann

Wem nach dem Besuch der gewaltigen Wolfsschlucht noch nach ein wenig gefälligerer, optischer Zerstreuung ist, der stattet, aus der Schlucht zurückkehrend, nach links der nahe gelegenen Sophienquelle (beschrieben in Tour 03) einen Besuch ab.

Aus der Wolfsschlucht tretend, folgt ihr dem Jakobsweg nach rechts zurück zur letzten Weggabelung. Hier verlasst ihr den Jakobsweg und wechselt nach links auf den Schwarzachtalweg Richtung Reinholdshöhe und Burgthann. Das Wanderzeichen des Schwarzachtalwegs ist das Blaue Kreuz auf Weißem Grund. Mit ihm haltet ihr euch an der nächsten Weggabelung rechts. Nach 400 Metern folgt ihr an der nächsten Gabelung dem Blauen Kreuz nach links unten. Ihr verlasst den Wald und mündet weiter unten mit eurem Wanderzeichen vom geschotterten Pfad geradewegs in den Reinholdshöheweg, der bald mit euch und dem Blauen Kreuz nach rechts schwenkt. Es geht ein wenig hinauf und hinter einer Kuppe hinunter ins Schwarzachtal. Dort folgt ihr an einer Gabelung eurem Wanderzeichen rechts haltend in „Am Hammerberg" und erreicht die Landstraße, die ihr mit Blick auf die Burg Burgthann an einer Ampel überquert. Als Nächstes überquert ihr die Schwarzach, wandert nach Burgthann hinein und biegt an der ersten Weggabelung mit dem Blauen Kreuz nach rechts in die Untere Eichenstraße ein. Schon nach wenigen Metern wechselt ihr vom Blauen auf das Rote Kreuz auf Weißem Grund, das Zeichen des Eppeleinswegs. Es führt euch leicht nach links oben, um kurz darauf auf einem Fußgängerweg erneut, dieses Mal steil, nach links oben abzubiegen. Über euch erhebt sich die stolze Burg Burgthann. Mit dem Roten Kreuz steigt ihr hinauf, biegt an einer Gabelung unterhalb der Burg rechts ab und erreicht, den Burgberg umrundend, die Burgschänke. An dieser geht ihr mit dem Eppeleinsweg vorbei, biegt hinter dem Parkplatz der Burgschänke links ab und folgt eurem Wanderzeichen bei der nächsten Gelegenheit erneut nach links. Über einen Platz führt euch euer Wanderzeichen nach links vor die Burgbrücke.

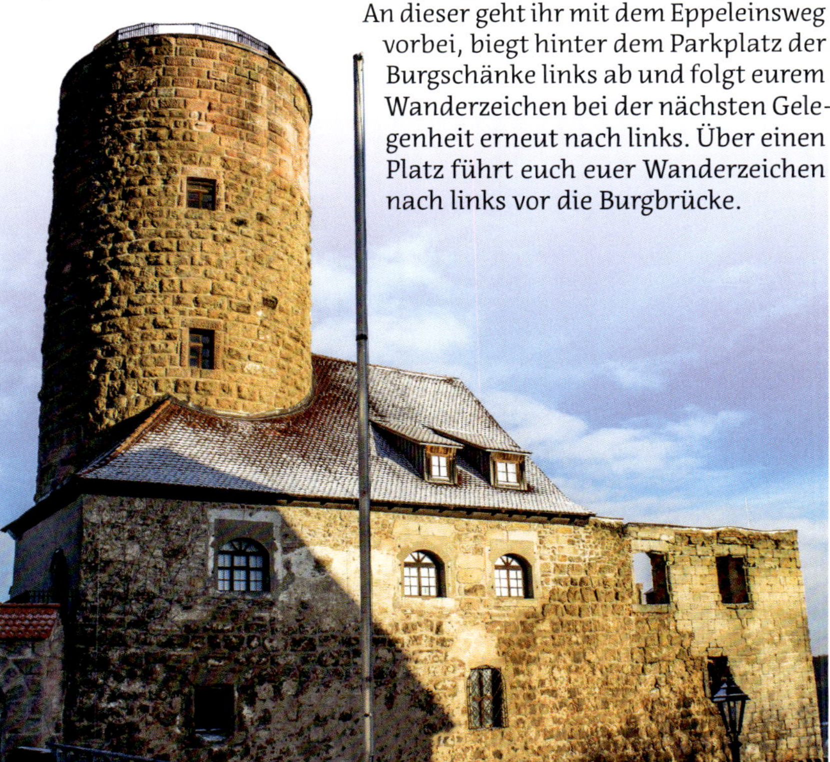

Die winterliche Burg Burgthann

2

Erbaut wurde die Burg Burgthann im 12. Jahrhundert von den Herren von Thann, die ihren Sitz ursprünglich im nahe gelegenen Altenthann hatten. Ihre Teilnahme an den Kreuzzügen hatte ihr Vermögen gemehrt. Einen Teil dessen investierten sie in den Bau der Burg Burgthann. Ziel war es, eine möglich repräsentative, gut gesicherte und wehrhafte Burg zu bauen. Das ist ihnen gelungen. Auch heute dominiert sie mit ihrer prachtvollen Präsenz das Schwarzachtal. Mit dem großen Innenhof, in dem einst sogar Turniere stattfanden, ihrer nahezu komplett erhaltenen Ringmauer und dem imposanten Bergfried, dem letzten Rückzugsort bei einer Burgbelagerung, bietet sie einen eindrucksvollen Einblick in die Geschichte und die Architektur des Mittelalters. Dies ist vor allem der Fördergemeinschaft Burg Burgthann e. V. zu verdanken, die sich seit vielen Jahren dem Erhalt dieses wundervollen Bauwerks verschrieben hat.

Wie viele andere Orte in Franken wird auch die Burg Burgthann mit dem berühmten Raubritter Eppelein von Gailingen in Verbindung gebracht. Als dieser im Jahr 1381 im nahe gelegenen Postbauer mit seinen Gefolgsleuten im Wirtshaus zum Schwarzen Kreuz einen erfolgreichen Beutezug feierte, wurde eine von den Nürnberger Kaufleuten auf die Raubritter angesetzte Söldnertruppe auf das gesellige Beisammensein aufmerksam. Sie warteten ab, bis sich die Feiernden wehrlos getrunken hatten. Dann fielen sie über die Ahnungslosen her, überwältigten und fesselten die Strauchdiebe und brachten sie auf die Burg Burgthann, in deren Kerker die Erbarmungswürdigen die Nacht verbringen mussten. Tags darauf wurden Eppelein und seine Mannen nach Neumarkt gebracht, wo ihnen grausam der Prozess gemacht wurde.

Spuken soll es hier übrigens auch. Die Gräfin Kunigunde von Orlamünde wurde Mitte des 14. Jahrhunderts Besitzerin der Burg Burgthann. Nach

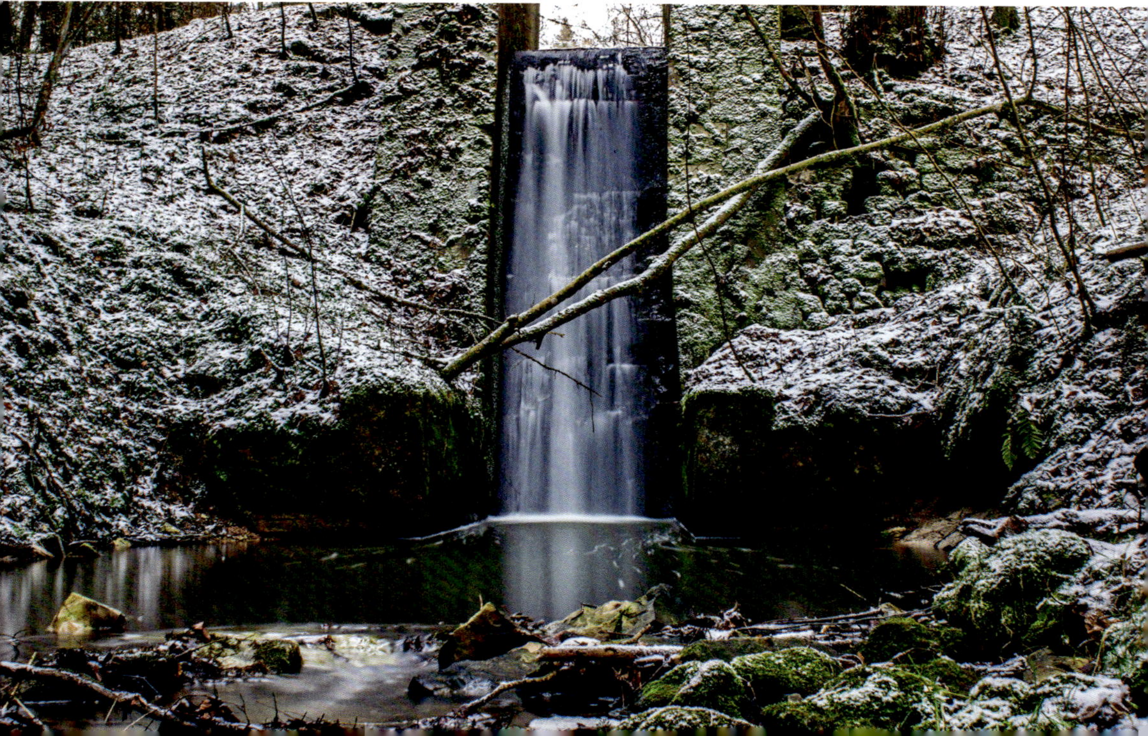

Der Tiefenbachabsturz

einer Bluttat findet ihr Geist keine Ruhe und soll, neben der Mysteriengrotte nahe Krottensee, hin und wieder auch hier umgehen.

Zum Distellochdammstollen und Tiefenbachabsturz Aus der Burg kommend folgt ihr dem Roten Kreuz geradeaus auf der Burgstraße bis zum Rathausplatz. Ihr überquert die Straße und wandert mit eurem Wanderzeichen die Bergstraße entlang den Hang hinauf.
Nach etwa 300 Metern zweigt ihr an einer Gabelung mit dem Roten Kreuz nach links in den Kanalweg ab und durchquert auf diesem das Wohngebiet. Wenn ihr schließlich den Waldrand erreicht, trägt euch das Rote Kreuz nach links in den Wald. Wie schön es doch ist, die Zivilisationsgeräusche Meter für Meter hinter sich zu lassen und wieder der Symphonie des Waldes zu lauschen. Nach 200 Metern gabelt sich der Weg. Während das Rote Kreuz nach rechts direkt zum Kanal hin abbiegt, erwartet euch geradeaus vorher noch ein letztes, wanderzeichenfreies Abenteuer. Statt dem Roten Kreuz nach rechts zu folgen, haltet ihr euch ohne Wanderzeichen geradeaus und wandert hinunter in eine Senke namens Distelloch. Keine Angst, dort unten gibt es nicht mehr Disteln als anderenorts. Unten gelangt ihr an eine Einmündung. Hier biegt ihr links in den Fahrweg ein und erreicht am Fuß des sich rechts von euch erhebenden Distellochdamms eine Weggabelung. Ihr geht kurz nach links und biegt dann, dem Bachverlauf folgend, nach rechts ab. Unter euch erkennt ihr schon kurz nach dem Abbiegen den geheimnisvoll anmutenden Eingang des Distellochdammstollens. Durch diesen fließt der den Damm durchquerende Tiefenbach. Abhängig von Wetter und Wasserstand könnt ihr einen Blick in den Stollen wagen, in dem es nach Regen oder während der Schneeschmelze dank des Wasserrauschens ganz schön laut werden kann. Doch gebt gut acht. Der kurze Trampelpfad hinunter ins Bachbett wird schnell rutschig. Zurück aus dem Bachbett folgt ihr dem sichtbaren Pfad direkt am Wasserlauf entlang weiter nach rechts. Er führt euch zielsicher zum Tiefenbachabsturz, einem künstlichen, doch dadurch nicht weniger schönen Wasserfall. Links davon führt euch ein kaum erkennbarer Weg hinunter. Von dort bietet sich euch ein wundervoller Blick auf die verwunschen wirkende Szenerie.

Entlang des Alten Kanals zum Bahnhof Burgthann Vom Wasserfall kehrt ihr nach oben und vorbei am Distellochdammstollen zur letzten Weggabelung zurück und biegt nun scharf nach links ab. Der breite Weg führt euch in den Wald und vorbei an einem Sandsteinfelsental, an dessen hinterer Wand ein weiterer, kleiner Wasserfall seinen Weg nach unten findet. Dahinter folgt ein ziemlich finsteres Waldstück, hinter dem ihr euch an einer Weggabelung rechts haltet, um kurz darauf an einer weiteren Gabelung steil nach rechts oben abzubiegen. Vor einem Wäldchen gabelt sich der Weg erneut. Ihr geht rechts am Wäldchen entlang und mündet geradewegs in den am Ludwig-Donau-Main-Kanal entlang führenden Schotterweg. In diesen biegt ihr nach rechts ein und trefft auf das letzte Wanderzeichen eurer heutigen Tour, die Schwarze Nummer 2 auf Gelbem Grund. Sie wird euch etwa zwei Kilometer am Kanal entlangführen.

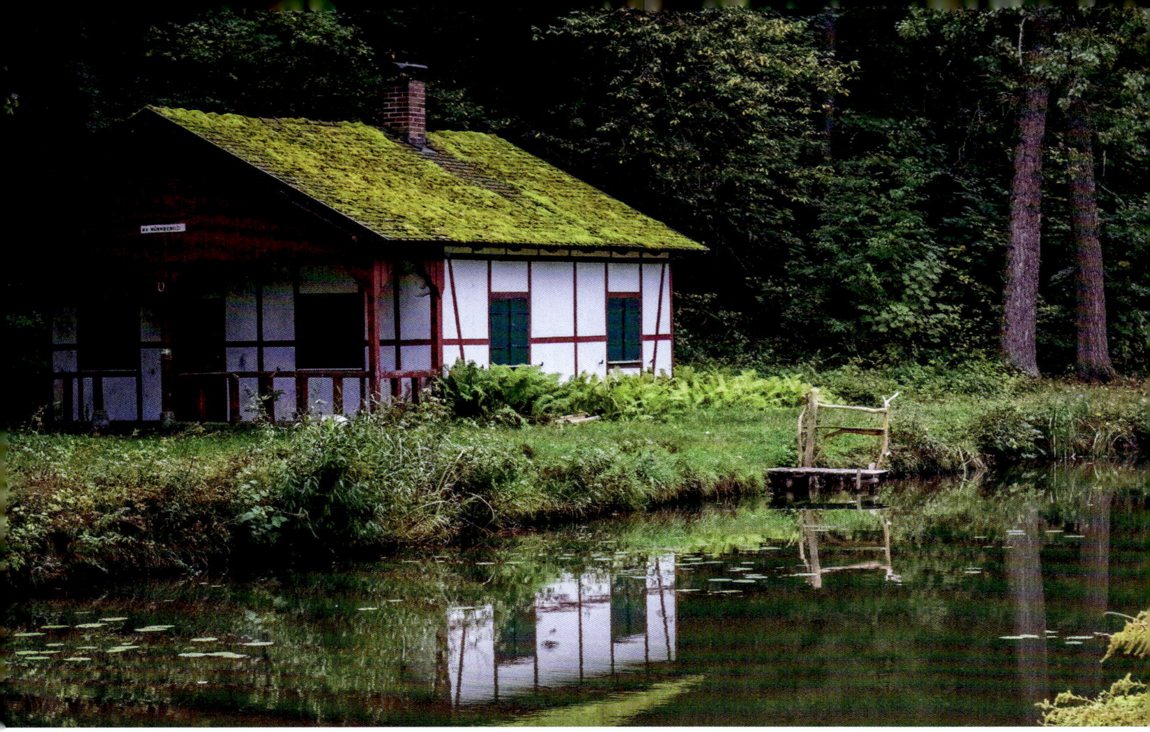

Spiegelung im Ludwigskanal

Hier am Kanal entwickelt jede Jahreszeit ihren ganz eigenen Reiz. Im Winter fasziniert die weiße Eisdecke in Kombination mit den verhaltenen Farben der nahezu laubbefreiten Bäume. Wenn sich eine im Sonnenlicht glitzernde Eisschicht über den Kanal legt und ein ungestümer Ostwind bläst, veranstalten die von den Bäumen gewehten Blätter wilde und geradezu tollkühne Wettrennen auf der gefrorenen Wasseroberfläche. Im Frühling hingegen zaubert die Sonne munter tanzende Sterne auf die sanft im Wind wogenden Wellen. Im Sommer spendieren die den Schotterweg flankierenden Bäume ein wenig willkommene Kühle. Und im Herbst taucht der Nebel den Kanal und die bunten Bäume in eigentümliches, faszinierendes Zwielicht.

Im Vergleich zu anderen Teilstücken des Kanals ist hier meistens etwas weniger los. Besonders an wolkenverhangenen Tagen oder unter der Woche lassen sich hier der besondere Nostalgiezauber und die Ruhe genießen. Dann ist es auf dem Weg beruhigend still. Nur an den Schleusen, die ihr im Verlauf passiert, durchbricht das Wasser mit aufgeregtem Rauschen das Schweigen und erzählt euch murmelnd von seinem langen Weg durch den „Alten Kanal", wie er in Burgthann genannt wird. Nachdem ihr einen Biergarten passiert habt, durchquert ihr eine Unterführung und biegt direkt dahinter nach rechts zu den Gleisen des Bahnhofs Burgthann ab, wo ihr eure Wanderung beendet.

Wissen für Angeber

Honig aus dem Nürnberger Reichswald Auf dieser Tour durchwandert ihr den Lorenzer Reichswald, der Teil des Nürnberger Reichswalds ist. Aufgrund der sandigen Böden

fühlt sich hier die Heide besonders wohl. Die Heide wiederum wird von den Bienen sehr geschätzt. Honig und Wachs, beides wird von den Bienen fleißig produziert, sicherten im Mittelalter das Auskommen der Zeidler. Das waren Honigsammler, zur damaligen Zeit ein besonders wichtiger Beruf. Denn Honig war das einzige Süßungsmittel. Und besonders die Nürnberger benötigten ihn für ihre berühmten Lebkuchen. Zudem wurde aus Honig Met hergestellt. Das Bienenwachs hingegen wurde für die Produktion von Kerzen, dem so ziemlich wichtigsten Leuchtmittel im Mittelalter, benötigt. So relevant waren die Zeidler, dass ihnen König Karl IV. sogar besondere Privilegien zugestand. Zum Beispiel hatten sie ihre eigene Gerichtsbarkeit und waren in allen Städten des Reiches vom Zoll befreit. Anders als heutige Imker hielten die Zeidler die Bienen nicht in Bienenstöcken oder Bienenkörben. Stattdessen schlugen sie in etwa sechs Metern Höhe Bienenhöhlen in alte Bäume und versahen die Hohlräume mit Brettern, in die sie kleine Einfluglöcher für die Tierchen bohrten. Diese traditionelle Form des Honigsammelns ging im Lauf der Jahrhunderte nahezu verloren. Neue Süßungsmittel eroberten den Markt. Aus Übersee gelangte Rohrzucker nach Mitteleuropa und mit Beginn des 19. Jahrhunderts wurde Zucker industriell aus Zuckerrüben gewonnen. Statt Met tranken die Menschen Bier. Und selbst der Bedarf an Bienenwachs ging zurück, schon allein weil mit der Reformation Klöster aufgelöst und Gottesdienste weniger prunkvoll gestaltet wurden und somit in den Kirchen weniger Kerzen benötigt wurden. Mittlerweile jedoch erlebt der Beruf des Zeidlers, zum Beispiel im Steigerwald, eine zaghafte und wohlgeschätzte Renaissance.

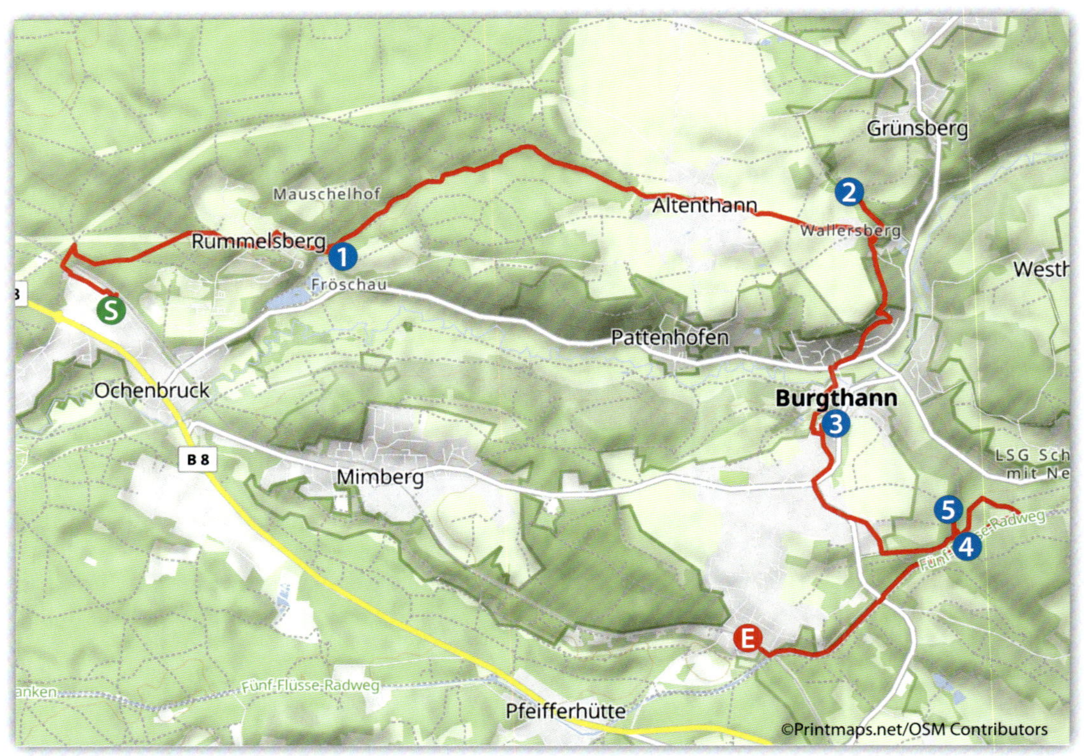

3 Magische Orte rund ums Schwarzachtal bei Altdorf

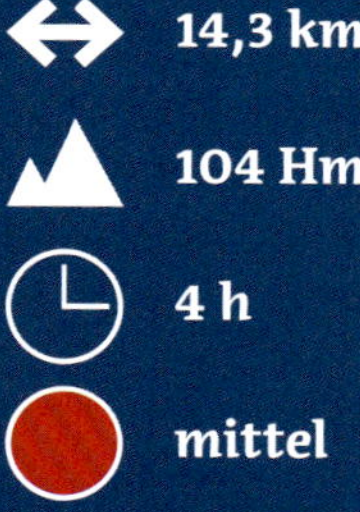

14,3 km

104 Hm

4 h

mittel

Eckdaten:

Schatten/Sonne: viele sonnenbeschienene Wege

Start-/Endpunkt: Bahnhof Altdorf bei Nürnberg, Linie S2

Parkplatz: Parkhaus am Röder, Röderstr. 4, 90518 Altdorf bei Nbg.

Ausrüstung: Taschenlampe

Einkehrtipp: In Altdorf laden jede Menge Restaurants und Cafés zur Einkehr ein

Das malerische Altdorf bei Nürnberg blickt auf eine lange Geschichte zurück. Bis in die Steinzeit reichen seine Wurzeln. Namentlich erstmalig erwähnt wurde es vor gut 900 Jahren und erhielt Ende des 14. Jahrhunderts das Stadtrecht. Mit seiner gut erhaltenen Altstadt, in deren Mauern sich auch die ehemalige Universität Altdorfina befindet, an der einst sogar der berühmte Albrecht von Wallenstein studierte, begeistert Altdorf seine Besucher. Neben der geschichtsträchtigen Altstadt bietet auch die Umgebung Altdorfs einige faszinierende Orte, die euch in ihren Bann ziehen werden.

Highlights:

1. Hängeesche in Altdorf
2. Oberes Tor
3. Löwengrube mit Kegelbahn und Felsenkeller
4. Kirche St. Michael mit Schäferkapelle in Rasch
5. Burg Grünsberg
6. Sophienquelle
7. Teufelskirche
8. Wallensteinhaus
9. Ehemalige Universität Altdorfina

Die Sage

Zwergenzauber bei Prackenfels Im malerischen Schwarzachtal träumt der kleine, verschlafene Ort Prackenfels idyllisch vor sich hin. Heute durchqueren ihn vor allem verzückte Wanderer auf ihrem Weg zu einem der vielen faszinierenden Orte, die sich hier unterhalb der ehrwürdigen Stadt Altdorf rund um die Schwarzach versammelt haben. Noch vor einigen Hundert Jahren jedoch blieb hier kein Reisender unbehelligt. Denn über dem Ort erhob sich ehedem eine weithin verrufene Raubritterburg. Das Diebesnest trug, aufgrund der gewaltigen und einschüchternden schwarzen Dachgiebel, den Namen Giebelsburg. Der Teufel höchstpersönlich soll beim Bau Hand angelegt haben. Und so verwundert es nicht, dass die Bewohner ausgesprochene Unholde waren, die jeden um seine Habe erleichterten, der es wagte, ihrer finsteren Burg zu nahe zu kommen.

Als das Raubrittertum immer weniger einträglich wurde und die Nürnberger Patrizier im Kampf gegen die Gesetzlosen immer unerbittlicher wurden, verlegte der Herr der Giebelsburg sich schließlich auf weniger riskante und rechtlich bedenkenlose Geschäfte. Sein Sohn Hanno, ein friedfertiger und wohlgestalteter Jüngling, wäre für die Raubritterei eh nicht geeignet gewesen. Er streifte gerne in den sanft geschwungenen

Schwarzachauen umher und genoss die Ruhe der Natur.
Bei einem dieser ausgedehnten Spaziergänge wurde er eines Tages von einem jungen Mädchen aus dem nahen Westhaid beobachtet. Sie hieß Käthe und verliebte sich auf den ersten Blick in den verträumt umherwandernden Raubrittersohn. Von Busch zu Busch schlich sie Hanno unbemerkt hinterher, verbarg sich einmal hinter einem dicken Baum, dann wieder in einer kleinen Senke. Um nichts in der Welt wollte sie die Aufmerksamkeit des jungen Mannes auf sich ziehen. Während sie Hanno verzaubert hinterherschlich und dabei am Rand einer der vielen Schluchten des Schwarzachtals entlangging, sah Käthe auf dem Grund der Schlucht plötzlich tausend kleine Lichter umher tanzen. Sie rieb sich die Augen. War das die Sonne, deren Strahlen von kleinen, kräuselnden Wellen reflektiert wurden? Nein, die Sonne stand dafür noch nicht hoch genug. Zudem hörte sie von unten ein leises Klopfen. Von Neugierde gepackt, rutschte Käthe vorsichtig den steilen Hang hinab und der geheimnisvollen Lichtquelle entgegen. Je tiefer sie hinunterrutschte, desto vernehmlicher wurde das Klopfen. Dazu wurden Glocken geschlagen und Hörner geblasen. Aus den Nischen der Sandsteinfelsen sprangen silbern glänzende Quellen. Links und rechts taten sich kleine Höhlen voller glitzernder und funkelnder Edelsteine und Kristalle auf. Schließlich den Boden der Schlucht erreichend, fand sie sich inmitten eines ausgelassen feiernden Zwergenvolks wieder. Keiner der Winzlinge schien Angst vor ihr zu haben. Da trat einer der Zwerge mit seiner prächtigen, fingerhutgroßen Krone, ganz offensichtlich der König der Wichtel, vor Käthe und fragte sie nach ihrem Begehr. Da begann das Mädchen liebestrunken von Hanno zu erzählen. Die Zwerge, von Käthes Schwärmerei hingerissen, verstummten und lauschten verträumt den romantischen Ausführungen. Und während sie gedankenverloren von dem Angebeteten berichtete, sprach sie es plötzlich und selbst von ihrer Offenheit überrascht aus: „Hanno, ich liebe Dich."
Da geschah das Wunder. Die drei Worte wurden vor ihren Augen sichtbar und leuchteten magisch in glänzenden und schillernden Farben, während ein sanfter Windhauch sich ihrer bemächtigte und sie zärtlich schwebend hin und her wiegte. Dann trug er die Worte, um sich selbst kreisend, nach oben, hinaus aus der Schlucht und den Baumkronen entgegen. Die Worte strebten durch das grüne Blätterdach dem Himmel entgegen und verschwanden.
Als der Zauber nicht mehr zu sehen war, frischte der Wind in der Schlucht plötzlich auf und trug die Stimme des Raubrittersohnes durch die Schlucht. „Schöne Kathrein, sei mein!", sprach die Stimme. Käthe erschrak. Was war geschehen? Woher kam die Stimme des Geliebten? Verwirrt stieg Käthe so schnell sie konnte aus der Schlucht und eilte heim nach Westhaid. Doch wie überrascht war sie, als sie nach Hause kam und niemand Geringeren als Hanno bei ihrem Vater stehen sah. In dem Moment, als Käthe die Tür öffnete, reichten sich ihr Vater und der Raubrittersohn die Hände und besiegelten die Verlobung. Hanno war ebenso wie Käthe vom Zwergenzauber erfasst worden. Der Zauber hatte ihn zum Haus ihres Vaters getragen, wo er sogleich um Käthes Hand angehalten hatte. Und als Hanno seine Käthe mit auf die Giebelburg nahm, wurde diese dank der Liebe der beiden zu einem strahlenden

3

und freundlichen Ort. Das geheimnisvolle Zwergenvolk jedoch, dem die beiden ihr Glück verdankten, wurde seit diesem Tag nicht mehr gesehen.

Nach: Das Kätherl von Westhaid. Nürnberger Land, S. 276 ff.

Die Wegbeschreibung

Zur Hängeesche Von den Zügen kommend trefft ihr am Altdorfer Bahnhof an einer Wandertafel neben den Fahrradunterständen direkt auf euer erstes Wanderzeichen, die Weiße Nummer 5 auf Grünem Grund. Sie wird euch bis nach Prethalmühle begleiten und weist euch zuerst den Weg nach links Richtung Rasch. Vorbei am S-Bahn-Parkplatz läuft der Fußweg mit der Nummer 5 geradeaus in die Stephanstraße und mündet an deren Ende über einige Stufen in den Kappelgraben. In diesen biegt ihr mit der Nummer 5 Richtung Prethalmühle nach rechts ein, überquert bald auf einem Zebrastreifen die Bahnhofstraße und geht auf dem Kappelgraben weiter geradeaus, bis er in die Röderstraße mündet, der ihr mit der Nummer 5 nach links folgt.

Wenn ihr mit dem Auto anreist und alternativ im Parkhaus am Röder parkt, beginnt eure Wanderung hier.

Schon nach wenigen Metern erreicht ihr den grandios geformten Torbogen der Hängeesche. Fantastisch, wie die beiden zusammengewachsenen Bäume die Gestalt eines kopflosen Wesens mit bizarr geformten Gliedmaßen zu imitieren scheinen.

In die Löwengrube Die Röderstraße wird geradeaus zur Adalbert-Stifter-Allee und führt euch zwischen einem Spielplatz und dem Waschweiher, dessen ehemalige Verwendung der Name hinreichend erklärt, hindurch an die Nürnberger Straße.

Dort angelangt, erhebt sich links von euch das beeindruckende Obere Tor. Ein hoher Turm, der zu den ältesten Teilen der mehr als 600 Jahre alten Stadtmauer gehört. Ihr überquert die Nürnberger Straße und folgt der Nummer 5 leicht rechts in eine kleine Parkanlage. Hier empfängt euch ein weiterer Weiher. Es ist der Rossweiher, der früher vermutlich als Pferdeschwemme diente und sich, eingerahmt von Bäumen und Büschen, der Stadtmauer entgegen schmiegt. Wenn die Fontäne in der Mitte des Weihers das Wasser in stäubenden Wolken in die Luft schießt und die Geräusche der nahen Straße überlagert, bietet diese kleine Oase eine willkommene Abwechslung zum aufgeregten, städtischen Treiben. Die beiden heute noch vorhandenen Weiher gehörten ursprünglich zu einer ganzen Reihe von Gewässern, die die Stadt umgaben. Der kühne Plan, die Gewässer miteinander zu verbinden und so ganz Altdorf mit einem Wassergraben zu umgeben, wurde nie umgesetzt.

Hinter dem Rossweiher erhebt sich, als Teil der Stadtmauer, der Feilturm. In diesem alten Gemäuer, das früher unter anderem als Gefängnis genutzt wurde, geht es angeblich heute noch um. Der mildtätige Geist einer Altdorferin, die einst, als die Pest die Stadt heimsuchte, ihren Mitbürgern Trost und Nahrungsmittel spendete, zeigt sich in manchen Nächten als die Weiße Frau von Altdorf, um die Leute zu ermahnen, auf dem rechten Weg zu bleiben, und ihren Mitmenschen Gutes zu tun.

Von der kleinen Parkanlage des Rossweihers gelangt ihr mit der Nummer 5 auf den Mühlweg und auf diesem an eine Weggabelung. Hier zweigt ihr mit eurem Wanderzeichen leicht rechts in den Schotterweg ab, der euch an die Pfaffentalstraße führt. Diese überquert ihr und folgt der Nummer 5 geradewegs aus dem Ort hinaus und hinab ins Schwarzachtal. Unter einer Autobahnbrücke hindurch haltet ihr euch links und wandert mit eurem Wanderzeichen weiter hinunter Richtung Prethalmühle. Der Schotterweg wird zum schmaleren Pfad, der sich mit der Nummer 5 durch

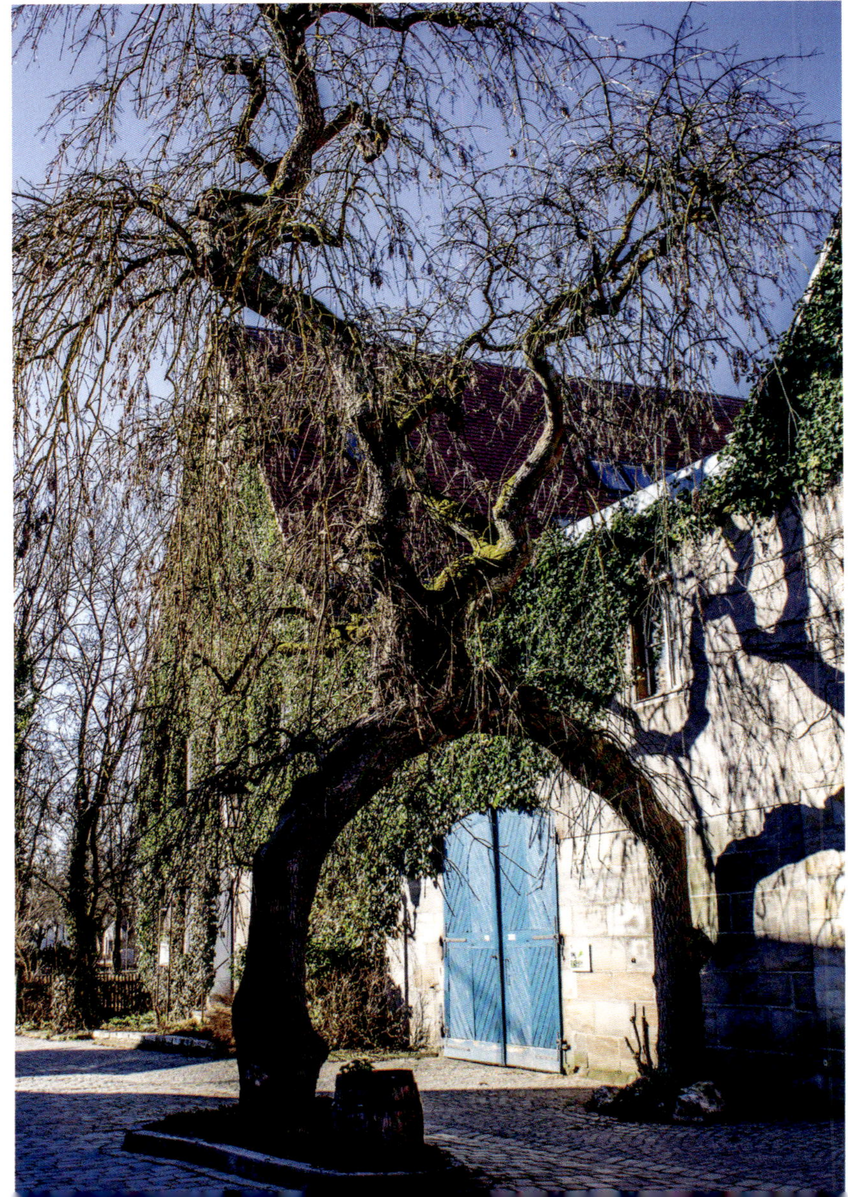

Die Hängeesche in Altdorf

3

dichtes Gebüsch windet. Er trägt euch bald auf einem schönen Weg, oberhalb einer Schlucht, die von einem heiter plätschernden Bächlein durchflossen wird, durch den Wald und bis nach Prethalmühle.

Im Licht der morgendlichen Sonnenstrahlen, die den Boden der Schlucht sanft liebkosen, funkeln die kleinen Wellen, die das Wasser beim Hüpfen von einer kleinen Terrasse über die nächste aufwirft, wie tausend glänzende Edelsteine.

In Prethalmühle, das seinen Namen der gleichnamigen Mühle verdankt und das ihr bald erreicht, treibt das Wasser heute Turbinen an und erzeugt umweltbewussten Strom. Früher war diese Mühle die wichtigste Mahlmühle in der Altdorfer Umgebung und unerlässlich für die Mehl-Versorgung der Bürger. Denn in Altdorf selbst gab es kein fließendes Gewässer, das den erfolgreichen Einsatz einer Mahlmühle ermöglicht hätte.

Ihr mündet mit dem schönen Waldweg am Ortsrand von Prethalmühle direkt in die Straße. Hier verlasst ihr vorerst die Nummer 5 und wechselt nach links auf die Weiße Nummer 3 auf Grünem Grund. Rechts von euch mäandert im Talgrund, gesäumt von knorrigen Bäumen, die grünlich schimmernde Schwarzach. Die Nummer 3 trägt euch auf der Straße ein Stück den Hang hinauf und mitten in den Wald, vor den verwunschen wirkenden, mit einem wunderschönen Fachwerkhäuschen umgebenen Eingang zum Auer'schen Bierkeller, der früher unter anderem als Schankhaus für die nahe Löwengrube genutzt wurde und heute an ein Hexenhäuschen erinnert.

Hier verlasst ihr die, sich nach links oben windende, Straße und folgt der Nummer 3 für ein paar Meter geradeaus bis zu einer Weggabelung, an der ihr, weiterhin mit der Nummer 3, nach links abbiegt. Vom Wegesrand grüßen euch schon die ersten, großen Sandsteinfelsen. Dann führt euch der mit Geländer gesicherte Weg an der Kante einer Schlucht entlang, über einen Holzsteg und durch ein schmales Portal in die Alte Kegelbahn der Löwengrube.

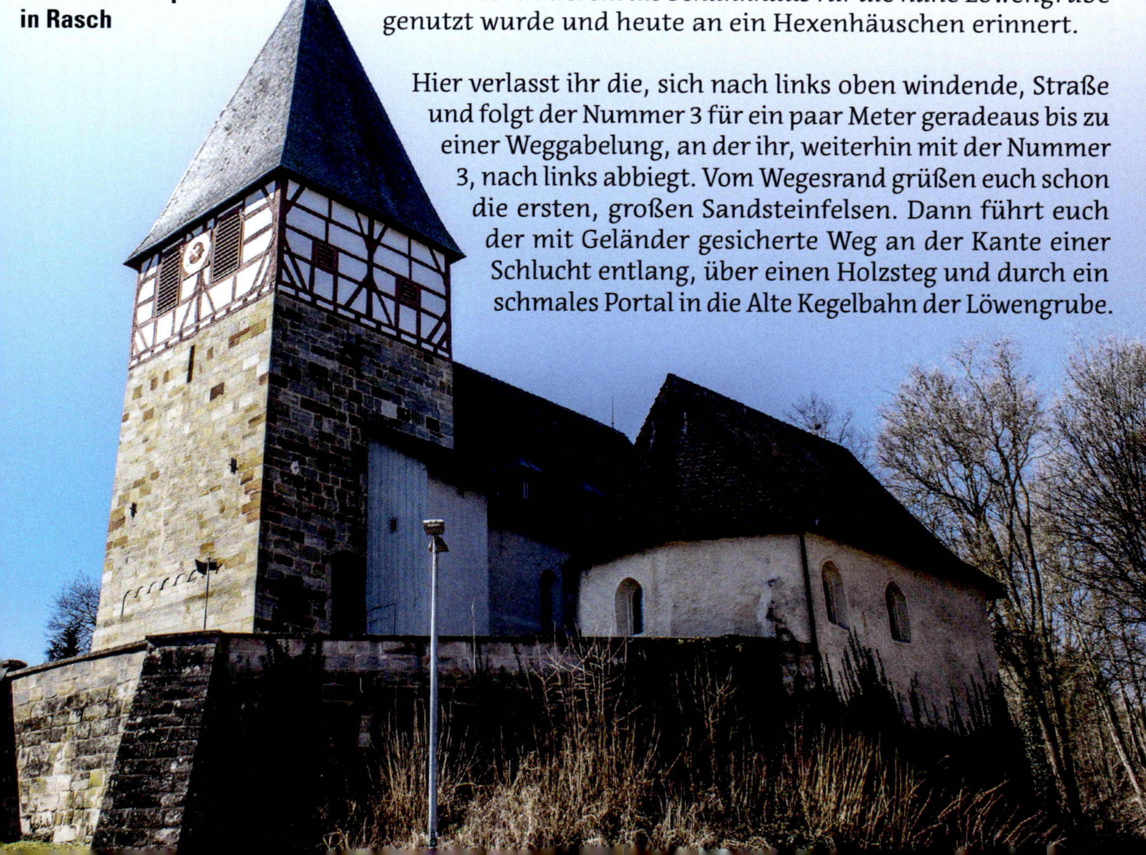

St. Michael mit Schäferkapelle in Rasch

Was für ein wohliges Gefühl, durch den engen Gang in die kunstvoll von Menschenhand geschaffene Höhle mit ihren gewölbten Bögen zu gelangen. Ein geheimnisvoller Ort, dessen Wände in dem spärlich hereinfallenden Licht mystisch grün leuchten.

Aus der Kegelbahn heraustretend gelangt ihr in die Löwengrube, den alten Steinbruch, in dem die Altdorfer früher die Steine für ihre Universität brachen. Mit etwas Fantasie könnt ihr an diesem verwunschenen Ort noch heute das kraftvolle Auf- und Niederschmettern der Steinmetzhammer vernehmen. Die stattlichen, von Efeu umrankten Felsen verleihen der Löwengrube zu jeder Jahres- und Tageszeit eine magische und romantische Stimmung. Einst feierten hier die Altdorfer Studenten ihre wilden Gelage und verabredeten sich, verborgen vor den wachsamen Augen der Gerichtsbarkeit, zu verbotenen Duellen. Mit dem Namen Löwengrube ehrten die Studenten den maßgeblichen Sponsor dieses „Lustortes", ihren Kommilitonen Baron Friedrich Gottlieb von Löwenstern.

Der sich im Stein öffnende Felsenkeller lädt zur Erkundungstour ein, für die sich eine Taschenlampe empfiehlt. Über den Eingang gelangt ihr zu einem Rondell, von dem einige Gänge tiefer in den Sandstein führen. Doch aufgepasst! Der Boden ist nicht immer eben. Also erst nach unten leuchten, bevor ihr die Wände der mühevoll mit den Händen in den Fels gehauenen Gänge bestaunt. In einer der hinteren Ecken bilden sich an der Decke sogar kleine Tropfsteine.

Zur Schäferkapelle Von der Löwengrube gelangt ihr durch die Kegelbahn wieder zurück zur Weggabelung und wechselt nun mit der Nummer 5a nach links auf den Schwarzachtalweg, der euch bis nach Rasch führen wird. Über eine wunderschöne Waldtreppe, die auch Himmelsleiter genannt wird, steigt ihr hinab und dem Talgrund entgegen, wo die Sonne die Wasseroberfläche des Bächleins, das von der Löwengrube herunterfließt, golden funkeln lässt. Unten angekommen wandert ihr auf einem weichen Waldweg. Bald öffnet sich rechts von euch das Schwarzachtal mit seiner faszinierenden Marschlandschaft. Im Frühjahr erwartet euch hier eine wundervolle Vegetation. Das Lila und Gelb der Blumen schmücken den Wegesrand. Kraftvoll strahlt das saftige Frühlingsgrün der Bäume, hinter denen ihr die Schwarzach sanft plätschern hört, wenn sie über den ein oder anderen Stein fließt. Überall zwitschern die Vögel. Was für eine lebensfrohe Symphonie!
Bald nähert sich der Weg, der mittlerweile zum Schotterweg geworden ist, der Schwarzach an und verläuft teilweise ganz nah an deren Ufer. Hier bieten sich euch wundervoll verträumte Ansichten. Auch wenn dem sicher nicht so ist: Die Schwarzach wirkt hier besonders urtümlich und authentisch. Ein Fluss, an dessen Ufer der Sand von den Wellen sanft hin und her getragen wird, und an dem Totholz als Nährboden für neues Leben dient.

Wenn die Bäume und Sträucher den Blick nach Rasch freigeben, wird rechter Hand, am gegenüberliegenden Ufer der Schwarzach, auch schon der Kirchturm von St. Michael zwischen den Baumkronen sichtbar. Kurz

3

vor der Ortsgrenze zweigt ein schmaler Pfad mit der Nummer 5 vom Hauptweg nach rechts ab und strebt durch den Talgrund zwischen Wiesen und Feldern einer Brücke entgegen, auf der ihr die Schwarzach überquert. Rechts auf dem Parkplatz dahinter trefft ihr auf euer neues Wanderzeichen, die Weiße Jakobsmuschel auf Blauem Grund, das Zeichen des Jakobsweges. Diesem folgt ihr auf der Straße nach links in den Ort und weiter oben scharf rechts in den Kirchhof von St. Michael. Deren außergewöhnlicher, von dunklem Holz geprägter, dreistöckiger Innenraum ist durchaus einen interessierten Blick wert.

Nachdem ihr die Kirche besichtigt habt, umrundet ihr sie und gelangt zur Schäferkapelle, die heute als Einsegnungshalle genutzt wird. Der Ursprung dieser Kapelle reicht bis in die Zeit der Christianisierung Frankens zurück. Da Missionsarbeit besonders dann erfolgreich sein kann, wenn sie behutsam vonstattengeht, wurde die alte Kultstätte über die Jahre sanft christianisiert. So ertönten in Rasch nahe der Stelle, an der einst Wodan, dem Göttervater, Thor, dem Hüter des Rechts und des Eigentums, und Freya, der Hüterin der Ehe und des Heims, gehuldigt wurde, im Lauf der Jahre christliche Lieder. Das Kreuz ersetzte Wodans Hammer und die Runen der alten Götter fanden über den Kirchenfenstern Platz. Damit gehört die Schäferkapelle zu den wenigen baulich erhaltenen Kultstätten aus germanischer Zeit in Deutschland. Eine ähnliche Entwicklung sagt man übrigens auch der Kapellenruine Zum Heiligen Baum bei Arzlohe nach. Allerdings finden sich dort keine so offensichtlichen Beweise für diese Theorie.

Zur Sophienquelle Vom Kirchhof kehrt ihr mit eurem neuen Wanderzeichen, der Jakobsmuschel, scharf links in den Talgrund zurück und folgt dem Jakobsweg nach links. Auf diesem weichen Weg wandert ihr durch den Wald, vorbei an den im Frühjahr und Sommer saftig blühenden Wiesen und moorähnlichen Wassergebieten. Besonders faszinierend sind in dieser Waldeinsamkeit linker Hand mehrere tief im Hang klaffende Sandsteinschluchten und Felsenkessel, zu denen immer wieder schmale und abenteuerliche Trampelpfade führen. Ein magischer Flecken Erde. Sogar einige Quellen und Bächlein schmücken und queren euren Weg. Vielleicht ist auch eine dieser Schluchten der Ort, an dem Käthe dem Zwergenkönig begegnete.

Nach einer Weile erreicht ihr eine hölzerne Brücke, die euch mit der Jakobsmuschel nach rechts über die Schwarzach und auf der Straße leicht links hinauf nach Prackenfels führt. Dort oben am Hang stand einst die einschüchternde Giebelsburg, von der die alte Sage berichtet. An der ersten Weggabelung in Prackenfels biegt ihr mit der Jakobsmuschel nach links Richtung Grünsberg ab und verlasst Prackenfels kurz darauf ins stille Schwarzachtal. Die grünen Auen laden zum entspannten Schlendern ein. Zwischen den von dichtem Wald bedeckten Hängen fallen Mühsal und Anstrengung ab und machen Platz für Ruhe und Zufriedenheit.

Gut einen Kilometer nachdem ihr Prackenfels verlassen habt, erreicht ihr eine Abzweigung, an der euch ein Wegweiser mit der Jakobsmuschel nach rechts auf dem „steilen" Weg hinauf nach Grünsberg führt. Das kleine Bächlein, das links neben dem Pfad munter und silberhell dem Schwarzachtal entgegenspringt; die Furt, die ihr mit ein paar sicheren Schritten auf breiten Quadern überquert; darüber das Rauschen des Windes in den Ästen; am Ende der Schlucht die sich rechts über euch stolz erhebende Burg Grünsberg – all diese fantastischen Eindrücke erzeugen die Atmosphäre eines verwunschenen Zauberwaldes.

Oben mündet der Pfad über eine lange Treppe in die Grünsberger Straße. Bevor ihr die Straße überquert, lohnt sich noch ein verstohlener Blick in den, sich direkt rechts neben euch öffnenden Vorhof der Burg Grünsberg. Dann überquert ihr die Straße und biegt an der gegenüberliegenden Wandertafel mit der Jakobsmuschel links Richtung Sophienquelle ab. Vorbei an dem ehemaligen Burggarten trägt euch die Jakobsmuschel nach einem kurzen Stück an der Straße sanft leicht rechts in den Wald, auf einer inspirierenden Waldallee zuerst vorbei am kleinen Dolderlesbrunnen und dann vor den elegant geschwungenen Bogen der verträumten Sophienquelle.

Die barocke Quelleneinfassung, die übrigens zu den größten ihrer Art nördlich der Alpen gehört, wirkt hier, mitten im Wald, als wäre sie einem Märchen entsprungen. Das Wasser fließt von der Quelle über zwei weitere Reservoire den Hang hinunter. Überall plätschert und sprudelt es. Ein wundervoll harmonischer Ort, der zum Verweilen einlädt.

Der Wasserfall in der Teufelskirche

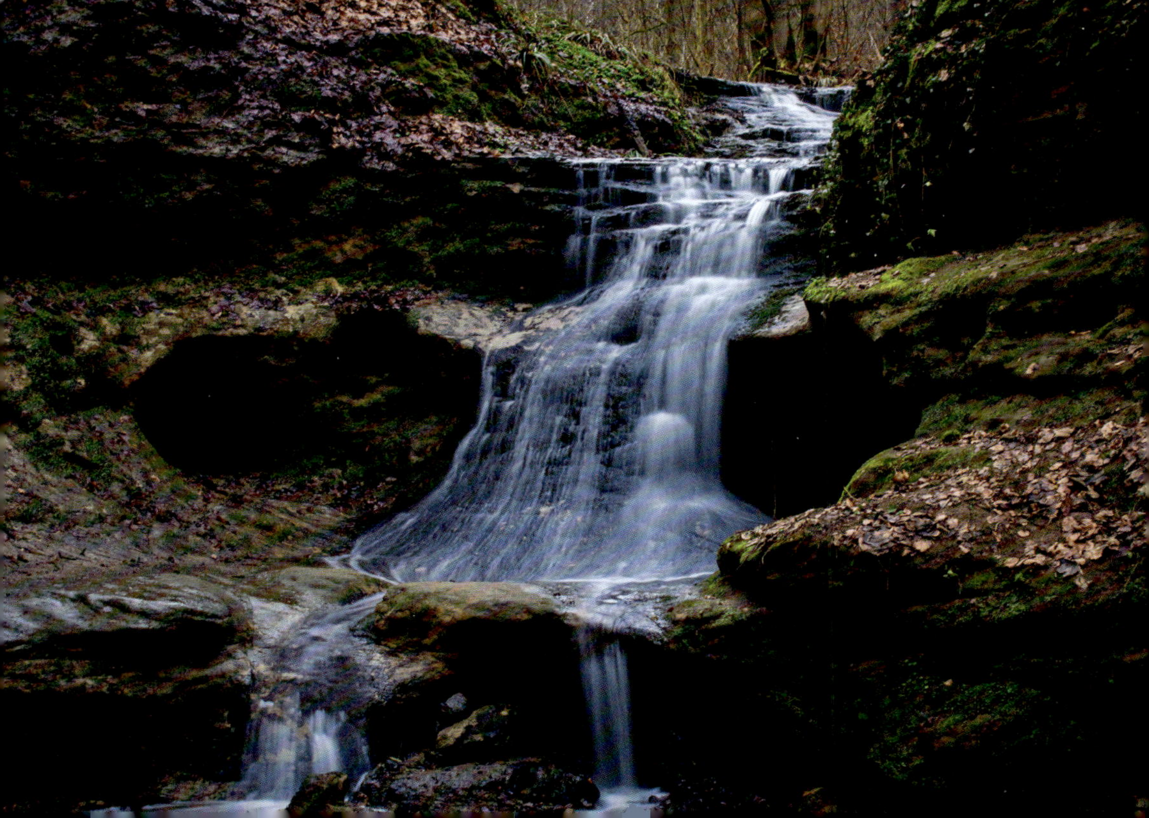

3

Zur Teufelskirche Von der malerischen Sophienquelle kehrt ihr mit der Jakobsmuschel zurück zur Burg Grünsberg. An der Wandertafel gegenüber der Burg wechselt ihr von der Jakobsmuschel auf euer letztes Wanderzeichen für den heutigen Tag, den Wallenstein-Rundweg. Dieser führt euch entlang der Grünsberger Straße nach oben. Auf eurem Weg hinauf passiert ihr die Straße Am Doktorsbrunnen. Am Ende der Straße sprudelt im Wald eine kleine Quelle, eben jener Doktorsbrunnen. Um diesen natürlichen Brunnen rankt sich die Legende, dass ein Mediziner aus Altdorf seine übergewichtigen Patienten gerne täglich zu Fuß von Altdorf hinunter nach Grünsberg zu der vermeintlichen Zauberquelle schickte, deren Wasser fidel und schlank machen sollte. Nach ein paar Monaten des täglichen Spazierens zum Zauberbrünnlein wurden die Patienten tatsächlich dünner und agiler. Heute wissen wir natürlich, dass die Ursache des Erfolgs vielmehr die Bewegung an der frischen Luft als das vorgebliche Wunderwasser war. Doch wenn der Glaube Berge versetzt, wieso sollte man der Magie ihren Zauber nehmen?

Auf der Grünsberger Straße geht es weiter nach oben. Links von euch öffnet sich eine weitere, imposante Sandsteinschlucht. Kurz darauf gelangt ihr an eine Weggabelung mit einer Bushaltestelle auf der gegenüberliegenden Seite. Hier überquert ihr die Straße mit dem Wallenstein-Rundweg, geht links an der Bushaltestelle vorbei und überquert auf dem Weg ins Wohngebiet einen Wendehammer. Im Wohngebiet folgt ihr eurem Wanderzeichen an der ersten Einmündung nach rechts, bei der nächsten Gelegenheit nach links und dahinter zügig aus dem Ort hinaus und wieder dem Wald entgegen. Nach den ersten Bäumen folgt ihr dem Wallenstein-Rundweg nach rechts, vorbei an einem Geländer, oberhalb der Teufelsschlucht, in den Wald.

Der Weg wird zum schmalen Pfad, der sich am Hang entlang elegant durch den schönen Wald schlängelt. Etwa 700 Meter nachdem ihr Grünsberg verlassen habt, erreicht ihr den Felsenkessel der Teufelskirche. Diese begeistert neben ihrer bloßen Größe mit dem sich mutig über die Felskante stürzenden Wasserfall. Inmitten des Kessels liegen riesige, scheinbar herausgerissene Felsbrocken. Der Leibhaftige höchstpersönlich soll diese Felsen hinterlassen haben, als er einst, vor einer Jägermeute flüchtend, mit Donnerhall in den Fels gefahren sein und dabei die gewaltigen Brocken herausgesprengt haben soll.

In der Teufelskirche klafft das mit einem Netz versperrte Portal eines alten Stollens. Kohle und Silber wurden hier abgebaut. Vermutlich wäre das Netz gar nicht nötig gewesen. Denn das nur schwer zu ertragende Odeur, das einem schon nach wenigen Metern im Stollen schier den Atem raubt, verleidet dem interessierten Besucher eine ausgedehnte Höhlenbefahrung.

Der Rückweg Von der Teufelskirche kehrt ihr zum Wallenstein-Rundweg zurück und folgt diesen nach rechts über eine Brücke an eine Weggabelung. Hier zweigt ihr mit eurem Wanderzeichen nach links oben und nach nicht einmal 200 Metern nach rechts oben ab. Über eine Waldtreppe gewinnt ihr schnell an Höhe und wandert dahinter geradeaus weiter. Eine Kreuzung ohne erkennbares Zeichen des Wallenstein-Rundwegs überquert ihr ebenfalls geradeaus und gelangt, bald wieder mit eurem Wanderzeichen, auf die Ebene. Dort mündet ihr, weiter geradeaus, in einen von links kommenden Schotterweg. Auch auf der Ebene folgt ihr dem Wallenstein-Rundweg, mit dem ihr schließlich nach links in die Prackenfelser Straße einbiegt. Mit dieser wandert ihr unter der Autobahn hindurch zurück nach Altdorf und durchs Gewerbegebiet, bis sie an einer Ampel in die Pfaffentalstraße mündet. Dieser folgt ihr mit dem Wallenstein-Rundweg kurz nach rechts und bei der nächsten Gelegenheit in den verkehrsberuhigten Feuerweg. Auf dem Feuerweg erreicht ihr den Mühlweg, mit dem ihr nach links, vorbei am Rossweiher, zum Oberen Turm zurückkehrt.

Dieses Mal durchquert ihr das Obere Tor nach rechts und werdet vom Altdorfer Marktplatz empfangen, der sich bis zum Rathaus in der Mitte des lang gezogenen Platzes in den Oberen und dahinter in den Unteren Markt teilt. Rechts und links wird der Marktplatz von vielen schönen und gepflegten alten Häusern eingefasst. Neben der prächtigen Laurentiuskirche, die vermutlich auf dem Fundament eines fränkischen Königshofes aus dem 9. Jahrhundert steht, findet ihr hier das mehr als 600 Jahre alte Rathaus. Schon der Name „Altdorf" verweist auf die urfränkischen Wurzeln der Stadt. Denn die Franken, anders als die Bajuwaren, die ihre Orte gerne auf „-ing" enden ließen, versahen ihre Ortsnamen bevorzugt mit „-heim" oder „-dorf".
Direkt gegenüber dem Rathaus steht das Wallensteinhaus, in dem der berühmte Baron im Jahr 1599 für einige Monate Quartier bezog. Daneben findet ihr im Roten Ross das älteste Gasthaus der Stadt. Wenn ihr vom Roten Ross noch ein paar Meter dem Unteren Markt folgt, könnt ihr nach rechts in die Collegiengasse abbiegen und erreicht kurz darauf die Altdorfina, die ehemalige Universität Altdorfs. Was viele nicht wissen: Im 17. und 18. Jahrhundert gehörte die Altdorfina zu den wichtigsten Universitäten im Heiligen Römischen Reich deutscher Nation. Hier studierte vor etwa 350 Jahren sogar Gottfried Wilhelm Leibniz. Nicht der mit den Keksen, sondern einer der wichtigsten Universalgelehrten und Philosophen seiner Zeit.

Von der Altdorfina kehr ihr auf der Collegiengasse zum Unteren Markt und zum Rathaus zurück. Wenn ihr mit Blick auf die Laurentiuskirche und den Oberen Markt vor dem Eingang des Rathauses steht, biegt ihr nach rechts unten in die Hermanngasse ab. Diese wird zum Judenbühl und hinter einer Kreuzung geradewegs zur Königsbühlstraße, die euch an eine Einmündung trägt. Dort biegt ihr mit dem Heumarkt leicht rechts zur Bahnhofstraße hin ab. Dieser wiederum folgt ihr nach links bis zum Zebrastreifen. Euer Weg läuft rechts in den Kappelgraben und an der Wandertafel nach links über einige Stufen in die Stephanstraße ab, die euch zurück zum Bahnhof führt.

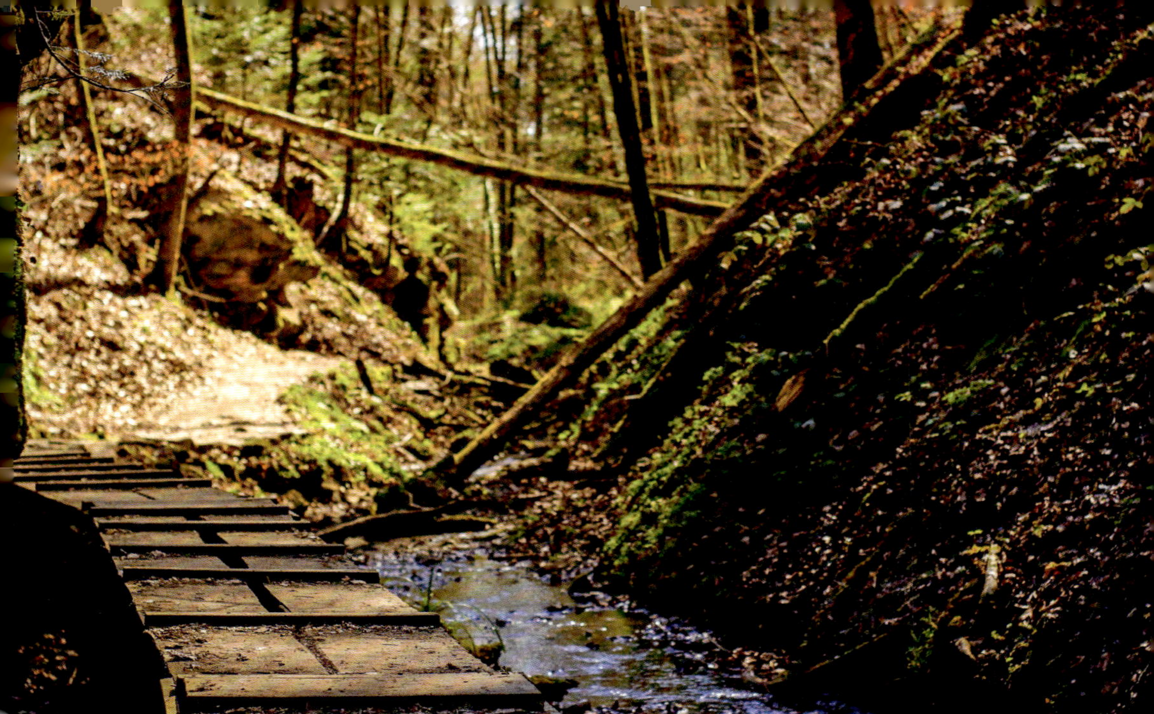

Die Stege der Teufelsschlucht

Wissen für Angeber

Wallenstein in Altdorf Gerade einmal 16-jährig schrieb sich Albrecht von Wallenstein im August 1599 an der Altdorfina ein. Doch fand er, wie viele seiner Kommilitonen, mehr Lust an wilden Zechgelagen und üblen Streichen als am Lernen. Aufgrund der Vorbereitung eines unerlaubten Duells, und weil er seinen Diener verprügelt hatte, wurde er schon nach kurzer Zeit zu zwei Wochen im „Loch", einem wenig komfortablen Gefängnis, verurteilt. Immerhin sollte er die Ehre haben, als erster Delinquent im neuen Gefängnistrakt einzusitzen. Und eine weitere Ehre sollte ihm zuteilwerden. Nach alter Tradition bekam das Gefängnis den Namen desjenigen, der es als erster Insasse betrat. Doch als der junge Wallenstein gerade die Zelle betreten sollte, setzte er seinen Pudel, den er unentdeckt mitgenommen hatte, auf den Boden und gab ihm einen Klaps, sodass der kleine Vierbeiner seinem Herrchen voran in die Zelle trottete. Aus diesem Grund hieß das Gefängnis von diesem Tag an „Hundsloch". Schon im Jahr darauf kehrte Wallenstein Altdorf den Rücken und ging auf Reisen. Doch der Sage nach kehrte er zurück. Gut drei Jahrzehnte später stand er als General der kaiserlichen Armee im Dreißigjährigen Krieg angeblich vor den Toren der Stadt und belagerte sie. Ein Altdorfer Kanonier soll ihn

während dieser fiktiven Belagerung beim Speisen in seinem Feldlager ins Visier genommen und nur um Haaresbreite verfehlt haben. Wallenstein hätte den Musterschützen hinterher zwar gerne abgeworben, doch daraus wurde nichts. Diese Geschichte hat sich so nie zugetragen. Denn Wallenstein hat Altdorf nie belagert. Doch seine Zeit in Altdorf und seine Rückkehr nach Franken, wo er bei Zirndorf gegen den Schwedenkönig Gustav II. Adolf zog, sind historisch belegt. Zum Verhängnis wurden dem Feldherrn ironischerweise seine Friedensbemühungen während des Dreißigjährigen Krieges. Ihm wurde aufgrund seiner Kontakte zum protestantischen Lager und seiner Passivität während der letzten Monate des Jahres 1633, in denen die protestantischen Schweden in Bayern wüteten, Verrat vorgeworfen. Im Februar 1634 wurde er in Cheb, einer Stadt im heutigen Tschechien, ermordet.

Extratipp:

Wenn ihr in Grünsberg auf dem Weg zur Teufelskirche von der Grünsberger Straße ohne Wanderzeichen nach rechts in die Straße Am Doktorsbrunnen abbiegt und dieser nach links in den Wald folgt, gelangt ihr in die faszinierende Welt der Teufelsschlucht. Sie ist wohl die tiefste und spannendste Sandsteinschlucht im Nürnberger Land. Zahlreiche Quellaustritte und schroffe Felswände verleihen ihr einen wildromantischen Charakter. Am Ende trägt sie euch, wie der Wallenstein-Rundweg auch, geradewegs vor die Teufelskirche. Die Teufelsschlucht ist nicht Teil der regulären Tour, weil es zwischen den hohen Felswänden sogar in den Sommermonaten sehr matschig werden kann. Manchmal ist sogar die ganze Schlucht aufgrund von Sturmschäden komplett gesperrt.

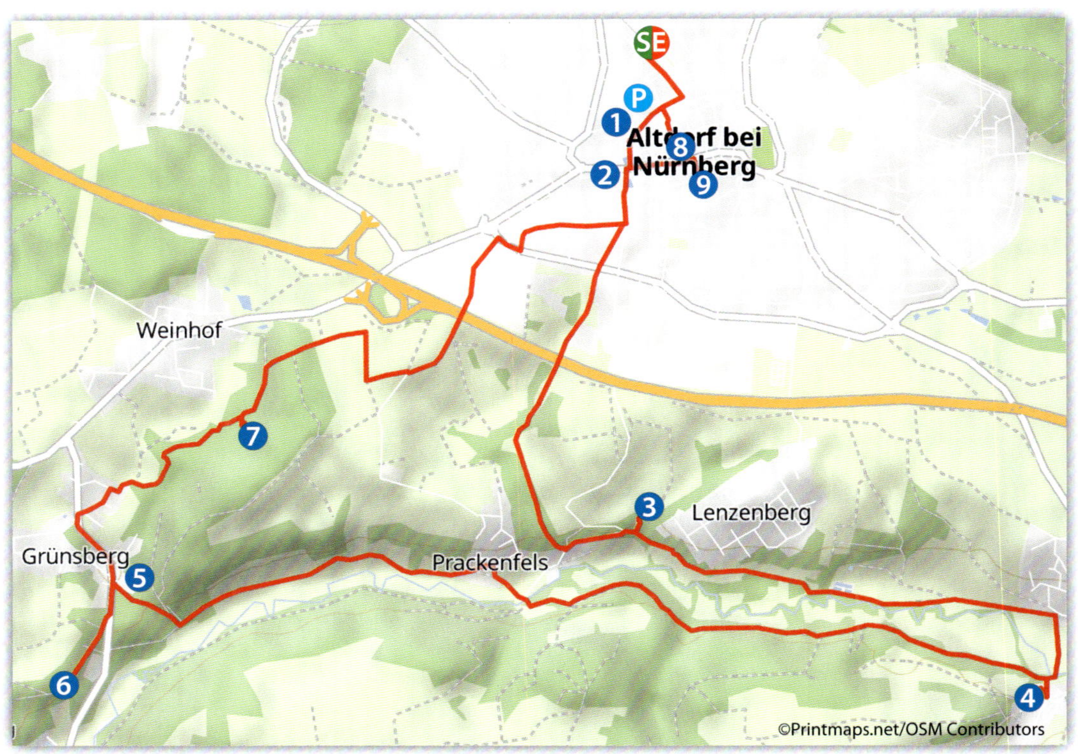

4

Schöne Jungfrauen und arme Nonnen

 22,2 km

 483 Hm

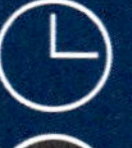 7 h

schwer

Eckdaten:

Schatten/Sonne: ausgeglichenes Verhältnis zwischen sonnigen Feld- und schattigen Waldwegen

Start-/Endpunkt: Bahnhof Henfenfeld Linie S1

Parkplatz: Wanderparkplatz Klingenhofer Anger in Klingenhof

Einkehrtipp: Landgasthof Zum stillen Bächlein in Egensbach, Tel. 09158 278

Rund um das ehemalige Kloster Engelthal sollen einst ruchlose Räuber und grausame Raubritter ihr Unwesen getrieben haben. Sogar dem Teufel ist man der Sage nach auf dem Klingenhofer Anger schon begegnet. Heute spürt ihr von all dem Verderblichen, das einst oberhalb des idyllischen Hammerbachtals gehaust haben soll, nichts mehr. Auf stillen Wegen mit moderaten Steigungen erkundet ihr die schönen Wälder und Hutanger zwischen Engelthal und Klingenhof und genießt die entspannende Ruhe, die euch hier, fernab des Alltagstrubels, wohlig umfängt.

Highlights:

1. Klosterberg
2. Klosterkirche in Engelthal
3. Hutanger im Mühlschlag
4. Steinerne Rinne bei Engelthal
5. Klingenhofer Anger
6. Keilbergkapelle
7. Klostermauer Engelthal
8. Mühlenweg im Hammerbachtal

Die Sage

Die Jungfrau vom Klingenhofer Anger Wie blind die Menschen in ihrer Gier doch sein können. Vom Funkeln und Glanz goldener Schätze verwirrt, vergessen sie nur allzu gern, was wirklich wichtig ist, und verlieren darüber oft sich selbst. Die folgende Geschichte eines Klingenhofer Schäfers führt uns das deutlich vor Augen.

Auf dem Klingenhofer Anger werden seit alters her Schafe gehütet. Ihnen verdankt die Ebene ihr von Magerrasen und einzeln stehenden Bäumen geprägtes Erscheinungsbild. Hier stehen uralte Eichen, Buchen, Fichten und Föhren. Und mittendrin erheben sich immer wieder graue Felsen. Im Schatten eines dieser großen Steine ließ sich eines Mittags einst ein junger Schäfer nieder, dessen Schafe um ihn herum das saftige Gras fraßen. Vom langen Stehen in der Sonne war er ermattet und genoss die wohlige Kühle, die der Fels über ihm ausstrahlte. Zufrieden mit sich und der Welt zog er seine Flöte aus der Tasche und begann zu spielen. Wie war das Leben doch schön. Um ihn herum seine Schafe, deren schmatzendes Kauen den Hutanger erfüllte. In seinen Händen seine geliebte Flöte, mit der er seiner Freude Ausdruck verleihen konnte. Und über ihm ... ja, was war denn das? Zuerst dachte er, die Sonne hätte ihm einen Streich gespielt, als er direkt nach oben schaute. Doch nachdem er ein-, zwei-, dreimal geblinzelt hatte, war er sich sicher:

Auf dem Felsen über ihm saß eine wunderschöne, junge Frau und lächelte ihn herzerwärmend an. Er rieb sich die Augen. Die Schöne saß immer noch da. Und sie lächelte ihn noch immer an. Zu ihren Füßen wuchs aus dem Stein eine Blume, die in den herrlichsten Farben erstrahlte. Der Schäfer kletterte den Felsen hinauf, pflückte die liebreizende Blüte und steckte sie sich an den Hut. Da sprach die schöne Fremde: „Wenn du mit der Blume den Fels berührst, öffnet er sich und gibt den Weg frei in eine Schatzhöhle. Von dort darfst du so viele Schätze mitnehmen, wie du nur möchtest. Doch merke Dir, vergiss das Beste nicht!" 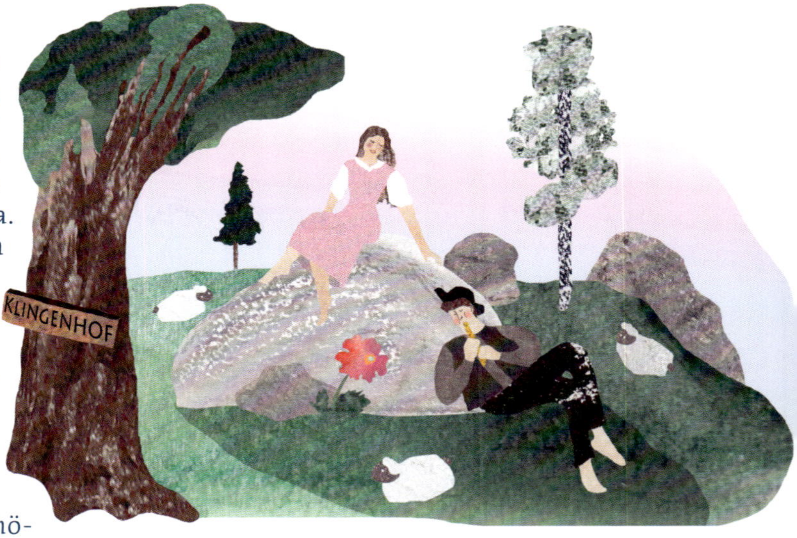
Der Hirte, vollkommen verzaubert von dem hinreißenden Anblick der jungen Frau und neugierig aufgrund ihres seltsamen Versprechens, nahm die Blume von seinem Hut und berührte damit den Stein. Und tatsächlich! In dem Augenblick, in dem die Blüte den Stein berührte, erbebte die Erde. Ein Riss ging von oben nach unten durch den Fels und spaltete den Stein. Während die Schafe, erschrocken von dem Getöse, das Weite suchten, ließ sich die schöne Frau elfengleich zu dem Hirten hinabgleiten, nahm dessen Hand zärtlich in die ihre und führte ihn in die Höhle hinein, die sich auf so wundersame Weise aufgetan hatte. Schon bald erreichten sie einen hohen Saal, in dessen Mitte ein Tisch und drei geöffnete Truhen standen. Diese waren bis zum Rand mit den wertvollsten Schätzen gefüllt. Gold, Silber und Edelsteine glitzerten und funkelten dem Hirten entgegen. Mit offenem Mund bestaunte er die glänzende Pracht. Die schöne Fremde sprach: „Nimm, so viel du willst. Doch merke Dir, vergiss das Beste nicht!"
Der Hirte ließ ihre Hand los, legte die Blume auf den Tisch, griff gierig in eine Truhe nach der anderen und stopfte Ringe, Ketten und anderes Geschmeide in seine Taschen. Sogar seinen Hut nahm er vom Kopf, um ihn mit Kostbarkeiten zu füllen.
Erneut sprach die Frau: „Merke Dir, vergiss das Beste nicht!"
Der Hirte hörte sie kaum. Das Klimpern und Klirren der Schätze in seinen Taschen war zu laut.
Ein letztes Mal sprach die Schöne: „Vergiss das Beste nicht!"
Doch auch dieses Mal hörte der Hirte sie nicht. Mit prall gefüllten Taschen war der bereits auf dem Weg zum Ausgang der Höhle. Sowohl die Zauberblüte als auch die wunderschöne Frau hatte er vergessen. Als er, unter dem Gewicht der Schätze wankend, aus der Höhle in das gleißend helle Licht der Mittagssonne trat, schoben sich hinter ihm die Felswände mit einem grässlichen Grollen wieder zusammen und verschlossen die Höhle. Da erst erinnerte er sich an die junge Frau und

ihre eindringlichen Worte „Vergiss das Beste nicht!“
Doch er hatte das Beste vergessen. Wie glücklich hätte er mit diesem zauberhaften Wesen und all den Schätzen doch werden können. Doch er hatte seine Chance vertan. Der Fels war und blieb verschlossen. In seiner Verzweiflung gab er all die Schätze für Werkzeug, Maschinen und Arbeiter aus, die ihm helfen sollten die Höhle erneut zu öffnen und die schöne Jungfrau zu befreien. Doch der Fels blieb verschlossen. Der Hirte jedoch verlor über den Verlust jede Freude am Leben und verließ Klingenhof. Niemand hat ihn je wieder gesehen.

Alfred Kriegelstein: Die schöne Jungfrau.
Sagen, Legenden, Geschichten aus Mittelfranken, S. 193

Die Wegbeschreibung

Über den Klosterberg nach Engelthal Aus Nürnberg kommend gelangt ihr von den Gleisen des Bahnhofs Henfenfeld auf die Bahnhofstraße und geht, vorbei an einer Bushaltestelle, der Straße folgend, nach links sanft hinunter.

Henfenfeld verdankt seinen Namen dem Umstand, dass auf den umliegenden Feldern früher Hanf angebaut wurde. Erwähnt wurde der Ort vor fast 1.000 Jahren zum ersten Mal. Vorgeschichtliche Funde von Bronzenadeln, Ringen, Gebrauchsgegenständen und Bernsteinperlen zeugen davon, dass Henfenfeld zu den ältesten Siedlungsgebieten des Nürnberger Lands gehört.

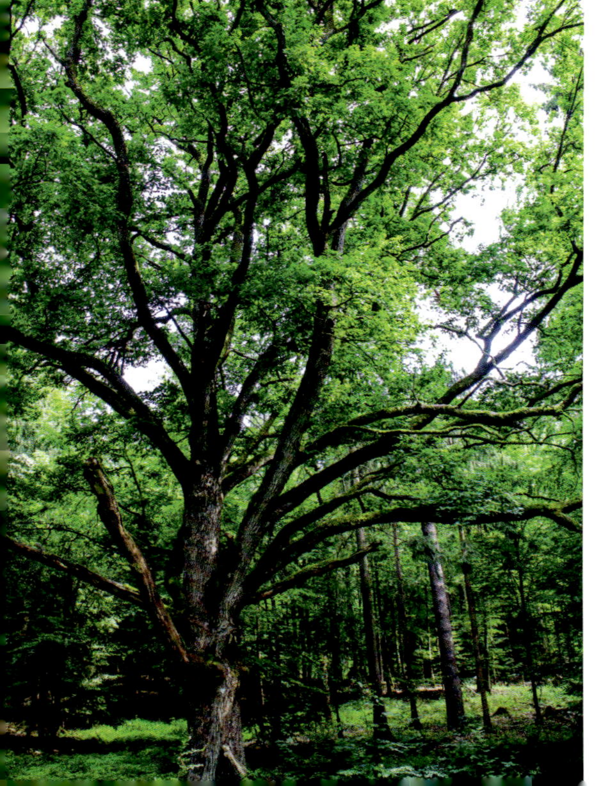

Die große Eiche auf dem Klosterberg

Auf der Bahnhofstraße trefft ihr schon nach wenigen Metern auf das erste Wanderzeichen eurer Tour, das euch zuverlässig bis auf den Klosterberg geleiten wird. Es ist das Rote Kreuz auf Weißem Grund und trägt euch als Erstes an eine Gabelung mit Wandertafel, an der ihr, eurem Wandzeichen folgend, nach rechts zu einer großen Kreuzung gelangt. Hier findet ihr den schön gestalteten und überdachten Spiel- und Radler-Rastplatz direkt am Ufer des daneben gemächlich dahinfließenden Hammerbachs. Die Bedeutung dieses, zumindest hier eher unscheinbaren, Baches wird euch in der zweiten Hälfte eurer Wanderung anhand interessanter Infotafeln ausgiebig und aufschlussreich vor Augen geführt werden. Doch zuerst einmal geht ihr auf der Bahnhofstraße links am Pausenplatz vorbei, überquert den Hammerbach und biegt bei der nächsten Gelegenheit mit dem dem Roten Kreuz nach rechts oben hin zur Hauptstraße ab. Dieser folgt ihr

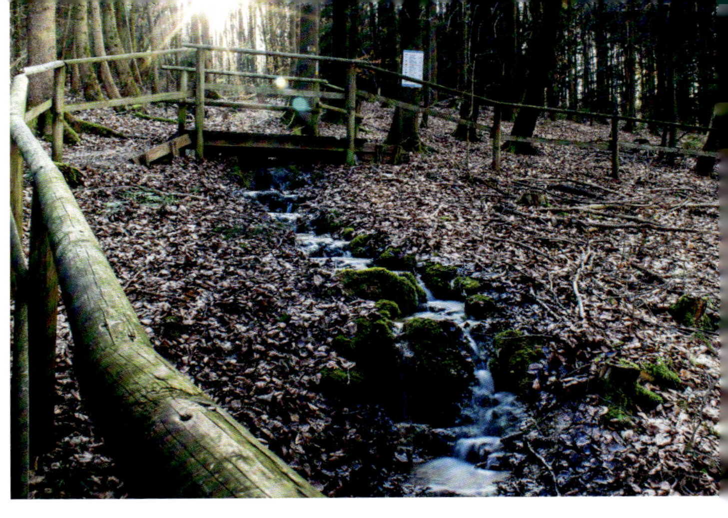

Die Steinerne Rinne bei Engelthal

nach rechts und verlasst sie bald mit eurem Wanderzeichen nach links oben in die Friedhofstraße, der ihr immer weiter bis zum Friedhof folgt. Dabei erhascht ihr bald nach rechts, zwischen den Häusern hindurch, einen Blick auf die sich ins Bild schiebenden, weißen Mauern von Schloss Henfenfeld. Dieses alte Schloss gehörte einst der Nürnberger Patrizierfamilie Pfinzing, der auch der berühmte Kartograph Paul Pfinzing entstammt. Einer der schönsten Wanderwege im Nürnberger Land ist ihm gewidmet und wird auf den in diesem Buch vorgestellten Touren immer wieder stückweise bewandert.

Unterhalb des Friedhofs biegt ihr an einer Weggabelung mit dem Roten Kreuz nach rechts oben ab und passiert schon bald das Sportgelände des SV Henfenfelds und dahinter, mit eurem Wanderzeichen nach rechts, einen schönen Eichenhain. Derartige Wäldchen, in denen weit auseinander stehende Eichen die dazwischen sprießenden Wiesen beschatten, werdet ihr auf dieser Wanderung immer wieder entdecken. Sie prägen das Erscheinungsbild der Gegend und verleihen ihr immer wieder eine besondere, teils märchenhafte Atmosphäre. Sind die langen, knorrig verästelten Gliedmaßen dieser uralten Bäume doch hervorragend angetan, die Fantasie anzuregen und dem beeindruckten Betrachter ob ihrer schieren Präsenz ein Staunen zu entlocken.

An der nächsten Kreuzung führt euch euer Wanderzeichen sanft nach links hinauf in den Wald und dem Gipfelgebiet des Klosterbergs entgegen. Wie still es hier im Wald wird, je weiter ihr nach oben gelangt. Nur das beständige Rauschen der vom Wind aufgebrachten Blätter erfüllt die Luft. Hie und dort das wehmütige Knarzen eines alten, dem Wind standhaltenden Baumes. Dazu das ein oder andere verzagte Vogelstimmchen. Nur das stete Rascheln des Waldbodens unter euren Schuhen begleitet euch durch dieses schöne Waldstück. Und natürlich das Rote Kreuz, das nicht müde wird, euch den richtigen Weg zu weisen. Nachdem ihr das Gipfelgebiet des Klosterberges hinter euch gelassen habt, trägt euch der Weg bequem hinab. An einer Gabelung haltet ihr euch links und erreicht auf geschottertem Weg eine große Kreuzung.

Nach Engelthal Hier am Ruhestein, das sind zwei einladende steinerne Bänke, wechselt ihr nach rechts auf euer neues Wanderzeichen, das Weiß-Blaue MD des Main-Donau-Wegs. Es wird euch bis auf das Plateau des Buchenbergs begleiten. Mit dem breiten Schotterweg geht es weiter sanft hinab. Das Highlight dieser Waldautobahn ist eine riesige, alte Eiche, die euch bald vom Wegesrand mit ihren knorrigen Ästen zuzuwinken scheint. Dahinter geht es mit dem MD-Weg weiter geradeaus. Der Schot-

4

terweg schwingt mit euch nach links und nach rechts durch den Wald, bevor ihr ihn, eurem Wanderzeichen leicht nach links folgend, in einen schmaleren Waldweg verlasst. Dieser wird schon nach wenigen Metern zum dicht bewachsenen Trampelpfad, der deutlich stimmungsvolleres Flair entwickelt als der daneben verlaufende Schotterweg. Er überrascht euch dafür jedoch auch mit so manchem dornenbewehrten Busch.

Nach einer Weile quert der MD-Weg mit dem Trampelpfad den Schotterweg und trägt euch hinunter an den Parkplatz der Frankenalb-Klinik. Diesen überquert ihr mit eurem Wanderzeichen nach links und folgt einem Fußgängerweg Richtung Engelthal nach rechts hinab durch ein Wäldchen. Unten an dessen Rand angekommen zweigt ihr an einer Einmündung nach rechts und hinein nach Engelthal ab. Durchs Wohngebiet mündet ihr mit dem Hersbrucker Weg im Ortskern an die Straße „An der Klostermauer“. Mit dieser und eurem Wanderzeichen biegt ihr nach rechts und kurz darauf, durch das Nordtor der ehemaligen Klostermauer, nach links ab und erreicht die Engelthaler Hauptstraße. Links von euch erhebt sich die Klosterkirche, die schon aufgrund ihrer außergewöhnlichen Empore einen kurzen Abstecher wert ist.

Zur Steinernen Rinne Ihr folgt dem MD-Weg auf der Hauptstraße nach rechts und lasst euch von ihr nach rechts hinunter zu einer Gabelung tragen. Hier biegt ihr mit eurem Wanderzeichen nach links Richtung Peuerling und Lauf an der Pegnitz in die Nonnenbergstraße ein. Diese führt euch mit moderatem Anstieg den Hang hinauf und bis an den Ortsrand von Engelthal, wo ihr mit der Nonnenbergstraße und dem MD-Weg nach links abbiegt und Engelthal kurz darauf verlasst. Die Straße wird zum Schotterweg und trägt euch zwischen Wiesen und Feldern, entlang eines beschaulichen Bächleins, dem Waldrand entgegen. Ihr folgt dem MD-Weg in den Wald und nach rechts. Linker Hand erwartet euch der wunderschöne Hutanger im Mühlschlag. Ein parkartiger Eichenhain, der sowohl im Sommer, wenn die grün leuchtenden Baumkronen willkommenen Schatten spenden, als auch im Winter, wenn die durch die laubbefreiten Äste fallenden Sonnenstrahlen unbehelligt den Wald erwärmen, verträumte Ansichten bietet.

Hinter dem Eichenhain folgt ihr eurem Wanderzeichen, dem MD-Weg, auf breitem Schotterweg nach links oben. Nun beginnt euer Aufstieg zum Plateau des Buchenbergs. Schon bald, wenn der etwas unspannende Schotterweg nach links abbiegt, verlasst ihr ihn und folgt dem MD-Weg geradeaus auf deutlich schmalerem Weg in den dichter werdenden Wald und weiter nach oben. Immer weiter steigt ihr hinauf. Bald überquert ihr mit dem MD-Weg eine Kreuzung und gelangt in ein besonders schönes Waldstück. Rechts und links breitet sich ein dichter Moosteppich aus. Einzelne Sonnenstrahlen schaffen es, den Waldboden zu erreichen, und werfen dabei lange, helle Streifen auf das sonst moosgrüne Geflecht.

Weiter oben mündet ihr erneut in einen Schotterweg, dem ihr mit dem MD-Weg leicht bergan nach rechts folgt. Nach etwa 200 Metern zweigt ihr mit eurem Wanderzeichen vom Schotterweg auf einen schmalen

Pfad nach links oben ab. Dieser Pfad mündet erneut in einen Schotterweg, dem ihr mit dem MD-Weg nach links folgt. Hier ist euer nächstes Ziel, die Steinerne Rinne, bereits angeschrieben. Nach 400 Metern, der Schotterweg hat soeben eine ordentliche Rechtskurve absolviert, verlasst ihr den breiten Weg und folgt dem MD-Weg auf schmalem Pfad nach links in den Wald. Schon bald hört ihr das quirlige Plätschern der Steinernen Rinne. Ihr erkennt ein Geländer, das zu einem kleinen Steg führt. Auf diesem überquert ihr das Bächlein, das die Steinerne Rinne formt. Hinter dem Steg führt euch der Weg zu einer schönen, gesicherten Plattform, von der aus ihr die Steinerne Rinne von oben betrachten könnt. Sie wirkt wie die kleine Schwester ausgewachsener steinerner Rinnen. Während sich der Kalktuff ihrer großen und bekannteren Geschwister stolz nach oben schiebt und so die unverwechselbare Rinnenform bildet, ist diese hier eher ein Bächlein mit Kalkumrandung. Das tut dem Zauber dieses Ortes jedoch beileibe keinen Abbruch. Vielmehr profitiert er von der Bescheidenheit der ausgelobten Sehenswürdigkeit. Das vor sich hin murmelnde Wasser und die faszinierende Lichtatmosphäre verleihen diesem Ort eine beruhigende Stimmung. Die Steinerne Rinne bei Engelthal ist einfach ein behagliches Plätzchen, dessen Wirkung den Besucher Kraft tanken und zur Ruhe kommen lässt.

Auf den Klingenhofer Anger Von der Steinernen Rinne folgt ihr dem MD-Weg nach links oben auf den Buchenberg. An einer Wegteilung biegt ihr mit eurem Wanderzeichen nach rechts ab, ignoriert ein Stück weiter eine Abzweigung nach links und gelangt mit dem MD-Weg an eine Kreuzung mit Wandertafel. Hier folgt ihr eurem Wanderzeichen nach links in einen breiten Fahrweg, der nach wenigen Metern nach rechts schwenkt. Schon nach 200 Metern verlasst ihr den Fahrweg mit eurem Wanderzeichen nach links in einen Waldweg. Dieser führt euch bald nach rechts und weiter durch den wundervollen Buchenwald.

Besonders im Herbst hält sich hier oben in den Morgenstunden zwischen den Bäumen gerne dichter Dunst. Wenn sich in diesem die ersten Sonnenstrahlen brechen, verwandeln sie den Wald in einen magischen Ort.

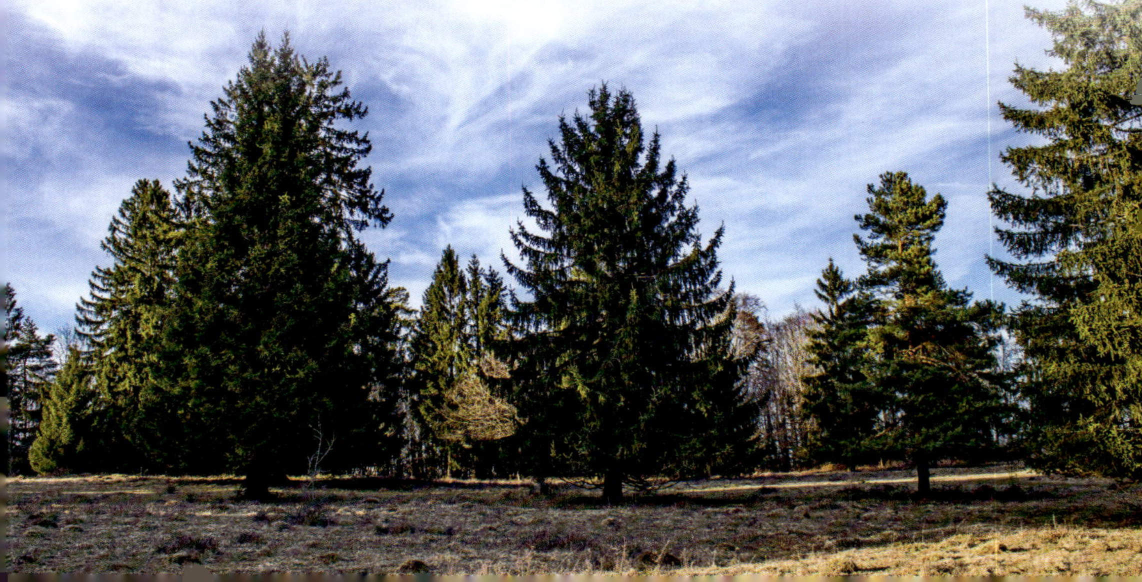

Auf dem Klingenhofer Anger

4

Teilweise von den hellen Strahlen geblendet, verschwimmen die Linien der Bäume und Büsche und werden zu schemenhaften Zauberwesen, die den Wald bevölkern.

Bald nähert ihr euch dem Waldrand. Ihr spürt schon die wärmenden Sonnenstrahlen, die eure Nase kitzeln. Doch dann überlegt es sich der MD-Weg plötzlich anders. Kurz bevor ihr den Wald verlassen könnt, zweigt euer Wanderzeichen mit euch nach links ab, schwingt nach rechts und führt euch am inneren Waldrand entlang. Schließlich gelangt ihr, den Wald verlassend, an einer großen Lichtung an einen geschotterten Fahrweg und folgt diesem mit dem MD-Weg nach links unten bis vor eine Wandertafel. Hier verlasst ihr den MD-Weg und folgt dem Blauen Querstrich auf Weißem Grund, dem Zeichen des Anton-Leidinger-Wegs, nach links unten in einen dicht bewachsenen, geheimnisvoll wirkenden Pfad, der euch an eine Straße führt.
Dieser folgt ihr mit dem Blauen Querstrich nach links unten. Schon in der nächsten Kurve verlasst ihr die Straße mit eurem Wanderzeichen nach rechts in einen Fahrweg, dem ihr sanft auf und ab durch den Wald folgt, bevor ihr an einer Weggabelung mit dem Blauen Querstrich nach rechts oben abbiegt. Noch ein kurzer Anstieg und schon habt ihr den Klingenhofer Anger erreicht. Hier folgt ihr eurem Wanderzeichen an der nächsten Weggabelung nach links an den Ortsrand von Klingenhof. Vorbei an einem Wanderparkplatz gelangt ihr an eine Kreuzung mit Wandertafel, an der ihr nach links abbiegt und auf bequemem Schotterweg über den Klingenhofer Anger wandert.

Die Keilbergkapelle

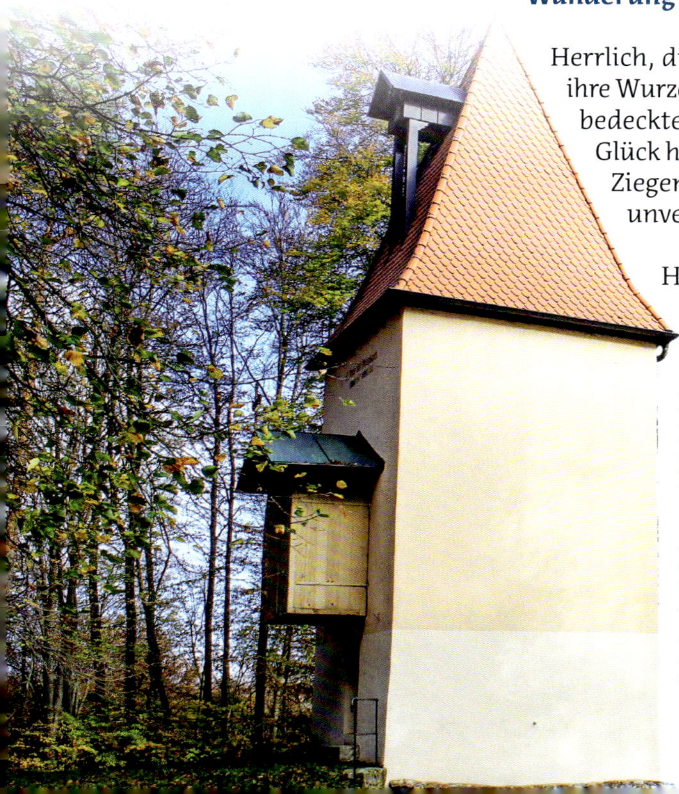

Wenn ihr mit dem Auto anreist, beginnt eure Wanderung hier

Herrlich, die teils jahrhundertealten Bäume, die ihre Wurzeln in das mit bräunlichem Magerrasen bedeckte Erdreich geschlagen haben. Wenn ihr Glück habt, begegnet ihr einer der Schaf- oder Ziegenherden, denen diese Landschaft ihr unverwechselbares Aussehen verdankt.

Hirten genossen in den Dorfgemeinschaften jahrhundertelang großes Ansehen. Oft gehörten sie dank ihrer ausgeprägten Kenntnisse in der Naturheilkunde zu deren wichtigsten Mitgliedern. Sowohl Tieren als auch Menschen konnten ihre Fertigkeiten heilsame Linderung bescheren.

Im Frühsommer wimmelt es hier oben nur so von farbenfrohen Schmetterlingen, die den Hutanger in ein kleines Paradies verwandeln. Hutanger findet ihr im Nürnberger Land immer wieder.

Es sind alte Weideflächen mit parkähnlich verteilten Bäumen, deren Name sich aus den Wörtern „hüten" und „Anger", was so viel bedeutet wie wildes Grasland, zusammensetzt.

So schön und reizvoll der Klingenhofer Anger am Tag ist, so unheimlich war er früher in der Nacht. Dann soll hier oben sogar der Teufel umgegangen sein. Einst, so erzählt die Sage, ist er auf diesem Weg einem Fuhrmann begegnet und hat diesen zu einem Wettrennen herausgefordert. Der schlitzohrige Fuhrmann hat den Teufel, der ihm einen Vorsprung gegeben hatte, überlistet, indem er die Kerze, anhand von deren Lichtschein der Teufel erkennen sollte, wo sein Gegner sich gerade befand, an einen hin und her schwingenden Haselstrauch band. Während der Teufel sich also auf das Licht in der Ferne konzentrierte und darauf wartete, dass der Fuhrmann sich weiterbewegte, flüchtete dieser unbemerkt in die Dunkelheit.

Unterhalb des Klingenhofer Angers, zwischen Klingenhof und Ittelshofen, fand man im Wald übrigens eine der besterhaltenen Wolfsgruben Frankens. Als im 17. Jahrhundert der Dreißigjährige Krieg ganze Landstriche entvölkerte, wuchs die Wolfspopulation, mangels natürlicher Feinde, Jahr für Jahr an. Die Raubtiere wurden für die Bauern und deren Vieh zur echten Gefahr. Und so hoben Menschen um ihre Dörfer herum tiefe Gruben aus, in die sie die Wölfe mithilfe von Ködern lockten und töteten. Drei Meter im Durchmesser und drei Meter tief wurde diese Falle vor fast 400 Jahren in den Sandstein geschlagen. Mehr als ein kreisrundes Loch ist es letztlich nicht. Doch der Gedanke an die Gefahren, die hier oben in alten Zeiten hinter jedem Baum lauern konnten, jagt einem noch heute einen Schauer über den Rücken.

Zur Keilbergkapelle Auf dem Klingenhofer Anger gesellt sich zum Blauen Querstrich der Rote Punkt auf Weißem Grund, der den Blauen Querstrich, wenn dieser an einer Weggabelung nach rechts unten abzweigt, ablöst. Nun wandert ihr mit dem Roten Punkt vom Klingenhofer Anger geradewegs dem Wald des Keilbergs entgegen. Besonders an warmen Sommertagen tut die Kühle, die euch im Wald umfängt, richtig gut. Denn auf dem offenen Weg über den Klingenhofer Anger kann einen die Sonne ganz schön ins Schwitzen bringen. An einer Gabelung folgt ihr dem Roten Punkt nach rechts weiter nach oben. Ihr erreicht das Plateau des Keilbergs und geht am linken Rand einer großen Freifläche auf einen hohen Sendemast zu. Dort angekommen wechselt ihr nach links auf euer nächstes Wanderzeichen, den Roten Längsstrich auf Gelbem Grund, der eure Schritte wieder in den Wald und kurz darauf an eine Lichtung lenkt. Von hier aus sind es nur wenige Meter nach rechts zur Ruine der Keilbergkapelle. Von diesem Sakralbau sind heute nur noch die Grundmauern erhalten. Erbaut wurde die Keilbergkapelle Mitte des 15. Jahrhunderts. Rund um das am Fuß des Keilbergs gelegene Offenhausen wütete die Pest und raffte die Menschen dahin. Ein Dorf um das andere wurde von der Seuche getroffen. Kaum eine Familie, die keinen Verlust zu betrauern hatte. Und so riefen die Menschen den Himmel um Hilfe an und gelobten, sollten sie von der Pestilenz verschont werden, sie würden zum Dank auf dem Keilberg eine Kapelle errichten. Als die furchtbare

4

Krankheit den Landstrich verlassen hatte, lösten die Überlebenden ihr Versprechen ein. Doch erst, nachdem die Priorin des nahen Klosters in Engelthal dazu ihre Erlaubnis erteilt hatte.

Heute ist die Keilbergkapelle, die früher ein vielbesuchter Wallfahrtsort war, ein Ort wohltuender Stille. Wenn im Herbst der Wind mit den umher liegenden, bunten Blätter spielt, und die alten Mauerreste von der Sonne erwärmt werden, lässt man sich gerne nieder und kostet die erbauliche Ruhe aus, die sich über diesen kraftvollen Ort legt. Links von der Kapellenruine erheben sich am Hang einige schroffe Felsen, die eine kurze Erkundungstour lohnen.

Zum ehemaligen Kloster Engelthal Nachdem ihr aus der Ruhe neue Kraft geschöpft habt, folgt ihr, von der Keilbergkapelle kommend, dem Roten Längsstrich auf Gelbem Grund nach rechts. Auf einem schmalen, wildromantischen Pfad wandert ihr bergab. Über eine Kreuzung führt euch der Rote Längsstrich auf Gelbem Grund weiter durch den Wald und zuletzt nach rechts unten und in einem Linksbogen aus dem Wald. Mit wundervollem Blick nach rechts hinüber ins Hammerbachtal verfällt man auf diesem angenehmen Wegstück leicht in entspanntes Schlendern und erfreut sich an dem weiten Blick.

Ihr erreicht die Einöde Birkensee. Euer Wanderzeichen, der Rote Längsstrich auf Gelbem Grund, führt euch links an dem Hof vorbei und nach links hinauf in ein urtümlich wirkendes Waldstück. Hier am Hang oberhalb der Einöde Birkensee soll einst eine weithin gefürchtete Raubritterburg gestanden haben. Die Burgbewohner hatten ihre Seelen dem Teufel verschrieben. Das ganze Umland litt unter den Raubzügen der gottlosen Gefährten, die mitleidslos plünderten und brandschatzten. Doch nicht nur Wertgegenstände und Vorräte raubten sie. Auch Menschen nahmen sie mit sich in ihre schwarze Burg. Und keiner der Entführten kehrte jemals zurück. Doch eines Nachts forderte der Teufel seinen Lohn ein und schickte einen schrecklichen Sturm über die Hochfläche. Grelle Blitze zuckten, und unheilvoller Donner grollte. Da tat sich unter der schwarzen Burg plötzlich die Erde auf und verschlang das finstere Bauwerk, das all seine verfluchten Bewohner mit sich riss. Noch heute sollen sich im Wald, der seitdem „die Höll" genannt wird, Spuren einer einstigen, turmartigen Burg finden lassen. Ob es die Reste der Raubritterburg sind? Wer weiß...

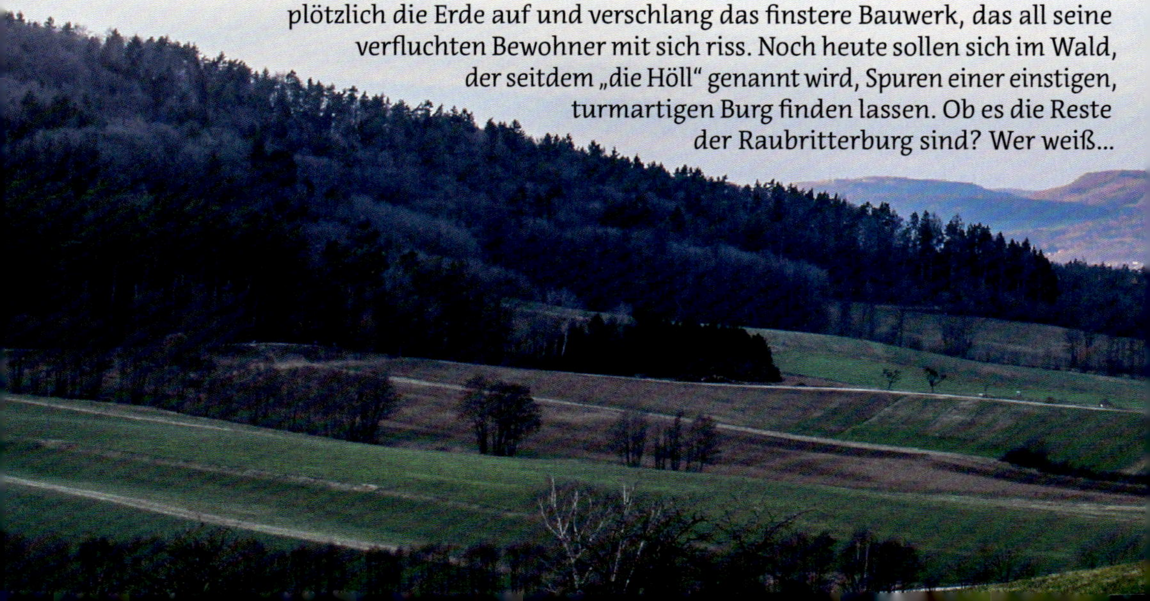

Blick von Birkensee ins Hammerbachtal

Weiter oben verläuft euer Weg im Rechtsbogen wieder nach unten und trägt euch links an dem von Birken eingerahmten Weiher vorbei, dem der Hof Birkensee seinen Namen verdankt. Schon bald erreicht ihr das Örtchen Egensbach. In der Ortsmitte gesellt sich bei der Bushaltestelle das Wanderzeichen Blaues Kreuz auf Weißem Grund zum Roten Längsstrich auf Gelbem Grund. Von nun an haltet ihr euch an das Blaue Kreuz. Es wird euch zurück nach Engelthal führen und trägt euch zunächst geradeaus Richtung Entenberg, vorbei an einem alten Fachwerkhaus, die Straße hinauf.

Nach 100 Metern erreicht ihr eine Kreuzung. Hier verlasst ihr die Straße, wandert mit dem Blauen Kreuz nach rechts auf gepflastertem Weg, der bald zum Schotterweg wird, aus dem Ort hinaus und über Streuobstwiesen mit schönem Panoramablick am Hang entlang. Rechts von euch schmiegt sich Offenhausen ins Hammerbachtal.

Etwa 600 Meter nachdem ihr Egensbach verlassen habt, folgt ihr dem Blauen Kreuz scharf links nach oben in den Wald. Nach 200 Metern biegt ihr mit eurem Wanderzeichen nach rechts ab. Das nun folgende Waldstück weiß besonders aufgrund der hinreißenden, kleinen Bächlein zu gefallen, die immer wieder euren Weg queren. Dann wird die Stille des Waldes vom quirligen Murmeln und Raunen der kleinen Wasserläufe unterbrochen, die sich eifrig ihren Weg hinunter ins Hammerbachtal bahnen. Und denen es einerlei ist, ob sie dabei euren Wanderweg ein wenig unter Wasser setzen. Doch mit weit ausholenden Schritten lassen sich diese Rinnsale trockenen Fußes überqueren.

In den Wäldern oberhalb von Engelthal soll es in mondlosen Nächten immer wieder umgehen. Dann irrt hier oben die verdammte Seele eines vormals grausamen Räubers umher. Den Kopf, der ihm einst mit einem sauberen Hieb vom Rumpf getrennt wurde, trägt er unterm Arm. Kein Wunder, dass er den rechten Weg nicht findet.

Das Blaue Kreuz trägt euch schließlich hinunter und am Waldrand entlang. Auf diesem Stück heißt es ein wenig aufpassen. Denn schon bald biegt ihr mit eurem Wanderzeichen scharf

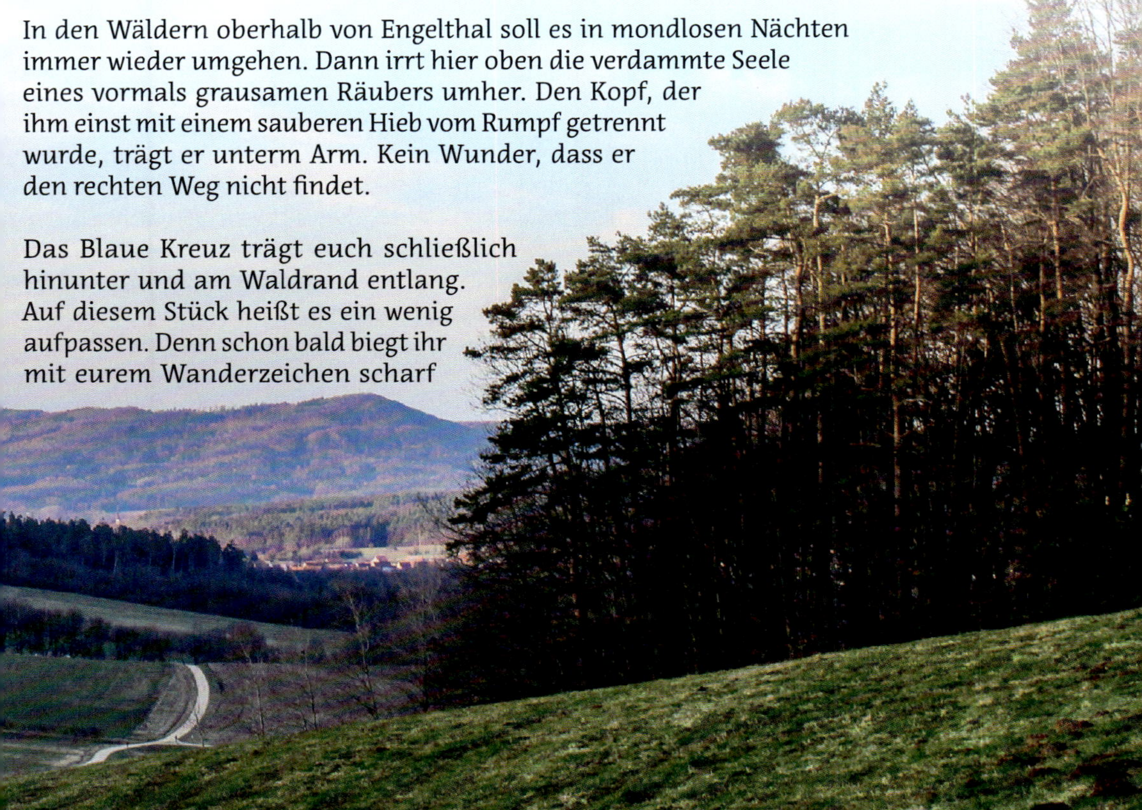

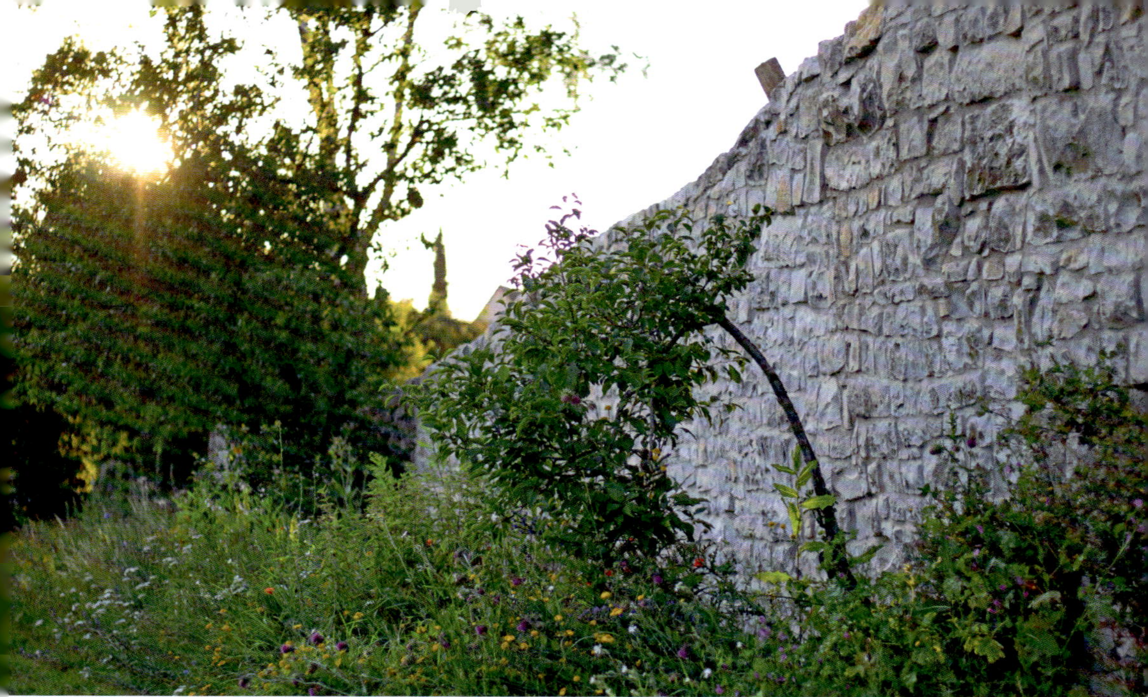

Die Mauerreste des ehemaligen Klosters Engelthal

links wieder in den Wald ab. Wenn man mit seinen Mitwanderern ins Gespräch vertieft ist, kann man diese Abzweigung leicht übersehen.

Bald geht es wieder am Waldrand entlang und an eine Einmündung, in die ihr mit dem Blauen Kreuz nach rechts unten einbiegt. Am Wegesrand unterrichten euch schon hier einige schöne Infotafeln über die ehemaligen Mühlen des Hammerbachtals. Im weiteren Verlauf wird deren Dichte merklich zunehmen und euch Stück für Stück wertvolles Mühlenwissen vermitteln. Links vorbei an Hallershof und einem weiteren schönen, gegenüberliegenden Eichenhain verlasst ihr den Wald geradeaus auf die Freifläche. Nun trägt euch das Blaue Kreuz bequem und unbeschwert zurück nach Engelthal. Dieses vermutlich mehr als 1.300 Jahre alte Dorf erlangte im Mittelalter dank seines Klosters Berühmtheit. Gegründet wurde es von Beginen. Das waren Frauen, deren Leben sich durch unbedingte Armut und Buße auszeichnete. Die Beginen, die irgendwo zwischen Klerus und Laien angesiedelt waren, brachten einige der berühmtesten Mystikerinnen hervor. Unter mystischer Erfahrung versteht man in unserem Kulturkreis eine intensive Gottes- oder Glaubenserfahrung. Die Ordensschwestern übten sich in Gebet, Gesang, Schweigen, Askese und Meditation, um Zustände der Verzückung zu erreichen, bei denen ihnen Christus, die Jungfrau Maria und andere Heilige erschienen.

Am Ortseingang von Engelthal biegt ihr mit dem Blauen Kreuz links ab und wandert entlang der alten Klostermauer in den Ort hinein.

Die Grundstruktur des Klosters ist bis heute erhalten. Die Größe der Anlage zeigt, dass das Engelthaler Kloster sehr wohlhabend war. Trotz des Armutsgelübdes der Schwestern profitierte die Gemeinschaft von den vielen Schenkungen seitens verschiedener Nürnberger Patrizierfamilien und den daraus resultierenden Abgaben der Landbevölkerung.

In der Blütezeit unterstanden ihm gut 327 abgabepflichtige Bauernhöfe und Güter. Nachdem das Kloster im Zweiten Markgräfler Krieg 1553 niedergebrannt wurde, fand es nie wieder zu alter Größe zurück. In der Weihnachtszeit soll auf den Wiesen unterhalb des nahen Nonnenbergs in mondhellen Nächten schon so manches Mal eine geisterhafte Trauerprozession schwebender Klosterfrauen beobachtet worden sein, die stumm den Verlust ihres Klosters beweinen.

Euer Weg entlang der Klostermauer, an der im Sommer die schönsten Blumen blühen und wo das Summen und Flattern eifriger Insekten die Luft erfüllt, mündet mit dem Blauen Kreuz in die Mühlstraße. Mit dieser haltet ihr euch an der nächsten Weggabelung rechts und gelangt bald an die Hauptstraße, der ihr mit dem Blauen Kreuz leicht nach links unten und bis kurz vor den Gasthof Grüner Baum folgt. Hier empfängt euch auf einer kleinen, klassisch anmutenden Wandertafel das letzte Wanderzeichen eurer heutigen Tour, das Gelbe Kreuz auf Weißem Grund. Es ist das Zeichen des Jura-Gebirgswegs und führt euch auf der Reschenbergstraße nach rechts Richtung Henfenfeld. Bald geht's am Friedhof vorbei und dahinter nach links, bis ihr mit eurem neuen Wanderzeichen nach links in den Henfenfelder Weg abzweigt. Das Gelbe Kreuz führt euch geradewegs aus Engelthal hinaus und, vorbei an mehreren interessanten Infotafeln, zu den Mühlen des Hammerbachtals zurück nach Henfenfeld. Ihr erfahrt zum Beispiel, dass am Hammerbach bereits im Mittelalter Eisen hergestellt wurde, dass der Beruf des Müllers zu den ältesten Handwerksberufen überhaupt gehört, und was es mit dem Mühlbann auf sich hat. Zuerst führt euch der Weg mit dem Gelben Kreuz zwischen Wiesen und Äckern hindurch. Dann nimmt euch der Wald behutsam auf und trägt euch komfortabel nach Henfenfeld. Dieses wunderschöne Wegstück lädt zum gemütlichen

Am Hammerbach

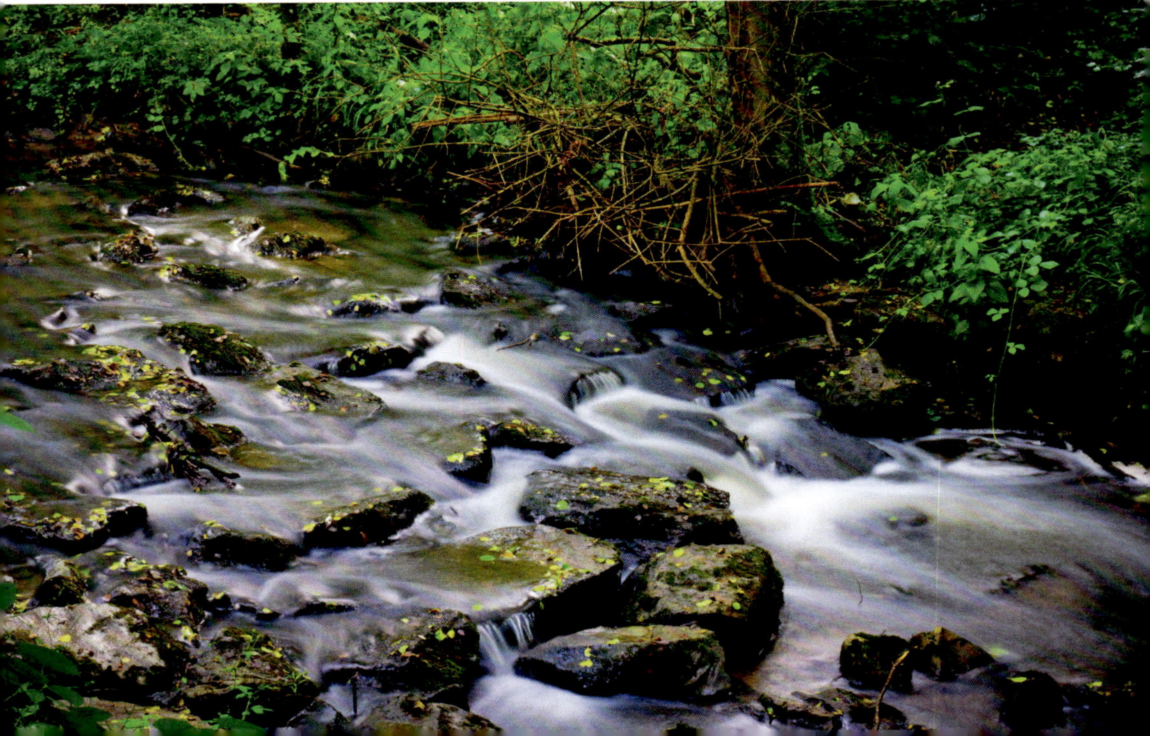

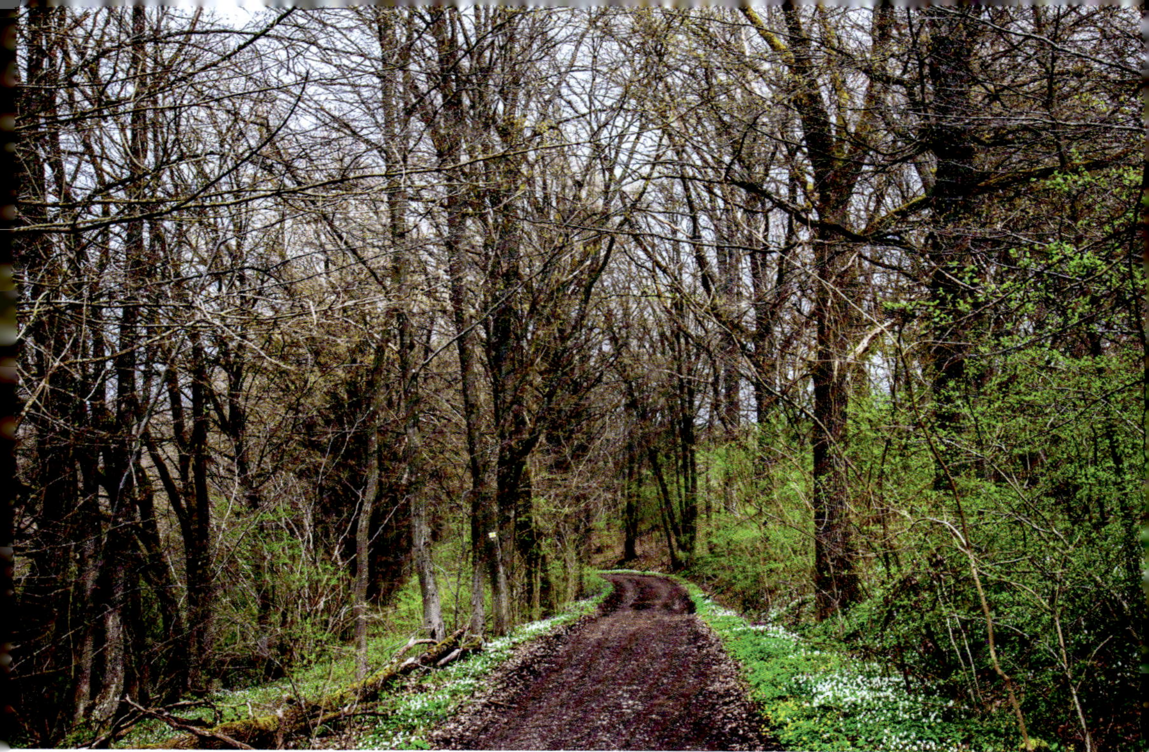

Auf dem Mühleweg im Hammerbachtal

Dahinschlendern ein. Besonders erwähnenswert sind die im Frühling rechts und links des Weges sanft umherwogenden Blumenfelder. Neben Buschwindröschen und Veilchen findet ihr hier auch den Hohlen Lerchensporn. Bald nähert sich auch der Hammerbach zutraulich dem Wanderweg an und erzählt euch glucksend seine Geschichte. Vom Weg zweigt ein Stück weiter sogar ein Trampelpfad hinunter ans Bachufer ab, wo euch eine wonnevolle Ruheoase empfängt.

Schließlich erreicht ihr mit dem Gelben Kreuz die Henfenfelder Hauptstraße, der ihr kurz nach rechts folgt. Kurz vor Erreichen des hölzernen Wanderschilds überquert ihr mit eurem Wanderzeichen die Hauptstraße nach links und verabschiedet euch von diesem, indem ihr vor einem Brückchen ohne Wanderzeichen nach rechts in einen schmalen Schotterweg abzweigt, der euch entlang des Hammerbachs bis zur Einmündung in die Straße „In der Point" führt. Dieser folgt ihr geradeaus immer am Hammerbach entlang bis zu einer Kreuzung, an der ihr den Hammerbach nach links überquert und dahinter mit der Straße „Am Bach" nach rechts entlang des Baches weiterwandert. Nachdem ihr die nächste Kreuzung geradeaus überquert habt, erreicht ihr auf der Straße „In den Weihern", weiterhin dem Bachlauf folgend, schließlich den Spiel- und Radler Rastplatz, an dem ihr über die Kreuzung geradewegs in die Bahnhofstraße mündet. Nach wenigen Metern erreicht ihr die Wandertafel und davor die Schilder, die euch den richtigen Weg zu dem für euch relevanten Gleis des Henfenfelder Bahnhofs weisen, wo ihr diese lange und entspannende Wanderung beendet.

Wissen für Angeber

Die Kraft der Bäume Auf eurem Weg begegnet ihr immer wieder wunderschönen und stattlichen Eichen. Kurz nach Beginn der Wanderung durchquert ihr zum Beispiel einen zauberhaften Eichenhain. Mit ihren massigen Stämmen und ausladenden Ästen beeindruckten Eichen schon die alten Griechen, die die Eiche als Baum des Göttervaters Zeus verehrten. Auch die Kelten, die vor mehr als zweitausend Jahren in Franken siedelten, verehrten Eichen als heilige Bäume. Die Kelten brachten sie mit ihrem Wettergott Taranis in Verbindung. Wie Zeus war er ein Blitze schleudernder Wettergott. Die Germanen, die den Kelten folgten, glaubten gar, dass der erste Mensch aus einer Eiche geboren wurde. Die Germanen waren es auch, die Eichenhaine als natürliche Tempel nutzten. Hier wurden Göttern Opfer dargebracht und die alten Riten gepflegt. Für sie war die Eiche der Baum des Donnergottes Donar. Wieder ein Wettergott, der Blitz und Donner zur Erde schickt. Die wohl berühmteste Eiche war die Donareiche in Hessen, die im Jahr 723 im Rahmen der Christianisierung gefällt wurde. Doch auch als die Germanen missioniert waren, wurden Eichen magische Kräfte zugesprochen. In Mittelfranken zum Beispiel versuchten die Menschen noch lange mit der magischen Kraft der Eichen ihr Geflügel vor Fuchsangriffen zu schützen. Dafür schlugen sie drei Eichenpfähle in ihren Garten. So weit der Schall zu hören war, so glaubten die Menschen, würde der Bann den Fuchs fernhalten.

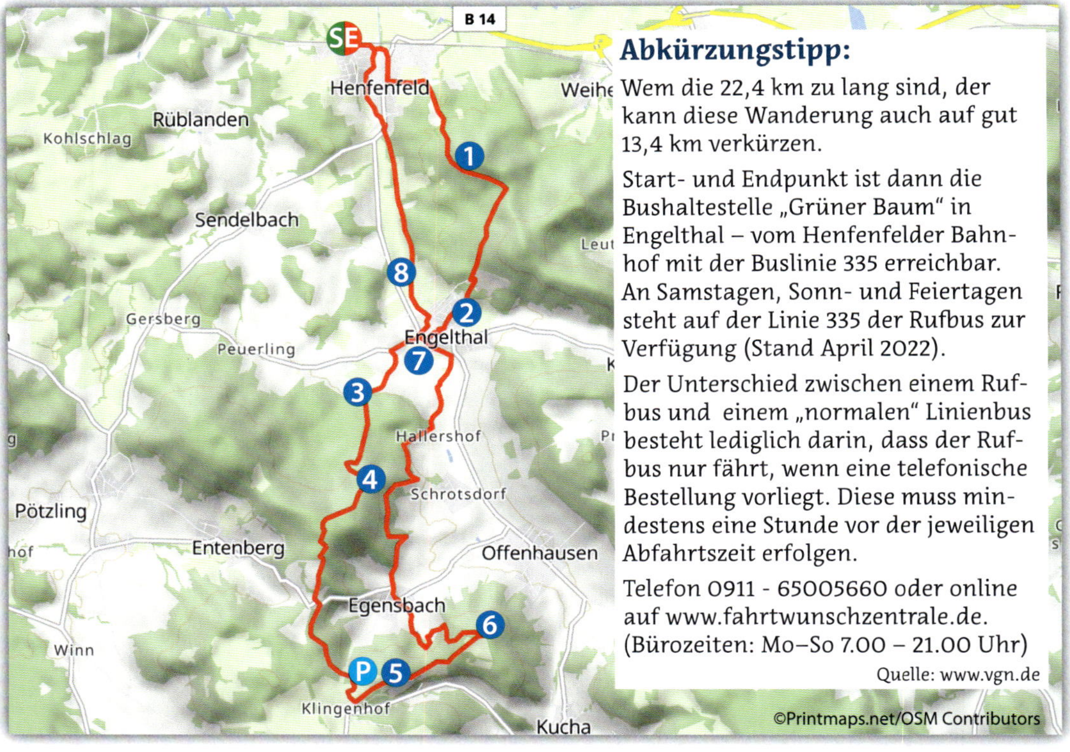

Abkürzungstipp:

Wem die 22,4 km zu lang sind, der kann diese Wanderung auch auf gut 13,4 km verkürzen.

Start- und Endpunkt ist dann die Bushaltestelle „Grüner Baum" in Engelthal – vom Henfenfelder Bahnhof mit der Buslinie 335 erreichbar. An Samstagen, Sonn- und Feiertagen steht auf der Linie 335 der Rufbus zur Verfügung (Stand April 2022).

Der Unterschied zwischen einem Rufbus und einem „normalen" Linienbus besteht lediglich darin, dass der Rufbus nur fährt, wenn eine telefonische Bestellung vorliegt. Diese muss mindestens eine Stunde vor der jeweiligen Abfahrtszeit erfolgen.

Telefon 0911 - 65005660 oder online auf www.fahrtwunschzentrale.de. (Bürozeiten: Mo–So 7.00 – 21.00 Uhr)

Quelle: www.vgn.de

5

Stadt, Land, Schlucht
Lauf an der Pegnitz

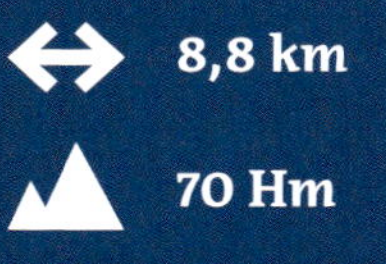

8,8 km

70 Hm

2,5 h

leicht

Eckdaten:

Schatten/Sonne: überwiegend lange sonnige Abschnitte

Start-/Endpunkt: Bahnhof Lauf (links Pegnitz) Linie S1

Parkplatz: Parkplatz Pegnitzwiese, Anna-Diez-Weg, 91207 Lauf an der Pegnitz

Ausrüstung: Handtuch

Einkehrtipp: Auf dem Laufer Marktplatz gibt es jede Menge Einkehrmöglichkeiten

Ihren Namen verdankt die schöne Stadt Lauf vermutlich den im Mittelalter „Lauffen" genannten Stromschnellen. Denn genau die bildet die Pegnitz, welche den Ort durchfließt, hier aufgrund des starken Gefälles. Mühlen machten sich die dadurch entstehende Strömung schon zunutze, bevor es hier eine Stadt gab. So geht denn auch die eigentliche Stadtgründung auf eine Sage zurück, nach der sich der römisch-deutsche Kaiser Karl IV., getauft auf den Namen Wenzel, mit seiner Jagdgesellschaft in den Wäldern bei Lauf verirrte und sich am Hämmern der genannten Mühlen orientierte, um aus dem dunklen Forst zu finden. Erleichtert schickte er seinen Knecht mit den Worten „Lauf, lauf!" der Mühle entgegen, damit dieser die Ankunft des nahenden Königs ankündige. Diesem Ruf soll Lauf seinen Namen verdanken. Heutige Besucher sind begeistert von der wunderschönen Altstadt mit ihren schmalen Gassen, den malerischen Fachwerkhäusern, den imposanten Stadttoren und natürlich dem Wenzelschloss, der beeindruckenden Burg auf einer Insel inmitten der Pegnitz, dessen Name sich auf die dem böhmischen Heiligen Wenzel geweihte Burgkapelle zurückführen lässt. Daneben erwarten euch auf dieser leichten Wanderung die Bitterbachschlucht, deren bizarre Sandsteinformen zum Träumen einladen, und der Kunigundenberg, von dem aus sich euch ein fantastischer Blick auf die Stadt Lauf und das Umland bietet.

Highlights:

1. Ruine St. Leonhard
2. Laufer Marktplatz mit Altem Rathaus
3. Nürnberger Tor
4. Bitterbachschlucht
5. Aussichtspunkt auf dem Kunigundenberg
6. Johanniskirche
7. Judenturm
8. Schleifmühle Reichel
9. Wenzelschloss

Die Sage

St. Leonhard Feuer! Lauf brennt! Von Dach zu Dach springt der Rote Hahn und züngelt schon gierig lodernd nach seinem nächsten Opfer. Lichterloh brennen zuerst die hölzernen Schuppen. Dann greift das Feuer auf den Fachwerkschmuck der Häuser über. Rot glühend leuchtet der Nachthimmel. Von den Brunnen aus gehen Eimer voll hektisch geschöpften Wassers entlang in aller Eile gebildeter Menschenschlangen von Hand zu Hand. So mancher Eimer gleitet den erschöpften Helfern

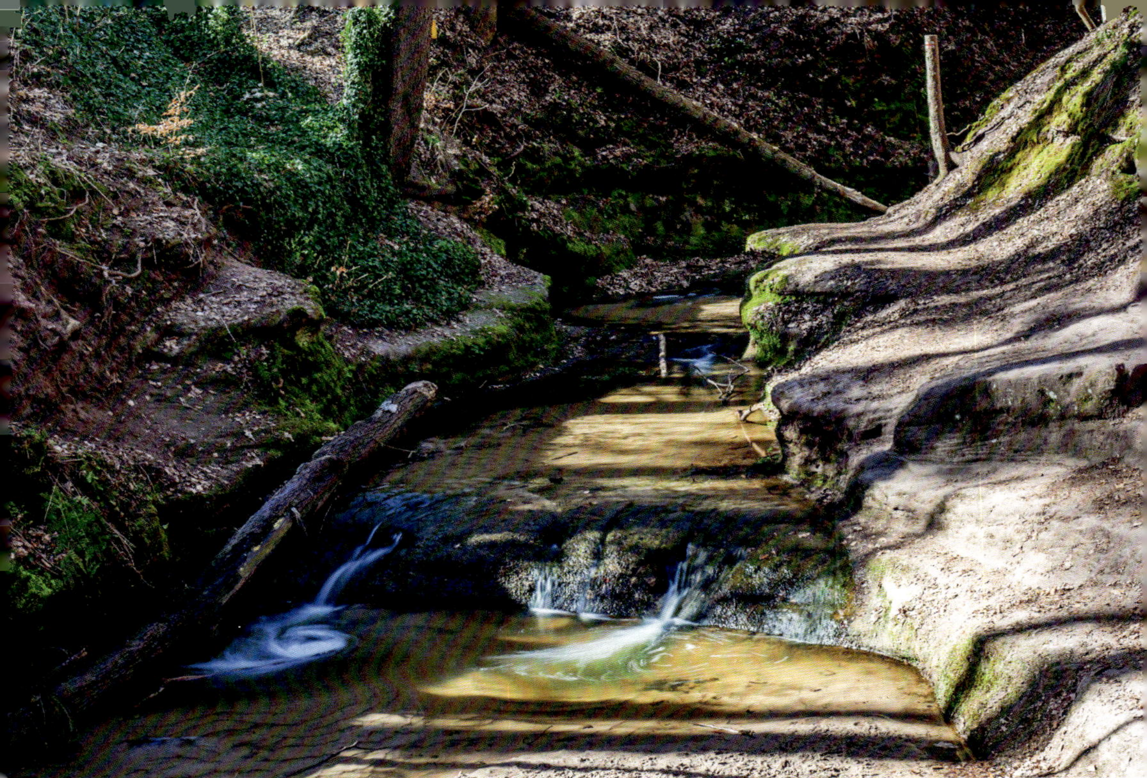

Wasserspiele in der Bitterbachschlucht

aus und verschüttet seinen Inhalt berstend über das Kopfsteinpflaster. Ein Haus nach dem anderen wird von der gierigen roten Zunge der Feuersbrunst prüfend beleckt. Gelingt es den Flammen, ein Haus in Brand zu stecken, lodern sie scheinbar jubelnd empor und brennen ihr Opfer binnen weniger Augenblicke nieder. Und inmitten dieses Infernos: Soldaten. Plündernde Krieger aus dem Heer des Markgrafen Albrecht Alcibiades, der den Nürnbergern die Macht in Franken mit roher Gewalt entreißen will. Nachdem er Nürnberg selbst nicht einnehmen konnte, konzentriert er seinen Furor auf das Umland. Und somit unter anderem auf die Stadt Lauf, die nun in Flammen steht. Schon greift das Feuer mit langen, zuckenden Krallen nach dem Dachstuhl der von Herrmann Keßler und seiner Frau Elsbeth gestifteten Spitalkirche St. Leonhard. Schon tanzen rote und gelbe Flammen, vom Nachtwind gepeitscht, dem Glockenturm entgegen und kriechen das Mauerwerk nach oben. Rasch umhüllen sie den Turm und den gesamten Sakralbau, der in dieser Nacht bis auf die Grundmauern niederbrennen wird.

Die Goldene Glocke, die der Sage nach vom Glockenturm der Spitalkirche das Pegnitztal mit dem reinsten Klang erfüllte, den eine Glocke nur erzeugen konnte, verschwindet in dieser Nacht für immer.

Herrmann Keßler, der berühmte Glockengießer aus Nürnberg, wollte es sich nicht nehmen lassen, die Glocke für diese schöne Kirche selbst zu gießen, als das von ihm gestiftete Spital und die zugehörige Kirche St. Leonhard mehr als 150 Jahre vor der beschriebenen infernalischen Nacht fertiggestellt worden waren. Viele Jahre zuvor hatte er in Lauf, als er von seiner Lehr- und Wanderzeit nach Nürnberg zurückkehrte, ungeahnte Gastfreundschaft erfahren, für die er sich nun, da er es als Glockengießer zu großem Wohlstand gebracht hatte, erkenntlich zeigte.

Während seine Gesellen das Feuer anfachten, um die Glocke zu gießen, ging Herrmann Keßler in den Pegnitzauen spazieren und pflückte einige besonders schöne Frühlingsblumen. Diese band er zu einem kleinen Strauß zusammen, den er sich an den Hut steckte. Als er zurückkam, hatte sich das für die Glocke vorgesehene Metall im Ofen bereits verflüssigt. Ein kurzes Stoßgebet, den Zapfen aus dem Ofen gestoßen, und das flüssige Metall floss glühend in die Glockenform. Doch als der Meister Keßler einen Blick in die Form warf, rutschte der Blumenstrauß vom Hut und fiel in das feurige Rinnsal. Was für ein Unglück. Das dachten zumindest der Meister und seine Gesellen. Denn durch Fremdkörper im Metall büßt die Glocke normalerweise an Stabilität ein und bekommt Risse. Doch in diesem Fall geschah statt des befürchteten Unglücks etwas Wunderbares. Die Glocke schimmerte, als sie ausgehärtet war, in den herrlichsten Farben. Der bunte Blumenstrauß hatte sie an das Metall abgegeben. Zudem klang die Glocke schöner als alle anderen Glocken, die man jemals zuvor gehört hatte. Wegen ihres goldenen Schimmers und des hellen Klangs wurde die Glocke nur noch „Die Goldene" genannt.
Wahr ist, dass Herrmann Keßler der Stadt Lauf sowohl das Spital als auch die Spitalkirche St. Leonhard in Lauf gestiftet hat. Wahr ist ebenfalls, dass Lauf im Zweiten Markgräfler Krieg von Albrecht Alcibiades gebrandschatzt wurde und dabei sowohl das Glockengießerspital als auch große Teile der Kirche St. Leonhard abbrannten. Ob es die Goldene Glocke wirklich gegeben hat und ob sie in eben dieser schicksalhaften Nacht verschwand, bleibt hingegen ein Geheimnis.

Nach Alfred Kriegelstein: Das Versprechen des Handwerksburschen und Die Goldene Glocke. Sagen, Legenden, Geschichten aus Mittelfranken S. 171 ff.

Die Wegbeschreibung

Zur Ruine St. Leonhard Von den Gleisen kommend gelangt ihr über eine Treppe hinunter in eine Unterführung, die ihr nach rechts über eine weitere Treppe verlasst, bevor ihr der Beschilderung Richtung Marktplatz über die Eckertstraße zu einer Wandertafel folgt. Hier findet ihr das Wanderzeichen, das euch auf der ersten Hälfte der Tour zuverlässig leiten wird. Es ist das Rote Kreuz auf Weißem Grund, das Zeichen des „Eppeleinswegs". Vorbei an einer Litfaßsäule folgt ihr dem Roten Kreuz und der Beschilderung zum historischen Marktplatz geradeaus in die Julienstraße. Mit dieser mündet ihr nach links in die Weigmannstraße, auf der ihr mit dem Roten Kreuz hinunter an die Karlstraße gelangt. Ihr biegt nach rechts in die Karlstraße ein und folgt dieser, bis euch das Rote Kreuz an einer Verkehrsinsel nach links über die Straße und, vorbei am Parkplatz Pegnitzwiese und einem kleinen Weiher, hinüber zum Anna-Diez-Steg trägt.

Wenn ihr mit dem Auto anreist, beginnt eure Wanderung hier.

Auf dem Steg überquert ihr die ruhig unter euch fließende Pegnitz und bekommt linker Hand einen verträumten Blick auf das auf einer Insel inmitten des Flusses gelegene Wenzelschloss geboten.

Hinter dem Steg beginnt der Anna-Diez-Weg, von dem aus ihr schon einen großartigen Blick auf den sich über weiß strahlende Fachwerkhäuser erhebenden Glockenturm der Ruine St. Leonhard geboten bekommt. Vorbei am Anna-Diez-Kindergarten, einem der ältesten Kindergärten Bayerns, zweigt euer Weg mit dem Roten Kreuz bald nach links in den Alten Schulhof ab. An der nächsten Abzweigung haltet ihr euch links und steht schon kurz darauf vor den Mauern der noch immer beeindruckenden Ruine St. Leonhard. Der Heilige Leonhard wird als „Kettenheiliger" verehrt. Er gilt als Viehpatron und als Schutzpatron der Gefangenen, demnach auch der „in Krankheit Gefangenen" und Hilfsbedürftigen. Durch das verschlossene Tor hindurch könnt ihr einen verstohlenen Blick auf die kleine Parkanlage erhaschen. St. Leonhard gehört als Kirche zu dem direkt daneben liegenden Glockengießerspital, das mehr als 600 Jahre als Altenheim genutzt wurde. Der Begriff „Spital" hatte in früheren Zeiten eine andere Bedeutung als heute. Im Mittelalter war ein großer Teil des medizinischen Wissens aus der Antike verloren gegangen. Im Spital widmete man sich daher vor allem der Linderung von Schmerzen, der Unterstützung der Armen, der Pflege alter Menschen und deren aller Seelenheil.

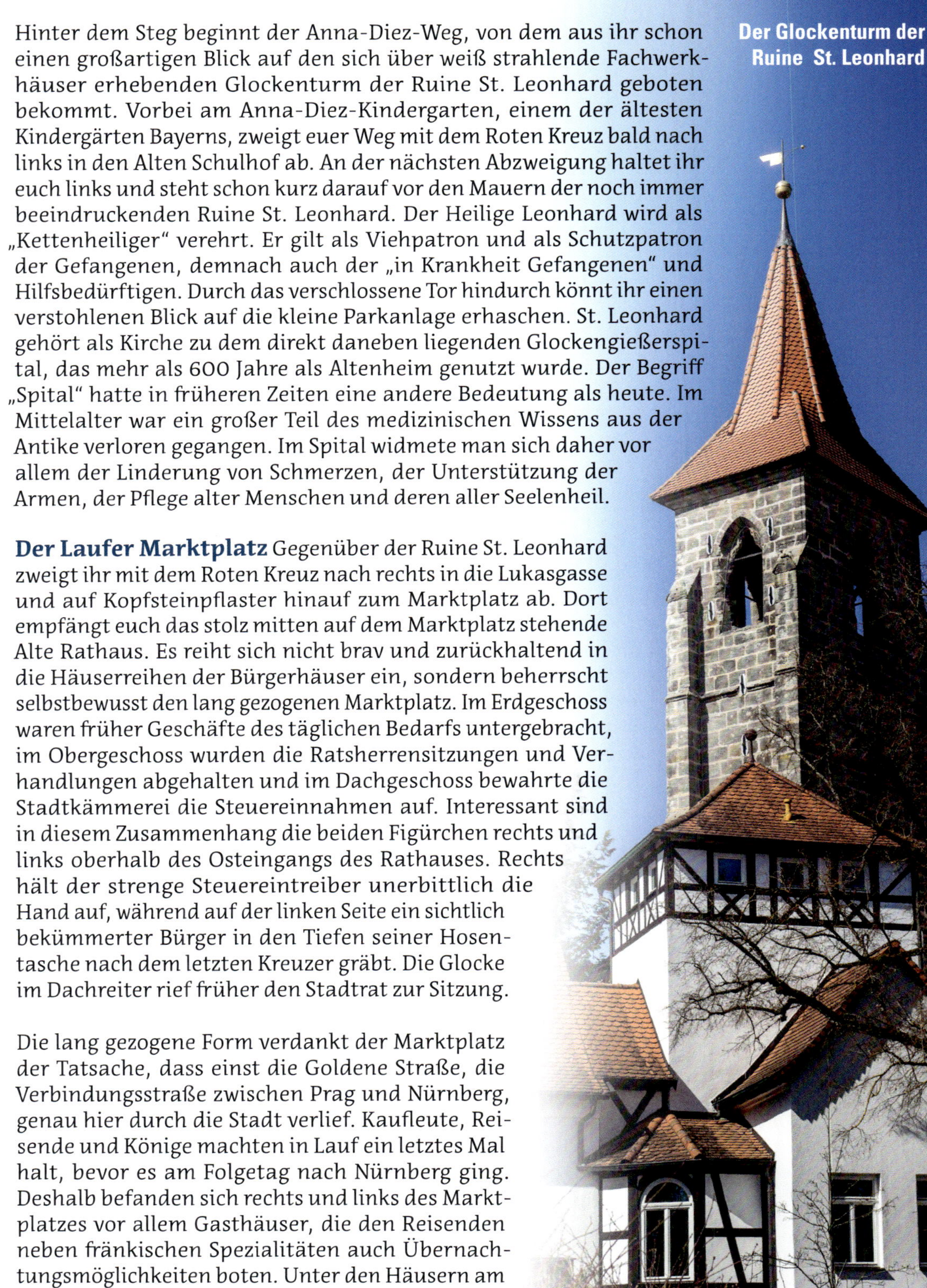
Der Glockenturm der Ruine St. Leonhard

Der Laufer Marktplatz Gegenüber der Ruine St. Leonhard zweigt ihr mit dem Roten Kreuz nach rechts in die Lukasgasse und auf Kopfsteinpflaster hinauf zum Marktplatz ab. Dort empfängt euch das stolz mitten auf dem Marktplatz stehende Alte Rathaus. Es reiht sich nicht brav und zurückhaltend in die Häuserreihen der Bürgerhäuser ein, sondern beherrscht selbstbewusst den lang gezogenen Marktplatz. Im Erdgeschoss waren früher Geschäfte des täglichen Bedarfs untergebracht, im Obergeschoss wurden die Ratsherrensitzungen und Verhandlungen abgehalten und im Dachgeschoss bewahrte die Stadtkämmerei die Steuereinnahmen auf. Interessant sind in diesem Zusammenhang die beiden Figürchen rechts und links oberhalb des Osteingangs des Rathauses. Rechts hält der strenge Steuereintreiber unerbittlich die Hand auf, während auf der linken Seite ein sichtlich bekümmerter Bürger in den Tiefen seiner Hosentasche nach dem letzten Kreuzer gräbt. Die Glocke im Dachreiter rief früher den Stadtrat zur Sitzung.

Die lang gezogene Form verdankt der Marktplatz der Tatsache, dass einst die Goldene Straße, die Verbindungsstraße zwischen Prag und Nürnberg, genau hier durch die Stadt verlief. Kaufleute, Reisende und Könige machten in Lauf ein letztes Mal halt, bevor es am Folgetag nach Nürnberg ging. Deshalb befanden sich rechts und links des Marktplatzes vor allem Gasthäuser, die den Reisenden neben fränkischen Spezialitäten auch Übernachtungsmöglichkeiten boten. Unter den Häusern am Marktplatz, fern vom Alltagsgeschehen, erstreckt sich vor allem auf der Nordseite ein weitverzweigtes Felsenkellersystem. Die ehemals unverbundenen Keller wurden früher sowohl zum Lagern von Bier als auch seit dem Dreißigjährigen Krieg immer wieder als Schutzräume genutzt. Miteinander verbunden wurden einige der Keller dann im 20. Jahrhundert während der beiden Weltkriege, als sie der Bevölkerung als Luftschutzbunker dienten.

Auch wenn euer Wanderzeichen den rechten Teil des Marktplatzes auslässt und stattdessen gleich dem Nürnberger Tor zustrebt, ist ein kurzer Abstecher dorthin auf jeden Fall lohnenswert.
Bei der Umrundung der rechten Marktplatzhälfte nach links passiert ihr das stattliche Hersbrucker Tor und auf der Nordseite des Marktplatzes den Gasthof „Wilder Mann", in dem schon der berühmte Reformator Jan Hus auf seinem Weg zum Konstanzer Konzil, wo er 1415 als Ketzer verbrannt wurde, Station machte. Die Härte des Königs gegen die Hussiten, die Anhänger von Jan Hus, beschwor letztlich die Hussitenkriege herauf, die sich bis nach Oberfranken ausdehnten.

Historisch ebenso interessant ist das Haus mit der Nummer 14. Denn in einem zum Haus gehörigen Schuppen wurde vor gut 140 Jahren eine Kanonenkugel aus dem Dreißigjährigen Krieg gefunden, mit der, laut einem beiliegenden Zettel, die katholischen Truppen im Jahr 1632 das Nürnberger Tor beschossen.

Kurz hinter der Hausnummer 14 überquert ihr auf einem Zebrastreifen die Falknerstraße, die nach dem Ratsherren Johann Falkner benannt ist, dem ehemaligen Besitzer des Hauses mit der Nummer 14. Dort trefft ihr wieder auf das Rote Kreuz. Entlang der Ladenzeile führt euch euer Wanderzeichen vor und durch das Nürnberger Tor. Es wurde in seiner Form den römischen Triumphbögen nachempfunden. Kaiser Karl IV. wollte damit seinen Anspruch auf die Kaiserwürde untermauern.

In die Bitterbachschlucht Hinter dem Nürnberger Tor haltet ihr euch mit dem Roten Kreuz am Friedensplatz links, überquert an der nächsten Kreuzung zuerst die Glockengießerstraße und nach rechts die Nürnberger Straße, um dann eurem Wanderzeichen geradeaus über den Plärrer und leicht rechts zur Unterführung des Bahnhofs Lauf (rechts der Pegnitz) zu folgen. Ihr durchquert die Unterführung und trefft dahinter auf eine Wandertafel. Hier ist euer nächstes Ziel, die Bitterbachschlucht, bereits angeschrieben. Das Rote Kreuz führt euch nach links hinauf an die Urlasstraße, in die ihr nach links einbiegt und sie bei der nächsten Gelegenheit, einer Weggabelung, mit eurem Wanderzeichen leicht nach rechts in die Bleichgasse wieder verlasst. Nun geht es mit dem Roten Kreuz durchs Wohngebiet. An einer Verkehrsinsel haltet ihr euch mit eurem Wanderzeichen rechts und mündet dahinter nach rechts in die Rudolfshofer Straße. Mit dieser erreicht ihr nach einem längeren Stück die Eschenauer Straße, der ihr, weiterhin mit dem Roten Kreuz, nach rechts folgt. Schon nach etwa 100 Metern verlasst ihr die Eschenauer Straße und biegt rechts in die Daschstraße ein. Von dieser zweigt ihr kurz darauf nach links in „Am

Bitterbach“ ab. Diese Straße trägt euch direkt in den Wald und der Bitterbachschlucht entgegen.

Der weich federnde Waldweg bildet einen herrlichen Kontrast zu den geteerten Straßen, auf denen ihr vorher unterwegs ward. Flankiert von standhaften Eichen, die sich rechts und links aus dem Waldboden erheben, schlendert ihr gemütlich durch den luftigen Hain. „Gewürzt“ wird euer Weg mit einigen interessanten Informationstafeln, die euch leicht und verständlich ein bisschen Naturwissen vermitteln. An einer Weggabelung weist euch euer Wanderzeichen den Weg nach links hinab in die dichter bewachsene Schlucht und zu einem Steg. Über einen mit dichtem Wurzelwerk bewehrten Pfad gelangt ihr hinunter, überquert das Brückchen und steigt dahinter ein paar Meter hinauf.

Bevor ihr nun dem Roten Kreuz nach rechts folgt, empfiehlt sich ein kurzer Abstecher nach links hinunter in eine verträumte Senke. Dieser Ort eignet sich hervorragend für eine kurze Pause inklusive eines kleinen, erfrischenden Fußbads, bei dem sicher auch ihr von still verharrenden Fröschen argwöhnisch beobachtet werdet.

Aus der Senke kehrt ihr zum Wanderzeichen zurück und folgt diesem weiter geradeaus durch den euch mit angenehmer Stille umfangenden Wald. Im Frühling säumen ganze Felder von Buschwindröschen euren Weg, recken ihre Köpfchen der Sonne entgegen und verwandeln den Waldboden stellenweise in ein weiß leuchtendes Blütenmeer.

Bald ändert die Schlucht ihr Erscheinungsbild und der vormals breite Weg wird zum schmalen Pfad, der sich über Hangwege und Stege oberhalb des in seinem Sandbett golden glänzenden Bitterbachs entlang schlängelt. Über viele Tausend Jahre hat sich das Wasser hier einen Weg durch den Sandstein gegraben und ihn dabei besonders ansehnlich geformt. So entstanden malerische Überhänge, bizarre kleine Säulen und pittoreske Höhlchen. Lasst euch von dieser schönen und wildromantischen Stimmung inmitten der bizarr ausgewaschenen Sandsteinfelsen aufnehmen und genießt das sachte Plätschern und die sich

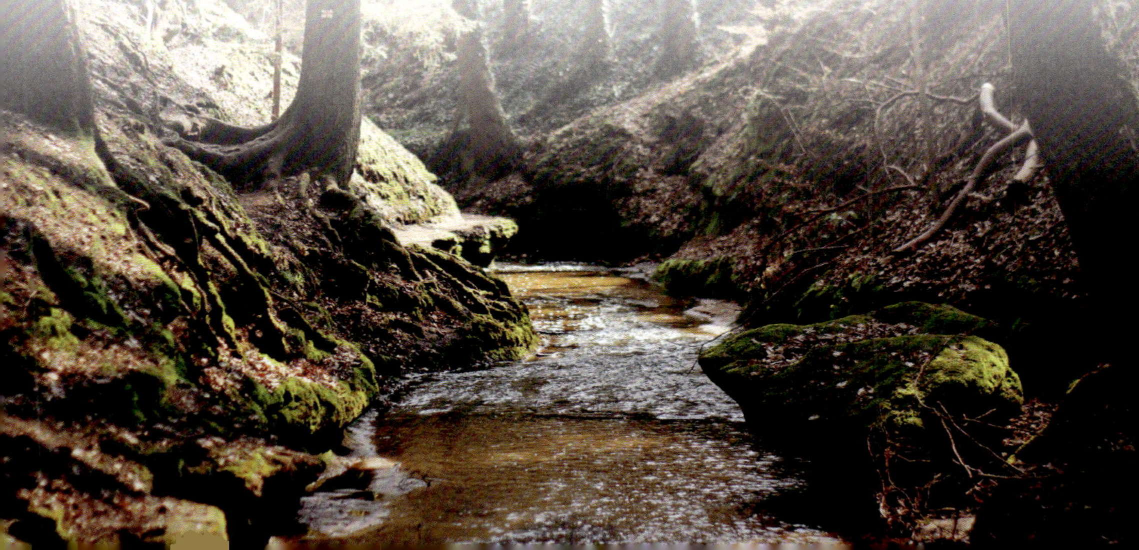

In der Bitterbachschlucht

5

im Wasser brechenden Sonnenstrahlen. Wie eine Hängematte für die Seele mutet dieses Wegstück an, das einen herrlich entschleunigt und verzückt vor dem Anblick eines kleinen Wasserfällchens verweilen lässt.

Zum Kunigundenberg Wenn sich die Schlucht wieder öffnet, folgt ihr dem Roten Kreuz bis zu einer Kreuzung, die ihr mit eurem Wanderzeichen, vorbei an einem Wasserhaus, geradeaus überquert, um kurz dahinter auf euer neues Wanderzeichen, das Rote Andreaskreuz auf Weißem Grund, zu wechseln. Es ist das Zeichen des Albquerwegs und führt euch nach rechts Richtung Kuhnhof in den Brunnenweg. Ihr wandert am Waldrand entlang und bald links den Hang hinauf, wo euch das Rote Andreaskreuz nach rechts in einen sich munter durch das Waldabteil windenden Pfad und auf diesem an die Häusergrenze führt. Dort mündet ihr mit eurem Wanderzeichen nach links in einen Schotterweg, der euch bald nach rechts ins Wohngebiet trägt. Dieses durchquert ihr geradeaus auf der Rehfeldstraße, die nach der Überquerung einer Kreuzung geradewegs in „Am Brücklein" übergeht. Diese Straße endet vor einer Wandertafel in einer Einmündung zur Kunigundenstraße. Ihr folgt dem Roten Andreaskreuz nach links Richtung Kuhnhof und gleich wieder nach rechts in den Wald, wo es sanft bergan geht.

Bald heißt es aufpassen: Nach etwa 200 Metern verlasst ihr das Rote Andreaskreuz hinter einer Einzäunung ohne Wanderzeichen nach rechts unten. Der unmarkierte Pfad führt euch in eine Senke und über einen improvisierten Metallsteg. Dahinter folgt ihr dem Wurzelpfad ein wenig hinauf und an die Straße, in die ihr weiterhin ohne Wanderzeichen nach links oben einbiegt. Schon nach wenigen Metern haltet ihr euch an einer Weggabelung links und folgt der Langen Zeile weiter nach oben. Nach dem letzten Haus auf der rechten Seite verlasst ihr, weiterhin ohne Wanderzeichen, die Straße auf einem schmalen Pfad nach rechts in einen schönen Wald mit vielen weitverzweigten Pfaden. Ihr wandert durch dieses Waldstück etwa 500 Meter immer geradeaus. Wichtig ist, dass ihr immer am oberen Hang bleibt. Dabei passiert ihr einen hohen Wasserturm und gelangt unterhalb der Häusergrenze von Kuhnhof an eine Weggabelung, an der ihr leicht rechts geht und bald in den Laufer Hüttenweg mit dem DAV-Zeichen mündet. Diesem folgt ihr nach rechts unten. Mit dem Zeichen des Laufer Hüttenwegs gelangt ihr schließlich aus dem Wald und in eine Senke, die den possierlichen Namen „Froschleite" trägt. Gegenüber seht ihr schon die Kunigun-

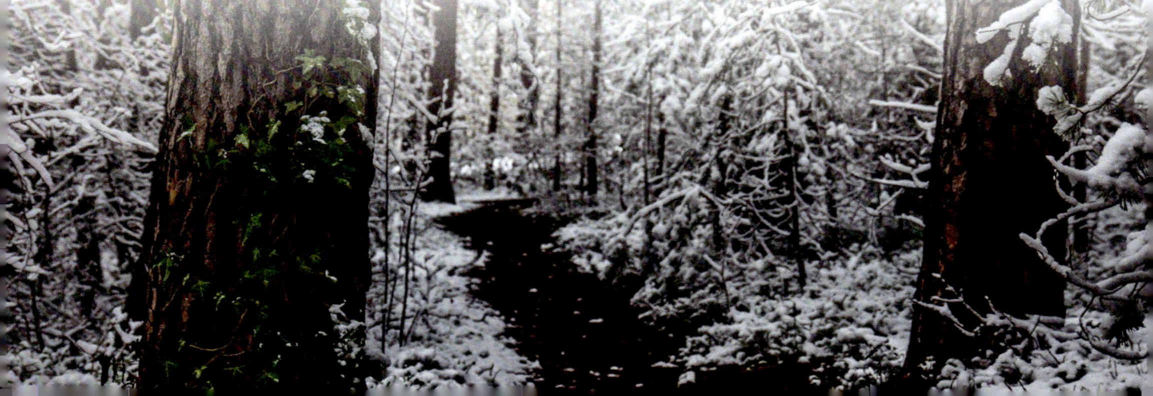

Verträumter Waldweg auf dem Weg zum Kunigundenberg

denkirche. Sie ist der wohltätigen Kaiserin Kunigunde gewidmet, die mit ihrem Vermögen den Armen und Kranken half. Durch das unversehrte Überschreiten glühender Pflugscharen bewies sie im Angesicht einer Ehebruch-Bezichtigung ihre Unschuld. An der Seite ihres Mannes Heinrich II. trug sie Mitverantwortung bei der Regierung des Reiches. Nach dem Tod ihres Gemahls führte sie die Regierungsgeschäfte noch ein Jahr allein, bevor sie ins Kloster ging, wo sie im Jahr 1033 starb. Im Jahr 1200 wurde Kunigunde heiliggesprochen.

Ihr folgt dem Laufer Hüttenweg des DAV durch die Senke und den Hang hinauf zur Kirche. Hinter der Kirche breiten sich zu euren Füßen ganz Lauf und das Umland bis zum Moritzberg hin aus. Wundervoll, wie weit man von hier oben blicken kann. Vielleicht habt ihr Glück und eine der Bänke mit Panoramablick ist frei. Dann macht es euch gemütlich und genießt die Weite.

Zum Wenzelschloss Auf geteertem Weg gelangt ihr mit dem Laufer Hüttenweg vom Kunigundenberg hinunter an die Kunigundengasse, die ihr mit eurem Wanderzeichen überquert. Dahinter wandert ihr über die Heldenwiese und kehrt dann, an einer Kreuzung, leicht rechts in die Urlashöhe mündend, nach unten zum Bahnhof Lauf (rechts Pegnitz) zurück. Dort überquert ihr die Urlasstraße, geht nach rechts hinunter zur bekannten Unterführung und trefft an deren Ende wieder auf das Rote Kreuz des „Eppeleinswegs". Diesem folgt ihr nach rechts über den Plärrer, überquert mit eurem Wanderzeichen die Nürnberger Straße, dann nach links die Glockengießerstraße und gelangt durch das Nürnberger Tor zurück in die Laufer Altstadt.

Bei der ersten Gelegenheit nach dem Nürnberger Tor verlasst ihr euer Wanderzeichen und biegt zwischen den Häusern nach rechts zu der direkt vor euch liegenden Johanniskirche ab. Bis ins 20. Jahrhundert wohnte hoch oben im Glockenturm der Türmer mit seiner Familie. Seine Aufgabe war es, die Uhr zu pflegen und Tag und Nacht Wache zu Halten. Oft war der Türmer zugleich der Stadtmusikus, der Leichenzüge begleitete, in Schenken aufspielte und die Stadtkapelle dirigierte.

Beim Umrunden der Kirche fallen euch am Südportal sicher die tiefen, an Kratzspuren erinnernden Rillen rechts und links der Kirchenportale auf. Derartige Spuren finden sich an vielen Kirchen. Alten Sagen und Legenden zufolge handelt es sich dabei um die Wetzspuren des Teufels. Wahrscheinlicher ist eine andere, auch auf Aberglauben zurückzuführende Erklärung: Die Gläubigen wetzten und schabten „heiliges" Steinmehl aus der Kirchenmauer, um es als Medizin oder zum Segnen einzusetzen. Es wurde zum Einreiben benutzt und mit Wasser vermengt getrunken oder bei Beerdigungen ins Grab geworfen.

Von der Johanniskirche kommend folgt ihr der Johannisstraße ein Stück nach rechts unten. Dabei passiert ihr die Schenke „Laffer Bimbala". „Es Laffer Bimbala" ist wohl der bekannteste Laufer Bürger. Vermutlich handelt es sich dabei um einen armen Kachelofenbauer, der mit seiner

5

Familie einst vor dem Hersbrucker Tor, außerhalb der Stadtmauern, in einem halbverfallenen Häuschen lebte. Besonders fleißig scheinen er und die Seinen nicht gewesen zu sein. Denn „Bimbeln" bedeutet so viel, wie ein minderwertiges Geschäft zu führen. Neben dem wirtschaftlichen Unvermögen war die Familie wohl für ihre Unordentlichkeit und ihren ungepflegten Hausstand bekannt. Und so ist der Spruch „Bei denen sieht's aus wie beim Bimbela zu Lauf!" zwar nicht wirklich ein Kompliment, doch drückt er mit einem verschmitzten Grinsen vielleicht auch ein kleines bisschen den Neid der braven Bürger auf diejenigen aus, die mit wenig Aufwand halbwegs komfortabel durchs Leben kommen.

Direkt hinter dem „Laffer Bimbala" biegt ihr rechts in die Höllgasse ein und folgt dieser gleich nach links unten ins charmant verwinkelte Alte Dorf, die Ursprungssiedlung der Stadt Lauf. Der Name „Höll" wird auf den Begriff „Hüll" zurückgeführt, womit in alter Zeit Sumpflandschaften bezeichnet wurden. Ihr passiert den sogenannten „Judenturm". Dieser war früher als mächtige Eckbastion mit Schießscharten Teil der Stadtmauer.
Im weiteren Verlauf seiner Karriere wurde er als Armenhaus, Gefängnis und Krankenhaus genutzt. Seinen Namen verdankt er den Juden der Stadt Lauf, die den Bau des Turms und der gesamten Stadtmauer im 15. Jahrhundert mit ihren Steuern finanzierten.
Unweit davon erreicht ihr die Schleifmühle Reichel. In ihr betreibt Wasserkraft seit mehr als 640 Jahren Schleifsteine, Bohrmaschinen und Drehbänke.

Von der Mühle gelangt ihr mit schönem Blick auf das Wenzelschloss an die Johannisstraße, die ihr überquert, bevor ihr die Spitalgasse erreicht. Nach nicht einmal 100 Metern kommt ihr an das bereits erwähnte Glockengießerspital, das heute als Stadtarchiv genutzt wird, und biegt kurz davor rechts in „Am Schloss" ab. Durch ein

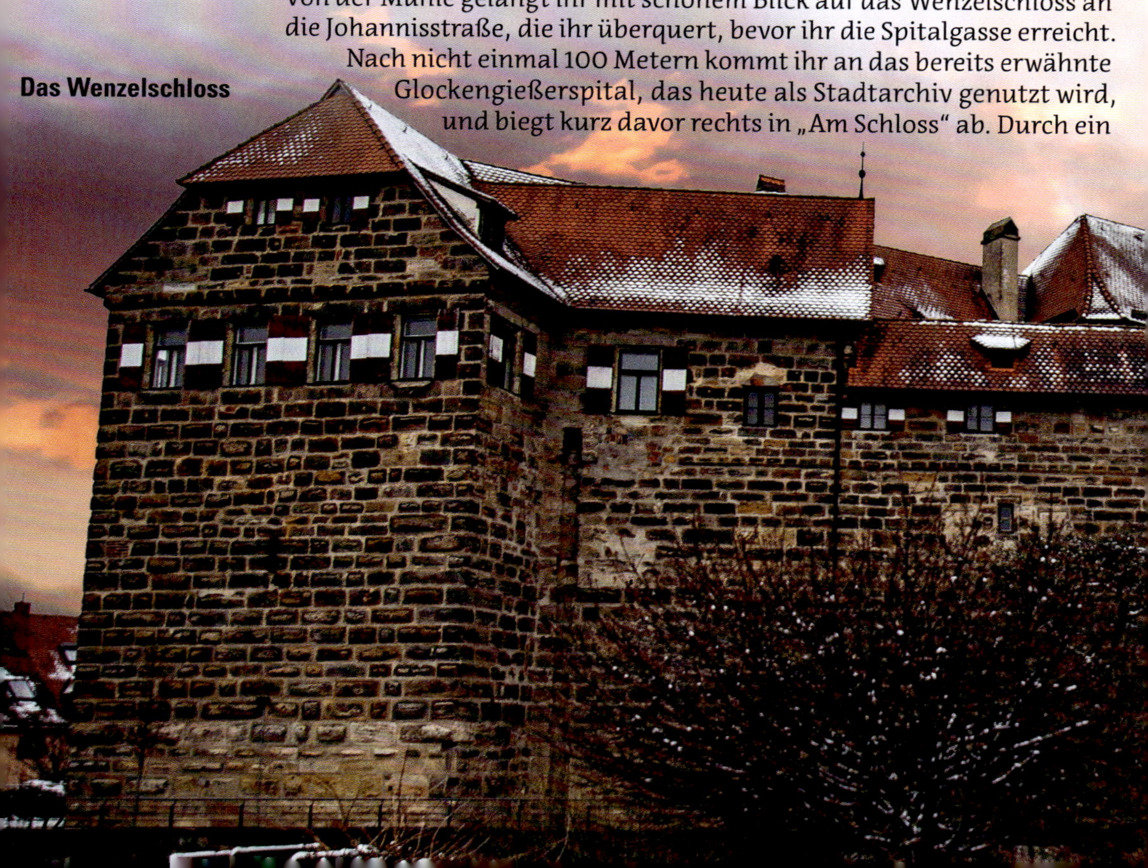
Das Wenzelschloss

stattliches Tor und vorbei am alten Forsthaus mit seinem beschaulichen Garten erreicht ihr einen überdachten Holzsteg, der euch über die Pegnitz hinüber zum Wenzelschloss führt, das ihr auf eurem Weg durchqueren könnt. Grandios, der Blick vom Holzsteg hinüber zur romantischen Uferpromenade.
Dann betretet ihr den beeindruckenden Innenhof des Schlosses, das im 14. Jahrhundert vielmehr als Burg erbaut wurde und seitdem einige Umbauten erfuhr. Mit seinen hohen Mauern, die euch vom direkt einfallenden Sonnenlicht abschirmen, wirkt sie geradezu uneinnehmbar. Diese Burg gilt als Bauwerk von europäischem Rang. Sie verfügte über einen hohen Bergfried, den letzten Rückzugspunkt im Falle einer Belagerung, der heute im Gebäude aufgegangen ist. Gen Süden gab es früher sogar eine Zugbrücke. Einmalig in Europa ist der Wappensaal im Palas. Mehr als 100 in Sandstein gehauene, farbig bemalte und beschriftete Wappen bilden ein einzigartiges Geschichtsdokument, das erst im 20. Jahrhundert bei Renovierungsarbeiten wieder entdeckt wurde. Die Nürnberger, denen die Burg nach dem Landshuter Erbfolgekrieg zufiel, hatten die Wände Anfang des 16. Jahrhunderts übertünchen lassen. Laut einer Sage verschwanden die Wappen schon in der zweiten Hälfte des 14. Jahrhunderts in einer sturmumtosten Nacht wie von Geisterhand.

Der Rückweg Das Wenzelschloss verlassend gelangt ihr an die Altdorfer Straße, der ihr nach links bis zur Einmündung in die Karlstraße folgt. Diese überquert ihr nach links und folgt der Beschilderung und dem Roten Kreuz auf Weißem Grund leicht rechts in die Weigmannstraße und von dort bald der Julienstraße nach rechts zurück zum Bahnhof (links Pegnitz).

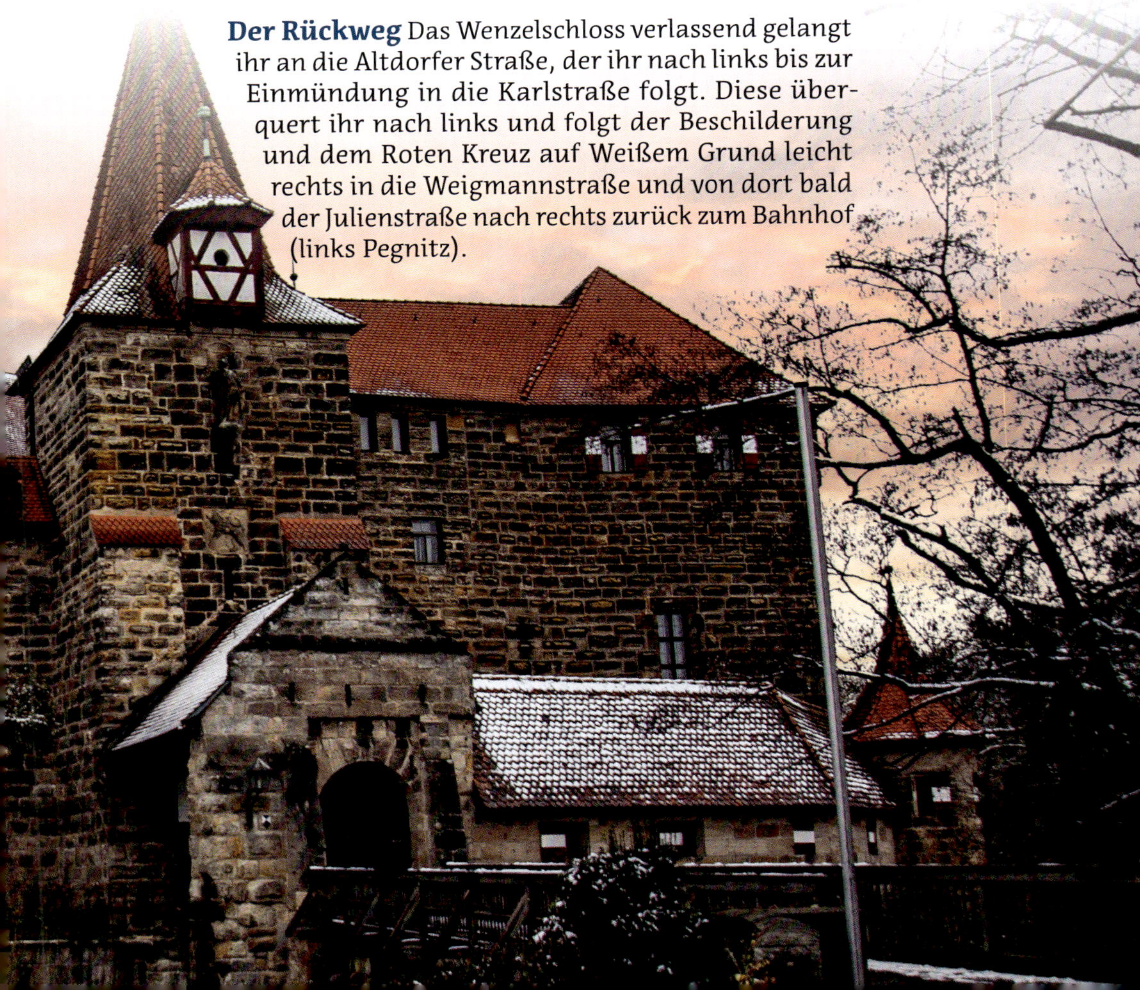

5

Wissen für Angeber

Die Geschichte der Glocken Das Geläut der Glocken wird immer wieder als Sinnbild großer Harmonie und als klingendes Bindeglied zwischen Himmel und Erde beschrieben. Die ersten Glocken wurden vor etwa 5000 Jahren in China hergestellt. Dort wurden sie nicht nur als Musik-, sondern auch als Messinstrument genutzt. Ihren Hohlraum etwa verwendeten die Menschen zum Abmessen von Getreide. Vor gut 2700 Jahren gelangte die Glocke dann auf Handelswegen über

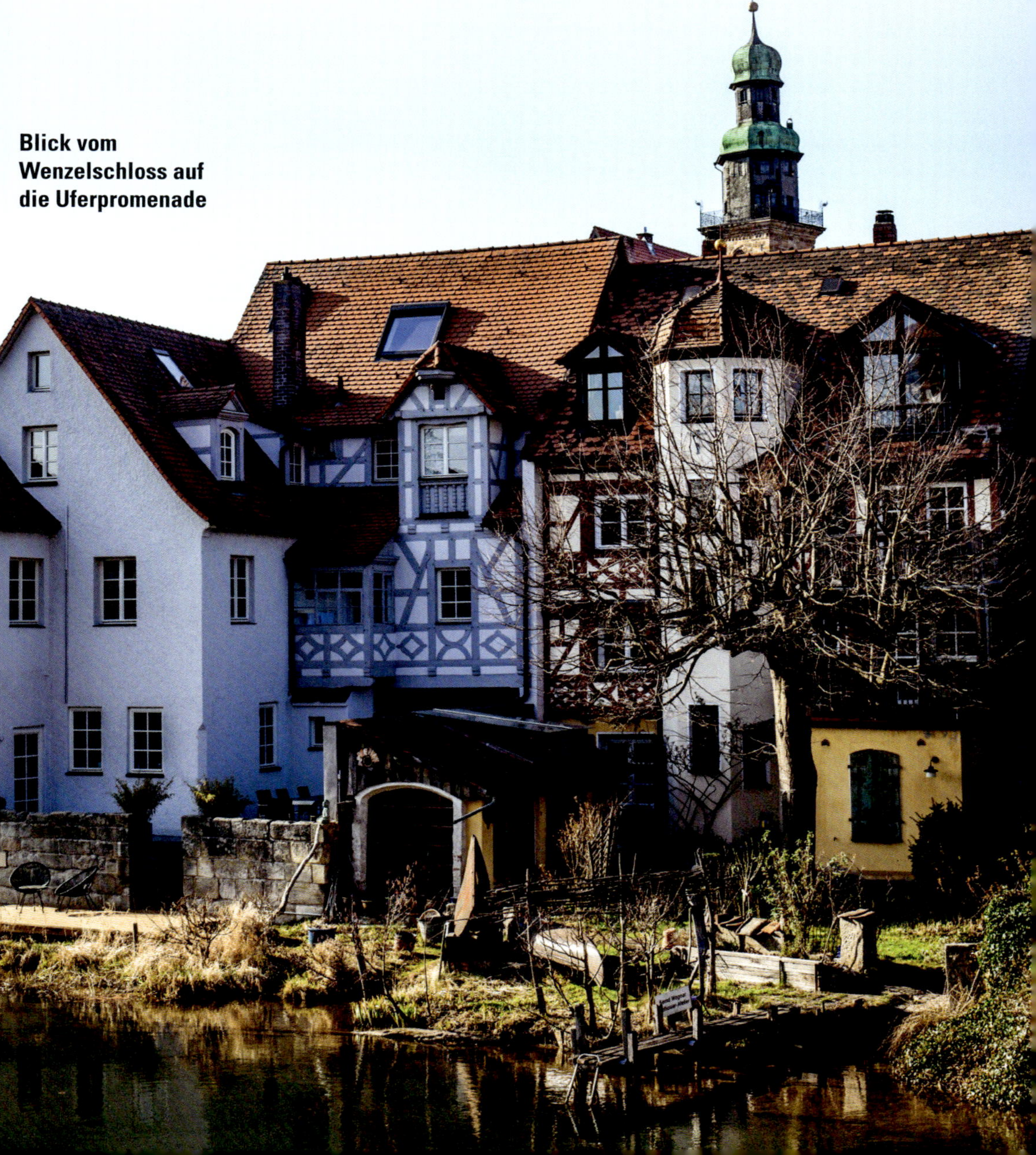

Blick vom Wenzelschloss auf die Uferpromenade

Armenien, Mesopotamien und Ägypten auch in den Mittelmeerraum. Die erste bekannte und für religiöse Handlungen genutzte Glocke befand sich im Giebel eines Jupitertempels in Rom. Hinweise auf die ersten richtigen Glockentürme in Zusammenhang mit christlichen Kirchen finden sich im Frankreich und Italien des 8. Jahrhunderts. Seit dieser Zeit werden in Europa Glocken bevorzugt aus Bronze gegossen. Der Grund dafür war, dass deren Klang weiter getragen wurde, um die Gläubigen zur Messe zu rufen. Ab dem 13. Jahrhundert setzte sich die Gotische Glocke dank ihrer sogenannten Dreiklangrippe durch, mit der das Klangverhalten der Glocken harmonisiert werden konnte. Jeder Glockengießer besaß seine eigenen Rippenformen und hütete diese eifersüchtig vor dem Zugriff seiner Kollegen. Durch die neu gewonnene Flexibilität konnten nun unterschiedliche Klangfarben und Tonmotive hergestellt und zum Beispiel kunstvolle Glockenspiele produziert werden. Diese Entwicklung war vermutlich auch für den faszinierenden Klang der sagenhaften Goldenen Glocke in St. Leonhard verantwortlich. Im 17. Jahrhundert verlor das Klangniveau der Glocken, vor allem aufgrund der wirtschaftlichen Folgen des Dreißigjährigen Krieges, massiv an Qualität. Erst im 20. Jahrhundert erreichten Glocken wieder das Klangniveau der Gotischen Glocke. Heute bewahren nur noch wenige erfahrene Glockengießer diese alte Kunst. Und so gilt weiterhin das Sprichwort: Die Glocken erkennt man am Klange, den Vogel am Gesange.

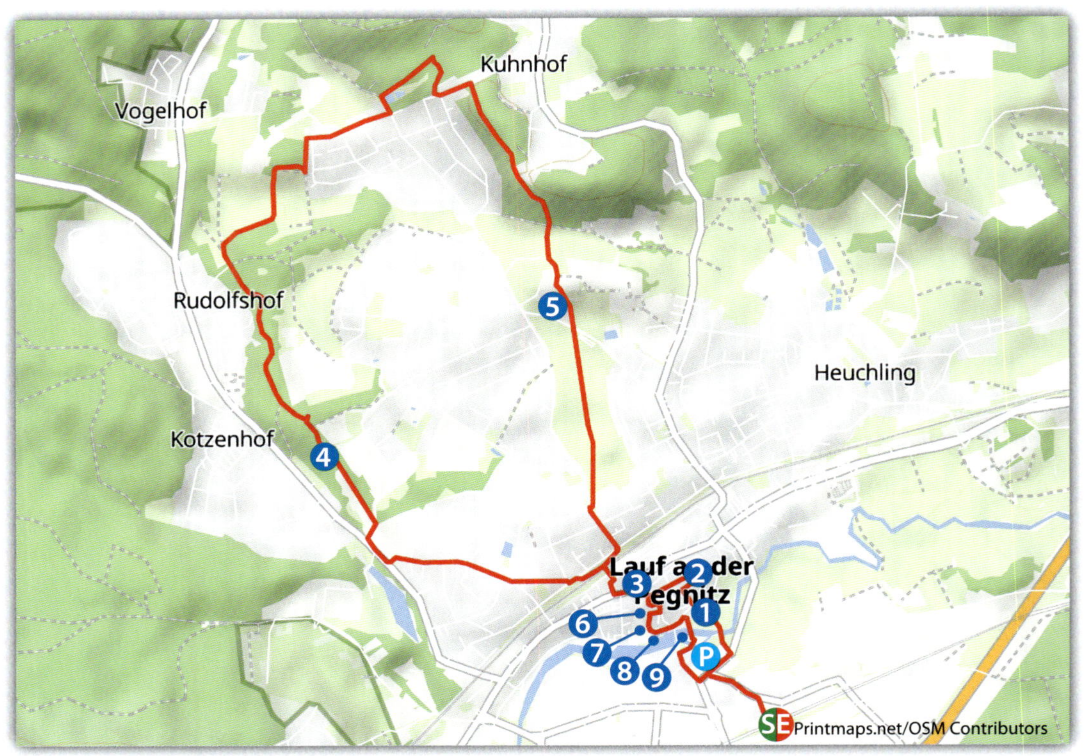

6

Im Schatten des Moritzbergs

 16,5 km

 157 Hm

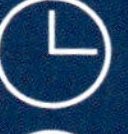 4,5 h

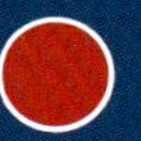 mittel

Eckdaten:

Schatten/Sonne: ausgeglichenes Verhältnis zwischen sehr sonnigen Feldwegen und schattigen Waldwegen

Start-/Endpunkt: Bahnhof Ottensoos Linie S1

Parkplatz: Wanderparkplatz Schönberg, LAU19, Lauf an der Pegnitz

Ausrüstung: Handtuch oder Decke für eine gemütliche Rast am Nessenbach

Einkehrtipp: Osteria da Peppe in Ottensoos, Tel. 09123 13141

Bei Schönberg, einem Ortsteil von Lauf an der Pegnitz, erwartet euch eine herrlich entspannte Wanderung, die euch auf bequemen Wald- und Feldwegen und wundervoll geschwungenen Pfaden durch den geheimnisvollen Zauberwald der Nessenbachschlucht, zum Klingenden Wasserfall und zu zwei besonderen Kirchen führt.

Highlights:

1. Kirchenburg St. Veit in Ottensoos
2. Nessenbachschlucht
3. Wasserfall im Knöpflegraben
4. St.-Jakobus-Kirche in Schönberg
5. Klingender Wasserfall
6. Spratzelbrunnen

Die Sage

Die Verdammte der Nessenbachschlucht Binnen Stunden war ihr vormals wallendes, dunkles Haar schlohweiß geworden. Ihr hübsches Gesicht mit den gesunden, rötlichen Wangen war nun aschfahl und eingefallen. Und ihre wohlgeformte Gestalt glich dem verkümmerten Körper einer von der Knochenkrankheit schwer gezeichneten, alten Frau. Am Morgen hatte sie noch vor Freude und Glück gestrahlt und war wie jeden Tag mit Korb und Sichel, ein fröhliches Liedchen über Verliebte vor sich hin singend, von Schönberg hinaus in die Nessenbachschlucht gegangen, um dort saftig grünes Gras für die Kühe im Stall zu schneiden. Als sie jedoch am Abend zurück auf den Hof kam, war ihr Korb leer, ihr Gesicht zur angsterfüllten Maske erstarrt und ihre Augen von Entsetzen geweitet. Der Bauer und seine Frau brachten sie vorsichtig auf ihr Zimmer und schickten nach dem Dorfpfarrer. Erst als dieser den Raum betreten, die Bauersleute hinausgeschickt und die Tür hinter sich verschlossen hatte, hob die bemitleidenswerte Magd an zu sprechen. Zuerst stammelte sie nur Wortfetzen. Doch dann gelang es ihr, Stück für Stück wieder ganze Sätze zu bilden und, von Grauen über ihr Schicksal gepackt, zu erzählen.

Wochen zuvor, so sprach sie, war sie im Wald der Nessenbachschlucht beim Schlendern am Bachufer einem freundlichen Jäger begegnet. Sie hatte ihn vorher noch nie gesehen. Weder im Wald, noch bei einer der Kirchweihen oder auf einem der Märkte in der Umgebung. Doch sein stattliches Erscheinungsbild und sein galantes Wesen versetzten die Magd vom ersten Augenblick an in Entzücken. Stundenlang spazierten sie gemeinsam, mal plaudernd, dann wieder schweigend durch den Wald, sodass sie darüber ganz und gar ihre Arbeit vergaß. Doch als sie

am Abend auf den Hof ihres Bauern heimkehrte, war der Korb dennoch mit saftigem Gras prall gefüllt. Sie wischte die mit diesem Kuriosum verbundenen Gedanken beiseite und freute sich darauf, den Jäger am nächsten Tag wieder zu treffen. So hatten es die beiden beim Abschied ausgemacht. Und tatsächlich, der nächste Tag verlief genauso wie der vorangegangene. Die beiden trafen sich im Wald und gingen gemeinsam spazieren. Er umgarnte sie und schmeichelte ihr. Und am Abend war ihr Korb, obwohl sie sich nicht daran erinnern konnte, Gras geschnitten zu haben, so gefüllt, dass sie ihn kaum noch tragen konnte. So ging es Tag um Tag, Woche um Woche. Bis aus dem Spazieren mehr wurde. Ihre Hand fand die seine. Seine Lippen die ihren. Das Moos des Waldbodens fing sie sanft auf, als sie sich eng umschlungen niederließen. Nachdem sie die innige Zweisamkeit ausgiebig genossen hatten, kleideten sie sich wieder an. Verzauberten Blickes musterte sie ihren Liebhaber beim Ankleiden. Ihre Blicke wanderten an seinen Beinen hinab. Da fuhr blankes Entsetzen in sie. Statt in menschlichen Füßen mündeten seine Beine, nach unten immer behaarter werdend, in pferdefüßigen Hufen. Der Jäger spürte ihren plötzlichen Schrecken, drehte sich um und grinste sie mit rot funkelnden Augen und zur schauderhaften Grimasse verzerrtem Lächeln an. Hals über Kopf sammelte die Magd ihre Kleider zusammen und flüchtete vor dem Pferdefüßigen aus dem Wald. Von einem Moment zum anderen war sie zur Teufelsbuhle geworden. Die schlimmste Sünde, die ein Christenmensch begehen konnte.
Mit letzter Kraft erreichte sie den Hof und fiel dem erschrockenen Bauern in die Arme. Nachdem sie ihre fürchterliche Geschichte erzählt hatte, fiel sie vor dem Pfarrer auf die Knie und bat um Vergebung. Dieser, von frömmelnder Abscheu gepackt, stürzte aus dem Haus und machte sich sofort auf nach Nürnberg, um die vermeintliche Hexe dort anzuzeigen. Doch noch bevor die Amtsknechte die erbarmungswürdige Magd am nächsten Morgen verhaften konnten, war sie ihrem Kummer erlegen und gestorben. Indes, ihre gepeinigte Seele findet bis heute keine Ruhe und muss als kleines, hässliches Holzweibchen in der Nessenbachschlucht umgehen. Immer auf der Flucht und in Angst vor den Dämonen des wilden Heeres, das in sturmumtosten Nächten über die Wipfel des dichten Waldes dahin und zum Gipfel des Moritzbergs hinauf prescht und Jagd auf verfluchte Seelen wie die der armen „Graserin“ macht.

Nach Emmi Böck: In der Nässenau oder Teufelsbuhlschaft.
Sagen aus Mittelfranken S. 164 ff.

Die Wegbeschreibung

Zur Pfarrkirche St. Veit in Ottensoos Von Nürnberg kommend verlasst ihr den Bahnhof Ottensoos über eine Treppe nach unten und gelangt, gegenüber einem Spielplatz, noch ohne Wanderzeichen, nach links in die Ziegelhüttenstraße. Ihr folgt dem sich nach links durch eine Unterführung schwingenden Gehsteig auf die Obere Dorfstraße, die euch, vorbei an einer Wandertafel und flankiert vom Doppel-P auf Gelbem Grund, dem Zeichen des Paul-Pfinzing-Wegs, nach unten

6

Richtung Ortsmitte trägt. Wenn die Obere Dorfstraße und der Paul-Pfinzing-Weg weiter unten leicht nach rechts schwenken, haltet ihr euch hinter einem länglichen Brunnen links und gelangt über eine kleine Rampe und durch ein Portal auf den von im Frühling herrlich bunt blühenden Sträuchern und Bäumen bewohnten Kirchenhof der Pfarrkirche St. Veit.

Wenn ihr direkt nach dem Durchschreiten des Portals nach oben seht, erkennt ihr im unteren Bereich des Kirchturmdachs unter den vielen rötlichen Ziegeln einen, der sich durch seinen goldenen Schimmer von den anderen abhebt.

Der Sage nach wurde Ottensoos, das zu den ältesten Orten im Nürnberger Land gehört und schon im Jahr 903 urkundlich erwähnt wurde, im Dreißigjährigen Krieg mitsamt der Kirche überrannt, gebrandschatzt und geplündert und musste danach mühsam wiederaufgebaut werden. Im Zuge dieser Arbeiten wurde im Jahr 1685 schließlich auch der Kirchturm von St. Veit fertiggestellt. Das Besondere an diesem neuen Turm war ein spezieller Dachziegel, der den Kirchenschatz von St. Veit darstellte. Nie wieder sollte jemand, wie es im Dreißigjährigen Krieg geschehen war, den Kirchenschatz rauben können. So schmolzen die Bürger von Ottensoos das Gold ein, gossen es in eine Ziegelform, strichen den goldenen Ziegel rot an und setzten ihn, zusammen mit all den anderen Ziegeln, auf das Dach ihres Kirchturms. Im Lauf der Jahre geriet das Versteck in Vergessenheit. Und so wurde der den einstigen Kirchenschatz darstellende Ziegel erst bei Renovierungsarbeiten, aufgrund seines höheren Gewichts, wiederentdeckt. Heute – die Zeit plündernder Söldnerheere ist zum Glück lange vorbei – schmückt den Kirchturm wieder ein einzelner goldener Ziegel. Ob es sich dabei um echtes Gold oder eine Replik handelt, bleibt ein wohl gehütetes Geheimnis.

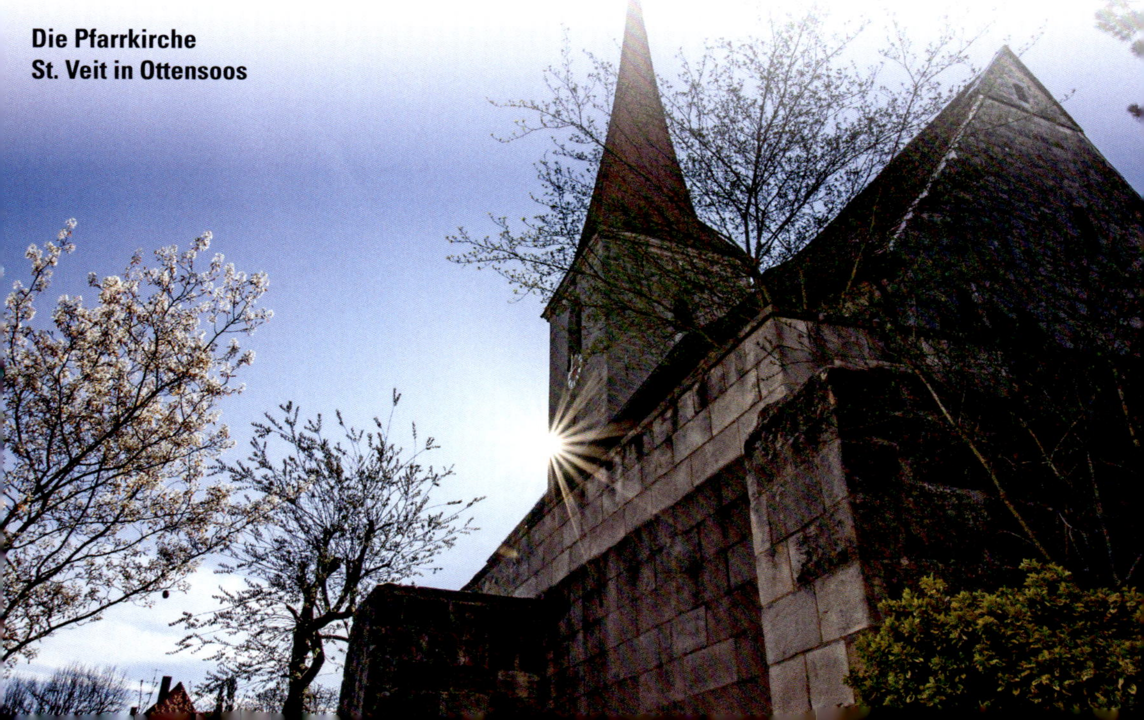

Die Pfarrkirche St. Veit in Ottensoos

Beim Umrunden der Pfarrkirche stellt ihr fest, dass das gesamte Kirchenareal von wehrhaften Mauern umgeben ist. Diese Mauern zeugen von der einstigen Nutzung St. Veits als Kirchenburg, deren imposantes Erscheinungsbild den mehr als 1100 Jahre alten Ort Ottensoos dominiert.

In die Nessenbachschlucht Nachdem ihr St. Veit erkundet habt, verlasst ihr den Kirchenhof nach unten und gelangt gegenüber dem Rathaus auf den Dorfplatz. Ihr haltet euch links und biegt bei der ersten Gelegenheit mit dem Gelben Punkt auf Weißem Grund nach links in die Hirschengasse ein. An deren Ende wird die Straße zum Fußgängerweg, dem ihr mit dem Gelben Punkt geradeaus bis an die Bahnhofstraße folgt.

An der Bahnhofstraße empfängt euch eine Wandertafel. Hier wechselt ihr nach rechts Richtung Nessenmühle und Moritzberg auf den Paul-Pfinzing-Weg. Rechter Hand gefallen die schönen und gepflegten Sandsteinhäuser, deren Fassaden Nostalgie versprühen. Bald folgt ihr eurem Wanderzeichen nach rechts in die Gartenstraße. Mit dieser biegt ihr kurz darauf nach links ab und verlasst sie, nach einer Rechtskurve, nach links in die Eichenhainstraße. Auf ihr verlasst ihr Ottensoos und gelangt nach links durch eine Unterführung an eine Weggabelung. Dem Paul-Pfinzing-Weg nach rechts folgend, wandert ihr auf dem Schotterweg, entlang der S-Bahn-Schienen, dem Wald entgegen. Rechts von euch könnt ihr in der Ferne die beeindruckenden Mauern der stolzen Festung Rothenberg erblicken.

Wenn ihr den Wald betreten habt, gabelt sich der Weg erneut. Nun verabschiedet ihr euch für eine Weile vom Paul-Pfinzing-Weg und zweigt mit einem Fahrweg ohne Wanderzeichen nach rechts ab. Dieser trägt euch wieder auf die freie Ebene hinaus und bald als reiner Schotterweg erneut entlang der Schienen geradewegs auf das nächste Waldstück zu. Kurz davor schwenkt der Schotterweg an einer Weggabelung nach links. Ihr folgt jedoch dem Fahrweg geradeaus in den Wald, der euch, nachdem ihr mittlerweile einige Zeit in der prallen Sonne unterwegs wart, herrlich kühlend aufnimmt. An der ersten Weggabelung haltet ihr euch mit dem Fahrweg links und überquert bald ein kleines Bächlein.

Im weiteren Verlauf wird der Weg zum schönen, sanft federnden und eure Schritte dämpfenden Waldweg, der sich, verspielt von links nach rechts schwingend, durch den Wald schlängelt. Dank des dichten Moosbewuchses, der den Boden und die Äste vieler Bäume überzieht, lassen die durch das Nadeldach fallenden Sonnenstrahlen den Wald zu jeder Jahreszeit in den verschiedensten Grüntönen leuchten und schimmern. Gleich einem wunderlichen Zauber flutet das Grün den Wald und legt sich beruhigend über den Ort und euer Gemüt. Der sich eurem Weg bald von rechts annähernde, sanft dahinfließende Nessenbach bereichert die entspannte Stimmung mit seinem einmütigen Murmeln. Zudem dient er euch als Orientierungshilfe. Bleibt mit eurem Weg immer möglichst in seiner Nähe und ignoriert die markierungsfreien Abzweigungen nach links.

6

Bald passiert ihr eine kleine Furt, die man trockenen Fußes über einen improvisierten Steinweg übersteigt. Dann überquert ihr mit einem Steg ein dem Nessenbach von links zustrebendes Bächlein, entfernt euch ein wenig vom Bachbett und durchquert auf einem von knorrigem Wurzelwerk durchzogenen Pfad ein dicht bewachsenes Wäldchen. Rechts und links des Pfades recken sich euch zarte Triebe behutsam entgegen, als würden euch die Bäume vertraut die Hände reichen wollen. Hinter dem Wäldchen mündet ihr schließlich wieder in den Paul-Pfinzing-Weg und folgt diesem nach rechts unten. Über einige Stufen und einen weiteren Steg führt er euch auf eine malerische Lichtung am Ufer des Nessenbachs. Glücklich diejenigen, die eine Picknickdecke oder zumindest ein Handtuch eingepackt haben. Denn dieses lauschige Örtchen ist geradezu geschaffen für eine Pause. Doch ihr könnt diese auch auf später verschieben, auf dem Rückweg kommt ihr hier noch einmal vorbei.

Zu den Wasserfällen im Knöpflegraben Von der Lichtung trägt euch der Paul-Pfinzing-Weg an eine Weggabelung. Hier, an einer Wandertafel, wechselt ihr nach links oben auf das Wanderzeichen der Nessenbachrunde. Es ist ein zumeist schwarzes, stellenweise weißes Nordic-Walking-Männchen auf Lila Grund. Der hervorragend ausgeschilderten Nessenbachrunde folgt ihr einen sanften Anstieg hinauf. Auch wenn ihr euch nun vom Grund der Schlucht entfernt und der Weg wieder breiter wird, behält der Wald dennoch seinen märchenhaften Charakter. Weiter oben haltet ihr euch an einer Gabelung mit der Nessenbachrunde rechts. Bemerkenswert ist die hier herrschende Stille. In der erholsamen Waldesruhe fällt das bewusste Genießen der Natur leicht, die euch umgibt und alle Sinne verwöhnt. Bald zweigt ihr nach rechts in einen sich wieder verjüngenden Pfad ein. An einer weiteren, mit einem kleinen Bänklein geschmückten Weggabelung folgt ihr dem Wanderzeichen der Nessenbachrunde nach rechts und gelangt in die Senke des Vorderen Tiefen Grabens, wo ihr einen kleinen Bach überquert.

Dahinter wird der Pfad wieder breiter und trägt euch nach etwa 200 Metern am oberen Rand einer weiteren Senke an eine Kreuzung. Hier heißt es aufpassen: Bei dieser Senke handelt es sich um den Ausläufer des Knöpflegrabens, einer Sandsteinschlucht, deren schroffe Eleganz ihr bald bewundern dürft. Geradeaus führt das Wanderzeichen der Nessenbachrunde hinunter in die Senke. Ihr jedoch folgt dem unmarkierten Fahrweg nach links bis zu einer kleinen Lichtung. Wenn ihr diese erreicht, ignoriert ihr den nach links abzweigenden Fahrweg und steigt stattdessen auf einem im ersten Moment kaum erkennbaren Pfad geradeaus den kurzen Hang hinauf. Merkt euch einfach: Euer Weg führt immer an der Kante der Schlucht entlang. Bald gibt sich euch der Pfad deutlich zu erkennen. Wundert euch nicht, wenn ihr rechts über euch Motorengeräusche wahrnehmt. Dort, wenn auch kaum sicht-, so doch hörbar, führt die Straße entlang. Wenn ihr es rechts von euch plätschern hört, könnt ihr einen vorsichtigen Ausflug näher an die Kante wagen und einen Blick hinunter zum vorderen, kleinen Wasserfall des Knöpflegrabens riskieren. Dann folgt ihr dem sich am Hang entlang windenden Pfad weiter und gelangt am Ende der Schlucht vor ein beachtliches Felsensemble. Euch empfangen beeindruckende Sandsteinwände und am Ende des Grabens der zweite, geheimnisvoll und romantisch inmitten der Felsen hinabstürzende Wasserfall. Fast wie das Tor in eine andere Welt öffnet sich dieser magische Ort vor euch und schmiegt sich sanft in den gewaltigen Fels.

Zur St. Jakobus Kirche in Schönberg Vom Wasserfall geht ihr ein Stück zurück, bis ihr nach etwa 20 Metern in der Senke links von euch eine Furt erspäht. Zu dieser steigt ihr auf vorhandenem Pfad hinab, überquert das Bächlein und steigt auf der anderen Seite leicht rechts nach oben. Nun kehrt ihr auf der anderen Hangseite des Knöpflegrabens zur Nessenbachrunde zurück. Zu beachten ist dabei zum einen der, kurz nach dem Hangaufstieg, nahezu unsichtbare Pfad, den ihr nach ein paar Metern weiter rechts wieder entdeckt. Und zum anderen eine Öffnung im Gebüsch, durch die ihr, kurz vor Erreichen des Nessenbachrundwegs, von einem kurzen Stück außerhalb des Waldes wieder nach rechts in den Wald gelangt. Zurück auf der Nessenbachrunde folgt ihr eurem Wanderzeichen nach links. Nach weiteren 600 Metern, in deren Verlauf ihr euch an einer Weggabelung rechts haltet, erreicht ihr an einem Backsteinbau eine Weggabelung mit Wandertafel. Ihr folgt dem Wanderzeichen der Nessenbachrunde nach rechts unten, überquert schon bald auf einer idyllisch gelegenen Holzbrücke den Nessenbach und verlasst den Wald für eine ganze Weile.

Vorbei an der Alten Nessenmühle gelangt ihr hinauf an die Einmündung der Nessenmühlstraße, in die ihr, alle Wanderzeichen hinter euch lassend, nach links einbiegt. Vorbei am Gelände der Lebenshilfe wandert ihr entlang der Nessenmühlstraße nach Schönberg hinein und erreicht vor einem Spielplatz rechts die Neuhäuserstraße, die euch in die Ortsmitte trägt. Nach etwa 100 Metern gesellt sich, von rechts kommend, das Rote Kreuz auf Weißem Grund, das Zeichen des Eppeleinwegs, zu euch, das euch nach oben auf den Schönberger Marktplatz begleitet. Hier folgt ihr dem Roten Kreuz nach rechts und verlasst es schon nach wenigen Metern nach rechts in den Jakobusweg für einen Besuch der wunderschönen St.-Jakobus-Kirche.

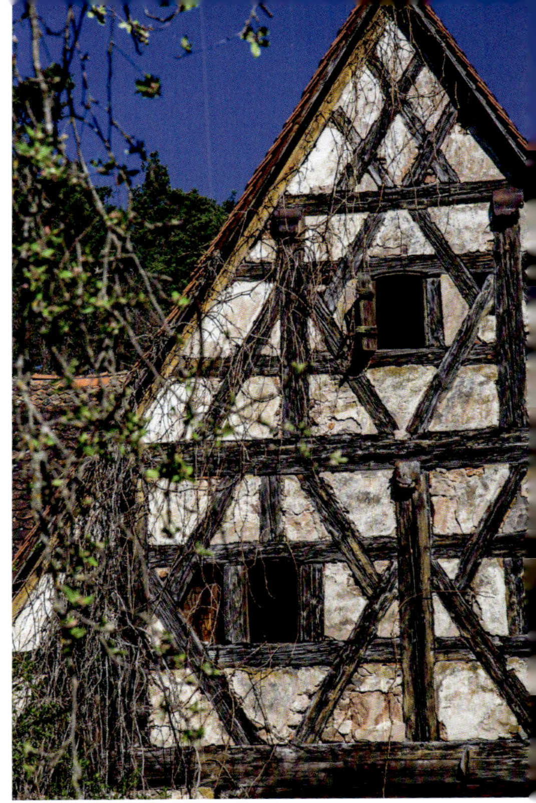

Das Fachwerk der Nessenmühle

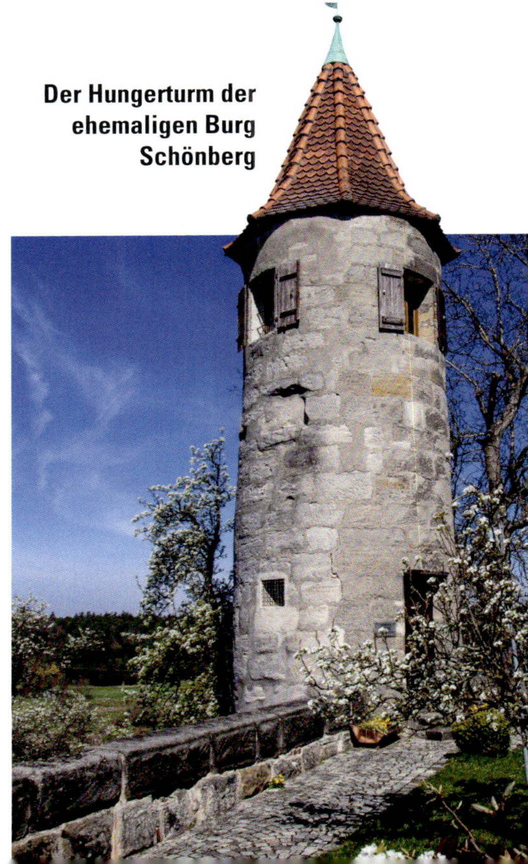

Der Hungerturm der ehemaligen Burg Schönberg

6

Bis zum 19. Jahrhundert erhob sich an dieser Stelle noch das Markgrafenschloss Schönberg, einst eine der großen Burgen des Nürnberger Landes, die vor fast 1000 Jahren erbaut wurde. Heute erinnern nur noch die Sockelmauern und ein einzelner runder Eckturm an das einst stolze Bauwerk, das schließlich baufällig und marode abgerissen wurde und der heute den Ort krönenden Kirche Platz machte. Ein paar Spuren künden jedoch noch von der ehemaligen Burg. Der ehemalige Eckturm der Burg verströmt, besonders im Frühling, märchenhaften Zauber, wenn er von weißen Blüten eingerahmt wird. Von der Brüstung bietet sich euch zudem ein prachtvoller Panoramablick. Dass die auf dem ehemaligen Burggelände stehende Kirche den Namen des Apostels Jakobus trägt, ist übrigens nur konsequent. Denn schon die einstige Burgkapelle war diesem bekannten Heiligen geweiht, nach dem auch der Jakobsweg benannt wurde. Heute begeistert die Anlage, die sich entspannt umrunden lässt, mit ihrer Kombination aus geschmackvoller Kirche und Burgresten und versprüht romantisches Flair gepaart mit altehrwürdiger Erhabenheit.

Zum Klingenden Wasserfall und zum Spratzelbrunnen Von der St.-Jakobus-Kirche kehrt ihr zur Straße zurück und folgt dem Roten Kreuz kurz nach rechts und gleich wieder, mit den Wegweisern zum Klingenden Wasserfall und zum Spratzelbrunnen, nach links in den Brünnelweg. Auf diesem verlasst ihr Schönberg, nachdem ihr einige mit schönem Fachwerk geschmückte Häuser passiert habt. Am Ortsrand erreicht ihr, vor einem Parkplatz, eine Kreuzung. Hier empfängt euch euer nächstes Wanderzeichen, der Grüne Ring auf Weißem Grund, das Zeichen des Schönberger Jakobswegs. Er wird euch begleiten, bis ihr nach Schönberg zurückkehrt. Doch zuerst überquert ihr mit ihm die Kreuzung Richtung Klingender Wasserfall und gelangt, mit Blick auf den Moritzberg, über einen Parkplatz auf geschottertem Weg auf die freie Ebene.

Der Sage nach sind der sich vor euch erhebende Moritzberg und der mitten in Lauf thronende Kunigundenberg für alle Zeiten untrennbar miteinander verbunden. Einst liebten sich zwei Königskinder aus der Gegend so sehr, dass ihre Herzen brachen, als ihnen ihre Eltern verboten, sich zu vermählen. So errichteten sie jeweils auf den Gipfeln der beiden Berge eine Kapelle, damit sie sich wenigstens auf diese Art nahe sein konnten. Der junge Mann hieß Moritz und die junge Frau Kunigunde.

Was nur wenige wissen: Ludwig I. von Bayern, der auch den Ludwig-Donau-Main-Kanal bauen ließ und dem seine Affäre mit der irischen Tänzerin Lola Montez schließlich die Krone kostete, wollte im 19. Jahrhundert auf dem Gipfel des Moritzbergs ein gewaltiges Nationaldenkmal errichten lassen. Ähnlich pompös und beeindruckend wie die Befreiungshalle bei Kelheim oder die Walhalla bei Regensburg, die beide auch auf das Konto des baubegeisterten Königs gehen, sollte das geplante zehneckige Kastell werden, das eine riesige Bildsäule der Germania beherbergen sollte. Zum Glück ging dem König scheinbar das Geld aus. Sonst wären die Wege rings um den Moritzberg heute sicher weit weniger ruhig und beschaulich.

An der ersten Kreuzung auf der Ebene, an einem großen Schuppen, biegt ihr mit dem Grünen Ring nach rechts ab und folgt diesem, bis er mit euch nach links in eine geteerte Straße einmündet. Die Straße trägt euch, leicht ansteigend, nach oben und dem Wald entgegen. Wie schön es doch ist, am Waldrand von der Teerstraße mit eurem Wanderzeichen, vorbei an einer Sitzgruppe, leicht rechts in den Wald zu gelangen und von diesem erfrischend kühl aufgenommen zu werden. Der weiche Waldweg trägt euch nach rechts hinunter in die Senke und über eine Holzbrücke.

Hier soll der kopflose Geist des Stefflbauern aus Schönberg umgehen, der vor vielen Jahren in einer mondhellen Nacht von zwei Nürnberger Amtsknechten dabei erwischt wurde, als er die Grenzsteine zwischen Schönberg und Haimendorf zugunsten seines Ackers verschieben wollte. Nachdem ein aufgebrachtes Wort das andere ergeben hatte, zog einer der Amtsknechte kurzerhand sein Schwert und hieb dem Stefflbauern den Kopf ab. Seitdem muss dessen rastloser Geist am Hüttenbach spuken und hat schon so manchem nächtlichen Wanderer einen fürchterlichen Schrecken eingejagt.

Direkt hinter der Brücke geht ihr wieder ein Stück nach oben, tretet aus dem Wald und folgt dem Grünen Ring, zuerst am Waldrand, dann wieder in den Wald nach rechts unten. So gelangt ihr direkt zum Klingenden Wasserfall.

Das Wasser stürzt über mehrere Kaskaden fünf Meter hinab. Besonders, wenn ihr dieses weithin bekannten Naturspektakel ein wenig umrundet, bieten sich euch herrliche Ansichten. Der Lichteinfall spielt dabei eine nicht zu unterschätzende Rolle. Denn durch ihn wird in den frühen Abendstunden aus dem silbern glänzenden Wassersturz eine, je nach Wetterlage, golden leuchtende Pracht. Im Sommer ein feingliedriges Rinnsal, beeindruckt der Wasserfall zur Schneeschmelze oder nach ergiebigen Regengüssen mit den über die Ränder der einzelnen Terras-

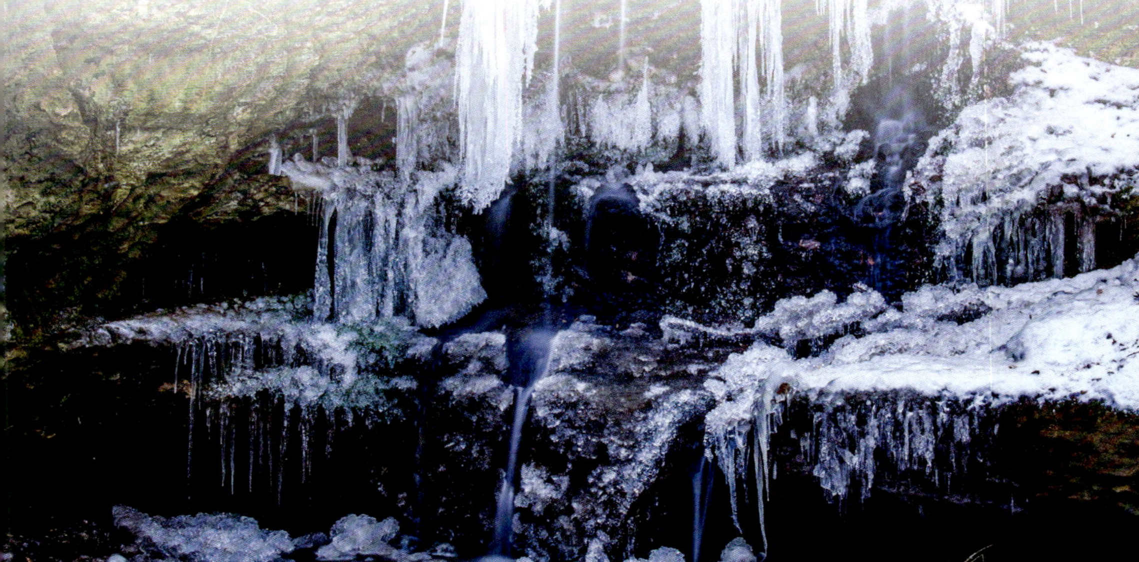

Der Klingende Wasserfall bei Haimendorf

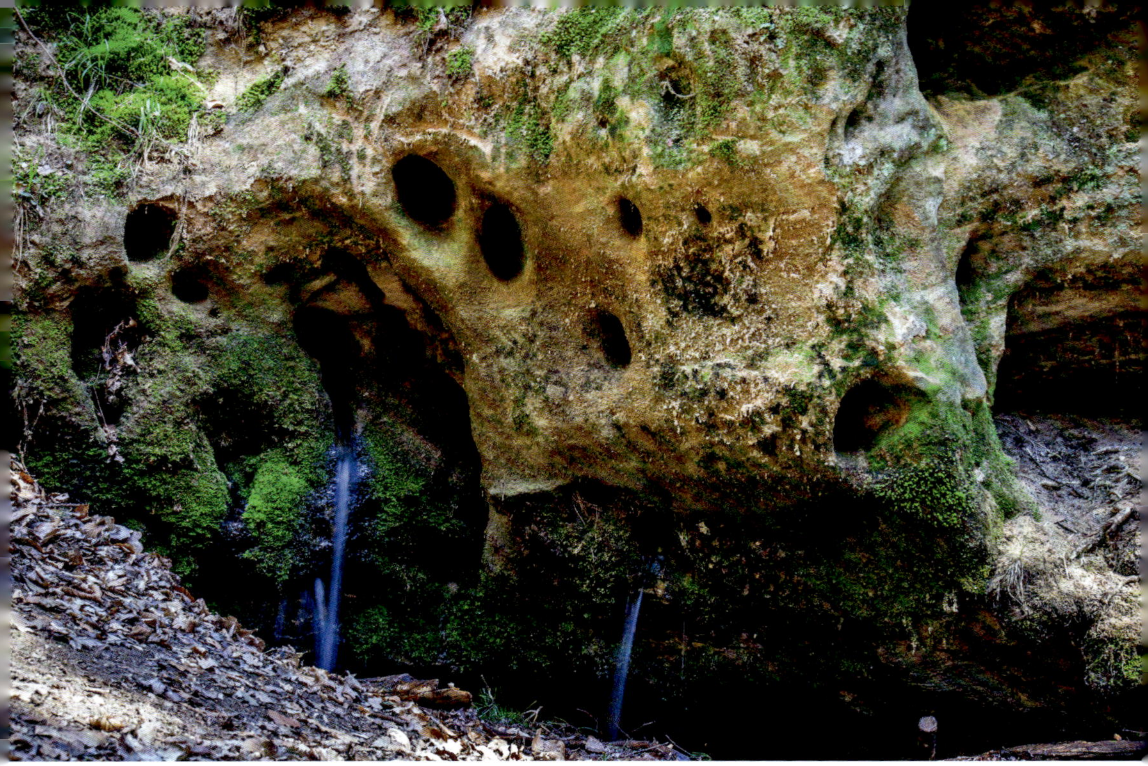

Der Spratzelbrunnen bei Haimendorf

sen fließenden Wassern. Der Schall bricht sich an den Wänden rechts und links der Hüttenbachschlucht. Dadurch entsteht eine besonders schöne Akustik und Atmosphäre. In kalten Wintern, wenn sich der Wasserfall in einen dicken Eisvorhang kleidet, der Wind zwischen den bläulich leuchtenden Eiszapfen hindurch fährt und ihnen dabei süße Melodien entlockt, versteht man schnell, wie der Klingende Wasserfall zu seinem musikalischen Namen kam.

Zum Spratzelbrunnen Vom Klingenden Wasserfall führt euch der Grüne Ring weiter. Schon nach wenigen Metern zweigt ein unmarkierter Pfad nach unten in die Hüttenbachschlucht ab. Ein kurzer Abstecher lohnt sich schon aufgrund eines besonders tief unterspülten Sandsteinfelsens. Zum Wanderweg kehrt ihr auf demselben Weg zurück, auf dem ihr gekommen seid, und folgt dann eurem Wanderzeichen nach links. Nach etwa 500 Metern erreicht ihr eine Bank. Wenn ihr hier vom Wanderweg dem gut erkennbaren, sich nach links unten schwingenden Pfad folgt, führt euch dieser direkt vor das kleine und besondere Naturwunder des Spratzelbrunnens. Eine eifrig schüttende Quelle hat im Lauf der Zeit mehrere Ausgänge durch den Sandstein gegraben und ihn so in einen regelrechten Schweizer Käse verwandelt. Das muntere Glucksen des Wassers singt euch in mehreren Tonlagen von seinem Weg durch den Fels und fließt dann dem Hüttenbach entgegen.

Zurück in die Nessenbachschlucht Vom Spratzelbrunnen kommend, folgt ihr dem Grünen Punkt nach links, wandert mit ihm bald nach rechts und aus dem Wald am Waldrand entlang. Kurz bevor ihr einen Parkplatz und die dahinter verlaufende Straße erreicht, weist euch euer Wanderzeichen den Weg nach links.

Wenn ihr mit dem Auto anreist, beginnt eure Wanderung hier.

Der schmale Pfad führt euch zwischen Waldrand und Zaun weiter und windet sich mit euch nach rechts, der unter euch verlaufenden Straße entgegen. Diese überquert ihr nach links und folgt dem Grünen Ring, vorbei an einer Schranke, auf breitem Schotterweg nach links unten. Nun folgt ein mit dem Grünen Ring hervorragend ausgeschildertes Wegstück auf weißem Schotterweg durch den stillen Schönberger Forst. Der bequeme Weg lädt zum gedankenverlorenen Schlendern ein. Doch gebt gut Acht, dass ihr euer Wanderzeichen nicht überseht, das euch immer wieder vom Wegesrand grüßt. Dass ihr richtig seid, erkennt ihr unter anderem daran, dass auf den Wandertafeln, die ihr passiert, bald die Nessenmühle angeschrieben ist.

Schließlich überquert ihr mit dem Grünen Ring eine Straße und gelangt auf schmalem Pfad wieder in den Wald. Nach einem kurzen Stück verlasst ihr diesen schon wieder und biegt nach links in einen breiten Schotterweg ein. Weiter rechts von euch erhebt sich die prächtige St.-Jakobus-Kirche in Schönberg. Bei der nächsten Gelegenheit biegt der Schotterweg mit euch Richtung Nessenmühle nach links in den Wald ab, schwingt nach rechts und verlässt den Wald an der nächsten Kreuzung nach rechts. Über eine Freifläche trägt euch der Grüne Punkt, zuletzt vorbei an einem Pferdestall, an die Nessenmühlstraße.

Hier verlasst ihr den Grünen Punkt und überquert die Straße. Nun biegt ihr nach links ab. Doch nur, um kurz drauf, gegenüber dem hölzernen Verabschiedungsschild, ohne Wanderzeichen nach rechts in den schmalen Waldweg abzubiegen. Bald geht es nach links, dann hin und her wiegend durch den Wald. Der Pfad wird schmaler und schmaler. Eine erste Abzweigung nach rechts unten ignoriert ihr. Bald entwickelt der Wald wieder genau den Zauber, mit dem er euch bei eurem ersten Besuch in seinen grünen Bann zog. Totholz, das von Moos und Flechten überzogen wird und neues Leben spendet, ziert den Waldboden. Das kräftige Grün des im Sonnenlicht zu pulsieren scheinenden Bodens taucht den ganzen Wald in grünlichen Schimmer. Im Frühling finden weiß sprießende Buschwindröschen ihren Weg durch den dichten Moosteppich und siedeln auch an unwirtlich scheinenden Orten, wie zerbrechlichen Baumstümpfen oder verloren gegangener Rinde. An einer Kreuzung folgt ihr dem rechten Pfad und wandert entlang der Kante des rechts unterhalb von euch in seinem goldenen Sandbett fließenden Nessenbachs. Wie der Wüstenwind schiebt das Wasser feine Dünen vor sich her und formt mit seinem Fluss eine Sandlandschaft nach seinem Belieben. Umgefallene, von anderen gestützte und aufgefangene Bäume verleihen dem Wald eine wildromantische und zuweilen melancholische Atmosphäre.

Nach einer Weile heißt es aufpassen: An einer Weggabelung trefft ihr auf das Zeichen des Paul-Pfinzing-Wegs, das eher für die euch entgegenkommenden Wanderer sichtbar ist. Mit diesem biegt ihr über eine natürliche, mit einem Seil als Handlauf gesicherte Wurzeltreppe

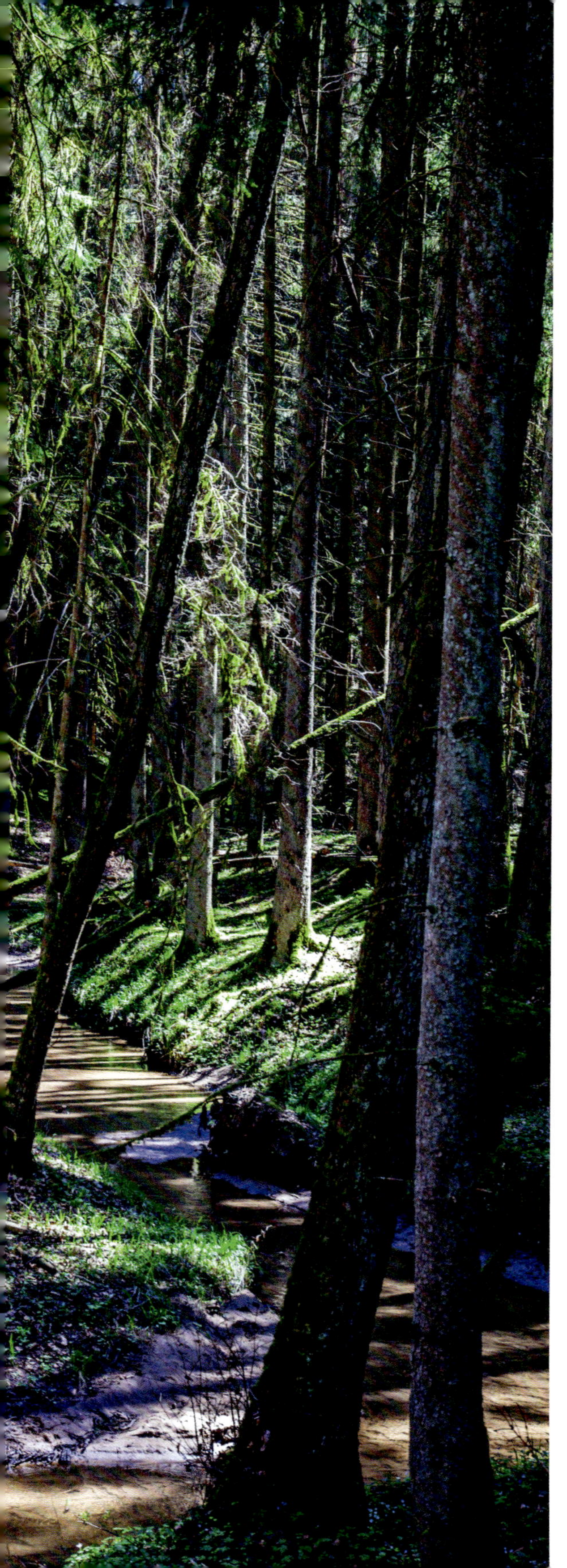

nach rechts hinunter in die Nessenbachschlucht ab. Ein spannender Abstieg, bei dem sich euch rechts und links schöne Ansichten bieten. Besonders reizvoll ist der Blick auf den idyllisch im Grund der Schlucht gelegenen Holzsteg, den ihr gleich mit dem Paul-Pfinzing-Weg nach links überquert. Dahinter wandert ihr mit eurem Wanderzeichen durch die Schlucht und sammelt noch weitere grandiose Eindrücke und berückende Bilder, bis ihr erneut die anheimelnde Lichtung erreicht, die zu einer letzten Pause einlädt und vielleicht den einen oder anderen Wanderer dazu animiert, seine Füße in der Frische des Nessenbachs ein wenig abzukühlen.

Der Rückweg Von der Lichtung kommend folgt ihr dem Paul-Pfinzing-Weg nach links und gelangt mit ihm bald nach rechts oben aus der Nessenbachschlucht. Er trägt euch noch eine ganze Weile durch den Märchenwald, der, je weiter ihr euch von der Schlucht entfernt, wieder zum Durchschnittswald zu werden scheint. Dann führt euch euer Wanderzeichen auf die freie Ebene, rechts entlang der Bahngleise zurück nach Ottensoos und auf dem bekannten Weg über die Eichenhainstraße, die Gartenstraße und die Bahnhofstraße zurück zum Bahnhof Ottensoos, wo ihr eure Wanderung beendet.

In der Nessenbachschlucht

Wissen für Angeber

Was sind Kirchenburgen? Im späten Mittelalter und zu Beginn der Neuzeit herrschten in Deutschland unruhige Zeiten. Unter den Nachfolgern Karls IV., der vielen als der bedeutendste römisch-deutsche Kaiser des Spätmittelalters gilt, zerfiel die Königsmacht zu einem losen Gefüge aus Fürstentümern, Grafschaften, Freien Städten, Reichsstädten und Bistümern. Die jeweiligen Landesherren waren sich gegenseitig oft nicht grün und befehdeten einander. So unternahm man immer wieder Raubzüge in das gegnerische Gebiet, um dem anderen Grundherren zu schaden. Hinzu kamen Räuberbanden, im Kriegsfall Soldaten und Söldner, die marodierend und plündernd durch die Lande zogen. Die Hauptleidtragenden waren stets die Bauern und ihre Familien. Ihre Felder und Höfe wurden verwüstet und gebrandschatzt und sie selbst waren der Gewalt der Plünderer ausgeliefert. So mancher Landesherr verfügte über eine Burg, die den Menschen seines Gebietes im Falle eines Angriffs Schutz bot. Wo es derartige Verteidigungsanlagen nicht gab oder sie zu weit entfernt waren, flüchteten sich die Einwohner in das am stärksten befestigte Gebäude des Ortes. Das war im Mittelalter, als der Großteil der ländlichen Bevölkerung in Häusern aus Holz, geflochtenen Birkenzweigen, Lehm und Stroh lebte, in der Regel die aus Steinen errichtete Dorfkirche. Mit der Zeit wurden viele dieser Kirchen mit zusätzlichen Mauern und sogar mit Wehrgängen und Schießscharten zur Verteidigung versehen. Diese Kirchenburgen, innerhalb deren Mauern sich oft Speicher befanden, boten den Dorfbewohnern im Ernstfall ausreichend Schutz und Verpflegung.

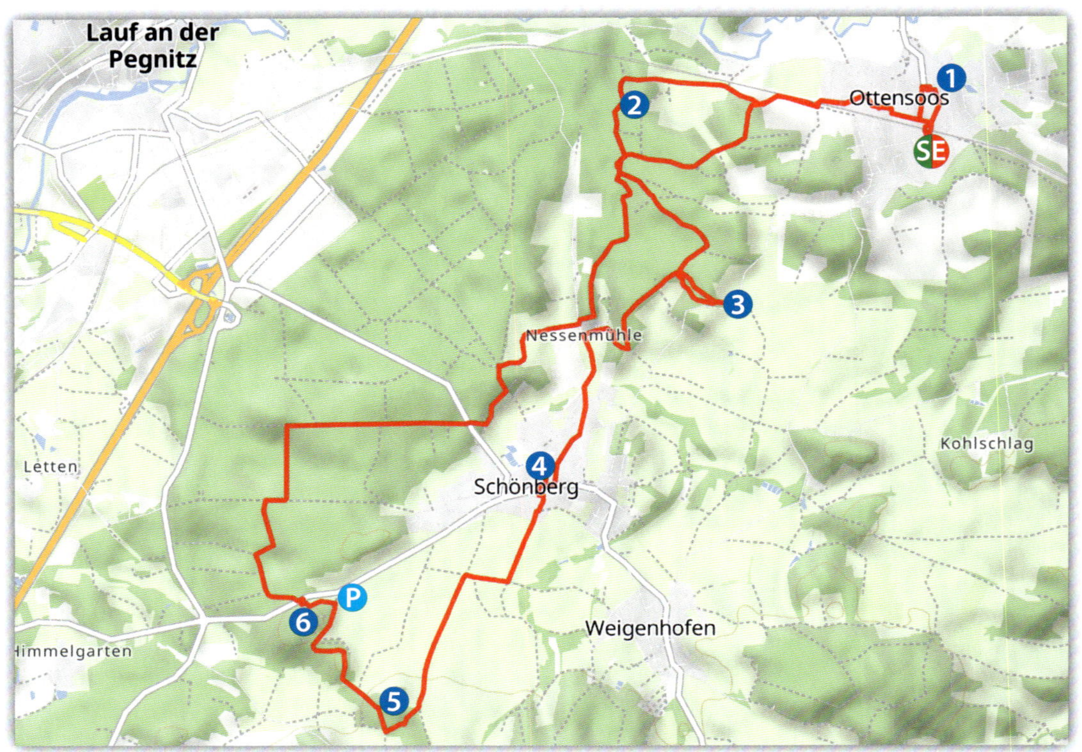

7

Spuk in und um Hersbruck

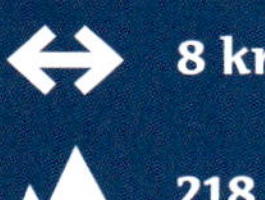

8 km

218 Hm

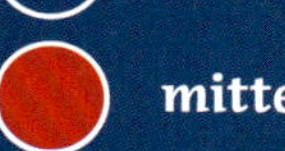

3 h

mittel

Eckdaten:

Schatten/Sonne: viele sonnenbeschienene Wege

Start-/Endpunkt: Bahnhof Hersbruck (rechts Pegnitz) Linien RB 30, RE 31, RE 32, RE 40, RE 41, RE 43

Parkplatz: Bahnhof Hersbruck (rechts Pegnitz), Am Bahngelände 2, 91217 Hersbruck

Einkehrtipp: Restaurant Michelsberg in Hersbruck, Telefon 09151 8178866

Gasthof Schwarzer Adler in Hersbruck, Telefon 09151 2231

Extra-Tipp: Ein Besuch des Deutschen Hirtenmuseums, Eisenhüttlein 7, 91217 Hersbruck, Tel. 09151 2161

Das Städtchen Hersbruck schmiegt sich idyllisch ins Pegnitztal. Umgeben von einer Mauer mit drei stattlichen Tortürmen, die auch heute noch stehen, bot es als drittgrößte Stadt im Nürnberger Land hohen Herrschaften und Kaufleuten auf ihrem Weg von Prag nach Nürnberg Schutz und Komfort. Die wunderschöne Altstadt mit schmucken Fachwerkhäusern und einem beeindruckenden Schloss bietet jede Menge Schauwerte. Hinzu kommt, dass Hersbruck ein wenig wie im Dornröschenschlaf wirkt. Genau das macht seinen besonderen Charme aus. Doch auf dieser Wanderung entdeckt ihr nicht nur die Hersbrucker Altstadt. Ihr erklimmt auch den hoch über dem Städtchen gelegenen Gipfel des Steinbergs und den nach einem Raubritter benannten Michelsberg.

Highlights:

1. Nürnberger Tor
2. Oberer Markt mit Rathaus
3. Hersbrucker Schloss (Amtsgericht)
4. Wassertor
5. Spital mit Spitaltor
6. Stadtmauer mit Wehrgang
7. Rosengarten
8. Teufelsgraben
9. Steinbruch auf dem Steinberg
10. Michelsberg

Die Sage

Die Drude von Hersbruck Wisst ihr, was Druden sind? Es sind im Grunde ganz erbarmungswürdige Geschöpfe. Ihre Seelen sind dazu verdammt, nachts den Körper zu verlassen und ihren Mitmenschen oder deren Haustieren Leid zuzufügen. Das tun sie, indem sie sich in geisterhafter Gestalt Schlafenden auf die Brust setzen und dadurch Albträume, Beklemmungen und Atemnot verursachen. In die Zimmer ihrer Opfer dringen sie als Katze, Strohhalm oder Feder ein. Bedauerlicherweise können sich Druden niemandem anvertrauen. In alten Zeiten wären sie für ihr Treiben unverzüglich auf dem Scheiterhaufen gelandet. Und heute würde ihnen schlichtweg niemand mehr glauben. So setzen sie ihr abscheuliches Werk fort, bis ihnen jemand Einhalt gebietet.

Auch in Hersbruck musste einst eine derart verfluchte Seele ihr Unwesen treiben. Es war eine in die Jahre gekommene Frau, die von den Nachbarn als verwirrte Alte gemieden und verspottet wurde. Nacht für Nacht verließ sie ihren Körper, schwebte durch die Dunkelheit und suchte

sich neue Opfer. Diese peinigte sie so lange, bis alle Lebensfreude und Energie aus deren Körpern entwichen war. Viele Menschen wurden so in den Wahnsinn und in die Selbstaufgabe getrieben.
Nun hatte sie sich den Gesellen des Bäckers im Haus nebenan als neues Opfer auserkoren. Der junge Mann, der zu Beginn seiner Gesellenzeit noch fröhlich und unbeschwert gewesen war, verfiel binnen kürzester Zeit zusehends. Unter seinen müden Augen bildeten sich tiefe, dunkle Furchen. Und aus dem ehemals vor Kraft strotzenden Körper wurde ein Bild des Jammers. Mit hängenden Schultern schleppte sich der Geselle durch die Backstube.
Als er das Elend nicht mehr mit ansehen konnte, fragte der Bäckermeister den jungen Mann nach dem Grund für seinen zunehmenden Verfall. Da erzählte ihm der Geschundene, dass ihn Nacht für Nacht eine Drude in seiner Kammer heimsuchte, ihm den Schlaf und die Luft zum Atmen raubte und ihm böse Gedanken einflüsterte. Der Bäckermeister, der derartige Geschichten für Unfug hielt und in keinster Weise an das Übernatürliche und an Hexerei glauben wollte, gab seinem Gesellen den Rat, in der kommenden Nacht einfach ein Kissen nach dem bösen Geist zu werfen. Das werde schon helfen.
Als der Bäckermeister und seine Frau in der darauffolgenden Nacht von dumpfem Poltern aus der Stube des Gesellen aus dem Schlaf gerissen wurden, eilten sie in dessen Zimmer. Der junge Mann saß schweißgebadet auf seinem Bett und starrte auf einen Strohhalm, der in der Ecke seines Zimmers halb unter einem Kissen begraben lag.
Auf die Frage, was geschehen sei, stammelte der Junge, er hätte vor der Tür unheimliche Geräusche gehört und gesehen, wie dünner Nebel unter der Tür hindurch in seine Kammer strömte, sich wabernd um sein Bett legte und Stück für Stück nach oben ins Bett und ihm auf die Brust kroch. Da hätte er das Kissen genommen und es der weißen Masse entgegengeschleudert. Der Nebel sei verschwunden und dafür sei der dünne Strohhalm erschienen.
Der Bäcker, der all das für den Albtraum eines überreizten jungen Mannes hielt, hob das Kissen auf und gab es dem Knaben zurück. Den Strohhalm brach er entzwei und warf ihn achtlos aus dem Fenster auf die Straße vor der Bäckerei.
Ihr könnt euch sicher vorstellen, welches Grauen den Bäckermeister packte, als er am nächsten Morgen den furchtbar verdrehten und zerschmetterten Körper der alten Nachbarin leblos vor seiner Tür liegend fand.

Nach: Alfred Kriegelstein: Drudendrücken.
Sagen, Legenden, Geschichten aus Mittelfranken S. 194 f.

Die Wegbeschreibung

Durch das Nürnberger Tor auf den Oberen Markt Vom Bahnhof Hersbruck (rechts Pegnitz) kommend, geht ihr, vorbei an der Bushaltestelle und einer großen Wandertafel, dem Zubringer zum Frankenweg Richtung Marktplatz folgend, auf der Straße nach links unten und der Nürnberger Straße entgegen, in die ihr nach links einbiegt. Schon beim

7

Hinuntergehen seht ihr vor euch den hohen, orangefarbenen Turm des Nürnberger Tors. Es ist das erste der drei Stadttore, die ihr heute besuchen werdet. Am besten überquert ihr die Nürnberger Straße gleich bei der ersten Ampel nach rechts und geht nach links weiter dem Tor entgegen. Auf dem Weg dorthin trefft ihr auf euer erstes Wanderzeichen, den Frankenweg. Mit ihm durchquert ihr den beeindruckenden Torturm und gelangt geradeaus auf den Oberen Markt. Achtet auf das über dem Torbogen prangende Hersbrucker Wappen, bevor ihr das Portal durchschreitet. Es stellt einen Hirsch auf einer Brücke zwischen zwei Türmen dar.

Der Sage nach war es den Hersbrucker Bürgern nicht gelungen, einen passenden Namen für ihre Stadt zu finden. So entschieden sie eines Tages, dass, wer auch immer am nächsten Morgen als Erstes über die Brücke des Wassertors käme, der Stadt einen Namen geben sollte. Ihr denkt es euch sicher schon: Als Erstes sprang ein neugieriger Hirsch über die Brücke. Und so kam Hersbruck, zumindest der Sage nach, zu seinem Namen.

Zum Hersbrucker Schloss Der Obere Markt präsentiert sich euch als schöner, offener Platz. Alles strebt dem großen Rathaus entgegen, das den Markt im Süden begrenzt.

Schon zweimal fiel das Hersbrucker Rathaus den Flammen zum Opfer. Zum ersten Mal im Jahr 1504, als Nürnberger Truppen brandschatzend durch Hersbruck zogen, und zum zweiten Mal 1945, als sich vermutlich die von amerikanischen Soldaten beschlagnahmte und im Rathaus gelagerte Munition entzündete.

Als die Goldene Straße, die Handelsstraße zwischen Prag und Nürnberg, unter Kaiser Karl IV. immer mehr an Bedeutung gewann, entstand dieser Marktplatz in seiner langgezogenen Form, die an eine breite Handelsstraße erinnert. Der Begriff „Goldene Straße“ rührt vermutlich davon, dass auf dieser Route für die Händler teure Grenzzölle wegfielen und sie dadurch mehr Gewinn erwirtschaften konnten.

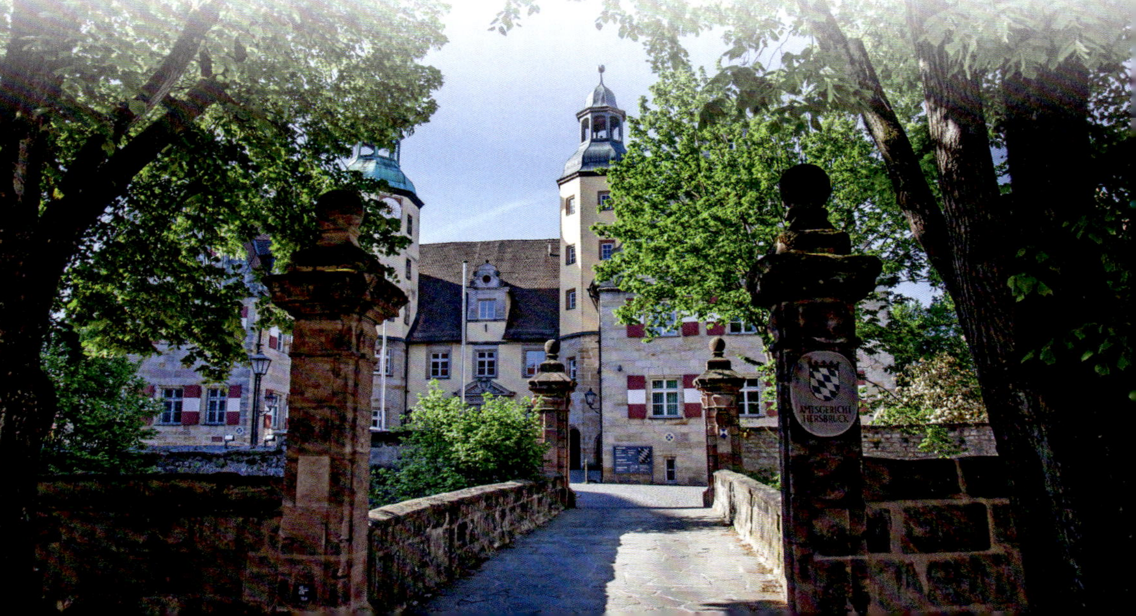

Das Hersbrucker Schloss

Besonderes Augenmerk verdienen die vielen, hohen Bürgerhäuser mit Aufzugsgauben. Hersbruck war schon vor vielen Hundert Jahren ein wichtiger Hopfenproduzent. Bis nach Frankreich wurde exportiert. In ihren hohen Giebeln hatten viele Hersbrucker Häuser Hopfentrockenböden. Mitte des 19. Jahrhunderts gab es dort zeitweise 20 Brauereien.

Ihr folgt dem Frankenweg nach rechts über den Oberen Markt und am Rathaus vorbei über den dahinter liegenden Unteren Markt. Dieser mündet geradeaus in die Kirchgasse. Bei der nächsten Weggabelung haltet ihr euch mit dem Frankenweg auf der Hinteren Schulgasse und der Beschilderung zum Amtsgericht links und folgt eurem Wegzeichen gleich wieder nach rechts auf den Schlossplatz, der euch direkt vor das Hersbrucker Schloss, das heutige Amtsgericht, führt.

Was für ein großartiger Anblick. Mit dem vorgelagerten Zwinger, der ehedem als Gefängnis diente, den Mauern und dem Graben wirkt das Schloss eher wie eine Burg. Und tatsächlich stand hier einst eine solche, die eine an dieser Stelle die Pegnitz querende Brücke sicherte. Ein gewisser „Haderich" soll damals Burg- und Brückenherr gewesen sein. Und da haben wir auch schon die historisch wohl besser gesicherte Version des Namensursprungs Hersbruck – die Brücke des Haderich.

Eine Legende berichtet vom Wirken dienstbarer Geister im Hersbrucker Schloss. In ihrem Eifer den fleißigen Heinzelmännchen gar nicht unähnlich, erledigten sie nachts all die Arbeiten, die tagsüber liegen geblieben waren. Als das Schloss zum Amtsgericht umfunktioniert wurde, fand das fleißige Geisterwerk jedoch ein jähes Ende.

Und das ist nicht der einzige Spuk, von dem in Zusammenhang mit dem Schloss erzählt wird. In einer Rauhnacht, also einer der Nächte um den Jahreswechsel, sollen dem damaligen Bezirksamtsmann und seiner Gattin auf dem Heimweg von einer Weihnachtsfeier die Geister zweier in Hersbrucker Tracht gekleideter Bauersfrauen begegnet sein, die in stummes Gespräch vertieft über den Schlossplatz schwebten und im Schloss verschwanden.

Über das Wassertor zur Stadtmauer Vom Schloss kommend folgt ihr dem Schlossplatz, vorbei am alten Stadtschreiberhaus, und gelangt rechts nach wenigen Metern in die Vordere Schulgasse. Diese trägt euch direkt vor das hohe Wassertor. Wenn ihr es durchschreitet, die dahinter liegende Pegnitz überquert und auf der Mühlstraße ein paar Meter nach links geht, präsentiert sich euch, sobald ihr euch umdreht, eine wundervolle Ansicht des Wassertorturms und des Uferensembles. Dann kehrt ihr durch das Wassertor in die Innenstadt zurück und folgt der Martin-Luther-Straße nach rechts. Sie schwingt nach wenigen Metern nach links. Schon bei der nächsten Gelegenheit biegt ihr, die Martin-Luther-Straße verlassend, nach rechts in die Spitalgasse ein, die euch bald geradeaus über eine Kreuzung vor das Spitaltor führt. Nun habt ihr alle drei altehrwürdigen Stadttore des Städtchens Hersbruck besucht.

7

Links vom Spitaltor führt euch eine schmale Gasse in den Mauerweg. Dort findet ihr einen überdachten und begehbaren Wehrgang. Wo die Gasse breiter wird, steht der Fraischturm.

In diesem bezog der Nürnberger Henker Quartier, wenn er nach Hersbruck gerufen wurde. Die Gefangenen wurden im Erdgeschoss und im Verlies des Turms untergebracht. Eiskalte Schauer laufen einem über den Rücken, wenn man sich vorstellt, wie die zum Tode Verurteilten in alten Zeiten ihren letzten Gang durch die engen Gassen bis zum Galgenhügel, der sich leicht oberhalb des Bahnhofs befand, bestreiten mussten. Als „Frais-Fälle" oder auch „Freiß-" oder „Freisch-Fälle" wurden früher Verbrechen, vor allem Morde, bezeichnet, die eine Kriminaluntersuchung erforderten, wobei diese Untersuchung heutigen Maßstäben wohl nicht gerecht geworden wäre. Die „Frais", der rechte Daumen, ein Büschel Haare oder ein Stück Stoff vom Leichnam, galt als Beweismittel. Mutmaßliche Täter wurden gefoltert oder an den Sarg der Ermordeten geführt. Bluteten die Wundmale des Toten, was aufgrund des teilweise noch austretenden Wundwassers schon mal geschehen konnte, galt dies als Schuldbeweis. Die Fröschau bei Burgthann zum Beispiel verdankt ihren Namen nicht dem Quaken der sich dort um die Weiher versammelnden Frösche, sondern der Tatsache, dass diese Au früher an der Gerichtsgrenze lag und aus „Freisch" im Lauf der Zeit „Frösch" wurde.

Zum Rosengarten Ihr kehrt zum Spitaltor zurück und durchquert dieses nach links. Nun trefft ihr auf euer nächstes Wanderzeichen, die Weiße Nummer 3 auf Grünem Grund. Sie führt euch auf der Amberger Straße an einen Kreisverkehr, den ihr nach rechts umrundet. Hinter der ersten Abfahrt und der Bushaltestelle Scharfes Eck zweigt ihr nach rechts in den Kasernweg ab. Schon bei der nächsten Gelegenheit biegt ihr mit der Nummer 3 nach rechts in den Obermühlweg ein. Mit diesem passiert ihr die mehr als 600 Jahre alte Obermühle, auch Michelmühle genannt, nachdem ihr an einigen schönen, alten Scheunen vorbeigewandert seid. Nach einer Weile verlasst ihr den Obermühlweg nach rechts in die Straße Am Rosengarten. Diese führt euch geradewegs in die wundervolle Parkanlage mit dem klingenden Namen Rosengarten. Auf dem Weg dorthin trefft ihr auf das Wanderzeichen, das euch auf eurem restlichen Weg leiten wird: die Weiße Nummer 8 auf Grünem Grund. Sie ist das Zeichen des Kalorienweges, der nach den kleinen Tierchen benannt ist, die nachts, wenn alles seelenruhig schläft, heimlich die Kleidung enger nähen. Auf dem Kalorienweg erwarten euch witzig gestaltete Schilder, die euch darüber unterrichten, welche Köstlichkeiten ihr euch auf diesem Weg, dank der körperlichen Ertüchtigungen, die er für euch bereit hält, schon verdient habt, ohne deren Genuss anschließend bereuen zu müssen.

Was für ein lauschiger Ort dieser Park direkt am Ufer der Pegnitz doch ist. Das bunte Farbenspiel der zarten Blüten, das Rauschen des Windes in den Blättern, das Lachen der Kinder auf dem Spielplatz und das unaufgeregte Plätschern des Springbrunnens. Dazu die kunstvollen Skulpturen mit durchaus ernstem Hintergrund, die diesem Ort zusätzlichen Anspruch verleihen. Ein Ort voller Harmonie, an dem Farben,

Düfte und Geräusche die Seele streicheln. Und ganz wichtig: Hier blühen nicht nur Rosen. Schon im Frühling, noch vor der Rosenblüte, begeistert der Park mit herrlich bunter Pracht.

So schön es hier am Ufer der Pegnitz dank des entzückenden Rosengartens heute auch sein mag; in den Nächten vergangener Jahrhunderte, wenn dichter Nebel über den Pegnitzauen lag, trieb hier des Öfteren ein geisterhafter Schimmelreiter sein Unwesen. Angetan hat er in all der Zeit zwar niemandem etwas, doch verfolgt hat er seine Opfer, und zwar unerbittlich bis in die Stadt hinein. Das Klappern der Hufe seines Geisterrosses auf dem groben Kopfsteinpflaster hallte dann durch die engen, nächtlichen Gassen und versetzte nicht nur die Verfolgten in Angst und Schrecken.

In den Teufelsgraben Nach Durchquerung des Rosengartens mündet ihr mit der Nummer 8 in die Badstraße, die euch an dem schwarzen, an die KZ-Außenstelle Hersbruck erinnernden, Kubus und der Therme vorbeiführt und zur Erlenstraße wird. Auf dieser geht ihr links, dann geradeaus und gelangt dahinter geradewegs in einen Fußweg. Mit diesem erreicht ihr die Amberger Straße, der ihr kurz nach rechts folgt und sie an der Bushaltestelle Wiesenstraße mit der Nummer 8 nach links überquert. Kurz darauf geht ihr auf einer Brücke über die Bahngleise. Von dieser Brücke aus bietet sich euch ein großartiger Panoramablick auf die euch umgebenden Bergkuppeln. Hohenstadter Fels, Zankelstein, Houbirg und Arzberg grüßen euch von der Ferne.

Hinter der Brücke folgt ihr der Nummer 8 geradeaus auf der Straße „Am Buch" nach oben. Nach dem ersten Anstieg biegt ihr oben mit der Nummer 8 nach rechts in die Königsberger Straße ein. Diese gabelt sich nach wenigen Metern. Ihr folgt der linken Abzweigung auf geschottertem Weg aus dem Ort hinaus. An der nächsten Weggabelung, der Nummer 8 nach links folgend, macht ihr euch langsam, aber sicher an den Aufstieg des Steinbergs.

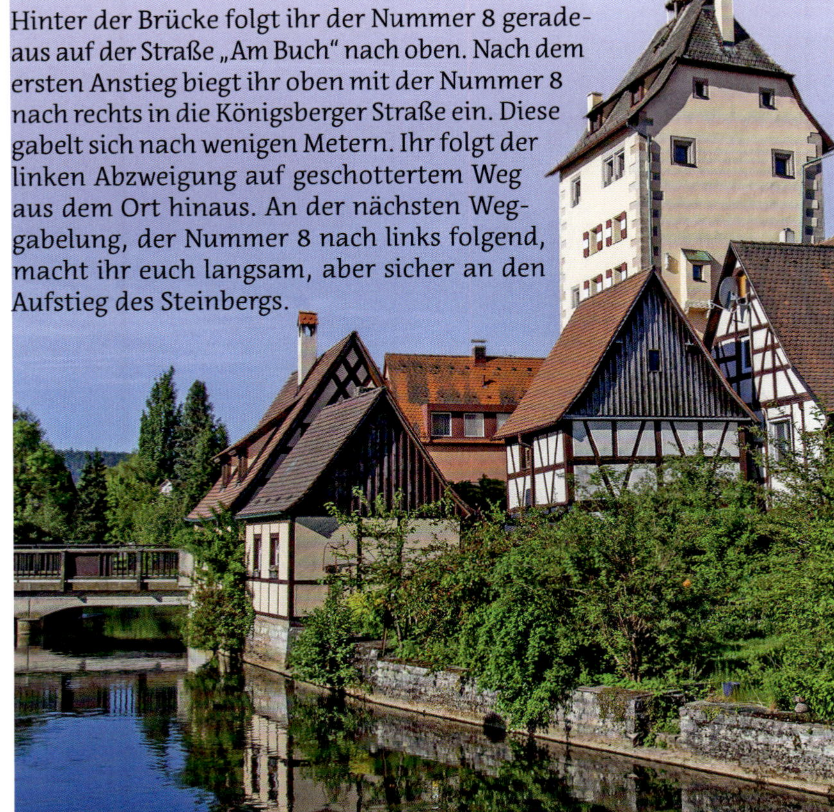

Der Turm des Hersbrucker Wassertors von der Pegnitz aus gesehen

7

Der Weg trägt euch zunächst sanft bergan in den Wald. Ein quicklebendiges Bächlein strömt euch von oben am Wegesrand aufgeregt gurgelnd und glucksend entgegen. Vor allem im März wird hier das Frühlingserwachen erlebbar. Links und rechts des Weges raschelt es geschäftig im Laub. Allerlei Getier wühlt und scharrt darauf und darunter. Feine, grüne Triebe räkeln sich unbeirrt zwischen den braunen Blättern hindurch in die Freiheit und sichern sich einen Platz an der Sonne.

Nach einem steileren Stück bietet euch rechter Hand das vom Gebüsch fast schon eifersüchtig verborgene Buchbrünnlein eine angenehm erfrischende Rastgelegenheit.

Die Schlucht links von euch, die den unheilvollen Namen Teufelsgraben trägt und wie eine Wunde im Hang klafft, hat sich im Lauf der Zeit tief in den Steinberg gegraben. Hindurch fließt das kleine, kecke Bächlein, das schon weiter unten eure Aufmerksamkeit auf sich gezogen hat. Bald meistert ihr das steilste Stück des Weges und steigt dann über eine lange, sich emporwindende Waldtreppe, vorbei an einigen kleinen Kaskaden, über die das Wasser übermütig nach unten springt, nach links auf die Höhe.

Zum Hersbrucker Steinbruch Ihr folgt der Nummer 8 bequem und bald entlang einer Ebene bis zu einer Weggabelung im Wald, an der ihr mit eurem Wanderzeichen nach rechts oben Richtung Steinberg und Hersbruck abbiegt und schon bald die Straße erreicht. Mit der Nummer 8 überquert ihr die Straße und folgt ihr an der kurz darauf folgenden Weggabelung leicht nach links. Die nächste Abzweigung in einen schmalen Pfad nach links, die ihr gut 100 Meter weiter erreicht, ist leicht zu übersehen. Es heißt also aufpassen.

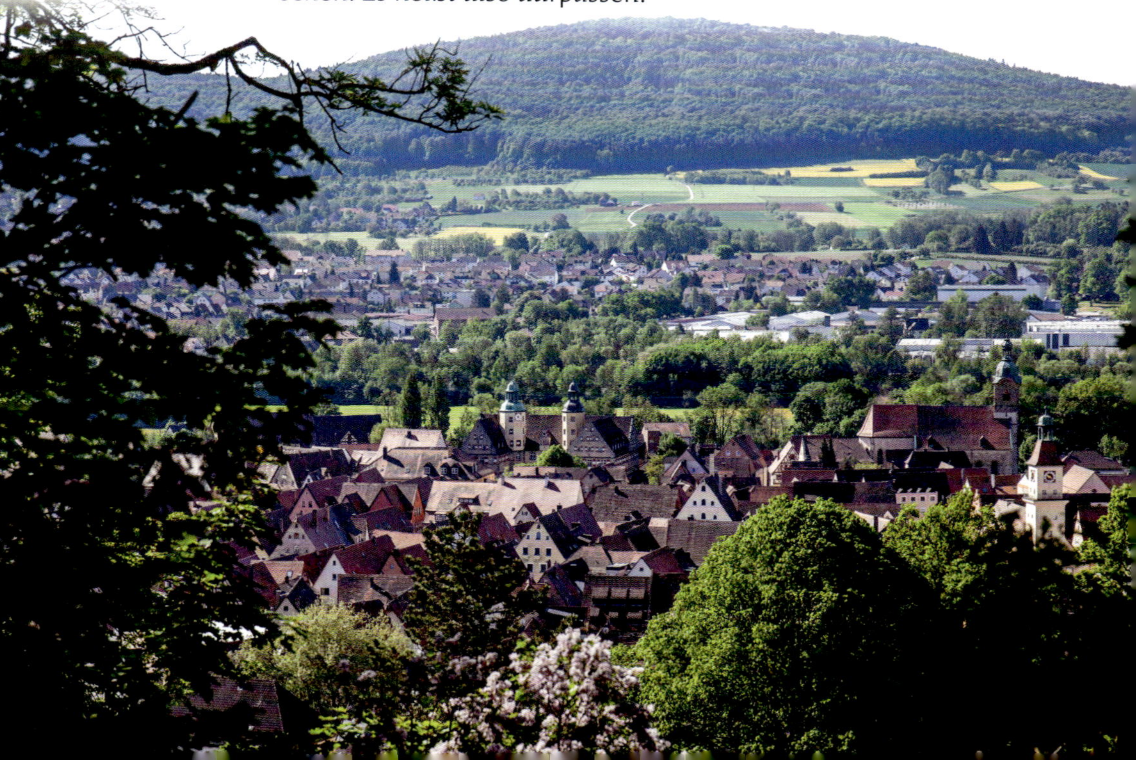

Blick auf Hersbruck vom Hang des Michelsbergs

Der schmale Pfad trägt euch eurem nächsten Ziel entgegen. Zuletzt windet er sich auf schmalem Grat hinab in die Senke des Hersbrucker Steinbruchs. Was für ein wundervolles und elegant geschwungenes Wegstück dieser Gratweg doch ist. Stets im kühlenden Schatten zutraulicher Bäume verlaufend, die ihre Äste schützend über euch halten.

Im Hersbrucker Steinbruch wurden seinerzeit die Steine für die Hersbrucker Stadtmauer und für das Hersbrucker Kalksteinpflaster abgebaut. Links oberhalb der Senke, an deren Flanken sich die weiß schimmernden Kalksteinwände emporschieben, erhebt sich das hinreißende „Steinbruchhäusl". Ihr erreicht es, indem ihr die Senke geradeaus durchquert und mit der Nummer 8 eine Treppe zu einem weiteren Grat hinaufsteigt. Dort folgt ihr dem schmalen Pfad nach links hinüber zum „Steinbruchhäusl", dem perfekten Ort für eine ordentliche Brotzeit. Mit bezaubernder Aussicht auf den Happurger Stausee und die Houbirg schmeckt das Pausenbrot gleich zweimal so gut.

Auf den Michelsberg Vom „Steinbruchhäusl" kehrt ihr auf den Grat zurück und folgt diesem mit der Nummer 8 geradeaus. Der Grat wird zum schmalen Pfad, der euch auf der Hochebene am Waldrand entlangführt.

Auf dieser Hochfläche sollen sich an einem ehemaligen Weiher in der Walpurgisnacht die Hexen der Umgebung versammeln und ausgelassen feiern. Dann brausen tosende Winde über die Ebene, auf denen die Hexen mit ihren Besen reiten wie Surfer auf Brandungswellen. Ein Feuer lodert so hoch gen Himmel, dass es scheint, als würden die roten Flammen gierig nach den weißgefiederten Flügeln der Engel züngeln. Wehe dem, der diesem abscheulichen Spektakel zu nahe kommt. Um den ist's geschehen.

Ihr erreicht eine Einmündung mit Wandertafel. Vor euch seht ihr zwei Sendemasten. Nun nimmt euch euer Wanderzeichen auf einem Forstweg mit nach links unten. Von hier aus bietet sich euch ein überragender Blick hinüber nach Nürnberg. Ihr könnt sogar die Kirchtürme, die Hochhäuser und den Fernmeldeturm, der aufgrund der Form seines Turmkorbes auch liebevoll das „Nürnberger Ei" genannt wird, erkennen.

Bald geht es wieder in den Wald und dort, einen kurzen Haken schlagend, mit der Nummer 8 scharf nach rechts, dann wieder links und mit dem Weg zurück nach Hersbruck und an die Großviehbergstraße, der ihr nach rechts unten folgt. Vorbei an einer perfekt platzierten Bank mit malerischem Blick hinüber zu den zwei Gipfeln des gegenüberliegenden Berges Hansgörgl gelangt ihr hinter einer Bushaltestelle an eine Weggabelung, an der ihr mit der Nummer 8 nach rechts in den Höhenweg einbiegt. Nach 400 Metern verlasst ihr den Höhenweg am Fuß des sich rechts von euch erhebenden Michelsbergs mit der Nummer 8 nach rechts in die Hohensteinstraße. Doch nur, um diese an der kurz darauf folgenden Gabelung nach links oben zu verlassen. Schon nach wenigen Metern geleitet euch die Nummer 8 über einige Stufen nach links oben durch eine malerische Parkanlage und dahinter auf der Straße kerzengerade hinauf auf den Michelsberg.

Von hier oben bietet sich euch ein fantastischer Rundumblick. Von der einen Seite könnt ihr bis zur Burg Hohenstein schauen, dem Wahrzeichen der Hersbrucker Alb. Von der anderen Seite auf Hersbruck und weit ins Pegnitztal.

Dieser Panoramablick war der Grund dafür, dass im 18. Jahrhundert auf dem Gipfel des Michelsbergs eine Feuerwache stand. Hatte der „Basteier", so hieß der Wachhabende, der nach Bränden Ausschau hielt, ein Feuer entdeckt, warnte er die Hersbrucker Bürger mit Schüssen aus den zwei Kanonen, die extra für diesen Zweck auf den Michelsberg verbracht wurden.

Lange Zeit vorher stand hier oben der Sage nach die Burg des gefürchteten Raubritters Michel, zu dessen Gefolge auch der wilde Hansgörgl gehörte, dem der gegenüberliegende Berg seinen Namen verdankt. Viele Jahre peinigten Michel und seine ungeschlachte Meute die Bewohner des Pegnitztals. Zudem lauerten sie Kaufmannszügen auf und erleichterten diese um ihre Waren. Anders als viele andere Raubritter wurde Michel jedoch nicht von seinen Sünden eingeholt und hart gerichtet. Stattdessen wurde er, nachdem er eine schwere Krankheit überstanden hatte, fromm und baute sein Raubritternest sogar zur Kirche um. Er starb im hohen Alter als geachteter Mann, der von vielen sogar als Wohltäter bezeichnet wurde.

Hinter dem Gipfel des Michelsbergs mit dem gleichnamigen Restaurant biegt ihr mit der Nummer 8 nach links zwischen einigen wunderschönen Bäumen hindurch ab. Dahinter gleich wieder rechts und wenig später scharf nach links unten wandelt ihr bald auf herrlich geschwungenen Kehren durch eine romantische Parkanlage, in der mehrere Bänke mit Blick auf die Dächer der Hersbrucker Altstadt zu einer kurzen Verschnaufpause einladen.

Weiter den Hang hinunter, gelangt ihr nach einem kurzen Stück nach links in die Albrecht-Dürer-Straße und mit eurem Wanderzeichen scharf rechts erneut in den Park und wandert, vorbei am Kriegerdenkmal und einem kleinen Brünnlein, weiter hinab. In der angenehmen Stille dieses kleinen Hains, in dem es an allen Ecken und Enden grünt und blüht, lässt es sich hervorragend schlendern und regenerieren. Ein wunderbar beschaulicher Ort, um diese schöne Wanderung noch einmal bewusst Revue passieren zu lassen.

Aus dem Park tretend biegt ihr mit der Nummer 8 nach rechts in die Zolltafel ein und erreicht weiter unten die Einmündung in die Gartenstraße. Hier, an einer Wandertafel, folgt ihr der Gartenstraße Richtung Bahnhof entlang der Bahngleise nach rechts unten, durchquert mit der Nummer 8 eine Unterführung nach links und kehrt ein wenig hinter der Unterführung nach rechts über die Nürnberger Straße zum Bahnhof zurück, wo ihr eure Wanderung beendet.

Wissen für Angeber

Die Geschichte des Hopfens Auf dieser Wanderung seid ihr bereits mit Hopfen in Berührung gekommen. Wusstet ihr, dass Hopfen schon in der Antike als Heilmittel eingesetzt wurde? Ob er damals auch schon zum Bierbrauen verwendet wurde, ist hingegen nicht überliefert. Bekannt ist zumindest, dass Bier schon vor mehr als 6000 Jahren gebraut wurde. Ob nun zuerst in China, in Mesopotamien oder in Ägypten; da sind sich die Forscher nicht ganz einig. Die alten Ägypter jedenfalls haben uns sogar Rezepte hinterlassen, die belegen, dass sie ihr Bier aus Brotteig brauten. Also galt Bier schon im Alten Ägyptern als Grundnahrungsmittel.
Doch zurück zum Hopfen. In Deutschland wurde Hopfen dem Bier wohl erst ab dem Mittelalter zugefügt. Zunächst, weil die im Hopfen enthaltenen Bitterstoffe das Bier haltbarer machten. Dann kam man auf den Geschmack. Denn der bittere Hopfen wirkt der Malzsüße entgegen, verleiht dem Bier dadurch seinen besonderen Charakter und sorgt zudem für die stabile Schaumbildung. Zum Brauen werden nur die Dolden der weiblichen, bis zu acht Meter hohen Pflanze verwendet, die übrigens zu den Hanfgewächsen gehört.
Im 18. Jahrhundert gewann das Städtchen Hersbruck mit seinem Umland als Hopfenanbaugebiet mit dem „Hersbrucker Gebirgshopfen" an Bedeutung, bevor ihm die Hallertau in der Mitte Bayerns im 19. Jahrhundert den Rang ablief. Heute produziert Deutschland ein Drittel der weltweit gehandelten Hopfenmenge und liegt damit auf Platz eins.

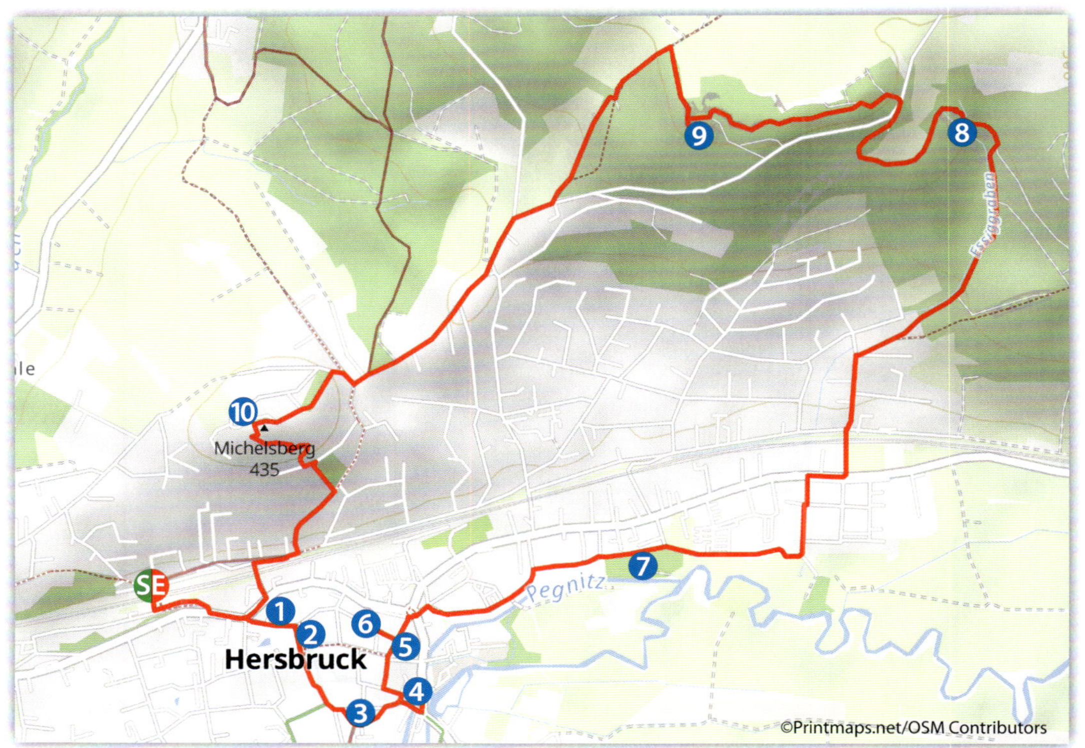

8

Blockschutthalden, Teufelskanzel und Keltenberg

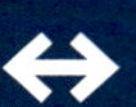 13,1 km

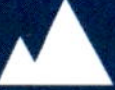 487 Hm

 4,5 h

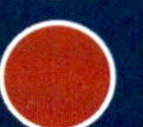 mittel

Eckdaten:

- **Schatten/Sonne:** meist schattige Waldwege
- **Startpunkt:** Bahnhof Happurg
- **Endpunkt:** Bahnhof Hartmannshof Linie S1
- **Parkplatz:** Bahnhof Happurg, Hohenstädter Straße 100, 91230 Happurg
- **Einkehrtipp:** Die Glücksmühle in Happurg, Telefon 01511 7455408

  Osteria Pizza e Pasta Lucia & Lory in Hartmannshof, Telefon 09154 9153757

Auf romantischen Waldwegen erkundet ihr das felsenreiche Gebiet zwischen Happurg und Hartmannshof und entdeckt stille Orte, die sich abseits des Wandertrubels verbergen und den Besucher mit schönen An- und Aussichten beglücken.

Highlights:

1. Hunnenschlucht
2. Steinernes Gaßl
3. Kapellenruine „Zum Heiligen Baum" bei Arzlohe
4. Teufelskanzel
5. Felsmassiv Johannesburg
6. Akropolis der Kelten auf dem Hochberg

Die Sage

Der Wunsch nach Erlösung Zwischen Förrenbach und Thalheim, unterhalb der am Hang gelegenen Teufelskanzel, soll es lange Zeit schaurig zugegangen sein. Am Ende eines engen Tals, das gleich einer offenen Wunde zwischen den steil emporlaufenden Berghängen klafft, erhebt sich der besagte Felsen, über den sich die Leute aus der Gegend viele Jahre unheilvolle Geschichten erzählten. Der Geist eines verfluchten Kindes triebe dort sein Unwesen. Seine eigene Mutter, eine Bäuerin aus Thalheim, die ihren Fluch sogleich bereute, hatte in ihrem Zorn über einen bösen Streich ihres Sohnes diesem einst entgegengeschrien: „Wenn dich doch nur der Teufel holte!" Sogleich rauschte es in den Baumwipfeln und der Teufel selbst, getragen von einem fürchterlichen Windstoß, brauste mit schallendem Gelächter über den Hof. Im Flug ergriff er den entsetzten Knaben und riss ihn fort in die Lüfte. Der unheilige Wind trug den Teufel und sein schreiendes Opfer den Hang hinauf bis zu einer Felsenkanzel. Von dort stürzte der Gehörnte das verzweifelte Kind in die Tiefe, wo es am Fuß der Felsen zerschmettert liegen blieb. Mit diesem grauenvollen Ereignis begann die unheimliche Geschichte der Teufelskanzel. Denn von diesem Tag an war es in den Wäldern rings um den Fels nicht mehr geheuer. Wer auch immer sich zu nächtlicher Stunde in das Tal unterhalb der Teufelskanzel wagte, spürte schon nach wenigen Metern eine erdrückende Traurigkeit und Schwere, die das Gemüt bis zur Unerträglichkeit belastete. Die schlimmen Gefühle schlichen sich gleich unheilschwangeren Nebelschwaden, die der Wald aus dauernassen Tümpeln freigibt, in die Köpfe der Wanderer, die von ihren schrecklichen Erlebnissen berichteten. Doch es waren nicht nur die beklemmenden Emotionen. Auch das Gesehene ängstigte sie fast zu Tode. Ein in weißen Nebelschwaden schemenhaft erkennbarer Knabe hatte sie verfolgt. Und es war ganz sicher nicht der aus dem Waldboden aufsteigende Dunst, dessen wabernder Schleier unkontrolliert zwischen den Bäumen umher schwebte. Dieser Nebel, dessen Umrisse in den Enden grauer und dunkler wurden und schließlich mit der Finsternis verschmolzen, näherte sich den Angsterfüllten Meter um Meter. Schlugen sie in ihrer Panik nach der gespenstischen Erscheinung, wich diese für einen Moment zurück. Doch nur, um im nächsten Augenblick die Verfolgung erneut aufzunehmen. Mancher Wanderer wollte aus den weißen Schwaden kindliches Wimmern und Stöhnen vernommen haben. Eines war all diesen Erlebnissen gemein: Sobald die Wanderer im Talgrund die Straße von Thalheim nach Förrenbach erreichten, endete der Spuk ebenso schnell, wie er begonnen hatte.

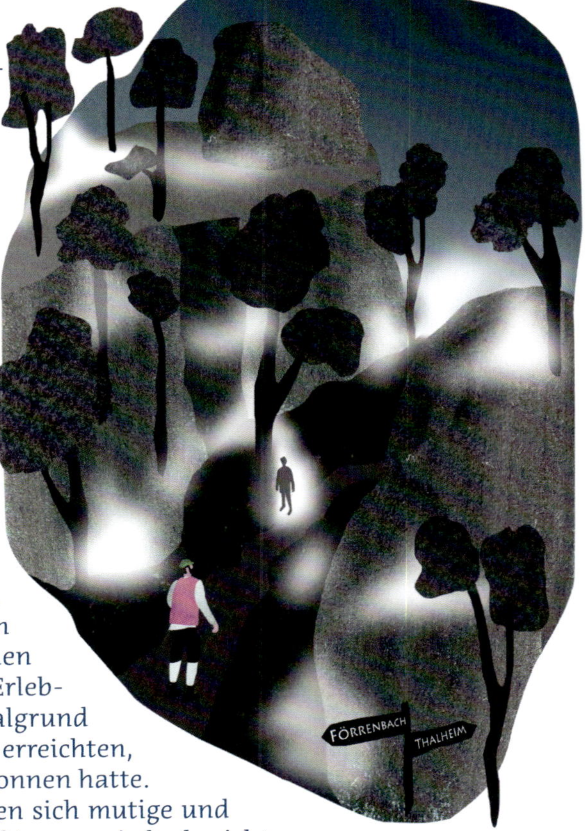

So ging es viele Jahre. Immer wieder wagten sich mutige und leichtsinnige Wanderer in das enge Tal. Und immer wieder berichteten sie mit schlotternden Knien von ihren beklemmenden Erlebnissen. Eines Tages machte sich ein Thalheimer Maurer auf den Heimweg hinunter ins Tal, nachdem er auf einer Baustelle in Arzlohe bis tief in die Nacht geschuftet hatte. Statt den aufgrund der bekannten Ereignisse von den meisten Reisenden favorisierten Weg über Aicha zu nehmen, wählte er die für ihn kürzere Variante vorbei an der Teufelskanzel. Wohl kannte er die schauerlichen Geschichten. Doch er war ein mutiger Mann und viel zu müde, um sich mit Geistern und Gespenstern abzugeben. Unbeeindruckt von dem dringenden Bedürfnis nach Schlaf suchte auch diesen nächtlichen Taldurchquerer der Geist des verfluchten Knaben heim und folgte ihm. Dieser von der gespenstischen Erscheinung jeder Müdigkeit beraubt, war mit einem Schlag hellwach. Und so konnte er erkennen, dass der Geist sich ihm sehr vorsichtig, ja fast ein wenig ängstlich, näherte. Drehte er sich um, schien der Nebel hinter einem der Bäume Schutz zu suchen und zaghaft dahinter hervorzulugen.

Als er unvermittelt stehen blieb, huschte der weiße Schleier von rechts nach links, als suche er verzweifelt nach einem geeigneten Versteck, um den Schlägen, die er von anderen Besuchern des Tals viel zu oft erfahren hatte, auszuweichen. Da fiel es dem schlauen Maurer mit einem Mal wie Schuppen von den Augen. Der Geist suchte nicht nach Opfern, die er erschrecken und quälen konnte. Er suchte voller Verzweiflung nach jemandem, der seine Seele erlöste und ihn von dem Fluch befreite. Und so sprach der Maurer dreimal die Worte „Helf dir Gott!" und fügte beim dritten Mal hinzu: „Vater, Sohn und Heiliger

8

Geist!" Mit einem erleichterten Seufzen löste sich der Nebel auf und entschwand durch die Baumwipfel in den Nachthimmel. Von diesem Tag an war der Spuk der Teufelskanzel vorbei und die gepeinigte Seele des armen Knaben befreit.

Vielen Dank an „Vinzenz" Reinhard Dorn für die Bereitstellung dieser schaurig schönen Sage.

Die Wegbeschreibung

In die Hunnenschlucht Von den Gleisen des Bahnhofs Happurg kommend, trefft ihr an der Hohenstädter Straße sogleich auf mehrere Wanderzeichen. Mit Blick auf das Happurger Ortsschild folgt ihr eurem ersten Wanderzeichen, dem Schwarzen Schriftzug GeO auf Gelbem Grund nach links in den Ort. Es ist das Zeichen des Geologischen Rundwegs, an dessen Wegesrand ihr einige interessante Informationstafeln finden werdet.

Auf der Hohenstädter Straße folgt ihr dem GeO-Weg nach und, mit sanftem Anstieg, durch Happurg. Wenn die Hohenstädter Straße in der Ortsmitte nach rechts unten abbiegt, haltet ihr euch mit dem GeO-Weg geradeaus und gelangt kurz darauf an eine Einmündung. Hier, an einem wundervoll restaurierten Haus mit bald sichtbarer, herrlicher Fachwerkfront biegt ihr mit dem GeO-Weg nach links oben in die Grabenstraße ein. An der nächsten Wegteilung haltet ihr euch mit eurem Wanderzeichen rechts und wandert auf dem Höhenweg weiter hinauf. Schon nach wenigen Metern packt der Anstieg ordentlich zu und spricht euch stillschweigend die Empfehlung aus, eure Jacken ein Stück zu öffnen, um der Luftzirkulation Raum zu geben.

In der Hunnenschlucht

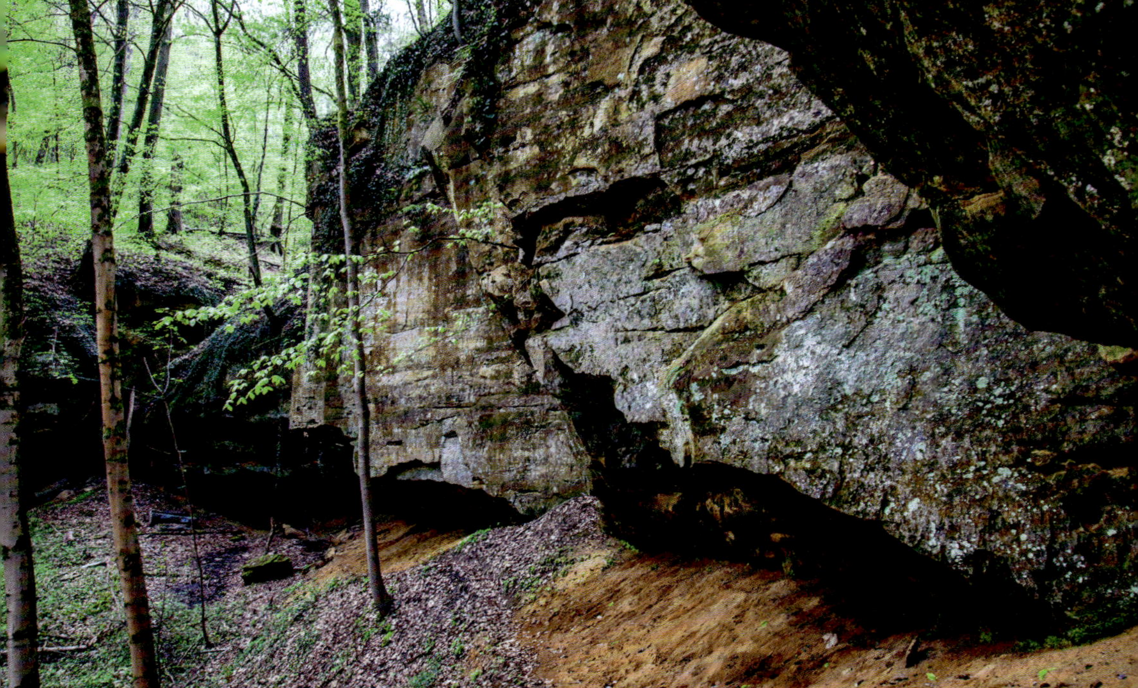

Oben schwingt der Höhenweg nach rechts. Dann zweigt der GeO-Weg von der Straße nach links zum heroischen Kriegerdenkmal ab. Dahinter führt euch euer Wanderzeichen über die Straße zum Dokumentationsort Hersbruck/Happurg.

Schwarze Tafeln und Stelen vermitteln euch einen bleibenden Eindruck von den Ereignissen, die sich von Mai 1944 bis April 1945 inmitten dieser malerischen Landschaft in Zusammenhang mit dem Bau der Doggerstollen im Inneren der Houbirg abgespielt haben. Ein ganzer Berg sollte zur Produktionshalle umfunktioniert werden, um im Schutz eines riesigen Stollensystems kriegswichtige Flugzeugmotoren zu produzieren. Tausende von Zwangsarbeitern des NS-Regimes schufteten und starben unter grausamsten Bedingungen. Rings um Hersbruck und Happurg gibt es noch weitere Dokumentationsstätten und Mahnmale, die an dieses dunkle Kapitel im Nürnberger Land erinnern.

Auch wenn das Zeichen des GeO-Wegs erst hinter dem Dokumentationsort in Erscheinung tritt, windet sich euer Weg schon davor, vorbei an einem Steinschlagschutzgitter, nach rechts in den Wald und fordernd nach links den Hang der Houbirg hinauf. Es ist immer wieder ein besonderes Gefühl, wenn man von der Straße direkt und unvermittelt in das erfrischende Grün des Waldes getragen wird. Schon nach wenigen Metern dominiert die Natur das Blickfeld und verabschiedet mit dichter werdendem Blattwerk die Zeugen menschlichen Wirkens. Rechts vom Hang grüßen euch weiter oben die violett, grün, hellrot und ockerbraun schimmernden Doggersandsteinwände.

Dieses Schimmern verdankt der Doggersandstein den darin enthaltenen Mineralen. Als Sedimentgestein besteht er zum Großteil aus Sandkörnern. Hinzu gesellt sich zum Beispiel Glaukonit. Es sorgt für den grünlichen Schimmer. Das Eisenerz Hämatit färbt den Sandstein rot und Limonit trägt gelbe und bräunliche Farbtöne bei. Wenn der Sandstein silbrig glitzert, liegt das an dem Glimmergruppen-Mineral Muskovit.

Bald, der GeO-Weg schwenkt ein wenig nach links, erreicht ihr eine weitere Informationstafel. Rechter Hand empfängt euch, zugemauert und nur mit einer Einflugöffnung für Fledermäuse versehen, einer der ursprünglich elf geplanten Eingänge zum Doggerstollen.

Links vom Stolleneingang schmücken gewaltige Sandsteinüberhänge die Wände der Hunnenschlucht. Diesen Namen erhielt das Felsental erst zur Zeit der Romantik, als die Vorstellung, der berühmt-berüchtigte Hunnenkönig Attila könnte mitsamt seinen Schätzen auf der Houbirg begraben sein, die Fantasie anregte. Ein heute noch von einer Quelle oberhalb der Schlucht gespeistes Rinnsal springt als zartgliedriger Wasserfall von den weiter hinten gelegenen Überhängen der Hunnenschlucht einige Meter hinab. Das Plitschplatsch wird von den vielfarbig leuchtenden Wänden hin und her geworfen. Im Winter bilden sich an den Überhängen teils beeindruckende Eisvorhänge, die in Verbindung mit dem sandigen Boden ein fast schon surreales Szenario ergeben.

8

Einst soll einem Bauern aus Happurg, der einen Pakt mit den finsteren Mächten eingegangen war, um an Reichtum zu gelangen, von einem Höllendämon der Garaus gemacht worden und seine Seele direkt ins Fegefeuer gefahren sein. Nach seinem Dahinscheiden ging es in dem Bauernhaus gar schrecklich um. Es knallte und schepperte. Es klirrte und rumorte. Der Dämon, der tagsüber unbemerkt als zwergenfratziger Holzstock in einer Zimmerecke lehnte und lauerte, erwachte nachts zum Leben, trieb mit den Erben allerlei schlimme Späße und tötete schließlich sogar den Sohn des Bauern. Dessen Sohn wiederum kam hinter das Geheimnis des Dämons, packte ihn am Tag, als das Höllenwesen sich nicht wehren konnte, und schleuderte ihn tief hinab in die Hunnenschlucht. Nehmt also besser keine Stöcke oder Äste aus diesem Felsental mit! Besonders von denen solltet ihr die Finger lassen, deren Anblick euch an das Gesicht eines Zwerges erinnert.

Zum Steinernen Gaßl Aus der Hunnenschlucht zurückkehrend folgt ihr dem GeO-Weg geschwungen nach rechts. Auf schmalem Pfad steigt ihr am Rand des Felsentals steil nach oben und zweigt an einer Wegteilung mit dem GeO-Weg nach rechts ab. Dieser Pfad trägt euch weiter oberhalb der Hunnenschlucht entlang, wo sich euch ein schöner Blick auf die Felsen bietet, die von dem genannten kleinen Rinnsal im Lauf der Zeit ausgewaschen wurden. Ein paar Meter dahinter führt euch der GeO-Weg teils auf irdenen, von euren Vorwanderern im Waldboden hinterlassenen Stufen weiter hinauf und verläuft dann eben weiter. Eine Kreuzung überquert ihr mit dem GeO-Weg leicht nach links und erreicht, den Berg umrundend, oberhalb eines mit Drahtseilgeländer gesicherten Hangs eine Informationstafel, die euch davon berichtet, dass sich an dieser Stelle einst die „Hacburg“ erhob. Außer den Resten eines Grabens ist von ihr nichts geblieben. Auch ihre Geschichte ist bis heute gänzlich unbekannt. Doch das ist angesichts des immer schöner und schmaler werdenden Pfades, der sich mit euch am Hang entlang schlängelt, fast schon Nebensache. Bezaubernd schwingt er sich sanft von links nach rechts. Mal weich federnd, dann wieder mit weißem Kalkgestein bedeckt, trägt euch der GeO-Weg zuletzt aus diesem heimeligen Stück des Hangwalds in ein offener wirkendes Waldabteil. Rechts von euch hört ihr das muntere und quicklebendige Plätschern und Gurgeln einer kleinen Quelle mit gemauerter Einfassung. Von ihr bahnt sich ein Bächlein kühn und verwegen seinen Weg zwischen Steinen und über Terrassen den Hang hinunter. Ein Stück könnt ihr seinem Lauf folgen, bis euch ein schützender Zaun davor bewahrt, es dem Wasser gleich zu tun und hinunterzustürzen.

Das Steinerne Gaßl

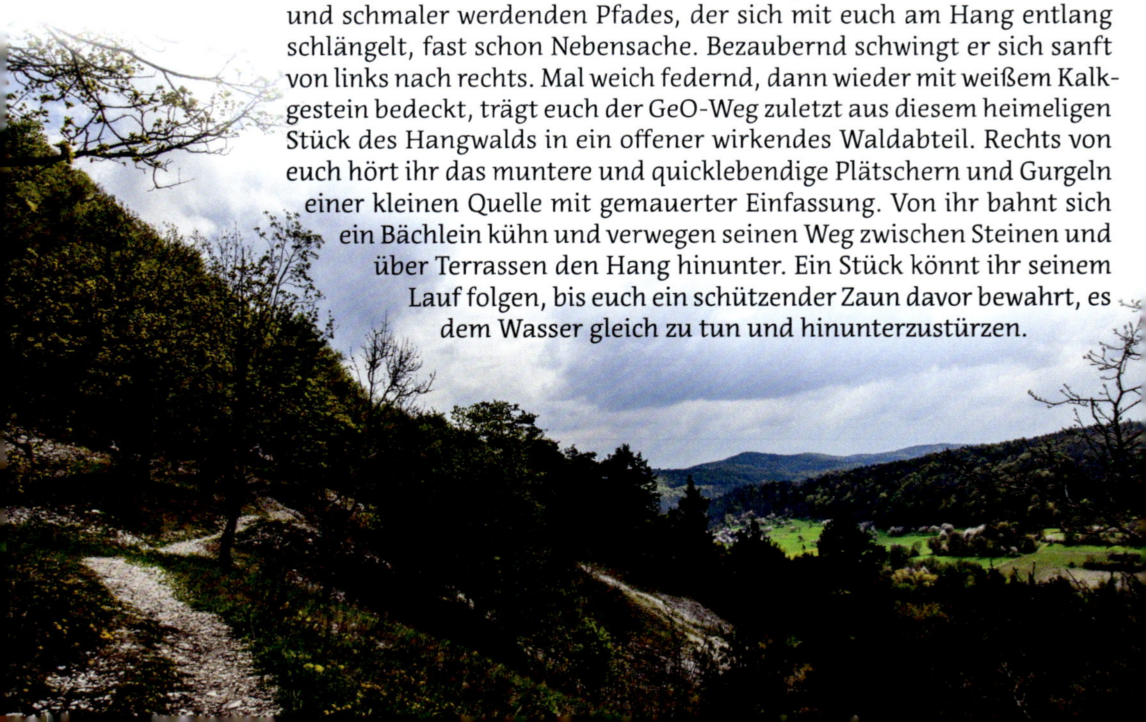

Vom unteren Lauf des Bächleins kommend, folgt ihr dem breiten und bequemen GeO-Weg nach rechts. Nach nicht einmal 200 Metern verlasst ihr den nach links oben verlaufenden GeO-Weg an einer Weggabelung und zweigt mit eurem neuen Wanderzeichen, der Weißen Nummer 3 auf Grünem Grund, Richtung Steinernes Gaßl nach rechts unten ab. Im ersten Moment ist die Nummer 3 kaum erkennbar, doch schon nach wenigen Metern tritt sie deutlicher in Erscheinung. Auf wundervollem Pfad wandert ihr am Hang entlang durch den Wald. Im Verlauf des Weges wird der Pfad, noch während er euch durch den Wald trägt, immer steiniger. Erneut sichert ein Drahtseilgeländer den Hang rechts von euch.

Dann öffnet sich der Wald und gibt den Weg frei auf das durch den abgegangenen Blockschutt entstandene Steinerne Gaßl. Weiß leuchtend windet sich der Steinweg durch den sonst von Magerrasen geprägten Hang. Die fast schon alpin wirkende Szenerie wird von einzeln stehenden, knorrigen Kiefern bereichert. Eine davon legt ihren schützenden Schatten über eine perfekt positionierte Ruhebank, wenn sie im Frühling ihr Blätterkleid anzieht. Im Sommer wird es auf den Kalksteinwegen richtig warm. Da kommt einem ein schattiges Plätzchen ganz gelegen. Aufgrund der hohen Temperaturen, die hier bei Sonnenbestrahlung herrschen, können zwischen den Kalksteinen, wo Feuchtigkeit Mangelware ist, nur genügsame Pflanzen gedeihen. Umso aufgeregter fliegen hier Bienchen und Schmetterlinge im Frühling und Frühsommer zwischen den gelb- und lilafarbenen Blüten umher, die im Magerrasen dezent farbliche Akzente setzen, und sammeln begierig Pollen ein. Ihr Summen erfüllt die mediterran duftende Luft.

Von der Bank aus bietet sich euch ein fantastischer Blick auf den Happurger Stausee. Berückend schön ist der Blick über die vom Wind in Wallung versetzte Wasseroberfläche, die das Licht der Sonne wie Abertausende goldene Schuppen eines riesigen Fisches reflektiert.

Hinter der Ruhebank haltet ihr euch an einer Weggabelung mit der Nummer 3 links, verlasst das Steinerne Gaßl für eine Weile und kehrt zurück auf einen bequemen Waldweg.

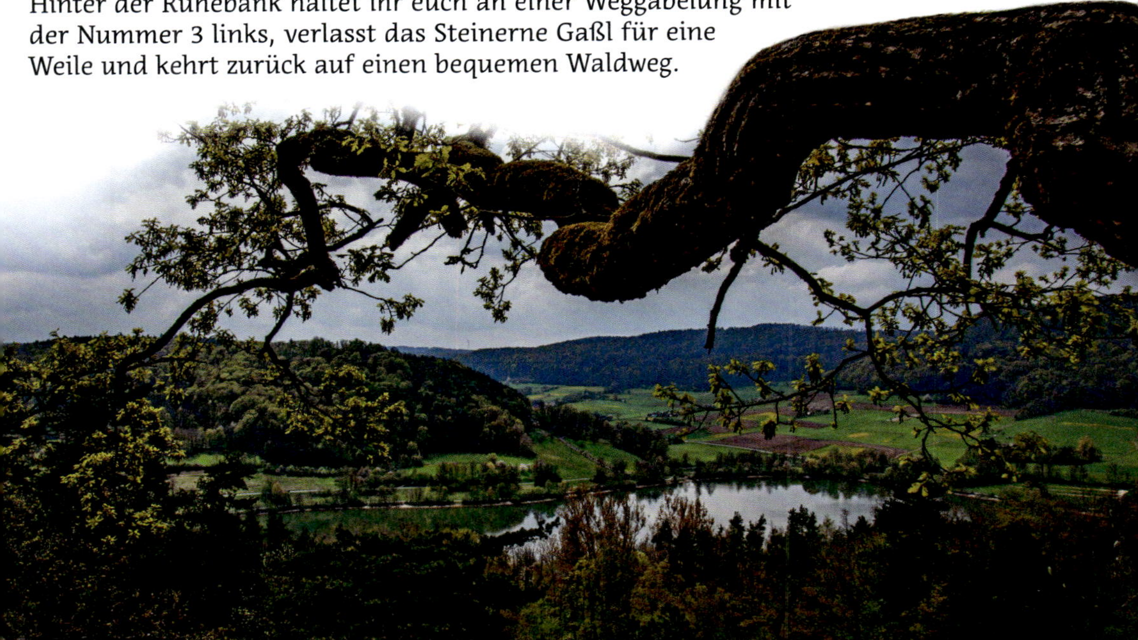

Baummagie am Steinernen Gaßl

8

Ihr haltet der Nummer 3 weiterhin die Treue und ignoriert zwei unmarkierte Abzweigungen nach links oben. Bald geht es etwas bergab und an eine Einmündung. Hier folgt ihr der Nummer 3 nach links. Der Weg wird bald wieder steiniger. Auf einem weiteren Stück des Steinernen Gaßls schmücken einige größere Felsbrocken den Wegesrand des Blockschutthaldenwegs. Weiter geht es mit der Nummer 3, die sich ein wenig hinauf und nach links schwingt. An der nächsten Weggabelung folgt ihr eurem Wanderzeichen nach rechts. Es geht steil hinunter an eine Einmündung. Hier verlasst ihr die Nummer 3 und wechselt nach links oben auf den Grünen Punkt auf Weißem Grund. Mit diesem macht ihr die soeben beim Abstieg verlorenen Höhenmeter binnen weniger Minuten in Form eines fordernden Anstiegs wieder wett. Hui, da spürt man die Waden!

Zur Kapellenruine „Zum Heiligen Baum" Oben gelangt ihr an eine Weggabelung. Hier wechselt ihr erneut das Wanderzeichen und folgt nun dem Grünen Querstrich nach rechts. Kurz darauf verlasst ihr den Wald an einer Lichtung und gelangt an eine Kreuzung, an der ihr mit dem Grünen Querstrich nach links abbiegt. Schon nach wenigen Metern führt er euch bei der nächsten Weggabelung nach rechts zurück in den Wald. Bald teilt sich der Weg erneut. Ihr folgt eurem Wanderzeichen nach rechts. Der Weg steigt leicht an und gabelt sich an einer Wandertafel in einen links unterhalb des felsigen Hangs verlaufenden, breiten Weg und einen schmaleren, sich nach rechts hinauf zwischen die Felsen windenden Pfad. Ihr wählt mit dem Grünen Querstrich den schmalen Pfad nach rechts oben Richtung Mittelburg.

Der Aufstieg entbehrt nicht eines gewissen Anspruchs. Ein-, zweimal innehalten, um zu verschnaufen, ist durchaus gestattet. Oben angekommen geht es mit dem Grünen Querstrich sogleich wieder nach links hinab.

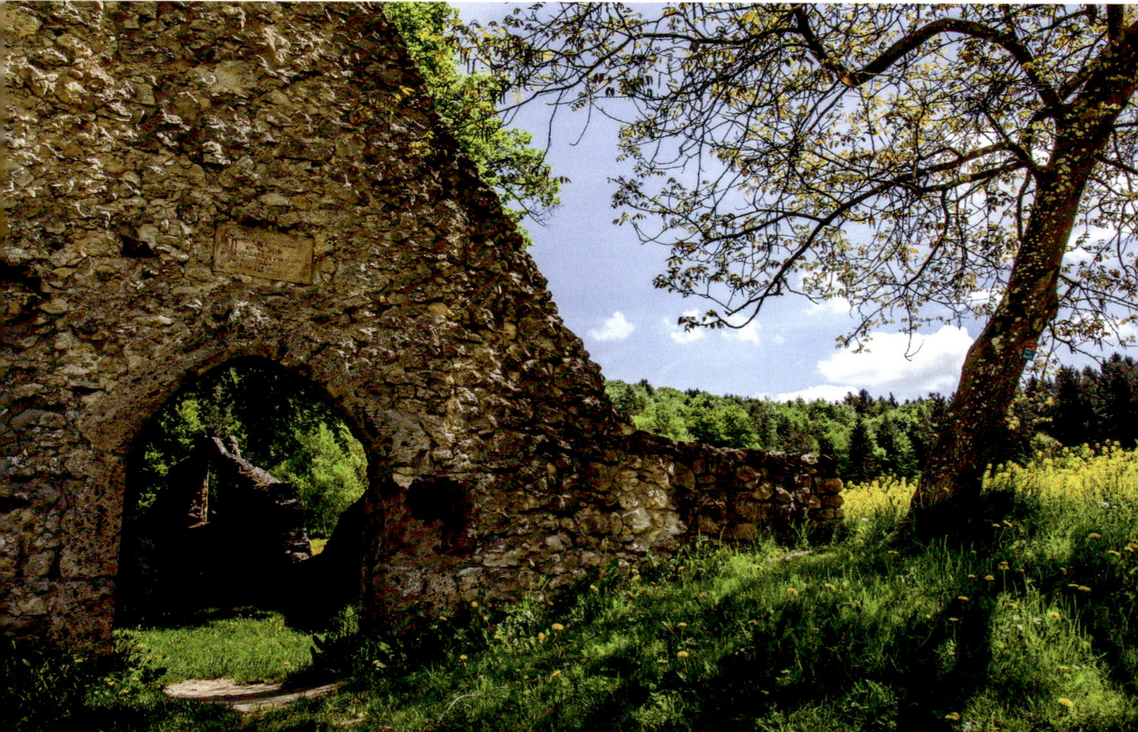

Die Kapellenruine Zum Heiligen Baum bei Arzlohe

Der Pfad mündet in einen Fahrweg, dem ihr mit eurem Wanderzeichen nach links folgt. Wenn der Fahrweg nach rechts unten abbiegt, folgt ihr dem Grünen Querstrich weiter geradeaus nach unten. Nach etwa 150 Metern erreicht ihr eine weitere Einmündung, an der ihr ein letztes Mal dem Grünen Querstrich folgt und nach rechts abbiegt.

Schon nach 100 Metern heißt es aufpassen: Hier verlasst ihr den Grünen Querstrich für eine Weile und folgt jetzt eurem neuen Wanderzeichen, dem Roten Zeichen des 1000-Höhenmeter-Rundwanderwegs, scharf nach links unten. Auf dem Weg hinab erhascht ihr nach rechts zwischen den Bäumen hindurch schon den einen oder anderen Blick hinüber zu der auf der Ebene stehenden Kapellenruine. Wenn ihr den Wald mit dem 1000-Höhenmeter-Rundwanderweg nach rechts unten verlasst, gelangt ihr an eine Wandertafel. Rechts davon, der 1000-Höhenmeter-Rundwanderweg weist euch den Weg, erheben sich im Schatten einiger alter Linden die ehrwürdigen Mauerreste der Kapellenruine „Zum Heiligen Baum“.

In früheren Zeiten soll sich hier anstelle der Kirche ein heidnischer Kultort befunden haben. Beweise dafür sind bis heute zwar nicht aufgetaucht, doch vereint der Name Arzlohe selbst die wohl im Rahmen der Christianisierung verfremdeten altdeutschen Wörter für Heiliger Baum und Opferflamme in sich. Damit ist man zumindest der Bedeutung des Namens Kapelle Zum Heiligen Baum etwas näher. Und der Gedanke, dass zur Zeit der Christianisierung vertraute Heiligtümer schleichend zu Kirchenstandorten umfunktioniert wurden, kommt auch nicht von ungefähr, finden sich doch zum Beispiel an der Schäferkapelle in Rasch bei Altdorf über den Fenstern noch heute die Runen verschiedener, germanischer Gottheiten.

Von der Ursprungsfrage unbeeindruckt strahlt dieser kraftvolle Ort eine eigentümliche Ruhe aus. Wenn im Sommer eine sanfte Brise den Blättern der schattenspendenden Baumkronen ein wohliges Rauschen entlockt, kann auf der bereitstehenden Bank vorzüglich neue Kraft getankt werden.

Eine dunkle Seite offenbart dieser wundervolle Ort beim Lesen der neben der Bank stehenden Infotafel übrigens auch. Anfang des 16. Jahrhunderts wurde hier die Leiche des aus Böhmen stammenden Joseph Slobek gefunden. Er wurde das Opfer eines von Eifersucht motivierten Verbrechens. Seine zwei Mörder warfen den leblosen Körper in die Kapellenruine. Vermutlich wäre der Mord niemals aufgeklärt worden, wenn sich nicht einer der beiden Täter Jahre später freiwillig gestellt und in Hersbruck seine gerechte Strafe abgesessen hätte.

Zur Teufelskanzel Aus der Kapellenruine tretend, folgt ihr dem 1000-Höhenmeter-Rundwanderweg auf dem geschotterten Fahrweg nach links und vorbei an dem hölzernen Glockenturm der Kapellenruine. Der 1000-Höhenmeter-Rundwanderweg trägt euch zwischen Feldern hindurch und vorbei an einigen Obstbäumen, die im Frühling zusammen mit einem kleinen Schuppen ein herrliches Ensemble bilden,

8

dem Wald entgegen. Zuerst an dessen Rand, dann in dem wunderbar kühlenden Grün des Waldes führt euch der 1000-Höhenmeter-Rundwanderweg, eine Rechtsabzweigung ignorierend, auf breitem Fahrweg nach links hinauf an eine große Kreuzung mit Wandertafel und hölzernen Wegweisern. Mit eurem Wanderzeichen überquert ihr die Kreuzung geradeaus und folgt ihm auf dem komfortablen Fahrweg weiter durch den Wald. Hier gesellt sich auch wieder der Grüne Querstrich hinzu. Nach einer Weile schwingen sich die beiden Wanderzeichen mit euch an einer Weggabelung nach rechts unten und nach wenigen Metern an eine Kreuzung. Bevor ihr dem 1000-Höhenmeter-Rundwanderweg nach links Richtung Hochberg und somit zum Felsmassiv der Johannesburg folgt, gebt ihr für einen Abstecher zur Teufelskanzel dem Grünen Querstrich auf Weißem Grund den Vorzug und wandert mit ihm Richtung Mittelburg geradeaus nach unten.

Der Grüne Querstrich trägt euch aus dem Wald nach unten und mündet in einen Schotterweg, dem ihr mit eurem Wanderzeichen nach links folgt. Schon bei der nächsten Gelegenheit, hier ist euer Wanderzeichen an einem metallenen Pfosten angebracht, verlasst ihr den Grünen Querstrich nach rechts und wandert ohne Wanderzeichen auf geschottertem Weg zwischen Wiesen hindurch nach unten und dem Waldrand entgegen. Direkt am Waldrand gabelt sich der Weg. Ihr biegt links ab und geht ein paar Meter mit dem Fahrweg am Waldrand entlang. Wenn der Weg den Waldrand verlässt, verlasst auch ihr den Weg und folgt wegbefreit dem Verlauf des Waldrands.

Nun heißt es aufpassen: Nach etwa 100 Metern, kurz nachdem der Verlauf des Waldrands nach links geschwenkt ist, öffnen sich im Gebüsch kurz hintereinander zwei Schneisen. Beide führen euch nach rechts in den Wald, ein Stück hinunter und direkt vor den stattlichen Felsen der Teufelskanzel. Natürliche Treppenstufen ermöglichen euch die bequeme Besteigung des Felskolosses. Wer sich traut, steigt an der Talseite noch ein Stück hinunter auf die sich weiter ins Tal schiebende Felsnase. Der marode Holzstuhl, der an der Wand lehnt, ist eher bizarre Dekoration als Sitzgelegenheit. Doch verstärkt seine Anwesenheit die melancholische Stimmung, die diesen geheimnisvollen Ort umgibt. Durch die rechts und links hinunter ins Förrenbachtal fliehenden Hänge mit ihren dichtgrünen Wäldern scheint an der Teufelskanzel die Zeit stillzustehen. Wer sich darauf einlässt, kann hier einige wunderbar ruhige Minuten zubringen. Selbst die Geräusche der unten auf der Straße vorbeifahrenden Autos können dieser Atmosphäre nichts anhaben und verhallen neutral und störungsfrei zwischen den Hängen.

Zur Johannesburg Von der Teufelskanzel kehrt ihr nach links entlang am Waldrand und auf dem Fahrweg nach rechts oben, also auf genau dem Weg, auf dem ihr gekommen seid, zum Grünen Querstrich zurück. Diesem folgt ihr nach links, bald nach rechts zurück in den Wald und an die Kreuzung, an der euch wieder der 1000-Höhenmeter-Rundwanderweg empfängt. Dieser nimmt euch auf einem sich bald verjüngenden Pfad Richtung Hochberg nach rechts mit. Der Pfad gewinnt an

Charakter, dank der ihn durchziehenden knorrigen Wurzeln und löchrigen Steine. Erste Felsen am Wegesrand künden bereits von den nahenden grauen Riesen der Johannesburg, die sich euch schon bald stolz am Hang präsentieren. Überall schieben sich hohe Felsen empor, überbieten sich geradezu gegenseitig und machen einander den Platz streitig. Meterlange Efeuranken fallen den Felsgiganten gleich grünsträhnigem Haar über die kahlen Häupter. Hier und da tun sich im Stein Risse und Spalten auf. Zinnen und Türme schmücken die gewaltigen, natürlichen Mauern dieser verwunschenen Felsenburg. Zum Ende dieses Felsmassivs führt euch der Pfad am linken Rand einer Lichtung aus dem Wald und gibt euch noch an einer Tafel Goethes Werk „Wanderers Nachtlied" mit auf den Weg.

Auf den Hochberg Kurz nach dem Goethe-Schild gelangt ihr wieder in den Wald und erreicht eine Weggabelung. Hier biegt ihr mit dem 1000-Höhenmeter-Rundwanderweg rechts ab. Er führt euch an eine Kreuzung, an der ihr dem 1000-Höhenmeter-Rundwanderweg auf breitem Fahrweg nach links oben folgt. Nach gut 300 Metern biegt ihr an einer Wandertafel mit eurem Wanderzeichen auf schmalem Pfad nach rechts oben Richtung Hochberg ab. Schon nach wenigen Metern mündet ihr nach rechts wieder in einen Fahrweg. Hier gesellt sich zum 1000-Höhenmeter-Rundwanderweg das Zeichen des Archäologischen Rundwegs. Ein gutes Zeichen für Geschichtsinteressierte.

Von links oben grüßen euch bereits die imposanten Felsklippen des Hochbergs. Wie die Mauern einer gewaltigen Burganlage umziehen sie das Plateau des Berges, der zu den höchsten Erhebungen der Frankenalb gehört. Kein Wunder, dass er vor mehr als 2500 Jahren von den Kelten als würdiger Standort für eine befestigte Kultstätte auserkoren wurde. Seine mit dichtem Moos geschmückten und bizarr anmutenden Felsentürme und die tiefen im Fels klaffenden Schnitte und Kluften verleihen dem Hochberg auch heute noch

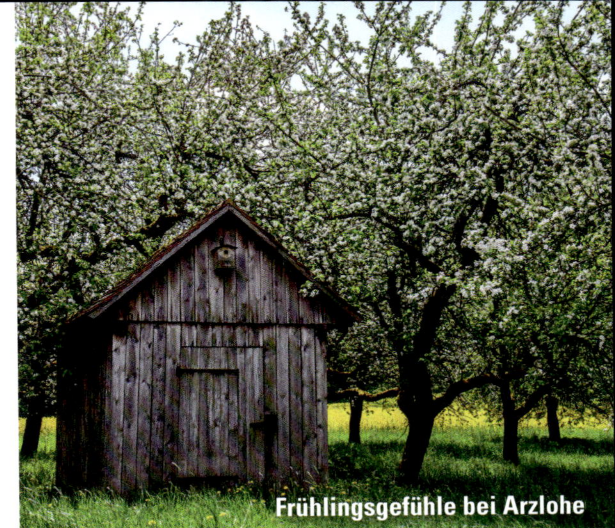

Frühlingsgefühle bei Arzlohe

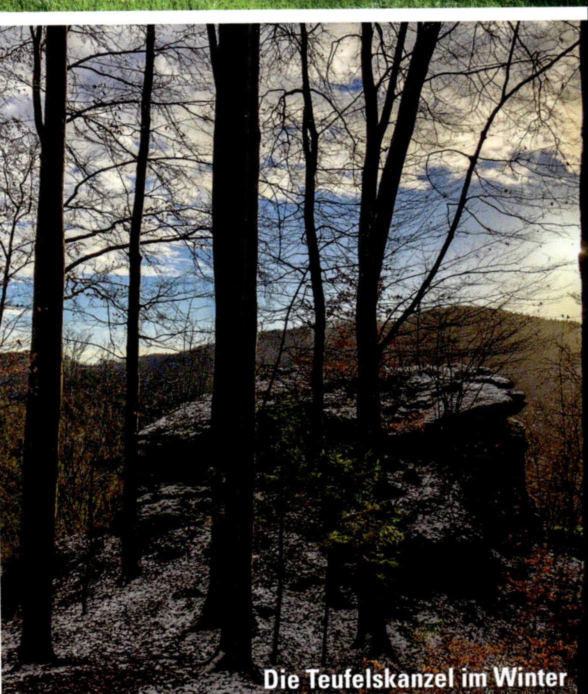

Die Teufelskanzel im Winter

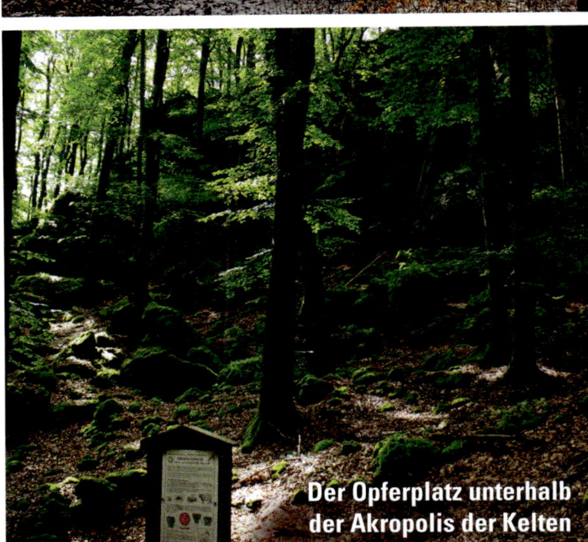

Der Opferplatz unterhalb der Akropolis der Kelten

8 ein ehrfurchtgebietendes Erscheinungsbild. So mancher Ausflug hin zu den Felsen wird mit faszinierenden Ansichten belohnt. Da lassen sich Durchgänge, Überhänge und Portale entdecken, die oft erst auf den zweiten Blick sichtbar werden.

Nach etwa 200 Metern schwenkt der 1000-Höhenmeter-Rundwanderweg mit euch nach links und trägt euch hinauf aufs Plateau. Rechts und links des Weges wachsen die Felsen stetig an und begeistern stellenweise mit einzigartiger Optik. Zum Beispiel, wenn einige Meter links vom Weg ein bauchiger Turm seinen Überhang über einen darunter liegenden Fels stülpt und ihn so zu verschlingen scheint. Die letzten Meter dieses Anstiegs, der euch durch eine Felsenschneise auf das Plateau führt, zehren noch einmal an den Kräften. Dann habt ihr es geschafft. Ihr gelangt auf eine mit einer historisch interessanten Informationstafel versehene Lichtung. Von diesen Tafeln werdet ihr hier oben und auf dem Weg nach unten noch einige finden. Der 1000-Höhenmeter-Rundwanderweg, dessen Zeichen auf den ersten Blick kaum erkennbar ist, biegt mit euch nach links, oberhalb der Felsklippen, ab.

Doch lasst euch von der Wegführung nicht einschränken!

Auf dem Plateau des Hochbergs gibt es an allen Ecken und Enden etwas zu entdecken und zu erforschen, sei es der schwindelerregende Blick über die steil abfallenden Klippen zur östlich gelegenen Unterburg oder seien es die vielen, kleinen, grün bemoosten Felsenzwerge, die sich überall munter tummeln und je nach Blickwinkel ihre Gestalt zu wandeln scheinen. Auf dem Weg rechts zur Akropolis, also der Oberburg der Kelten, tut sich rechts von euch ein Felsengraben auf, der eine kleine, geschützte Höhle beherbergt.

Von der Oberburg führt euch der 1000-Höhenmeter-Rundwanderweg schließlich über einen steilen Felsensteig, der euch eine gewisse Trittsicherheit abverlangt, und dann als Pfad nach rechts unten zur Unterburg der Befestigungsanlage. Hier zweigt am Fuß der gewaltigen Felsklippen ein unmarkierter Stichweg hinüber zu zwei Informationstafeln ab. Die erste Tafel verrät euch einiges über die Brandopfer, die hier den alten Göttern dargebracht wurden. An der zweiten Tafel erfahrt ihr Wissenswertes über keltische Toranlagen.

Aus dem Stichweg kehrt ihr zum 1000-Höhenmeter-Rundwanderweg zurück und folgt diesem nach rechts. Vorbei an weiteren Informationstafeln trägt euch euer Wanderzeichen aus dem Wald und mündet mit euch nach rechts in einen Fahrweg, der euch nach wenigen Metern an einem Holzschuppen an eine Einmündung mit Wandertafel führt.

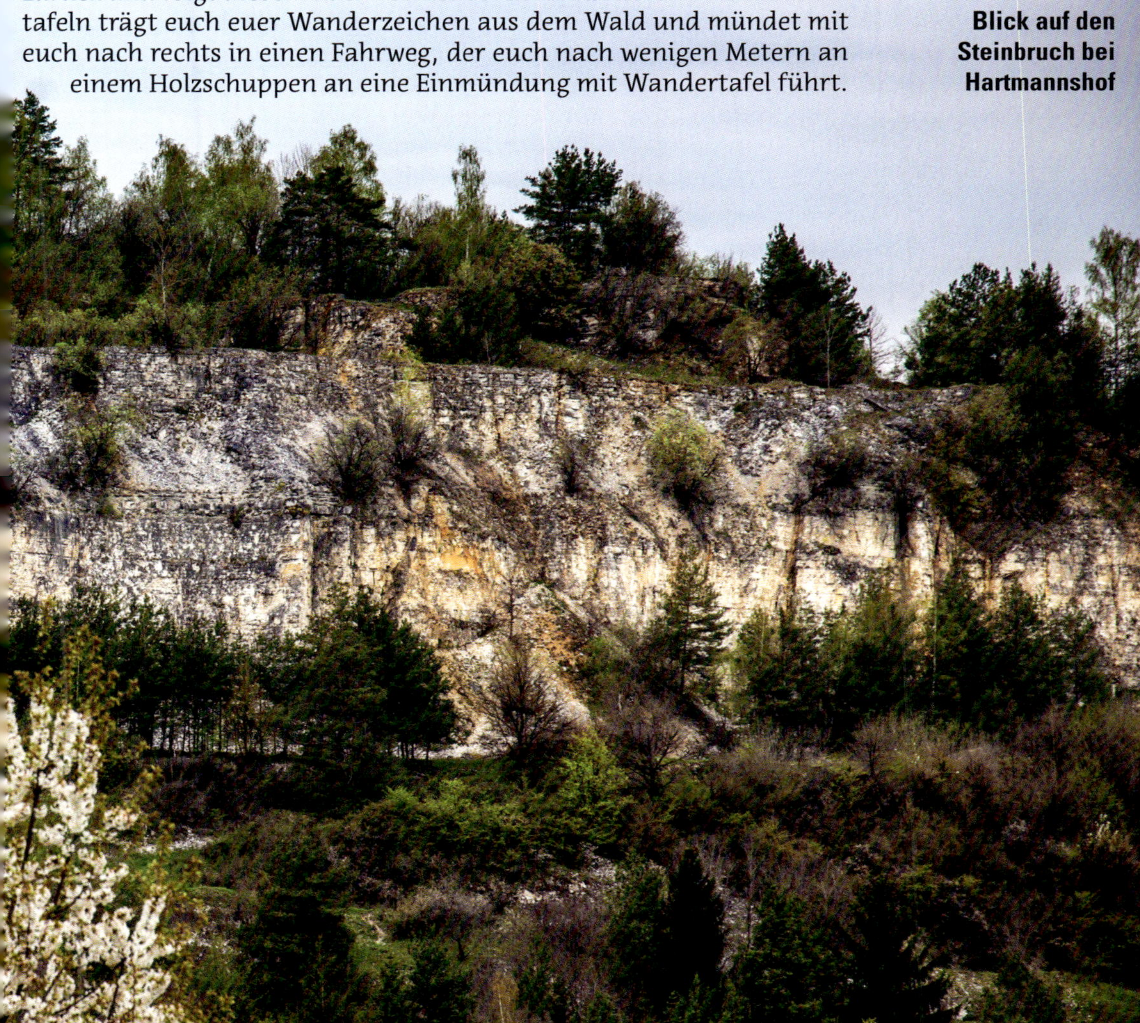

Blick auf den Steinbruch bei Hartmannshof

8

Zum Bahnhof nach Hartmannshof Hier wechselt ihr auf das letzte Wanderzeichen eurer heutigen Tour, den Roten Punkt auf Weißem Grund, das Zeichen des Peter-Schoener-Wegs. Er wird euch bis zum Bahnhof in Hartmannshof begleiten und führt euch auf gepflastertem Weg nach rechts unten. Dabei passiert ihr im Wald rechter Hand das kleine Felsmassiv mit dem klingenden Namen „Steinerne Brücke" und wandert am Waldrand entlang bis zum Ortsrand von Mittelburg.

Hier terrorisierte der Sage nach vor langer Zeit eine weiße Schlange eine Bauernfamilie. Sie erschreckte den Sohn der Familie, als dieser in der Scheune Heu holen wollte, so sehr, dass er von der Leiter stürzte und sich das Bein brach. Auch biss sie eine der Kühe im Stall zu Tode. Dank des Rats eines zauberkundigen Hirten aus der Umgebung stellte sich schließlich heraus, dass die gebeutelte Bauernfamilie vom neidischen Nachbarn verflucht worden war. Mit der rituellen Tötung der weißen Schlange wurde der Fluch gebannt, fiel auf den Nachbarn zurück und tötete diesen.

Am Ortsrand heißt es noch einmal aufpassen: Kaum sichtbar führt euch der Rote Punkt an einer euch abgewandten Wandertafel Richtung Hartmannshof nach links in den Wald. Es geht auf bald schmalem Pfad leicht bergan und am Ortsrand von Mittelburg entlang, bevor euch der Pfad, zum bequemen Waldweg werdend, nach links tiefer in den Wald trägt. Nun folgt ein wundervolles Waldstück, auf dem euch der Rote Punkt gute Dienste leistet. Stetig bergab folgt ihr eurem Wanderzeichen durch den Wald und werdet dabei von allerlei hölzernen Kunstwerken und imposanten Steinmännchen begleitet.

Schließlich trägt euch der Rote Punkt mit Blick auf den Hartmannshofer Steinbruch und eine vor euch liegende Straße aus dem Wald und über Wiesen geradewegs der genannten Straße entgegen. Diese überquert ihr und folgt dem Weg direkt nach unten zum nächsten Wald, zwischen dessen Blättern euch schon der Rote Punkt von einem übergroßen Schild entgegenleuchtet. Links am Waldrand entlang führt euch euer Wanderzeichen schon bald wieder auf schmalem Pfad nach rechts in den Wald. Dieser romantische Pfad darf getrost als eines der schönsten Wegstücke dieser Wanderung bezeichnet werden.

Nach einer Weile trägt euch euer Wanderzeichen zielsicher nach Hartmannshof. Der Pfad mündet in den Mittelburger Weg, der euch nach rechts unten an die Feilenbrunnenstraße führt. In diese biegt ihr nach links unten ein. Sie führt euch im Verlauf kurzzeitig ohne Wanderzeichen hinunter an die Hersbrucker Straße. Dieser folgt ihr einige Meter nach rechts, überquert sie an einer Ampel nach links und folgt dahinter dem Roten Punkt geradeaus in den Mühlweg. Vorbei an einer mehr als 200 Jahre alten Mühle, die dem Sträßchen ihren Namen gab, überquert ihr auf einer Brücke den Högenbach und gelangt mit dem Roten Punkt nach rechts zum Bahnhof Hartmannshof, wo ihr eure Wanderung beendet.

Wissen für Angeber

Die Kelten Im Nürnberger Land und in ganz Franken findet ihr immer wieder Spuren der Kelten. Kein Wunder, erstreckte sich deren Einflussgebiet in der Eisenzeit immerhin vom Norden Spaniens bis in die heutige Tschechei. Dabei werden die Kelten generell nicht als einheitliches Volk, sondern als verschiedene Volksstämme mit kulturellen Gemeinsamkeiten verstanden. Zu diesen Gemeinsamkeiten gehört beispielsweise die Sitte, die Verstorbenen in Hügelgräbern zu bestatten, die auch im Nürnberger Land immer wieder gefunden werden. Beeindruckend sind die Ausmaße der ehemaligen Höhensiedlungen der Kelten. Unweit des Hochbergs lockt die Houbirg mit ihren noch heute eindeutig erkenn- und begehbaren Wallanlagen. Bei Forchheim gibt es die Ehrenbürg und bei Bad Staffelstein den Staffelberg. Die Bezeichnung Kelten bedeutet „die Tapferen". Bei so starker Präsenz möchte man meinen, dass die Kelten unsere direkten Vorfahren waren. Doch dem ist nicht so. Zwar waren sie über ganz Europa verteilt und pflegten Handelsbeziehungen bis in die hintersten Winkel der damals bekannten Welt. Doch den aus dem Süden expandierenden Römern mit ihrer gewaltigen Kriegsmaschinerie und den aus dem Norden drängenden Germanen waren sie auf Dauer nicht gewachsen. Die keltische Kultur verschwand. Nur in der Bretagne und auf den Britischen Inseln hielt sich das Keltentum noch länger. Dort spürt man ihre kulturellen Einflüsse zum Beispiel in der Verbreitung ihrer kunstvollen Wellen- und Linienmuster noch heute.

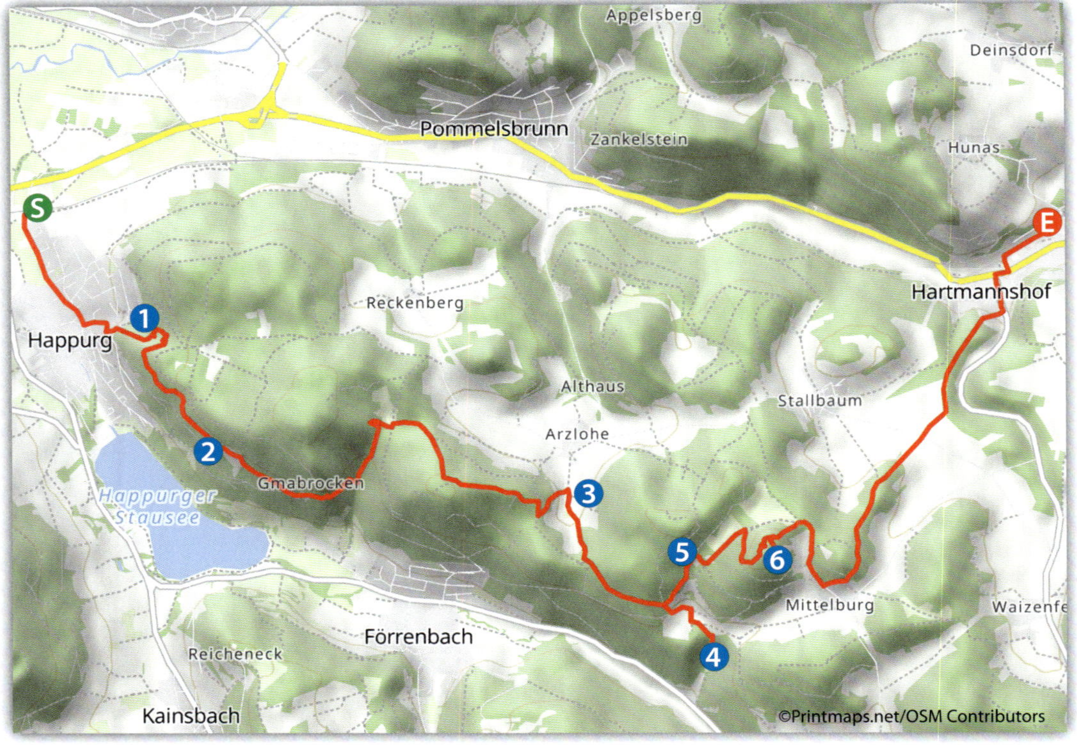

9

Die Hunnen im Nürnberger Land

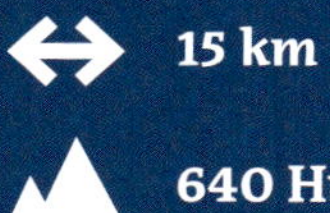

15 km

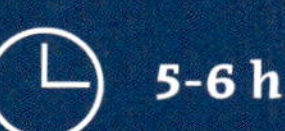

640 Hm

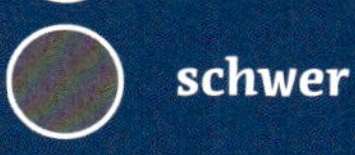

5-6 h

schwer

Eckdaten:

- **Schatten/Sonne:** ausgeglichenes Verhältnis zwischen sonnigen Feldwegen und schattigen Waldwegen
- **Startpunkt:** Bahnhof Pommelsbrunn
- **Endpunkt:** Bahnhof Hersbruck (links der Pegnitz) Linie S1
- **Parkplatz:** Bahnhof Pommelsbrunn, Arzloher Straße, 91224 Pommelsbrunn
- **Ausrüstung:** Handtuch (zum Füße-Abtrocknen nach dem Besuch der Kneipp-Anlage bei Förrenbach)
- **Einkehrtipp:** Restaurant Kainsbacher Mühle in Kainsbach, Telefon 09151 7280

Auf dieser Tour wandert ihr auf den Spuren untergegangener Kulturen. Besonders die Kelten prägten die Geschichte der Houbirg, einem Berg bei Happurg, den ihr im Verlauf dieser Tour erklimmen werdet. Neben den Kelten und den ihnen folgenden Germanen soll auch das wilde Reitervolk der Hunnen hier seine Spuren hinterlassen haben. Findet heraus, was es mit dieser alten Legende auf sich hat, und lasst euch von der herrlichen Landschaft verzaubern.

Highlights:

1. Keltenwall auf der Houbirg
2. Hohler Fels
3. Happurger Stausee
4. Burgruine Reicheneck
5. Kainsbacher Kalktuffterrassen
6. Aussichtsfelsen Jungfernsprung
7. Oberes Staubecken

Die Sage

Attilas Grab Die Nacht war schwarz und still. Kein Lüftchen, nicht einmal der leiseste Windhauch regte sich. Die sonst so hell am Firmament erstrahlenden Sterne hielten sich verzagt hinter dichten Wolkenschleiern verborgen. Dichte, den Blick trübende Nebelschwaden waberten unten im Tal und überzogen die Auen mit dämpfender Stille. Einzig vom Plateau der hoch über dem Tal thronenden Houbirg her drang leises, dumpfes Murmeln ungezählter Männerstimmen ins Tal hinunter. Dazwischen konnte man das Klirren eiserner Gerätschaften, von Hacken, Meißeln und Schaufeln hören.

Dort oben war ein ganzes Volk in Bewegung – das Volk der Hunnen. Der Schrecken aller Menschen, der wie ein Sturm über das Land fegte und alles zerstörte, was sich ihm in den Weg stellte. Doch heute Nacht war es weder das Lärmen aufeinandertreffender Waffen noch wildes Kampfgeschrei, das die schier endlose Prozession der Hunnen begleitete. Heute lagen tiefe Trauer und Wehmut über dem stolzen Volk.

Sein König Attila, der große Heerführer und Schrecken aller Völker, war tot. Nicht im Kampf war er gestorben, sondern in den Armen seiner jungen Frau. Mit ihm hatten die Hunnen ihren größten Krieger und stärksten Anführer verloren. Ohne ihn, das wusste jeder Einzelne der Trauernden, würde ihr gewaltiges Reich schon bald auseinanderbrechen und das einst so starke und gefürchtete Volk würde sich gleich dem vom Wind durch die Welt getragenen Steppenstaub in alle Himmelsrichtungen zerstreuen.

Hier oben auf dem Plateau der Houbirg, auf dem tausend Jahre zuvor die mächtigen Kelten ihre Burg erbaut hatten, sollte ihr mächtiger König seine letzte Ruhe finden.
Wortlos hoben die Männer ein tiefes Grab aus und senkten den prunkvollen, aus einem goldenen, einem silbernen und einem eisernen Sarg bestehenden Sarkophag ihres toten Herrschers hinein. Dann füllten sie das Grab mit Erde eben auf und strichen die Ränder behutsam aus, um alle Spuren zu verwischen. Niemand sollte das Grab ihres Königs je finden und schänden können.
Nachdem die Arbeit getan war, verließen die Hunnen den Berg genauso still, wie sie ihn bestiegen hatten, und zogen ihrer Wege. So schnell, wie sie mit aller Gewalt und Härte die Geschichte Europas betreten hatten, verschwanden sie.
Der Sarg ihres Königs jedoch soll noch heute in der Erde der Houbirg liegen. Manch einer zog mit Schaufel und Spitzhacke bewaffnet hinauf, um den unermesslich wertvollen Schatz zu heben. Doch bis heute ist es niemandem gelungen, das Grab zu finden.

Nach Alfred Kriegelstein: Etzels Grab. Sagen, Legenden, Geschichten aus Mittelfranken S. 169 f.

Auf dem Keltenwall der Houbirg

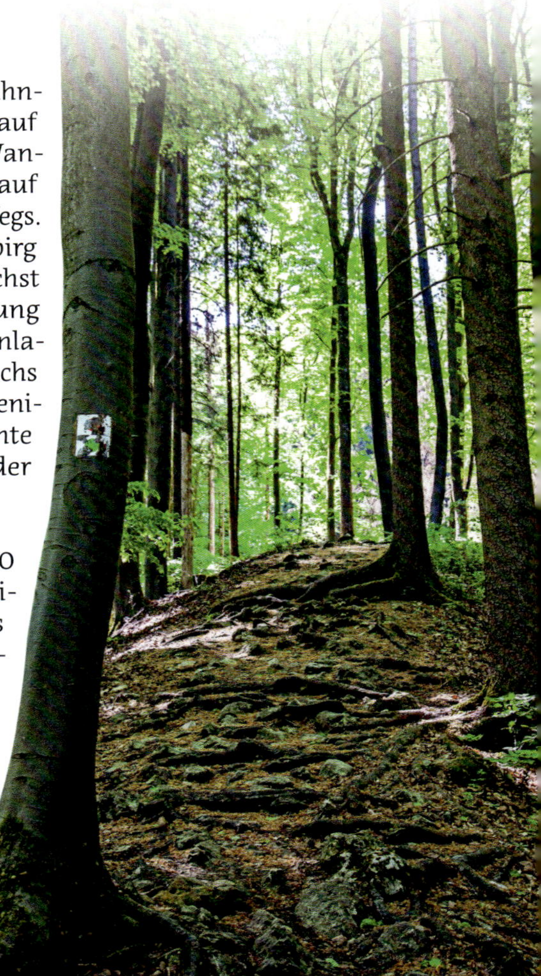

Die Wegbeschreibung

Auf den Keltenwall Unterhalb der Gleise am Bahnhof Pommelsbrunn stoßt ihr am Fahrradständer auf eine Wandertafel. Hier trefft ihr auf euer erstes Wanderzeichen der heutigen Tour, den Roten Punkt auf Weißem Grund, das Zeichen des Peter-Schoener-Wegs. Er wird euch bis zum Hohlen Fels auf der Houbirg führen und weist euch von der Wandertafel zunächst den Weg nach links aus dem Ort hinaus Richtung Weidenmühle. Vorbei an einer gepflegten und einladenden Kneipp-Anlage direkt am Ufer des Högenbachs passiert ihr auf der Arzloher Straße schon nach wenigen Metern das unaufhörlich auf das aufgebrachte Wasser des Högenbachs klatschende Mühlrad der Weidenmühle.

Dank ihr wurde Pommelsbrunn vor mehr als 700 Jahren erstmals historisch erwähnt. Ein Schreiben listete die Abgaben auf, die der Müller an das Kloster Engelthal abführen musste, zu dessen Verwaltungsbereich die Mühle gehörte.

Von der Weidenmühle folgt ihr der Arzloher Straße noch ein Stückchen zu zwei Wandertafeln und einer Infotafel, auf der ihr einiges Wissenswertes zur Houbirg, dem ersten Ziel eurer Wanderung, erfahrt. Mit dem

9

Roten Punkt überquert ihr auf einem hölzernen Brücklein rechts der Tafeln den Arzloher Talbach Richtung Reckenberg und Houbirg und wandert über die Wiese sanft bergan dem Wald entgegen. Im Wald angekommen, wird der Wiesenweg unvermittelt zum steinigen Steilweg, mit dem ihr schnell an Höhe gewinnt. Da spürt ihr schon nach wenigen Minuten eure Unterschenkel und euer Puls nimmt ordentlich Fahrt auf. Zwischen den Bäumen hindurch erkennt ihr, sofern es das dichte Blätterdach gestattet, linker Hand bald die vom Kalkstein weiß strahlenden Hänge der Mühlkoppe. Eine willkommene Gelegenheit, um stehen zu bleiben, zu verschnaufen und den schönen Anblick zu genießen.

Tief in die Mühlkoppe hineinführen soll eine verborgene Höhle, deren Eingang im Wald abseits der bekannten Wege liegt. Niemand hatte es je gewagt, die „Höhl auf der Mühlkopp" zu betreten. Selbst die Legende von einem darin verborgenen Schatz hatte daran lange Zeit nichts geändert. Zu unheimlich war den Menschen dieses weitverzweigte Höhlensystem. Eines Tages wagte sich dann doch ein leichtsinniger Bauer aus Pommelsbrunn, von der Gier getrieben, in den Berg hinein und verschwand. Tagelang irrte er durch die finsteren Gänge, bis er schließlich völlig erschöpft den Weg zurück an die Oberfläche fand. Das laute „Hühott" eines Fuhrwerks hatte ihm den Weg zurück ans Tageslicht gewiesen. Den angeblichen Schatz hat der Bauer natürlich nicht gefunden.

Nachdem ihr diesen ersten anspruchsvollen Hang gemeistert habt, überquert ihr geradeaus eine Kreuzung und tretet mit dem Roten Punkt

Das Klassische Fotomotiv des Hohlen Fels

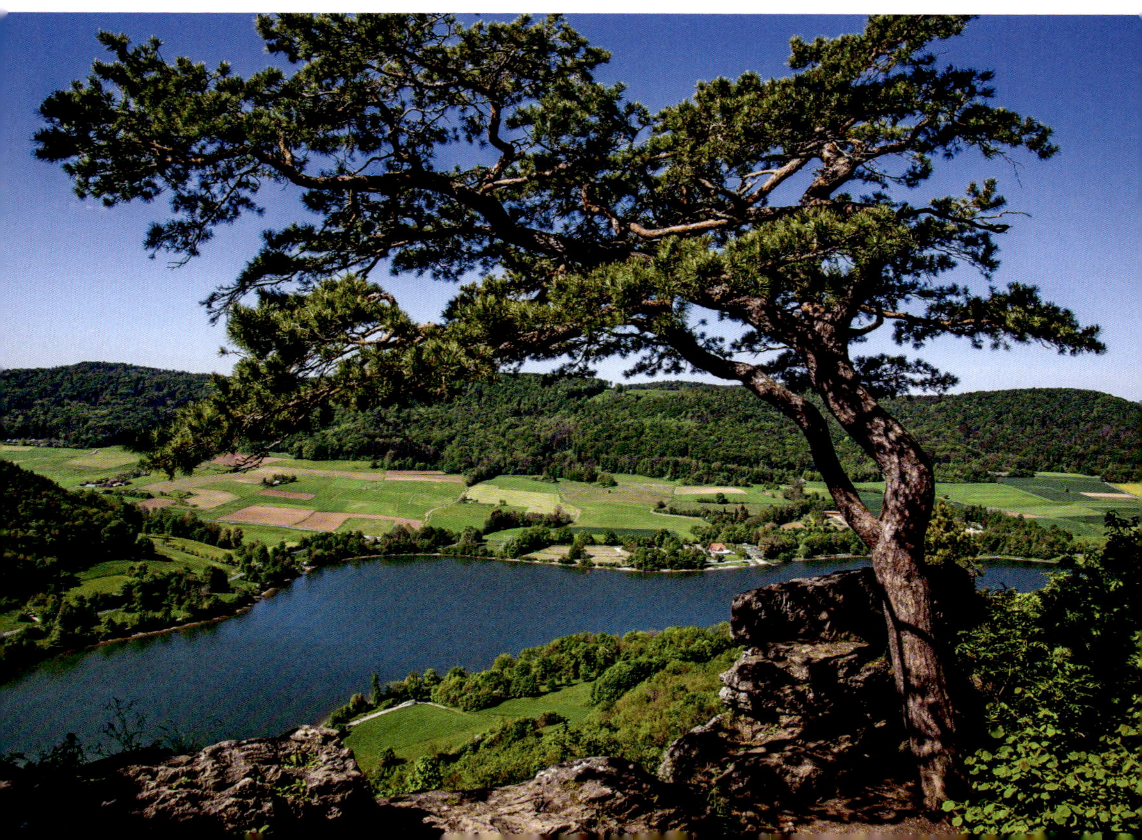

aus dem Wald auf die freie Ebene. Über diese folgt ihr eurem Wanderzeichen auf einem Fahrweg entspannt hinüber nach Reckenberg. Dreht euch vor dem kleinen Ort noch einmal um, dann bietet sich euch links hinüber ein toller Blick zu den freigelegten, imposanten Felsmonumenten des Zankelsteins. In Reckenberg angekommen passiert ihr einen Bauernhof, auf dessen Weide das seltene Rote Höhenrind grast und, wenn ihr Glück habt, ausgelassen umhertobt. Im Straßenverkauf des Hofes könnt ihr Düngebriketts aus Schafswolle, Saft und Honig erwerben. Daran vorbei gelangt ihr an den gepflasterten Reckenberger Weg, den ihr leicht nach links überquert und auf der gegenüberliegenden Seite dem Roten Punkt auf geschottertem Weg nach oben folgt. Lasst euch von der Wegführung auf der neben dem Schuppen angebrachten Wandertafel nicht irritieren. Der Rote Punkt führt wirklich links am Schuppen vorbei und auf dem Fahrweg nach oben. Schon nach wenigen Metern zeigt euch die sichtbare Präsenz des Roten Punktes, dass ihr auf dem rechten Weg seid. An der nächsten Weggabelung haltet ihr euch mit eurem Wanderzeichen, wie ein handgemachtes Schild humorvoll empfiehlt, rechts und wandert weiter über die Freifläche dem Waldrand entgegen. Wunderschön ist es hier oben auf der Hochebene. Kurz bevor ihr den Wald erreicht, präsentieren sich euch rechts in der Ferne die vielen Gipfel der Kuppelalb, die gleich waldgrünen Wellen eines gewaltigen Meeres durch die Landschaft wogen und dabei Felsbastionen und Burgruinen auf ihrer steingrauen Gischt mit sich tragen.

Im Wald angekommen geht es mit dem Roten Punkt und gemäßigtem Anstieg weiter hinauf. An einer ersten Weggabelung haltet ihr euch mit eurem Wanderzeichen links, überquert ein Stück weiter eine Kreuzung und biegt dann, weiterhin eurem Wanderzeichen folgend, nach rechts zu einer weiteren Infotafel ab. Mit dem Roten Punkt durchquert ihr kurz darauf eine Schneise in dem sich rechts und links von euch erhebenden, alten Keltenwall.

Diese auch heute noch deutlich sichtbare Aufschüttung sicherte die Ostflanke der gewaltigen Wehranlage, die sich über das Plateau der Houbirg erstreckte. Der Ringwall, mit dem die Kelten ihre Fliehburg auf der Houbirg umgaben, war sogar länger als die Stadtmauer des mittelalterlichen Nürnbergs und bot nicht nur den Menschen, die auf der Houbirg lebten, sondern auch den Bewohnern des Umlandes Schutz vor drohender Gefahr. Frei übersetzt bedeutet der Name Houbirg vermutlich so viel wie Hohe Burg.

Hinter der Schneise führt euch der Rote Punkt scharf links über Wurzelstufen hinauf auf den mit weißen Kalksteinen übersäten Keltenwall. Über den zusätzlich mit dichtem Wurzelwerk durchzogenen Weg gelangt ihr immer weiter den Hang hinauf. Beeindruckend, wie sich diese gewaltige Wehranlage durch den Wald nach oben zieht. Früher erhob sich darauf sogar noch eine Steinmauer.

Zielsicher trägt euch der Rote Punkt immer weiter hinauf. Flankiert wird er von dem bald relevant werdenden Grünen Punkt auf Weißem

Grund. Mal geht ihr auf dem Wall, dann wieder zu dessen Füßen und zuletzt wieder darauf, bis ihr schließlich den felsigen Gipfel der Houbirg erreicht.

Hier oben befand sich vor gut 2500 Jahren eine der bedeutendsten Keltensiedlungen Süddeutschlands. Schließt eure Augen, lasst eurer Fantasie freien Lauf und träumt euch in die Zeit zurück. Sicher war das Plateau damals nahezu frei von Bäumen. Mit Stroh gedeckte, gelblich getünchte Häuser, bestehend aus Holz und mit Lehm verdichtetem Flechtwerk, säumten Wege aus Lehm und Kies. Wohnhäuser, Werkstätten, Ställe und Speicher wechselten sich ab. Platz gab es genug. Nur wenn die Bewohner aus dem Umland aus Furcht vor nahenden Angreifern hinauf hinter die schützenden Mauern der Hohen Burg flüchteten, musste man zusammenrücken. In ruhigen Zeiten gab es hier genug Platz für ausgedehnte Weiden, auf denen Rinder und Schafe zufrieden grasten. Auf den Äckern wuchsen Gerste und Bohnen. Durch das große Osttor gelangten Fuhrleute mit ihren Ochsenwagen in die Siedlung. Ebenso wie die Kaufleute. Zum Beispiel Salzhändler aus den Alpen. Sie brachten das wertvolle Handelsgut auch in die entlegensten Winkel der keltischen Welt. Ihr Marktgeschrei hallte ebenso über das Plateau wie das metallische Hämmern aus der Schmiede, das Blöken der Schafe und das Gegacker der Hühner, die zwischen den Häusern umherpickten.

Ob sich hier seit fast 1600 Jahren wirklich das Grab des Hunnenkönigs Attila befindet, wird man wohl nie herausfinden. Zu dieser Zeit siedelten Germanen auf der Houbirg. Wirklich ungestört begraben konnten die Hunnen ihren König hier daher also wohl eher nicht. Tatsächlich finden sich in einigen Ortsnamen der Umgebung jedoch Hinweise auf das eurasische Reitervolk. Hunas, Haunritz, Högen und Etzelwang (der Hunnenkönig Attila wurde in unseren Breiten auch Etzel genannt) können zwar auch anders hergeleitet werden, doch interessant ist diese Dichte an ähnlich klingenden Namen schon. Und auf der anderen Seite der Houbirg gibt es sogar die Hunnenschlucht.

Zum Hohlen Fels Vom Gipfel führen zwei Wege mit dem Roten Punkt nach links unten. Am besten wählt ihr den links verlaufenden Roten Punkt, der weiterhin vom Grünen Punkt begleitet wird. Unten erreicht ihr, euch an den Wegteilungen mit euren Wanderzeichen links haltend, das imposante Felsmassiv des Hohlen Fels.

Als Erstes erreicht ihr einen fantastischen Aussichtspunkt. Eine alte Kiefer wirft ihren Schatten auf die umliegenden Felsen, auf denen ihr bequem vespern und die grandiose Aussicht hinab auf den Happurger Stausee und die umliegenden Hänge genießen könnt. Dieser Aussichtsfelsen gehört zu den beliebtesten Fotomotiven des Nürnberger Lands.

Von der Kiefer zum Roten Punkt zurückgekehrt, gelangt ihr, eurem Wanderzeichen, das hier wieder solo unterwegs ist, nach rechts unten

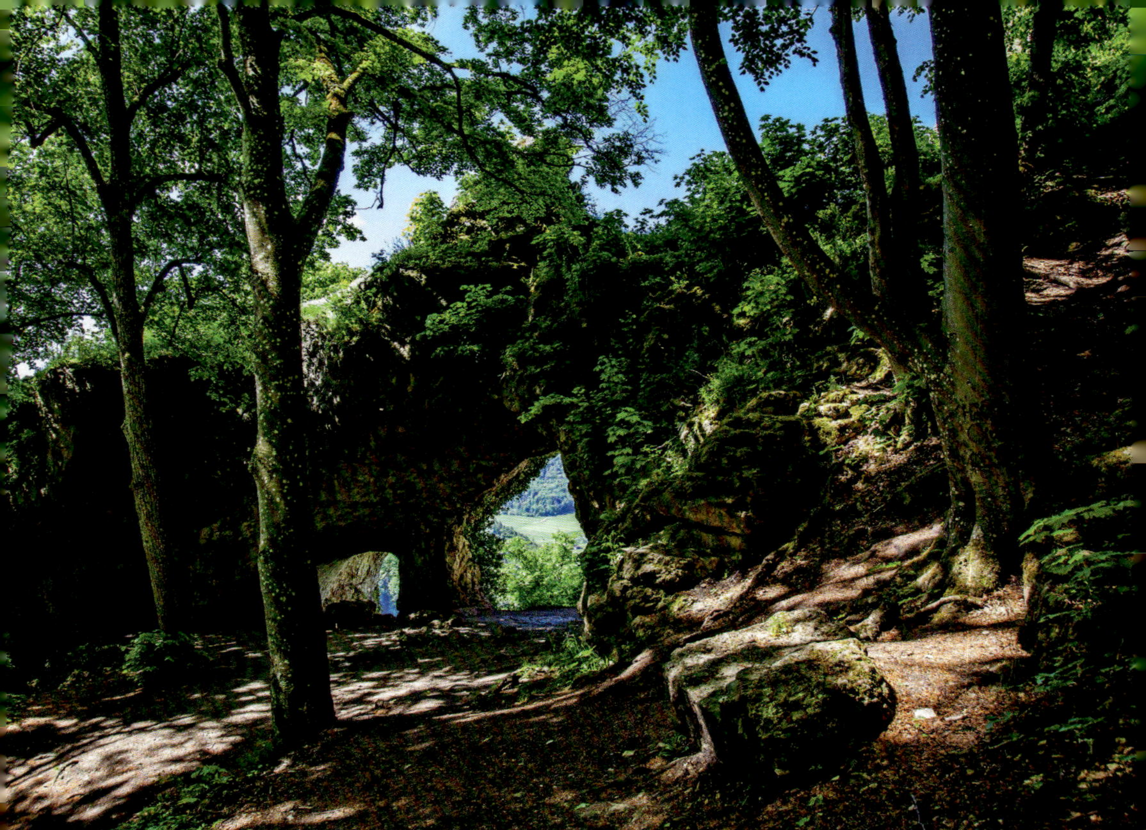

Die Tore des Hohlen Fels

folgend, über Stufen und nach rechts zu einer Felsbastion, die sich mutig dem Tal entgegenschiebt. Über eine in den Stein gehauene Treppe könnt ihr die Schanze erklimmen. Doch Vorsicht, an deren Seiten geht es kerzengerade und tief nach unten.

Von der Bastion kommend zweigt ein wegzeichenbefreiter Trampelpfad nach rechts unten ab und führt euch auf einen Felsriegel, der sich dem Tal entgegen schiebt. Der Weg zu dessen breitem Kopf, von dem sich euch ein prachtvoller Blick zum Eingang der Höhle des Hohlen Fels und dem vorgelagerten Gma-Brocken bietet, ist schmal, ungesichert und sollte nur von schwindelfreien und trittsicheren Wanderern begangen werden.

Von dem Felsriegel kehrt ihr zum Roten Punkt zurück und wendet euch, den unmarkierten Wegspuren folgend, nach rechts unten. Dort gelangt ihr vor die beeindruckenden Tore des Hohlen Fels, die eine regelrechte Brücke zu schlagen scheinen. Den rechten Torbogen durchquerend kommt ihr nach rechts in die hohe Raumhöhle, welcher der Hohle Fels seinen Namen verdankt. Archäologische Funde belegen, dass hier schon in der Steinzeit Menschen Schutz suchten. Ein großartiger und überaus behaglicher Ort, an dem man gerne etwas Zeit verbringt und zwischen den Felsnischen auf Entdeckungsreise geht. Es gibt in der rechten Höhlenwand sogar einen geheimnisvollen, niedrigen Durchgang auf die andere Seite des Felsens. Links vom Eingang befindet sich noch eine Seitenkammer mit verstürzten Eingängen.

9

Bei Grabungen im Hohlen Fels wurde vor mehr als hundert Jahren das Engelhardtsloch, ein schmaler Gang, gefunden. Von diesem führte eine weitere Röhre noch tiefer in den Berg. Der Sage nach sollen neben Kindern, die durch diesen engen Schacht in eine darunterliegende Halle gelangt sein sollen, auch Enten hineingelassen worden sein, die angeblich bei Pommelsbrunn wieder herauskamen.

Zum Happurger Stausee Wenn ihr den Hohlen Fels ausreichend erkundet habt, kehrt ihr durch den Felsenbogen zurück und steigt wieder hinauf zum Roten Punkt, dem ihr nach rechts folgt. Auf einem kurzen Anstieg mit sanftem Gefälle folgt ein bequemer Abstieg. Bald wird der Rote Punkt wieder vom Grünen Punkt flankiert, der ihn an der nächsten Weggabelung abwechseln wird. Was für ein herrlich angenehmes Wegstück. Der weiche Waldboden federt jeden eurer Schritte sanft ab. Links von euch zieren große und kleine Felsen den Hang. Ihre moosigen Schöpfe leuchten satt in der Frühlingssonne, wenn die feinen Tropfen des Morgentaus sie erfrischend grün schimmern lassen. Weiter unten erreicht ihr eine Wegteilung. Hier verabschiedet ihr euch von dem nach links abzweigenden Roten Punkt und biegt mit dem Grünen Punkt nach rechts ab. Schon nach wenigen Metern führt euch der Grüne Punkt erneut nach rechts und auf steinigem Weg steil bergab. Wenn euer Wanderzeichen nach etwa 500 Metern nach rechts abbiegt, verabschiedet ihr euch auch von diesem und folgt der Weißen Nummer 3 auf Grünem Grund weiter geradeaus nach unten.

Die Nummer 3 trägt euch bald aus dem Wald und vorbei an einer schön gestalteten Kneipp-Anlage. Diese lädt mit ihren bequemen Sitzgelegenheiten zu einer entspannenden und erfrischenden Rast ein. Weiter

Burgruine Reicheneck

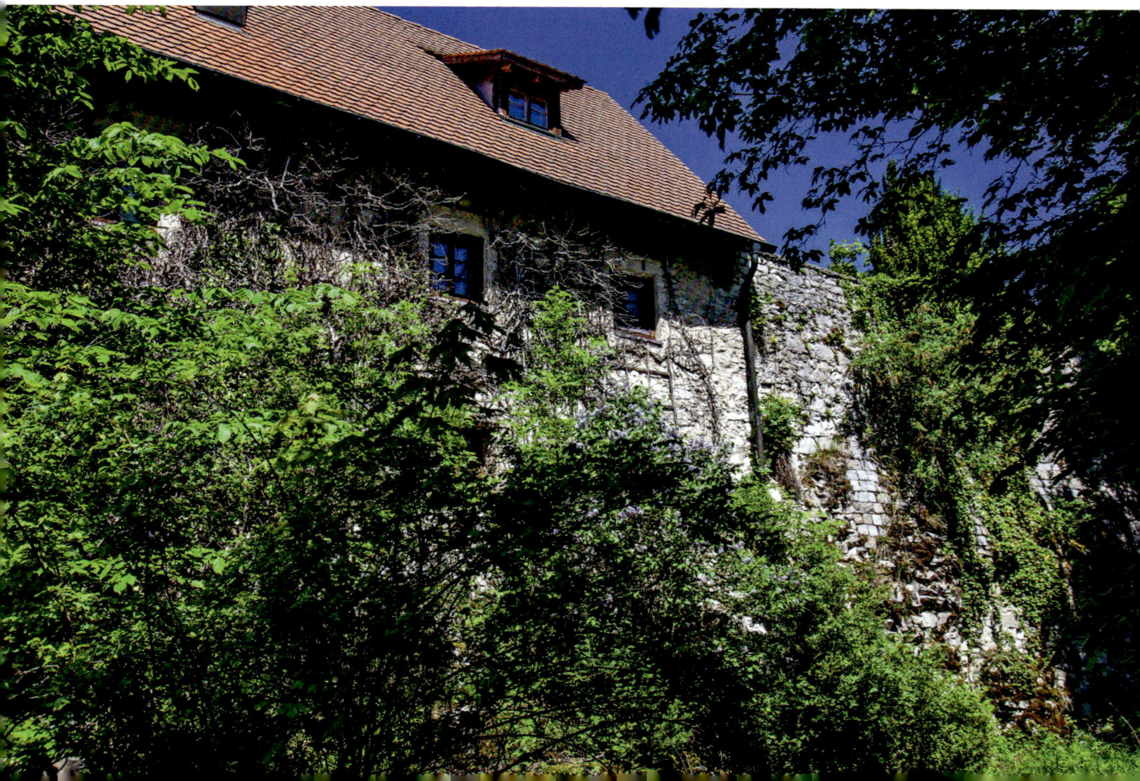

unten erreicht ihr eine geteerte Straße, in die ihr mit dem nächsten Wanderzeichen, der Weißen Nummer 2 auf Grünem Grund, nach rechts einbiegt. Dieser folgt ihr bis ans Ufer des Happurger Stausees, wo euch eine Weggabelung erwartet. Hier verlasst ihr die Nummer 2 und wechselt nach links auf das Rote Kreuz auf Weißem Grund, das Zeichen des Pfalzgrafenwegs. Auf dem geschotterten Uferweg promeniert ihr entlang des Happurger Stausees. Berückend schön ist der Blick über die vom Wind in Wallung versetzte Wasseroberfläche. Dazu die nach oben fliehenden Hänge, deren graue Felsen mal verstohlen, mal fast schon übermütig aus dem Grün der sie umgebenden Wälder hervorlugen. Über eine Brücke überquert ihr bald den Happurger Bach, der sich dem Stausee rauschend über ein kleines Wehr entgegenwirft.

Zur Burgruine Reicheneck Bald passiert ihr linker Hand ein schmales Bächlein und kurz darauf ein weiteres. Direkt dahinter folgt ihr dem Roten Kreuz nach links die Böschung hinauf an die Straße. Diese überquert ihr und steigt auf der anderen Seite, vorbei an einer Infotafel zum ehemaligen Krematorium Förrenbach, auf einem Schotterweg den Hang hinauf in den Wald. Der Schotterweg schwingt nach rechts und umrundet im Linksbogen das steinerne Mahnmal zum Gedenken an die Opfer des KZ-Kommandos Hersbruck.

Vom Mahnmal wandert ihr mit dem Roten Kreuz auf breitem Fahrweg weiter bergan durch den Wald und dann, nach etwa 300 Metern, dem Roten Punkt nach rechts oben folgend, einen steilen Hang hinauf. Weiter oben heißt es aufpassen, um an einer unscheinbaren Wegteilung das nach rechts oben abzweigende Rote Kreuz nicht zu verpassen. An der nächsten Einmündung haltet ihr euch mit eurem Wanderzeichen erneut rechts und erreicht bald das Plateau, auf dem ihr nach links aus dem Wald heraustretet. Über die Wiese folgt ihr dem Roten Kreuz hinüber zu den Häusern, die den Ortsrand des Weilers Reicheneck markieren. Dort gelangt ihr an eine Wandertafel.

Hier verlasst ihr das Rote Kreuz und folgt eurem neuen Wanderzeichen, dem Gelben Kreuz auf Weißem Grund, dem Zeichen des Jura-Gebirgswegs, auf geschotterter Straße nach rechts unten Richtung Kainsbach. In der ersten Kurve verlasst ihr euer Wanderzeichen für einen kurzen Abstecher zu der kaum als solche erkennbaren Ruine der ehemaligen Burg Reicheneck. Von der umzäunten Grenze des Privatgrundstücks bietet sich euch zumindest ein Blick auf das alte Torhaus und rechts daneben auf einen baufälligen Mauerrest der vormals großen Burg. Anhand des Torhauses lässt sich erahnen, wie groß die Wehranlage einst gewesen sein muss.

Der Sage nach wurde Burg Reicheneck vom rachsüchtigen Poppberger Burggrafen zerstört und geschleift, nachdem die Reichenecker in ihrer Eigenschaft als gefürchtete Raubritter den Ort Poppberg geplündert und gebrandschatzt hatten. Sechs der sieben Reichenecker Brüder wurden bei der Erstürmung ihrer Burg getötet. Nur dem jüngsten Bruder blieb dieses grausame Schicksal erspart. Im Gegensatz zu den restlichen gefürchteten Reicheneckern hatte er an deren Raubzügen nie teilgenommen. Stattdessen hatte er die schicksalhafte Nacht mit seiner Geliebten, der Tochter des Burggrafen von Lichtenegg, verbracht. Dorthin flüchtete er nach der Zerstörung seiner Burg, heiratete die Geliebte und führte fortan ein glückliches Leben.

Im Jahr 1398 wurde Burg Reicheneck tatsächlich bis auf die Grundmauern niedergebrannt. Doch nicht von den Poppbergern, sondern auf Befehl von König Wenzel dem Faulen, dem Sohn von Karl IV. Grund war nicht, dass die Reichenecker dem Raubrittertum frönten, sondern dass sie entgegen ihrem Schwur in Zusammenhang mit einer Fehde mit der Reichsstadt Nürnberg den Landfrieden gebrochen hatten. Das alte Torhaus, das auch Jägerhaus genannt wird, stellt den erhaltenen und heute noch bewohnten Rest einer späteren Burganlage dar und ist immerhin fast 400 Jahre alt.

Zu den Kainsbacher Kalktuffterrassen Von der Burgruine Reicheneck kommend folgt ihr dem Gelben Kreuz nach rechts die Schotterstraße hinunter. Nach nicht etwa hundert Metern zweigt ihr mit eurem Wanderzeichen von der Straße leicht nach rechts unten in einen schmaleren, schattigen Fahrweg. Der Weg mündet bald nach rechts in einen weiteren Fahrweg und trägt euch durch eine kurze, dafür sehr schöne Sandsteinschlucht weiter hinunter. Dreht euch nach der Durchquerung am besten noch einmal um. Dann bietet sich euch ein besonders schöner Blick in den felsigen Hohlweg. Zur Linken werfen massige Efeuvorhänge ihre grüne Pracht, gleich blättrigen, sich brechenden Wellen über bunt gefärbte Sandsteinwände. Zur Rechten schlagen alte Bäume ihre Wurzeln wie knorrige Krallen in den Fels, um ihren festen Stand zu sichern.

Hinter der Schlucht schwingt sich der Weg mit euch richtungsändernd nach links unten und dem Ort Kainsbach entgegen. Am Ortsrand wird der mittlerweile geschotterte Fahrweg zur geteerten Straße und führt euch nach rechts hinunter an die Einmündung der Schloßleite. Wenn ihr genau hinseht, entdeckt ihr das Gelbe Kreuz hinter einem Kleidercontainer hervorlugen, das euch den Weg auf der Schloßleite nach rechts unten weist. Die Schloßleite schwingt nach links an die Schupfer Straße, der ihr, vorbei an einer Bushaltestelle, nach links oben folgt. Bei der nächsten Gelegenheit biegt ihr steil nach rechts unten in den Hirtenweg ein. Weiter unten überquert ihr mit eurem Wanderzeichen eine Kreuzung leicht nach links und folgt nun der Dorfstraße bis zum Feuerwehr-Gerätehaus. Hier verabschiedet ihr euch von der linksabbiegenden Dorfstraße und folgt dem Gelben Kreuz geradeaus in den Steinbühlweg, der euch bald bergan führt. An seinem Ende geht der Steinbühlweg in einen Schotterweg über, auf dem ihr Kainsbach verlasst und bergauf wandert. An der nächsten Wegteilung an einem Landschaftsschutzgebietsschild haltet ihr euch rechts und wandert weiter dem Wald entgegen. Verträumt schwingt sich der weiß in der Sonne strahlende Schotterweg zwischen den Wiesen hindurch und trägt euch schließlich in den kühlenden Wald.

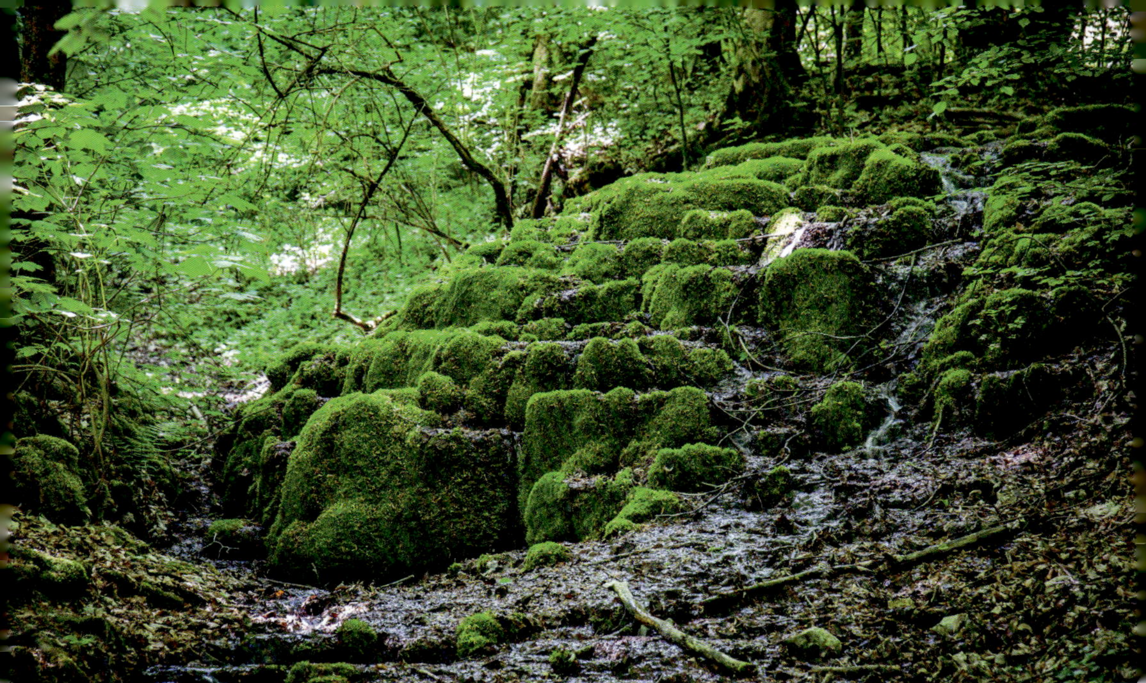

Vorbei an einem kleinen, windschiefen Schuppen geht es immer weiter bergauf, bis munteres Rauschen und Plätschern euer nächstes Highlight, die Kainsbacher Kalktuffterrassen ankündigt. Ihr erreicht sie an der linken Seite einer Kreuzung.

Kainsbacher Kalktuffterrassen

Über moosbewachsenen Kaskaden fließt das Wasser einer nur ein paar Meter höher gelegenen Quelle munter und quirlig hinab, bildet zarte, silbrig glänzende Wasserfällchen und Strudel, bevor es mit beträchtlichem Rauschen hinunter ins Tal fließt.

Zum Aussichtspunkt des Jungfernsprungs Das Gelbe Kreuz führt euch rechts der Kalktuffterrassen nach links weiter den Hang hinauf. Oben verabschiedet ihr euch, nachdem ihr für einen Moment aus dem Wald herausgetreten seid, an einer Weggabelung von dem Gelben Kreuz und folgt dem von oben kommenden Roten Längsstrich auf Gelbem Grund nach rechts zurück in den Wald. Der Rote Längsstrich auf Gelbem Grund ist das Zeichen des Frankenalb-Panoramawegs und führt euch erneut bergan. Auf diesem wunderschönen Wegstück flankieren im Frühling regelrechte Teppiche von Buschwindröschen euren Weg und begleiten euch zum Aussichtsfelsen des Jungfernsprungs. An einer Einmündung geht ihr mit dem Roten Längsstrich nach rechts. Nach etwa 200 Metern heißt es aufpassen: In einer nach links schwingenden Kurve weist euch ein übermaltes Wanderzeichen den Weg nach rechts in einen schmalen Pfad, der euch direkt zum Aussichtsfelsen des Jungfernsprungs führt.

Eine Sage berichtet von einem Bauernmädchen aus Förrenbach, das hier oben, als im Dreißigjährigen Krieg die Söldner beider Kriegsparteien mordend und plündernd durchs Nürnberger Land zogen, von zwei Deserteuren überrascht und in übler Absicht durch den Wald gejagt

9

wurde. In seiner Verzweiflung sprang das Mädchen auf seiner Flucht von eben dem Felsen, auf dem ihr gerade steht, hinunter und den Baumkronen des darunter liegenden Waldes entgegen. Wie durch ein Wunder fingen die weichen Blätter und die biegsamen Äste den Sturz ab und ließen das Mädchen sanft zu Boden gleiten. Die beiden Plünderer jedoch wurden von den aufgebrachten Förrenbachern gestellt. Einer der beiden wurde erschlagen, der andere konnte fliehen. Der Felsen trägt seit diesem Tag den Namen Jungfernsprung.

Zum Oberbecken Deckersberg Vom Jungfernsprung kommend folgt ihr dem Roten Längsstrich nach rechts. Bei der nächsten Weggabelung verlasst ihr den Roten Längsstrich und wechselt nach links auf den Blauen Punkt auf Weißem Grund. Dieser führt euch an eine Einmündung, an der ihr mit dem Blauen Punkt nach links geht. Kurz darauf biegt ihr an einer Wegteilung rechts ab. Hinter der UKW-Anlage Happurg führt euch der Blaue Punkt aus dem Wald und, einen Schotterweg überquerend, auf Stufen hinauf an den Rand des Oberbeckens Deckersberg. Dort folgt ihr dem Blauen Punkt nach rechts.

Was für ein ungewöhnlicher und fast schon bizarrer Anblick. Das Becken ist komplett trockengelegt. Überall grünt und blüht es auf dem ehemaligen Grund des Sees. Ein Hauch Lost-Place-Feeling kommt auf. Besonders imponierend ist das gewaltige Einlaufbauwerk mit dem stattlichen Kran darauf. Die steil abfallenden Betonwände, gebaut, um riesigen Wassermassen standzuhalten, fristen ein trockenes und ungenutztes Dasein, seit im Jahr 2011 aufgrund von unerwünschten Wassereinbrüchen der Kraftwerksbetrieb eingestellt wurde. Geplante Sanierungsarbeiten wurden seitdem immer wieder verschoben.

Ungefähr 250 Meter flaniert ihr am Rand des Beckens entlang. Rechter Hand bietet sich euch ein toller Blick auf die Stationen, die ihr heute bereits gemeistert hat: vom Hohlen Fels hinunter ins Förrenbachtal, hinauf zu den Dächern von Reicheneck und wieder hinab nach Kainsbach.

Über den Bauernberg nach Hersbruck Kurz nachdem ihr die gewaltige Krananlage über dem Einlaufbauwerk des Oberbeckens passiert habt, geht ihr mit Blick auf eine unterhalb platzierte, hölzerne Informationstafel des Nordic-Walking-Zentrums Happurg über eine Treppe nach rechts hinunter. Unten angekommen, biegt ihr, mit dem Blauen Wanderzeichen des 800-Höhenmeter-Wegs auf geschottertem Weg, vorbei an einem Funkmast, nach links ab. Am Waldrand entlang folgt ihr dem Schotterweg bis zu einer in der Ecke des Waldes klaffenden Schneise, vor der euch einige Wanderzeichen empfangen. Ihr biegt mit dem 800-Höhenmeter-Weg nach rechts in den Wald und gleich wieder an einer Wegteilung mit eurem Wanderzeichen leicht rechts ab. Kurz darauf erreicht ihr erneut eine Weggabelung. Hier haltet ihr euch mit dem 800-Höhenmeter-Weg links und wandert auf breiter werdendem Fahrweg hinab.

Schon bald trefft ihr auf das letzte Wanderzeichen eurer heutigen Tour, den Gelben Punkt auf Weißem Grund, das Zeichen des Hochlandsteigs. Mit ihm biegt ihr Richtung Hersbruck nach links oben in einen schmalen Weg ab. Immer weiter trägt euch der Gelbe Punkt mit moderater Steigung hinauf. Oben erwartet euch ein wundervolles Waldstück. Im Frühsommer wandert ihr auf schmalem Pfad inmitten üppig weiß blühender Waldmeisterwiesen, die große Teile des Waldbodens für sich zu beanspruchen scheinen. Wenn die durch das Laubdach fallenden Sonnenstrahlen die weißen Blüten des Waldmeisters streicheln, erstrahlen diese umso heller und tauchen den Wald in magisches Licht.

Wenn ihr das imposante Gipfelkreuz des Bauernbergs, das verunglückten Waldarbeitern gewidmet ist, und den sich etwas im dichten Gebüsch verbergenden hölzernen Alphornbläser passiert habt, beginnt kurz darauf der Abstieg hinab nach Hersbruck. Ihr folgt dem Gelben Punkt des Hochlandsteigs einfach immer bergab. Auffallend sind die vielen hübschen steinernen Männchen am Wegesrand, die ihren Erbauern Glück bescheren sollen. An einer Einmündung folgt ihr dem Gelben Punkt nach rechts unten. Bald schwingt sich euer Wanderzeichen mit euch richtungsändernd nach rechts unten und führt euch an eine Straße, die ihr überquert, bevor ihr dahinter mit dem Gelben Punkt scharf nach links unten abbiegt. Nach wenigen Metern haltet ihr euch an der nächsten Wegteilung links und verlasst bald darauf den Wald. Vorbei an einem Privatgrundstück mündet ihr in die Kurve einer Straße. Dieser folgt ihr kurz nach rechts.

Dann heißt es aufpassen: Rechter Hand seht ihr eine Bank, von der aus man einen unverbaubaren Panoramablick auf Hersbruck geboten bekommt. Nur ein paar Meter weiter, noch vor dem gelben Ortsschild von Ellenbach, zweigt ein im ersten Moment unmarkierter Fahrweg von der Straße nach rechts unten ab.
Diesem folgt ihr und werdet ein Stück weiter unten von der Präsenz eines etwas versteckten Gelben Punktes darin bestätigt, dass ihr auf dem richtigen Weg seid. Unten gelangt ihr an einen Schotterweg, dem ihr kurz nach links folgt und den ihr an einer Informationstafel des

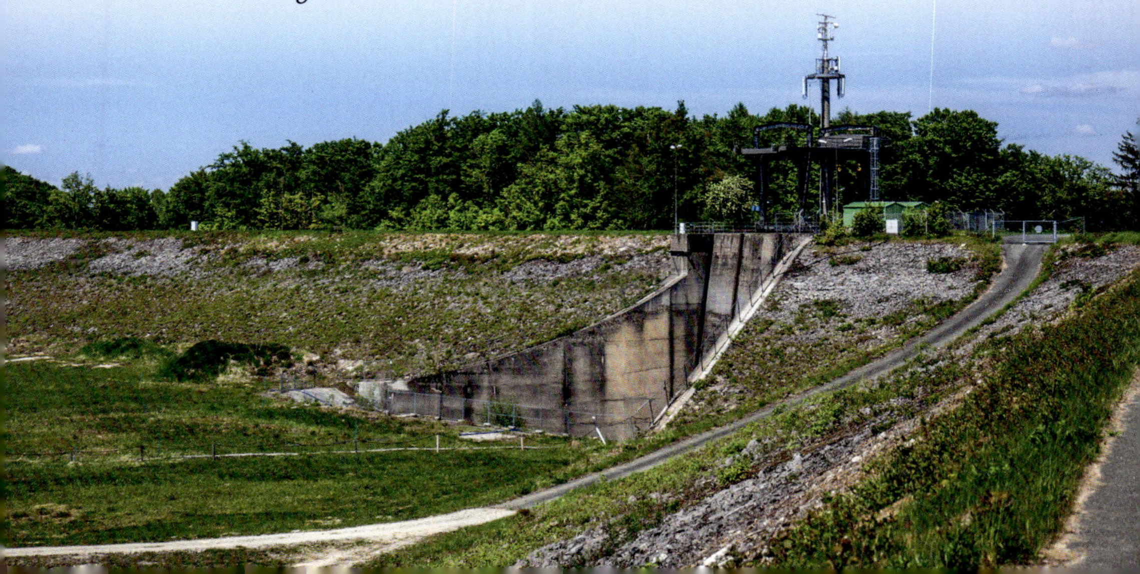

Das Oberbecken Deckersberg

Bienenwegs und einer Wandertafel gleich wieder nach rechts unten Richtung S-Bahnhof Hersbruck verlasst. Immer weiter geht es hinab, bis ihr unten nach links an eine Straße mit Wandertafel kommt. Auf dieser gelangt ihr Richtung S-Bahnhof Hersbruck an den Ortsrand von Ellenbach. Hier biegt ihr mit dem Gelben Punkt scharf nach rechts ab und wandert nach Hersbruck. Auf dem Arzbergweg durchquert ihr den Ort nach unten, bis ihr mit eurem Wanderzeichen nach links in die Leutenbachstraße einbiegt. Diese überquert ihr bald an einer Ampel und erreicht mit dem Gelben Punkt nach links den S-Bahnhof Hersbruck (links der Pegnitz), wo ihr eure Wanderung beendet.

Wissen für Angeber

Eine kurze Geschichte der Hunnen Woher sie genau kamen? Niemand weiß es. Im 4. und 5. Jahrhundert jedenfalls drangen die Hunnen, ein Reitervolk aus Asien, Stück für Stück in den Westen vor. Die Vorfahren der Hunnen hatten in den Jahrhunderten zuvor schon das große chinesische Reich derart in Angst und Schrecken versetzt, dass die verzweifelten Angegriffenen mit dem Bau der Chinesischen Mauer reagierten, um ihre bedrohten Ländereien zu schützen. Vermutlich veranlassten Hungersnöte die Hunnen, die als Halbnomaden das Umherziehen gewohnt waren, zum Aufbruch gen Westen. Vorbei am Aralsee zogen sie plündernd und mordend Richtung Donau und durchquerten dabei das Gebiet der germanischen Ostgoten, die heutige Ukraine. Das Jahr 375, in dem die Hunnen das ostgotische Reich unterwarfen, gilt allgemein als der Beginn der Völkerwanderung.

Die bis dahin in Europa unbekannte Kampfesweise, dem Feind immer wieder entgegenzureiten, um kurz vor Erreichen der gegnerischen Schlachtlinien vom Pferd aus einen die Sonne verdunkelnden Pfeilhagel über die überraschten Bodentruppen niedergehen zu lassen und danach den taktischen Rückzug anzutreten, kostete Tausenden germanischen Kämpfern das Leben. So entschieden die Hunnen eine um die andere Schlacht zu ihren Gunsten.

Wer nicht den Angriffen der Hunnen zum Opfer fiel, machte sich mit Sack und Pack auf nach Westen. Ganze Völker trieben die Hunnen vor sich her und starteten so eine bis dahin nicht da gewesene Migrationsbewegung, die weitere Kriege nach sich zog. Nachdem die Hunnen einige Zeit in Rumänien Fuß gefasst und sogar einen Königshof gegründet hatten, strebten sie, nachdem das Oströmische Reich ihrem

König Attila die gewohnten Tribute verweigert hatte, weiter nach Westen, vernichteten die oströmische Armee und gelangten im Jahr 451 schließlich nach Deutschland. Sie überquerten den Rhein und drangen nach Gallien vor, wo sie schließlich von weströmischen Truppen und deren Verbündeten in der Schlacht auf den Katalaunischen Feldern geschlagen wurden. Damit verloren sie den Nimbus der Unbesiegbarkeit. Weitere Angriffe Attilas in den folgenden zwei Jahren auf das weströmische Reich scheiterten. Am Ende erkaufte vermutlich der damalige Papst Leo I. den Rückzug der Hunnen. Attila selbst starb im Jahr 453 in seiner Hochzeitsnacht, vermutlich infolge eines Blutsturzes, an Nasenbluten.
In die deutsche Literatur hielt Attila als König Etzel Einzug. Und zwar in der Nibelungensage. Ihn heiratet Kriemhild, einige Jahre nachdem Hagen von Tronje, ein Mitglied des burgundischen Hofes in Worms, ihren Mann Siegfried, den berühmten Drachentöter, hinterrücks ermordet hatte. Jahre später lockt Kriemhild die einstigen burgundischen Verschwörer um Hagen von Tronje, darunter ihre eigenen Brüder, an den Hunnenhof, um grausam Rache zu nehmen. An Etzels Hof kommt es in der Königshalle zu einem fürchterlichen Kampf, in dessen Verlauf alle Burgunder sterben. Der historische Hintergrund dieser blutigen Geschichte ist sicher ein Bündnis zwischen Attila und dem weströmischen Feldherrn Aetius, die gemeinsam die Burgunder besiegten, bevor sie selbst gegeneinander Krieg führten.

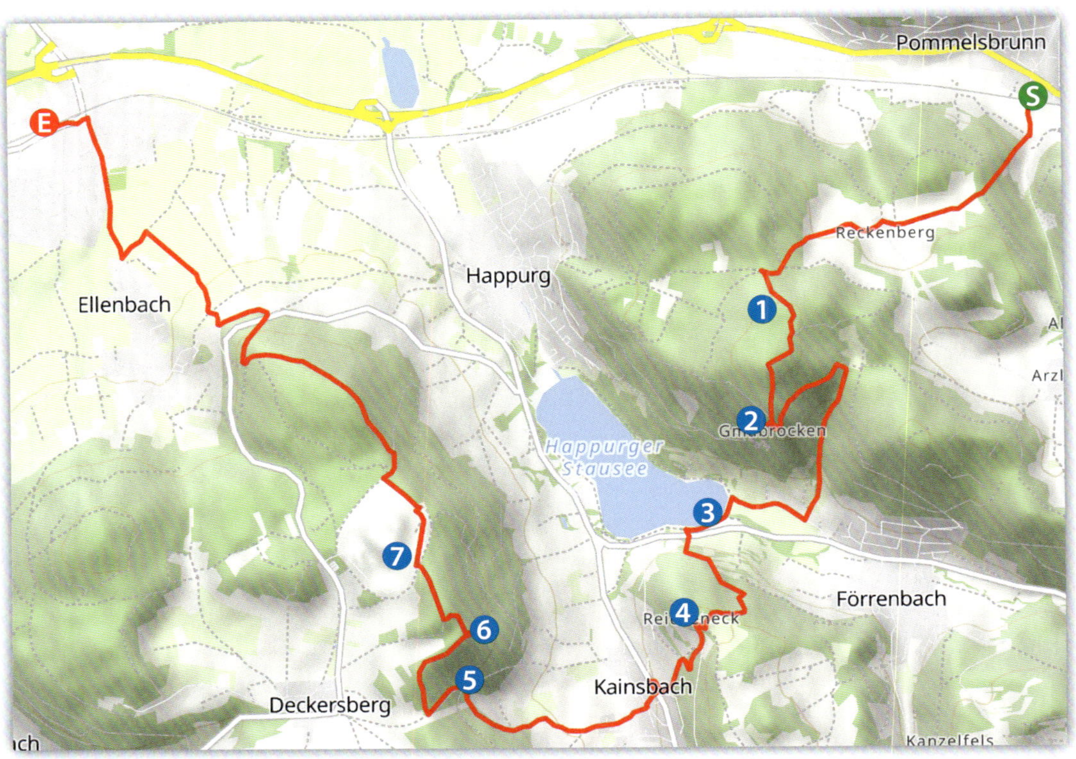

10

Raubritterburg und Naturparkromantik

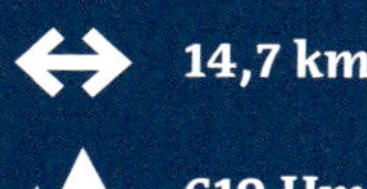

14,7 km

619 Hm

5 h

schwer

Eckdaten:

Schatten/Sonne: ausgeglichenes Verhältnis zwischen sonnigen Feldwegen und schattigen Waldwegen

Startpunkt: Bhf. Hohenstadt

Endpunkt: Bhf. Pommelsbrunn Linie RB 30

Parkplatz: Als VGN-Tour konzipiert

Ausrüstung: Taschenlampe für die Erkundung der Höhlen

Sicherheitstipp: Trittsicherheit für die Steige erforderlich

Einkehrtipp: Café Jakobsklause in Eschenbach, Tel. 09154 8100

Gaststätte Grüner Schwan in Eschenbach, Telefon 09154 916950

Extra-Tipp: Ein Besuch des Naturkundlichen Heimatmuseums Pommelsbrunn,Heuchlinger Str. 2, Pommelsbrunn, Telefon 09154 1207

Auf dieser abwechslungsreichen Wanderung erwarten euch fordernde Anstiege, spannende Felsensteige und märchenhafte Orte. Die schwindelerregenden Höhen des Hohenstädter Fels, die Magie des Wengleinparks, die schroffe Felsgewalt der Bienertstube und die fantastische Aussicht von der Burgruine Lichtenstein schaffen ein unvergessliches Wandererlebnis.

Highlights:

1. Hohenstädter Fels
2. Wengleinpark
3. Luitpoldhöhle
4. Bienertstube
5. Burgruine Lichtenstein
6. Blockschutthalde oberhalb von Pommelsbrunn

Die Sage

Sprung in den Tod Immer wieder wurden aus den Lichtensteinern, denen die Burg hoch über Pommelsbrunn seit alters her gehörte, gefürchtete Raubritter. Mag sie die Not oder die blanke Gier dazu getrieben haben. Jedenfalls fanden sie in den Rittern der nahe gelegenen Burg Lichtenegg ebenbürtige Partner, mit denen sie einen verhängnisvollen Pakt eingingen. Von Burg zu Burg gaben sie einander Licht- oder Rauchzeichen, wenn Kaufmannszüge von oder nach Nürnberg das unten liegende Högenbachtal durchquerten. So hatte die Mannschaft der verbündeten Burg ausreichend Zeit, um sich hinunter ins Tal zu begeben und den Reisenden aufzulauern. Und genauso geschah es auch an jenem schicksalhaften Tag, von dem diese Sage berichtet. Die Lichtenegger hatten soeben Zeichen gegeben, schon rief eine der Wachen von den Mauern dem Lichtensteiner Burgherrn entgegen. Dieser, ein tollkühner Ritter, ließ sofort sein Pferd satteln, nahm sich zwei seiner Gefolgsleute zur Unterstützung und machte sich auf den steilen Weg hinunter ins Tal. Dort bezogen die drei Stellung hinter einem Gebüsch und warteten ab.

Es dauerte nicht lang, da hörten sie das Schnauben der Pferde, die den großen Planwagen zogen, der sich mit quietschenden Achsen langsam, aber stetig auf die im dichten Grün verborgenen Räuber zubewegte. Just in dem Moment, als der Planwagen ihr Versteck passierte, sprangen die drei hervor und griffen die ebenfalls aus drei Männern bestehende Eskorte des Wagens an. Das Schwert des Lichtensteiners durchbohrte den Wagenlenker auf dem Kutschbock, dessen rotes Blut sich über den Waldboden ergoss. Einer seiner Spießgesellen hob mit seinem Speer einen der den Wagen begleitenden Reiter aus dem Sattel. Dieser prallte mit voller Wucht auf den Boden und blieb reglos liegen. Als die Strauchdiebe sich dem dritten Bewacher widmen wollten, sprangen aus dem Planwagen plötzlich eins, zwei, drei, vier, fünf weitere Soldaten und griffen die verdutzten Räuber an. Zudem erschallte in der Nähe ein Horn, dessen Signal einen wahren Sturm aus Eisen und Blut entfachen sollte.

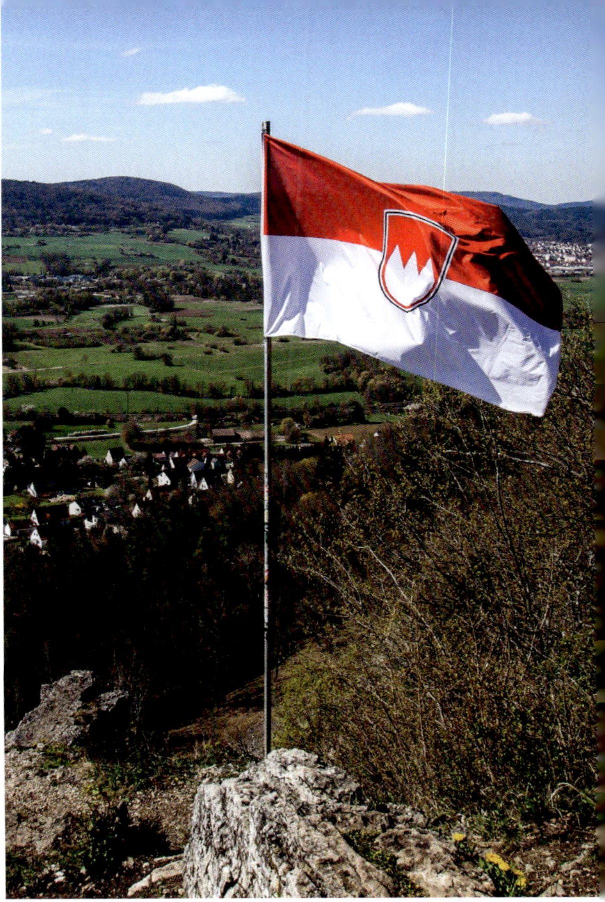

Auf dem Hohenstadter Fels oberhalb von Hohenstadt

Von allen Seiten kamen nun Nürnberger Knechte auf die Räuber zu. Schon ging der erste Strauchdieb getroffen zu Boden. Während ihm einer der Nürnberger einen tödlichen Hieb verpasste, traf der Bolzen einer Armbrust den zweiten Straßenräuber, der von dessen Wucht ins Gebüsch geschleudert wurde. Der Lichtensteiner wurde seiner aussichtslosen Lage gewahr, gab seinem Ross die Sporen, kämpfte sich mit einigen gezielten Hieben den Weg frei und galoppierte den Hang hinauf. Sofort nahmen seine Feinde die Verfolgung auf. Schnaubend und spuckend hetzte das Pferd des Lichtensteiners Hufschlag um Hufschlag der rettenden Burg entgegen. Immer steiler wurde der Anstieg. Und immer näher kamen die Verfolger. Was würden die Nürnberger wohl mit ihm anstellen, wenn sie seiner lebend habhaft würden? Würden sie ihn aufs Rad spannen und ihm die Knochen einzeln brechen? Würden sie ihn hängen oder enthaupten? Und was käme davor? Wie würde es ihm ergehen? Nackte Angst packte den Raubritter. Da rückte seine Burg ins Blickfeld. Noch einmal rammte er seinem erschöpften und schwitzenden Pferd die spitzen Sporen in die Flanken. Vor der rettenden Heimstatt klaffte der tiefe Burggraben. Während seine Verfolger abbremsten, als sie das unüberwindbar scheinende Hindernis erblickten, sprang das Pferd des Lichtensteiners darüber hinweg, stürzte jedoch kurz vor Erreichen der anderen Seite in den Graben und blieb dort tot liegen, während sein Herr überlebte. Da öffnete sich das Burgtor, die Soldaten des Lichtensteiners schleuderten den Nürnberger Landsknechten Speere entgegen und beschossen sie mit Bolzen und Pfeilen, sodass die Verfolger vorerst den Rückzug antreten mussten. Die Burgmannschaft zerrte ihren um das tote Pferd trauernden Anführer von dem zerschmetterten Tier in die Burg und verschanzte sich dort. Doch die Nürnberger kehrten zurück. Und dieses Mal mit einem ganzen Heer. Sie belagerten Burg Lichtenstein, eroberten sie und machten sie dem Erdboden gleich. Auf dass ihren Kaufmannszügen von den Lichtensteinern nie wieder Gefahr drohen solle.

Nach NN: Auch ein Eppeleinssprung. Heimat 5/1926, S. 17 f.

10

Die Wegbeschreibung

Zum Hohenstädter Fels Von den Gleisen des Hohenstädter Bahnhofs kommend, trefft ihr direkt auf euer erstes Wanderzeichen, den Weißen Böhmischen Löwen auf Rotem Grund. Er ist das Wanderzeichen der Goldenen Straße und führt euch von den Gleisen leicht links über Treppenstufen an den Buchäckerweg, dem ihr nach links zur Pegnitztalstraße folgt. Diese überquert ihr und folgt eurem Wanderzeichen in den leicht oberhalb der Straße verlaufenden, schmalen Pfad nach links. Dieser Pfad verströmt schon mitten im Ort natürliches Flair, präsentiert euch rechter Hand immer wieder schöne, alte Häuser und trägt euch, dem Böhmischen Löwen folgend, bald nach rechts in die Hirtengasse. Mit dieser und eurem Wanderzeichen überquert ihr eine Kreuzung und durchwandert Hohenstadt auf einem schmalen, idyllischen Pfad, von dem ihr immer wieder einen kurzen Blick auf den hoch über euch gelegenen Hohenstädter Fels erhascht. Dieses Weglein erinnert an die schmalen Gassen zwischen den Häusern und Grundstücken, die sich in alten Geschichten verwinkelt durch die Ortskerne winden und nur Eingeweihten bekannt sind. Ja, wie ein gut gehüteter Geheimweg mutet dieser Pfad regelrecht an, der euch schließlich oberhalb der St.-Wenzeslauskirche in die Adlergasse freigibt.

Hier wechselt ihr auf euer nächstes Wanderzeichen, den Schwarzen Vogel auf Weißem Grund, der euch bis weit hinter den Hohenstädter Fels leiten wird. Mit dem schwarzen Zwitschertier biegt ihr, aus der Hirtengasse tretend, nach rechts ab, geht vorbei an einer Tafel mit interessanten, historischen Fakten zum Ort Hohenstadt und biegt nach dem leuchtend gelben Pfarramt mit eurem neuen Wanderzeichen und der Adlerstraße erneut rechts ab. Nun beginnt der Aufstieg zum Hohenstädter Fels. An der nächsten Gabelung haltet ihr euch links und wandert auf der Adlerstraße, vorbei am Friedhof, weiter hinauf. Links der Straße findet ein munter glucksendes Bächlein seinen Weg über eine Vielzahl kleiner Terrassen nach unten. Die Straße wird zum Pflasterweg und schwingt einen ausladenden Bogen, in dem sich ein hübscher Brunnen befindet, nach links. Dieser Brunnen speist das kleine, in der Morgensonne silbern glänzende Bächlein, das euch kurz zuvor quirlig gegrüßt hat. Wenige Meter weiter erreicht ihr eine große Kreuzung.

Linker Hand lohnt das Kriegerdenkmal mit seiner außergewöhnlichen Optik einen genaueren Blick. Die ringförmig aufgestellten Steine erinnern an die schlichte Erhabenheit frühzeitlicher Kultstätten. Interessant ist in diesem Zusammenhang die Tatsache, dass die Ursprünge des Ortes gut 2500 Jahre zurückreichen. Damals war der Gipfel des Hohenstädter Fels von einer keltischen Wallanlage umgeben, deren ursprünglicher Bezeichnung „Hoch gelegene Wohnstätte" Hohenstadt seinen heutigen Namen verdankt.

Ihr geht an der Kreuzung mit dem Schwarzen Vogel auf geschottertem Weg nach links und genießt nach dem ersten Anstieg ein kurzes, bequemes Wegstück. Bald versucht euch der Schwarze Vogel ein wenig

zu täuschen. Er gibt vor, hinter einem Zaun nach rechts durchs Gebüsch in den Wald abzuzweigen. Doch hinter dem Gebüsch endet der Weg. Ihr ignoriert also diese erste, vermeintliche Abzweigung, geht ein paar Meter weiter und biegt erst dann, gegenüber einer als Naturdenkmal ausgewiesenen, alten Eiche, der Umleitung des Wanderwegs folgend, nach rechts oben ab. Sofort strebt ein schmaler Pfad selbstbewusst und steil mit euch den Hang hinauf.
Mit jedem Meter, den ihr weiter nach oben gelangt, scheint der Wald an Zauber zu gewinnen. Im Frühling setzt die Natur Stück für Stück gelbe, blaue und lilafarbene Akzente. So gelingt ihr ein gelungenes Farbenspiel, das die Kraftaufwendung, die euch diese Wanderung gleich zu Beginn abverlangt, augenblicklich belohnt. Nach dem Passieren einer schroffen Sandsteinwand und der Überquerung einer Kreuzung gelangt ihr an eine Weggabelung, an der ihr mit eurem Wanderzeichen scharf nach rechts oben abbiegt.

Nun gesellen sich zu den hellen Steinen, die den Pfad von Beginn an schmückten, den Weg durchdringende Wurzeln, deren Enden sich fein verästeln. Der Pfad mutiert binnen weniger Schritte zum spannenden Steig, trägt euch durch den Wald und dann für einen Moment ins Freie an einen ersten Aussichtspunkt, die Hohenstädter Geißkirche. Der Blick von hier oben ist schon ziemlich beeindruckend, doch noch schieben sich einige Baumkronen in euer Blickfeld. Das wird sich am Hohenstädter Fels ändern. Von dessen Kanten stürzen die Klippen senkrecht so steil hinab, dass sie weder Baum noch Strauch Fläche bieten, um sich daran festzuklammern. Ihr folgt dem Schwarzen Vogel nach links zurück in den Wald und wandert auf bequem federndem Waldweg, der mit respektvollem Abstand parallel zur Kante verläuft, sanft bergan. Hinter einer Gabelung, an der ihr euch mit eurem Wanderzeichen rechts haltet, wird der Weg bald wieder zum abenteuerlustigen Steig. Dieser nähert sich wagemutig der Kante an und windet sich elegant dem Aussichtspunkt des Hohenstädter Fels entgegen, der euch nur ein paar Meter rechts vom markierten Steig, wo sich der Wald lichtet, mit einer vorteilhaft positionierten Bank empfängt. Vor euch breitet sich das Nürnberger Land aus, dessen Anblick von der im launigen Spiel des Windes rot-weiß flatternden Frankenfahne bereichert wird. Unten, in dem von vielen weiteren Gipfeln umgebenen Tal, mäandert die Pegnitz durch die Auenlandschaft und umfließt den Fels in großem Bogen. Der perfekte Platz, um nach diesem ersten fordernden Aufstieg neue Kräfte zu sammeln.
In alten Zeiten hieß die Pegnitz noch Pagenza. Auch die Grundform „Bhagantia“ ist bekannt und heißt übersetzt vermutlich „fließendes Wasser“. Von „Bhagantia“ ist es nicht mehr weit zu der auch heute noch in fränkischer Mundart verbreiteten Bezeichnung „Bengertz“.

In den Wengleinpark Nachdem ihr die Erhabenheit des Hohenstädter Fels ausgiebig genossen habt, kehrt ihr zum Schwarzen Vogel zurück und folgt diesem nach rechts. Weiterhin auf dem sich oberhalb der Klippen kühn entlangschlängelnden Steig, der euch stellenweise sogar mit alpinen Reizen verwöhnt, umrundet ihr den Hohenstädter

Fels nach links. Wanderern mit Höhenrespekt bieten die Wurzeln, die oft natürliche Stufen bilden, einen besseren Tritt und somit genug Komfort, um Gelassenheit und Ruhe zu bewahren. Dann schwingt der Steig nach links, führt euch auf das Plateau des Hohenstädter Fels und entspannt an einen geschotterten Forstweg. In diesen biegt ihr, ohne erkennbares Wanderzeichen, nach rechts ein, wandert bergab und trefft ein Stück weiter wieder auf den Schwarzen Vogel. Dieser begleitet euch noch ein wenig, bevor er sich nach rechts verabschiedet. Ihr hingegen wandert auf dem Schotterweg ohne Wanderzeichen einfach geradeaus weiter. Nach etwa 600 Metern erreicht ihr eine große Waldkreuzung. Hier biegt ihr, weiterhin ohne Wanderzeichen, mit der noch etwas breiteren Forststraße nach rechts unten ab. Sie schwingt mit euch munter nach links und rechts, um sich weiter unten erneut zu gabeln. Hier wandert ihr mit 17 Prozent Gefälle, das verrät euch ein Verkehrsschild, an dem ihr euch orientieren könnt, nach links unten. Nach gut 500 Metern heißt es aufpassen: Am tiefsten Punkt einer Senke zweigt ihr mit einem breiten, unmarkierten Waldweg von der geschotterten Forststraße nach rechts unten ab.

Schon nach 50 Metern grüßen euch vom rechten Wegesrand die beiden nächsten für euch relevanten Wanderzeichen und bedeuten euch, dass ihr euch auf dem richtigen Weg befindet. Es sind das Blaue und das Gelbe Kreuz auf jeweils Weißem Grund. Diese beiden tragen euch aus dem Wald, an dessen Rand nach rechts und kurz darauf nach links auf die freie Ebene. Mit hinreißendem Blick hinüber zu dem malerisch an den Hängen des beginnenden Hirschbachtals gelegenen Ort Eschenbach wandert ihr mit den beiden Kreuzen nach unten und der Straße entgegen, in die ihr nach rechts einbiegt. An der Straße

Der Herold-Turm im Wengleinpark

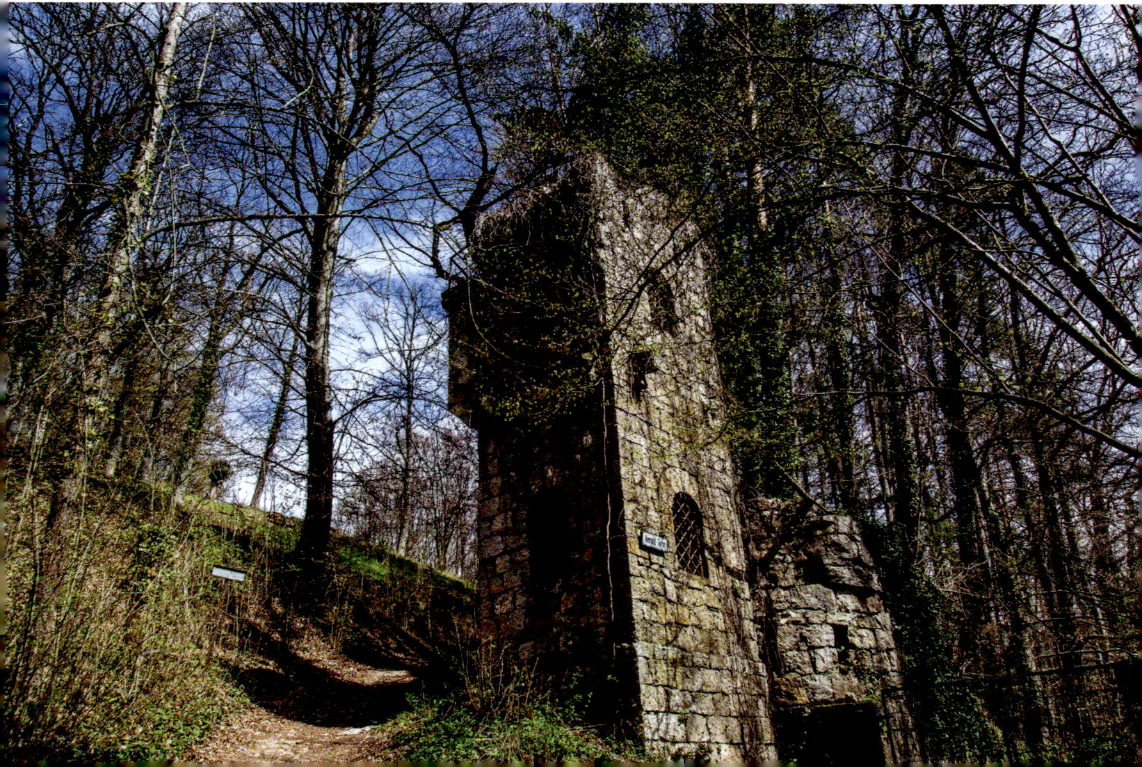

entlang führen euch die beiden Wanderzeichen nach 300 Metern an einen Bahnübergang, den ihr ohne erkennbare Wanderzeichen nach links überquert. Am nahen Ortsrand von Eschenbach trefft ihr wieder auf die beiden Kreuze, die euch, vorbei am Fußballplatz und an der kleinen, beschaulichen Parkanlage das Au-Gartens, über die Pegnitz auf der Ortsdurchfahrt nach Eschenbach hinein und an den hübsch gestalteten Dorfplatz führen.

Hier übernimmt für den Ausflug in den faszinierenden Wengleinpark das Blaue Kreuz des Heroldssteigs die Führung. Mit ihm flaniert ihr noch ein paar Meter an der Ortsdurchfahrt entlang und folgt dann eurem Wanderzeichen und der Beschilderung zum Wengleinpark nach links oben. Bei der nächsten Gelegenheit biegt ihr mit dem Blauen Kreuz rechts ab und lasst euch kurz darauf von diesem und dem Wengleinpark-Schild hinter dem Gerätehaus der Freiwilligen Feuerwehr Eschenbach nach links oben leiten. Der Schotterweg trägt euch aus dem Ort in den Wald. Im Sommer, wenn das Grün der Blätter kräftig pulsierend in den verschiedensten Farbnuancen leuchtet, ist es hier besonders schön. Der Wind rauscht hoch über euch in den prallen Baumwipfeln. Eine Bank ziert den Wegrand und an der Kreuzung, die ihr bald erreicht, empfängt euch der beeindruckende Heroldturm. Gleich einer mittelalterlichen Burgruine erhebt er sich stolz am Hang. Auf den ersten Blick wirkt er viele Hundert Jahre alt. Doch erbauen ließ ihn Carl Wenglein erst Ende der 1920er Jahre.

Carl Wenglein war ein erfolgreicher Nadelfabrikant aus Schwabach, der frühzeitig das Potenzial von Grammophonnadeln erkannte und diese erfolgreich in seinen Produktkatalog aufnahm. Daneben war er Vogel- und Naturliebhaber. Mit der fantasievollen Gestaltung seiner Parkanlage schuf er das älteste Naturschutzgelände Bayerns. Auf dem Heroldturm, der den prächtigen Eingang zur Anlage darstellt, soll Carl Wenglein einst, verborgen vor neugierigen Blicken, gesessen haben und Strichlisten über die Anzahl der Besucher seines Parks geführt haben. Ein wenig kauzig scheint er schon gewesen zu sein. Doch sicher war das die Voraussetzung dafür, einen derart verträumt wirkenden Park überhaupt ersinnen zu können. An nahezu jeder Ecke, hinter jeder Biegung spürt man die Liebe zum Detail. Alles scheint geplant und dann doch der Natur überlassen. Mensch und Natur sind hier im Einklang. Man fühlt sich sofort willkommen. Zu verdanken ist das vor allem dem Engagement des Naturschutzzentrums Wengleinpark e. V., der sich seit vielen Jahren dem Erhalt dieser wundervollen Anlage verschrieben hat.

Hier am Heroldturm wechselt ihr vom Blauen Kreuz vorübergehend auf die Wegzeichen des Wengleinparks. Euer erstes Symbol ist die voluminöse, blaue Silhouette des Namensgebers auf Weißem Grund. Es führt euch am Heroldturm vorbei nach oben und dann, an einer Infotafel, auf schmalem Pfad sehr scharf nach links hinauf zur hölzernen „Ödlandschrecke". Hier geht es mit dem Wengleinweg nach rechts in einen verwunschenen Zauberwald. Über einige Stufen gelangt ihr an eine mit einer hübschen Salamandersäule geschmückte Weggabelung,

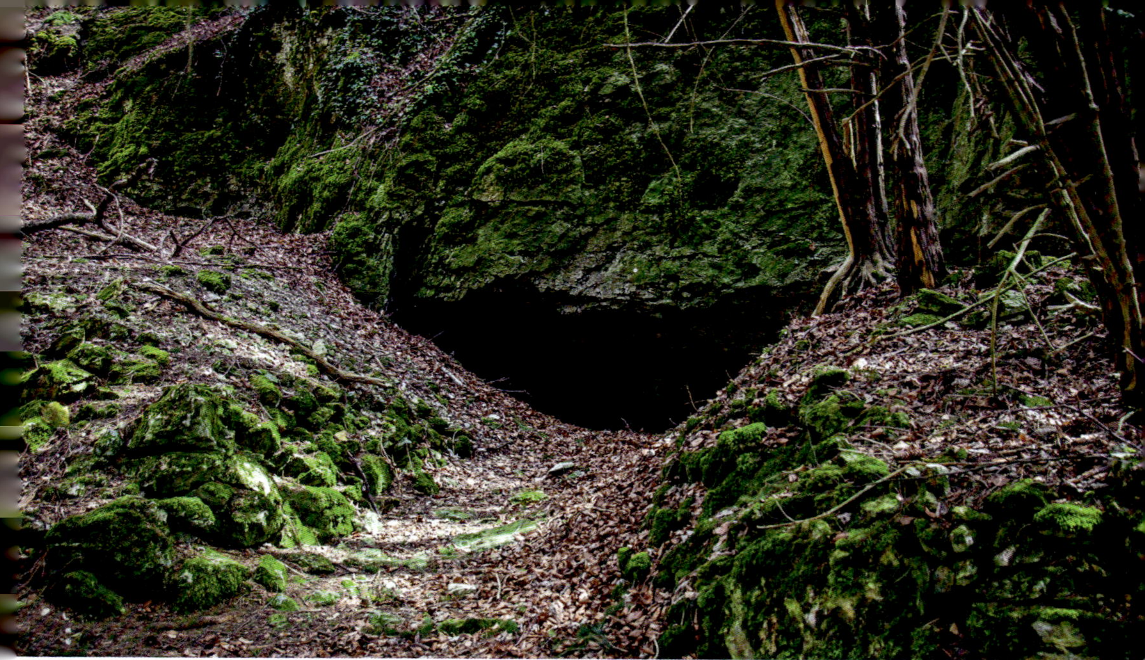

Die Luitpoldhöhle oberhalb von Eschenbach

an der ihr eurem Wanderzeichen nach links auf einen geschwungenen Pfad durch den Wald folgt. Hier und da weben Spinnen zwischen den Bäumen und Ästen ihre feingliedrigen Netze. Den Fäden wird von den vereinzelt durch das dichte Laubdach dringenden Sonnenstrahlen silberheller Glanz entlockt. Im Frühling bevölkern Kolonien lilafarbener Buschwindröschen den Wald und legen einen magisch irisierenden Schimmer über den immergrünen Waldboden. Im Winter hingegen verwandelt der Schnee den Park in einen weißen Eispalast. Ein wahrhaft märchenhafter Ort. Geschaffen, um die Fantasie anzuregen, Träumen Raum zu geben und sich von der Magie der Natur umfangen zu lassen.

Nachdem ihr die unterhalb des Weges liegende Hartmannshofer Hütte passiert habt, schwingt sich der Weg in einer richtungsändernden Rechtskurve über eine steinerne Treppe hinauf und mündet am Fuß einer Felswand in einen schmalen Felsenteig. Dieser führt euch durch die wildromantische Ritterschlucht mit ihren schroffen Felsen nach links hinauf zum Informationshaus. Direkt dahinter windet sich der Weg über eine weitere Treppe in Kehren nach links den Hang empor und führt euch oben nach links zu einem schönen Aussichtspunkt. Auf einer Bank, umgeben von dichtem Astwerk, lässt es sich hervorragend rasten und genießen. Wie ein Fenster in eine weit entfernte Welt wirkt der Blick durch den grünen Bilderrahmen, den die Natur vor euch entstehen lässt, hinaus aus dem zauberhaften Wengleinpark.

Vorbei an einer Niststeinwand führt euch der Wengleinweg ein Stück am rechten Rand des Wengleinpark-Hutangers entlang. Bald heißt es wieder aufpassen: Nachdem ihr einen Schuppen passiert habt, gelangt ihr an eine Infotafel. Kurz dahinter zweigt ein unscheinbarer Pfad ohne Wanderzeichen vom markierten Weg nach rechts ab und trägt euch über Treppen in Kehren abenteuerlich hinunter und dem Salamanderweg des Wengleinparks entgegen. Dieser wie vergessen wirkende Kehrenweg entwickelt im Sommer eine geradezu urwaldartige Atmosphäre. Dicht und hoch wachsen hier die Pflanzen und Büsche. Efeuranken umschlingen gleich gewaltigen Würgeschlangen Bäume und Felsen. Unten angekommen, biegt ihr rechts in den Salamanderweg ein. Vorbei an einer Tafel mit interessanten Informationen zu den sich um Feuersalamander rankenden Mythen kehrt ihr zu der kunstvoll geschnitzten Salamandersäule zurück. Von ihr führt euch der Wengleinweg zurück zum Heroldturm, wo wieder das Blaue Kreuz des Heroldssteigs übernimmt und euch nach links unten zurück zum Eschenbacher Dorfplatz trägt.

Zur Luitpoldhöhle und zur Bienertstube Am Dorfplatz erfahrt ihr an einer schön gestalteten Infotafel einiges Wissenswertes über die Geschichte Eschenbachs. Hier wechselt ihr auf euer nächstes Wanderzeichen. Das Gelbe Kreuz auf Weißem Grund wird euch, bis auf einen spannenden Ausflug zur Luitpoldhöhle und zur Bienertstube, bis zur Burgruine Lichtenstein begleiten. Zuerst führt es euch von der Ortsdurchfahrt Richtung Hubmersberg. Dabei passiert ihr Schloss Eschenbach, das sich heute noch im Besitz der Patrizierfamilie Ebner von Eschenbach befindet. Dahinter überquert ihr den idyllisch dahinfließenden Hirschbach, der ein kleines Stück weiter in die Pegnitz münden wird.

Vor langer Zeit, als sich anstelle des heutigen Schlosses eine wehrhafte Burg erhoben haben soll, lebte in den die Burg umspülenden Wassern ein gar hässlicher alter Wassermann. Dieser Wasserneck tat niemandem etwas zuleide und kam nur hin und wieder an Land, um im Burggarten ein paar Blätter von den Krautköpfen zu pflücken. Die Eschenbacher, von der Hässlichkeit des Wasserwesens abgestoßen, vertrieben ihn jedoch mit Rufen und mit so manchem nach ihm geworfenen Stein.

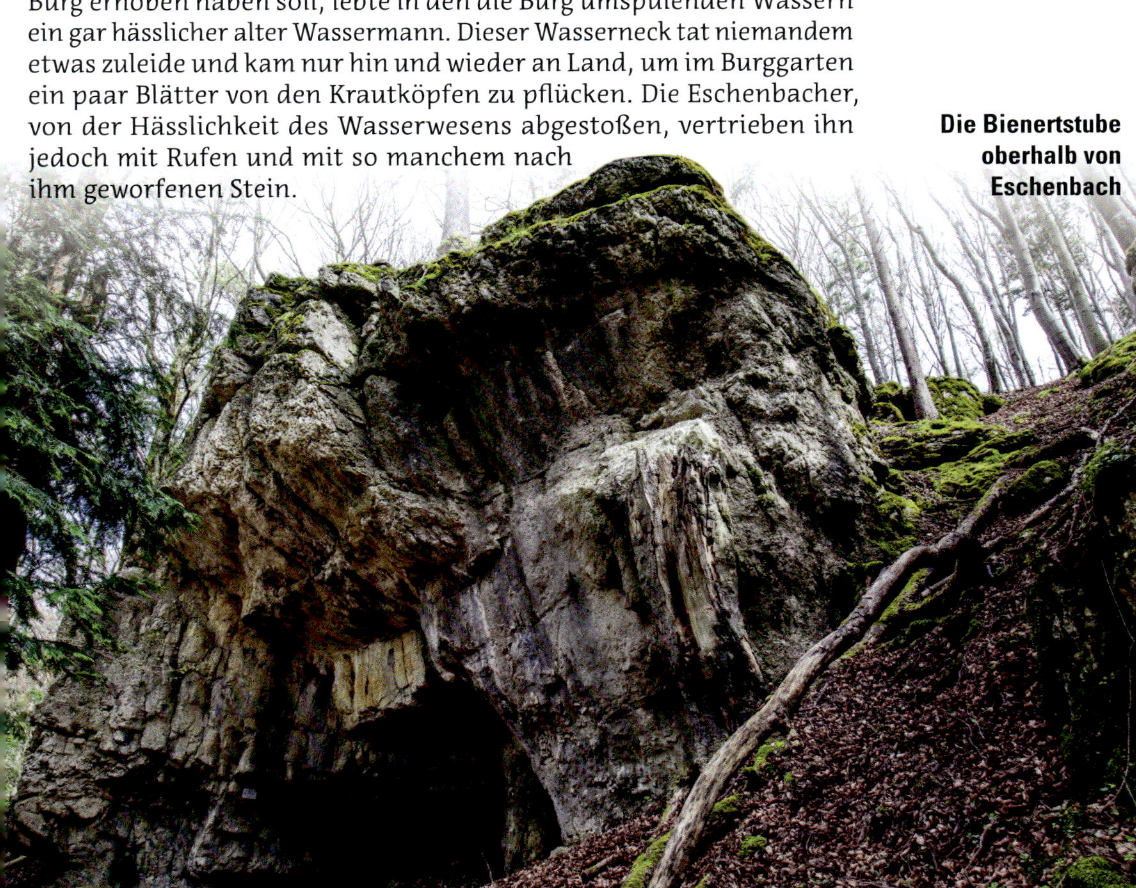

Die Bienertstube oberhalb von Eschenbach

10

Ein besonders übermütiger Bursche schleuderte dem Wassermann eines Tages einen Stein so hart gegen den Schädel, dass dieser tödlich getroffen im Wasser des Hirschbachs versank. Mit letzter Kraft verfluchte der Sterbende den Ort Eschenbach. Dreimal solle es brennen. Und tatsächlich wurde der Ort im Hussitenkrieg, im Zweiten Markgräfler Krieg und im Dreißigjährigen Krieg ein Raub der Flammen.

Vorbei an der ehemaligen Wehrkirche St. Paulus folgt ihr der Straße mit eurem Wanderzeichen weiter geradeaus nach oben und biegt hinter dem Café Jakobsklause an einer Wandertafel mit dem Gelben Kreuz nach links oben ab. Es erwartet euch ein steiler Anstieg. Zuerst noch auf der Straße, wenn diese nach rechts schwenkt, auf geschottertem Weg geradeaus, gelangt ihr immer weiter hinauf. Ein Bächlein, das sich von oben fidel dem Tal entgegenwirft, lenkt eure Blicke auf sich und versüßt euch so den Weg nach oben. Zudem lohnt sich, je weiter ihr hinauf gelangt, der Blick über die Schulter hinunter auf Eschenbach. Ein schönes Postkartenmotiv des malerischen Ortes rechtfertigt auch die ein oder andere kurze Verschnaufpause.

Weiter oben mündet der Weg in eine Schotterstraße, in die ihr mit dem Gelben Kreuz nach rechts oben einbiegt. Doch nur, um sie schon nach wenigen Metern bei der nächsten Gelegenheit ohne Wanderzeichen scharf nach links oben wieder zu verlassen. Ein breiter Fahrweg trägt euch unterhalb stattlicher Felsen den Hang des Lochbergs hinauf. Nach etwa 250 Metern zweigt vom Fahrweg ein gut erkennbarer, ebenfalls unmarkierter Pfad nach rechts oben ab. Auf diesem erreicht ihr schon bald den Eingang der Luitpoldhöhle. Fast schon lauernd verbirgt er sich, rechts und links vom Waldboden geschützt, unter dem Fels und wartet regungslos auf neugierige Besucher, die sich arglos in den kleinen Hohlraum wagen.

Aus der Luitpoldhöhle tretend geht ihr nach links entlang der imposanten Felswand und erreicht, zuletzt über einige Stufen, das von einem gewaltigen Überhang beschattete Portal der Bienertstube. Beachtlich, wie sich der Felsen, scheinbar der Schwerkraft trotzend, selbstbewusst nach vorne schiebt. Darunter bohrt sich, wie gemalt, das runde, über einige Stufen begehbare Höhlenportal in den Fels. Im vorderen Bereich noch bequem und gemütlich, windet sich die Höhle, Stück für Stück enger werdend, nach oben in den Berg.

Burgruine Lichtenstein

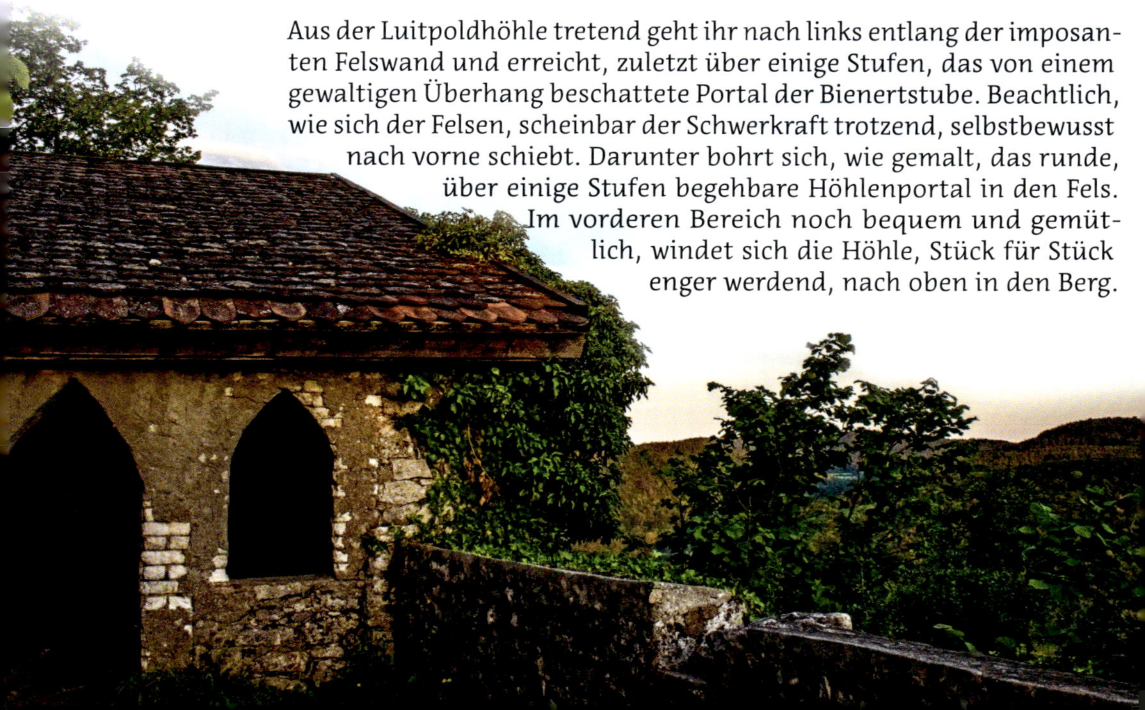

Ein besonderer Ort, der erneut zum Verweilen einlädt. Auch weil die Felsen rings um das Massiv, das die beiden Höhlen beherbergt, Lust auf weitere Erkundungstouren machen. Hier ist alles so herrlich urtümlich und leibhaftig.

Zur Burgruine Lichtenstein Wenn ihr hier oben alles erkundet habt, kehrt ihr nach unten zum breiten Fahrweg zurück und folgt diesem nach links hinunter zur Schotterstraße, in die ihr, dem Gelben Kreuz folgend, Richtung Hubmersberg nach links oben einbiegt. Nach ein paar Metern zweigt euer Wanderzeichen vom Schotterweg nach links in einen schmalen Pfad ab und trägt euch steil den Hang hinauf, wo bald zwei bizarre Felsgebilde eure Aufmerksamkeit auf sich ziehen. In einem davon lässt sich leicht der abgeschlagene Kopf einer Schlange erkennen. Ihr folgt dem Gelben Kreuz durch den Wald. An einer Weggabelung ohne Wanderzeichen haltet ihr euch links, trefft kurz darauf wieder auf das Gelbe Kreuz und folgt diesem auf breiter werdendem Weg nach rechts zur Einmündung in den Schotterweg, dem ihr nun nach links unten Richtung Hubmersberg folgt. Zwischen Pferdekoppeln hindurch gelangt ihr in den Ort und an dessen Durchfahrt. Hier empfängt euch eine Wandertafel und weist euch mit dem Gelben Kreuz den Weg Richtung Burgruine Lichtenstein nach rechts. Kurz vor dem Ortsende verlasst ihr die Straße mit eurem Wanderzeichen nach links in einen Schotterweg. Bei der nächsten Gelegenheit biegt ihr an einer Wandertafel vom Schotterweg Richtung Burgruine Lichtenstein nach rechts in einen Wiesenweg ab und wandert dem Wald entgegen. Dank der hervorragenden Beschilderung findet ihr in diesem wundervollen Wald spielend euren Weg zur Burgruine. Der Anstieg ist größtenteils so sanft, dass ihr ihn kaum spürt. Ihr umrundet mit eurem Wanderzeichen den Pleßelberg und im Anschluss den Schleußberg jeweils nach links und erreicht dann das Areal der Burgruine Lichtenstein.

Inmitten der kaum noch erkennbaren Unterburg erhebt sich ein Obelisk, der zu Ehren des Freiherrn Ebner von Eschenbach aufgestellt wurde. Ein Stück weiter führt euch eine schmale, mit Geländer gesicherte Treppe hinauf zur Oberburg. Wie vorher dem Hohenstädter Fels legt sich euch das Pegnitztal zu Füßen und gewährt euch freie Sicht bis nach Nürnberg. Die Burg Lichtenstein verdankt ihren Namen dem Umstand, dass sie auf einem hell leuchtenden, weithin sichtbaren Fels thront.

Doch die Geschichte der Burg selbst ist nicht nur glanzvoll. Tatsächlich waren einige der Lichtensteiner recht zwielichtige Gesellen. Wie in der Sage beschrieben, war sogar von Raubrittertum die Rede. Schließlich soll es den Nürnbergern mit den Räubereien zu viel geworden sein. Lichtenstein wurde belagert und zerstört. Ob die geheimen Gänge, die von der Burg bis hinunter nach Pommelsbrunn gereicht haben sollen, den Belagerten die Flucht ermöglichten, ist nicht bekannt. Die Burg wurde recht schnell wieder aufgebaut und diente unter Karl IV. aufgrund ihrer exponierten Lage dem Schutz der Goldenen Straße, die ab dem 13. Jahrhundert als wichtigster Handelsweg zwischen Prag und Nürnberg galt. Im Jahr 1421 wurde Burg Lichtenstein dann erneut zerstört und scheinbar ihrem Schicksal überlassen. Das Gebäude der Oberburg wurde übrigens erst mehr als 400 Jahre später errichtet, als Burgen und Burgruinen zu Sehnsuchtsorten der Romantiker wurden. Dem Zauber der Burgruine Lichtenstein tut das keinen Abbruch. Sie fasziniert besonders im westlichen Teil der Unterburg mit allerlei felsigen Ecken und Winkeln, deren Erkundung so manch schöne Ansicht zutage fördert.

Über die Blockschutthalden nach Pommelsbrunn Von der Burgruine kommend folgt ihr dem Gelben Kreuz steil nach rechts unten an eine Weggabelung. Hier wechselt ihr nach links auf das Rote K auf Weißem Grund, das Zeichen des Kreuzberg-Rundwegs. Es führt euch bald auf schmalem Pfad oberhalb der vom Kalkgestein leuchtend weißen Blockschutthalde mit wunderbarem Blick Richtung Pommelsbrunn. Dahinter wandert ihr mit dem Roten K auf schönem Waldweg, verlasst diesen schließlich, überquert geradeaus die Wiedstraße und folgt der Fichtenstraße den Hang hinunter. Dann zweigt ihr mit eurem Wanderzeichen steil nach rechts unten in die Eichenstraße ab. Mit dieser mündet ihr unten nach links in die Lindenstraße und verlasst diese bei der ersten Gelegenheit mit dem Roten K nach rechts in die Laurentiusgasse. Diese führt euch nach links auf den Kirchplatz. Hier übernimmt euer letztes Wanderzeichen für den heutigen Tag die Führung. Mit dem Rot-Weißen Zeichen des 1000-Höhenmeter-Rundwanderwegs überquert ihr nach rechts die Sulzbacher Straße und gelangt auf der Arzloher Straße zum Bahnhof von Pommelsbrunn, wo ihr eure Wanderung beendet.

Wissen für Angeber

Drachen Auf dem Salamanderweg berichtet eine schön gestaltete Infotafel über den Mythos des Feuersalamanders und nennt die possierlichen Tierchen dabei „Mini-Drachen". Doch woher kommen Drachen überhaupt? Einen einheitlichen Ursprung des in nahezu allen Kulturen auftretenden Drachen-Mythos hat man bisher noch nicht gefunden. Das Image der schlangenartigen Mischwesen verändert sich von Ost nach West vom wohlwollenden Glücksbringer zum bösartigen Weltenzerstörer. Zumindest optisch sind sie sich überall ähnlich. Vielleicht liegt das an den weltweiten Funden von Dinosaurierskeletten. Wer auch immer derartig gewaltige Fossilien findet und sich das dazugehörige Lebewesen vorzustellen versucht, wird sehr schnell die Drachengestalt erkennen. Eine weitere Gemeinsamkeit ist, dass sie oft mit dem Element Wasser in Verbindung gebracht werden. Besonders schlecht kommen Drachen übrigens im christlich geprägten Abendland weg. Kein Wunder, ist in der Bibel

doch gleich zu Beginn eine Schlange verantwortlich für die Vertreibung der Menschen aus dem Paradies. In China hingegen gelten Drachen seit mehr als 2000 Jahren als Glücksbringer und als Gebieter über das Wetter. Zudem werden sie als Urahnen der Menschen verehrt, deren Erscheinen der Geburt besonders wichtiger Persönlichkeiten vorausgeht. Viele chinesische Kaiser verstanden sich sogar selbst als Nachfahren von Drachen. In der 3000 Jahre alten Mythologie der Alten Griechen fungierten Drachen, genannt „drakon", häufig als grimmige Bewacher wichtiger Orte und Gegenstände. Bei den Azteken war Quetzalcoatl, die gefiederte Schlange, der Natur- und Schöpfergott. In der Mythologie der Wikinger gab es die Midgardschlange, die sich selbst in den Schwanz biss und damit einen Ring bildete, der die ganze Welt umspannte. Sollte sie einst den Biss lockern, würde das den Weltuntergang, die „Ragnarök", einläuten. In Babylon gab es vor 4000 Jahren den Stadtgott Marduk, dessen Begleiter ein Schlangendrache namens Mushussu war. Und vor 5000 Jahren wurde Ninazu, der sumerische Schlangengott, als Gott der Unterwelt und der Heilung verehrt. Drachen gehören somit wohl zu den ältesten Fabelwesen überhaupt und faszinieren uns heute noch genauso wie vor 5000 Jahren.

PS: Bei der Sage des Wassermanns von Eschenbach handelt es sich um ein besonderes Kleinod mündlicher Überlieferung, das dem Autor „Vinzenz" Reinhard Dorn einst von seiner Tante erzählt wurde und ohne dessen Buch „Sagenhaft" vermutlich verloren gegangen wäre.

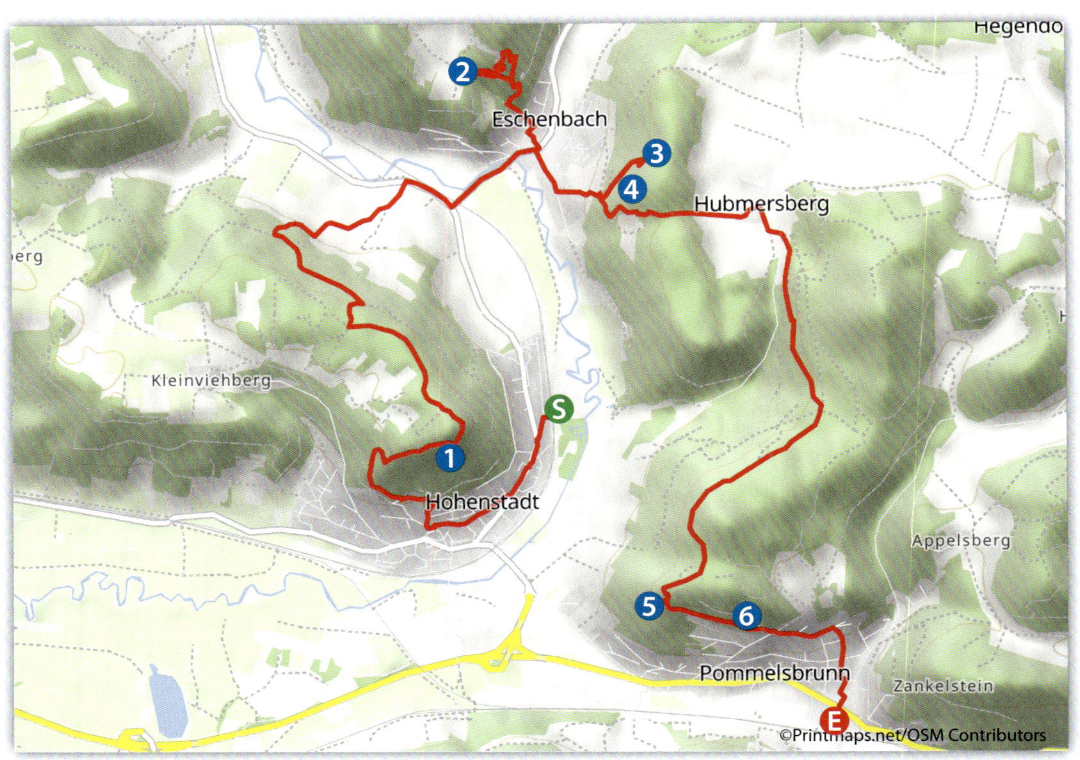

11

Stolze Burg und Zauberwald

14,7 km

410 Hm

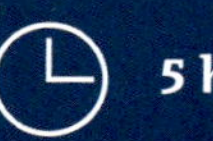
5 h

mittel

Eckdaten:

- **Schatten/Sonne:** ausgeglichenes Verhältnis zwischen sonnigen Feldwegen und schattigen Waldwegen
- **Start-/Endpunkt:** Bhf. Hartmannshof Linien S1, RE 40, RE 41
- **Parkplatz:** Bhf. Hartmannshof, Bahnhofstr. 7, 91224 Pommelsbrunn
  Alternativ auf dem Parkplatz mit Wandertafel direkt an der Sulzbacher Str. in Weigendorf
- **Einkehrtipp:** Zum Alten Fritz in Haunritz, Telefon 09154 4700
- Zum Alten Schloß-Wirt in Lichtenegg, Selbstbedienung mit Wurstwaren und kühlen Getränken
  Osteria Pizza e Pasta Lucia & Lory in Hartmannshof, Tel. 09154 9153757
- **Extra-Tipp:** Besuch des Vorgeschichtsmuseums Urzeitbahnhof Hartmannshof am Bahnhof Hartmannshof

Zwischen Hartmannshof und Lichtenegg erwarten euch auf wunderschönen Wegen nicht nur eine faszinierende Burgruine und stattliche Felsformationen. Hier zeigt sich euch auch die Natur von ihren schönsten Seiten. Üppige Blumenpracht im Frühjahr und Sommer sowie ein traumhaftes Farbenmeer im Herbst verleihen dieser Wanderung, die ihr entweder als Halb- oder Ganztagestour erleben könnt, einen verträumten Charakter, wie man ihn nur selten erlebt.

Highlights:

1. Goldene Straße oberhalb des Högenbachtals
2. Aussichtspunkt „Alter Fritz"
3. Burgruine Lichtenegg
4. Hoher Fels
5. Türkenfelsen
6. Orchideenwald bei Lichtenegg

Die Sage

Der verzweifelte Geisterhund Bange verbirgt sich der Mond hinter den vom Nachtwind getriebenen dichten Wolkenbergen und lugt nur selten durch winzige Lücken und Ritzen hinab auf den Lichtenegger Burgberg. Zu schaurig ist das markerschütternde Jaulen des braunen Geisterhundes, dessen Gebell die Stille der Nacht zerreißt. Immer wieder setzt das Tier zum Geheul an. Doch so schrecklich dieser Ruf für die Menschen der Umgebung auch sein mag, so kalt der Schauer, den er einem über den Rücken jagt, so harmlos ist er doch für die Lebenden. Denn dieser Ruf gilt nicht ihnen, sondern einem Toten. Er gilt dem edlen Ritter Georg von Brand, zu Lebzeiten stolzer Herr des märchenhaften Schlosses Neidstein auf dem gleichnamigen Berg nahe Neukirchen bei Sulzbach-Rosenberg.
Vor vielen Jahren, es soll im Mai des Jahres 1567 gewesen sein, besuchte Ritter Georg den Herrn von Lichtenegg auf dessen hoch über dem Högenbachtal gelegenen Trutzburg.
Seinen treuen Hund, der ihn sonst auf Schritt und Tritt begleitete, hatte er an diesem Abend in Erwartung eines nahenden Sturms vorsorglich zu Hause bei seiner Familie auf Burg Neidstein gelassen.
Die beiden Burgherren waren einander seit Jahren in inniger Freundschaft zugetan und hatten in geselliger Runde schon so manches Fässchen Bier gemeinsam geleert. So geschah es auch an diesem Abend. Während um die Burg der Sturmwind heulend braust und kräftiger Regen die schroffen Mauern wütend peitschte, genossen die beiden edlen Herren vor dem heimelig knisternden Kaminfeuer einen Krug

Bier nach dem anderen und erklärten sich, vom Gerstensaft berauscht, gegenseitig die Welt. Immer leidenschaftlicher und farbenfroher wurden ihre Erzählungen der eigenen und fremden Heldentaten, sodass in ihren benebelten Köpfen die Grenzen zwischen Wahrheit und Legende zu verschwimmen begannen. Schließlich, von den ausufernden Erzählungen vollends euphorisiert, fasste sich Ritter Georg ein Herz und beschloss, als tapferer Recke, der er war, durch den wild tosenden Sturm nach Hause zu seiner Burg Neidstein zu reiten. So kleidete er sich, munter wilde Lieder schmetternd, an, drückte die Tür gegen den von außen herein pressenden Wind auf und stiefelte wankend in die stürmende Dunkelheit, die ihn mit lautem Getöse umfing. Er ging in den Stall, ließ sich dort von dem vor Furcht schlotternden Stallknecht das Pferd satteln und ritt frohen Mutes, weiterhin anrüchige Lieder singend, in die Nacht hinaus. Es dauerte nicht lange, da hatten die Finsternis und das Brausen des Windes ihn und seinen Gesang verschluckt.

Am nächsten Morgen, der Sturm hatte sich mittlerweile gelegt, klopfte ein Bote der Burg Neidstein an das Tor von Burg Lichtenegg. Er käme, so hob er an, um sich nach dem Verbleib und dem Wohl seines Herren zu erkundigen. Der vom übermäßigen Biergenuss schwer gezeichnete Lichtenegger Burgherr teilte ihm erstaunt mit, dass sein Herr Burg Lichtenegg bereits in der Nacht gen Heimat verlassen hatte. Sogleich wurde eine große Suchaktion gestartet. Die Lichtenegger Landsknechte durchkämmten die Wälder an den Hängen und gelangten bei ihrer Suche bis ins Högenbachtal. Dort, an einem Wehr, im Wasser bäuchlings auf und ab wogend, fanden sie den leblosen Körper des armen Ritters Georg von Brand. Die von dem Sturm losgelösten Wassermassen hatten ihn am Ufer den Högenbachs in der Nacht überrascht und mit sich hinfortgerissen.

Sein treuer Hund starb über den Verlust seines geliebten Herrn bald darauf. Doch der Geist des erbarmungswürdigen Tieres findet bis heute keine Ruhe. Noch immer sucht und ruft er in den Wäldern zwischen Lichtenegg und Högen verzweifelt nach seinem Herrn.

In der Kirche zu Etzelwang findet ihr das Grabmal des traurigen Ritters, zu dessen Füßen ein scheinbar lachender Hund an die glücklichen Zeiten der beiden erinnert.

Nach Hans Raum: Alle Wege führen nach Lichtenegg, S. 21

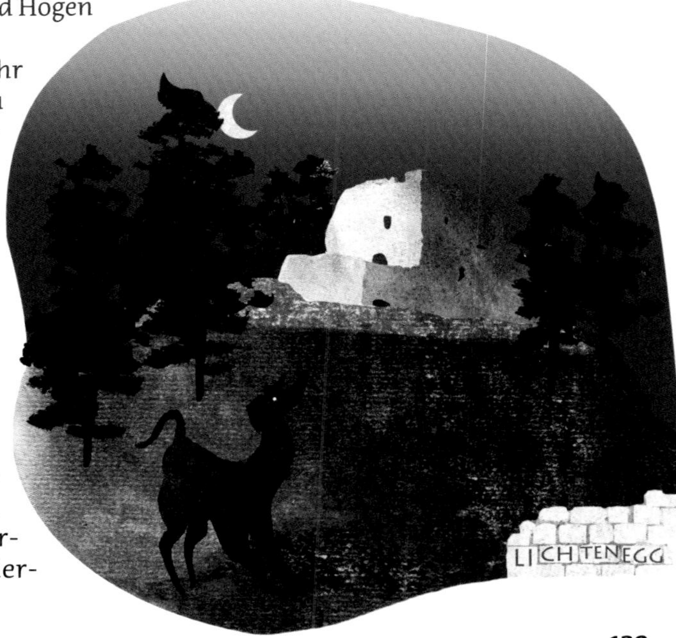

Die Wegbeschreibung

Auf der Goldenen Straße Von den Gleisen des Bahnhofs Hartmannshof kommend, trefft ihr bereits am links gelegenen, überdachten Fahrradständer auf euer erstes Wander-

11

zeichen, den Weißen Böhmischen Löwen auf Rotem Grund. Er ist das Wanderzeichen der Goldenen Straße, auf deren Spuren ihr für die nächsten Kilometer wandern werdet.

Die Goldene Straße war im Mittelalter eine der wichtigsten Verbindungs- und Handelsstraßen und führte von Nürnberg nach Prag. Sie wurde von Kaiser Karl IV. zur Reichsstraße erklärt. Er selbst reiste mehr als 50 Mal auf dieser geschichtsträchtigen Route.

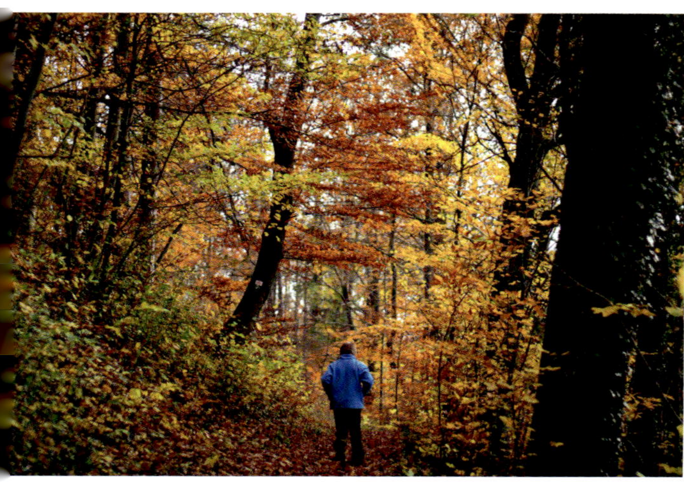

Im Herbst auf der Goldenen Straße oberhalb des Högenbachtals

Vom Fahrradständer aus überquert ihr mit eurem Wanderzeichen der Länge nach den Parkplatz und die dahinter verlaufende Straße. So gelangt ihr geradeaus, weiterhin dem Böhmischen Löwen folgend, auf geteerter Straße, unterhalb der Bahngleise, bequem in den Talgrund des Högenbachs. Im Rücken den gewaltigen Steinbruch von Hartmannshof wandert ihr beschwingt und leichten Schrittes durch das Tal nach Weigendorf. Rechts von euch mäandert der Högenbach zunächst gelassen durch die idyllische Auenlandschaft. Doch schon bald meldet sich das eben noch so entspannte Flüsschen lautstark zu Wort und springt rechts von euch quicklebendig über ein kleines Wehr. Diese sportliche Übung im weiteren Verlauf wiederholend erntet der Högenbach dafür gerne den ein oder anderen verzückten Blick.

Der Böhmische Löwe führt euch nach Weigendorf hinein, wo die geteerte Straße schließlich zum schmalen Schotterweg wird und euch noch ein letztes, verträumtes Stück an den fließenden Gewässer entlangträgt, bevor ihr mit eurem Wanderzeichen hinter einem hölzernen Steg nach rechts in die Etzelwanger Straße einbiegt. Diese mündet in die Sulzbacher Straße, die ihr geradeaus überquert und mit dem Löwen auf der Straße Am Hohenschlag den Hang erklimmt.

Wenn ihr mit dem Auto anreist und euch für den Alternativ-Parkplatz entscheidet, beginnt eure Wanderung hier.

Der Anstieg ist zwar fordernd, doch nicht so steil, dass ihr ernsthaft ins Schwitzen kommt. Weiter oben erwartet euch eine Treppe, auf der ihr mit eurem Wanderzeichen, mit Blick zum Hartmannshofer Steinbruch, weiter geradeaus hinaufsteigt, die dahinter gelegene Straße überquert und auf gepflastertem Weg nach oben den Wald erreicht. Ihr taucht nach rechts in den Wald ein und schlendert entspannt oberhalb von Weigendorf entlang. Bald schwingt der Weg ein wenig hinab und nach links an eine Weggabelung, an der ihr dem Böhmischen Löwen auf schmaler werdendem Pfad nach links oben folgt.

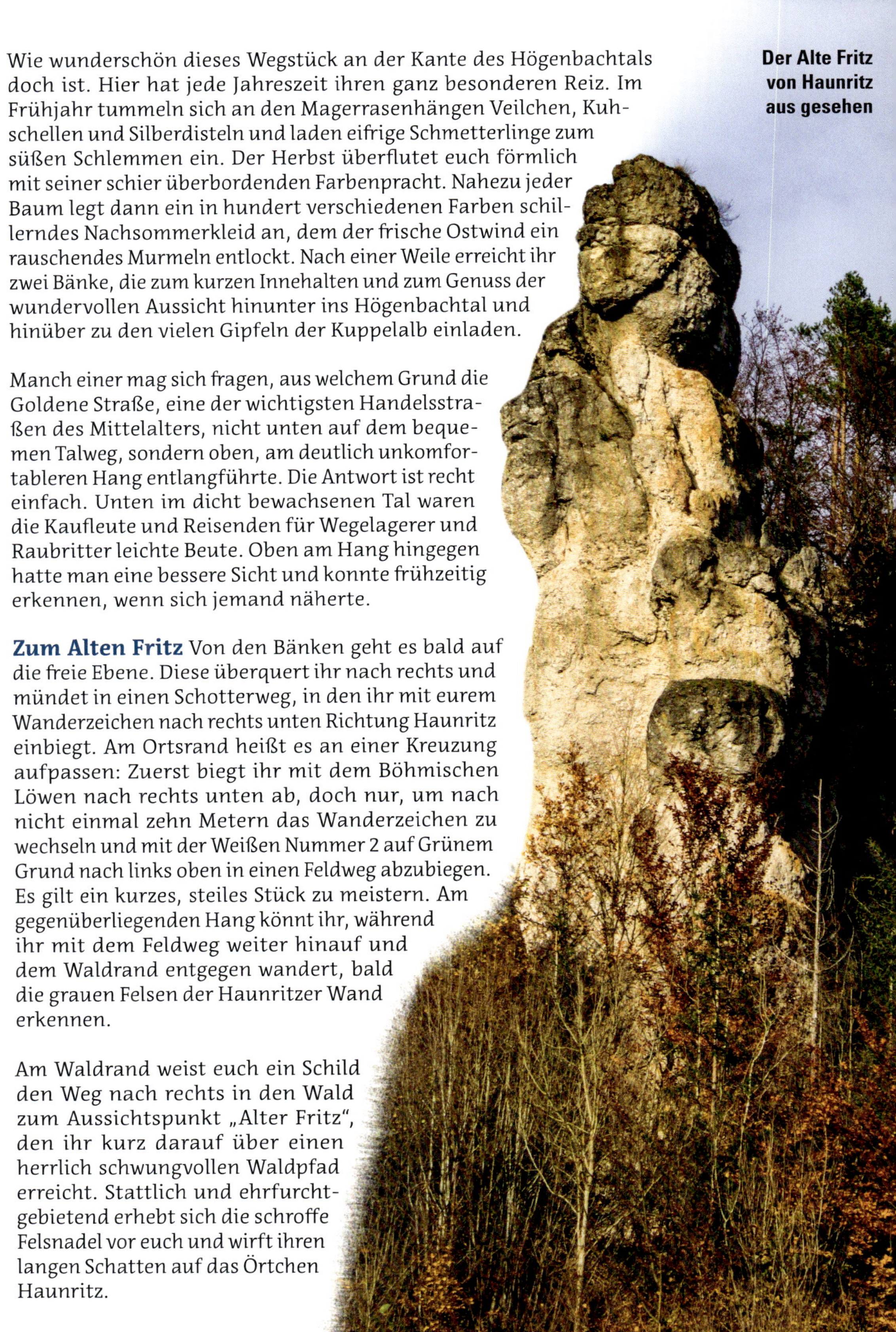

Der Alte Fritz von Haunritz aus gesehen

Wie wunderschön dieses Wegstück an der Kante des Högenbachtals doch ist. Hier hat jede Jahreszeit ihren ganz besonderen Reiz. Im Frühjahr tummeln sich an den Magerrasenhängen Veilchen, Kuhschellen und Silberdisteln und laden eifrige Schmetterlinge zum süßen Schlemmen ein. Der Herbst überflutet euch förmlich mit seiner schier überbordenden Farbenpracht. Nahezu jeder Baum legt dann ein in hundert verschiedenen Farben schillerndes Nachsommerkleid an, dem der frische Ostwind ein rauschendes Murmeln entlockt. Nach einer Weile erreicht ihr zwei Bänke, die zum kurzen Innehalten und zum Genuss der wundervollen Aussicht hinunter ins Högenbachtal und hinüber zu den vielen Gipfeln der Kuppelalb einladen.

Manch einer mag sich fragen, aus welchem Grund die Goldene Straße, eine der wichtigsten Handelsstraßen des Mittelalters, nicht unten auf dem bequemen Talweg, sondern oben, am deutlich unkomfortableren Hang entlangführte. Die Antwort ist recht einfach. Unten im dicht bewachsenen Tal waren die Kaufleute und Reisenden für Wegelagerer und Raubritter leichte Beute. Oben am Hang hingegen hatte man eine bessere Sicht und konnte frühzeitig erkennen, wenn sich jemand näherte.

Zum Alten Fritz Von den Bänken geht es bald auf die freie Ebene. Diese überquert ihr nach rechts und mündet in einen Schotterweg, in den ihr mit eurem Wanderzeichen nach rechts unten Richtung Haunritz einbiegt. Am Ortsrand heißt es an einer Kreuzung aufpassen: Zuerst biegt ihr mit dem Böhmischen Löwen nach rechts unten ab, doch nur, um nach nicht einmal zehn Metern das Wanderzeichen zu wechseln und mit der Weißen Nummer 2 auf Grünem Grund nach links oben in einen Feldweg abzubiegen. Es gilt ein kurzes, steiles Stück zu meistern. Am gegenüberliegenden Hang könnt ihr, während ihr mit dem Feldweg weiter hinauf und dem Waldrand entgegen wandert, bald die grauen Felsen der Haunritzer Wand erkennen.

Am Waldrand weist euch ein Schild den Weg nach rechts in den Wald zum Aussichtspunkt „Alter Fritz“, den ihr kurz darauf über einen herrlich schwungvollen Waldpfad erreicht. Stattlich und ehrfurchtgebietend erhebt sich die schroffe Felsnadel vor euch und wirft ihren langen Schatten auf das Örtchen Haunritz.

Den einprägsamen Namen verdankt der Alte Fritz seiner mit etwas Fantasie erkennbaren Ähnlichkeit mit der Silhouette Friedrichs des Großen, der im 18. Jahrhundert Preußen mit seinen Erfolgen in mehreren Kriegen einen Platz unter den europäischen Großmächten sicherte. Die Deckplatte des felsigen Monuments ähnelt dann auch tatsächlich einem Dreispitz, dem Hut, den Friedrich der Große zu tragen pflegte.

Vom Aussichtspunkt erkennt ihr vor euch in der Ferne, auf einem der Gipfel thronend, schon die hell strahlenden Mauern eures nächsten Ziels, der Burgruine Lichtenegg.

Zur Burgruine Lichtenegg Von dem kunstvoll gestalteten Gipfelkreuz am Aussichtspunkt folgt ihr dem spannenden, dem Alten Fritz entgegengesetzten Felsenpfad ohne Wanderzeichen nach unten in den Wald und mündet unterhalb der Felsen in einen breiteren Waldweg, mit dem ihr, weiterhin ohne Wanderzeichen, nach rechts unten wandert. Nach etwa 60 Metern weist ein euch abgewandtes Schild den Weg scharf rechts in einen schmalen Pfad Richtung Haunritz. Hier empfängt euch euer nächstes Wanderzeichen, der Grüne Punkt auf Weißem Grund. Dieser schön geschwungene Pfad trägt euch unterhalb des Alten Fritz und seiner Felskollegen hinunter nach Haunritz und dort, zuletzt über einige Stufen, an die Hauptstraße, in die ihr mit dem Grünen Punkt nach rechts einbiegt.

Schon nach wenigen Metern kündet geschäftiges Rauschen von der Anwesenheit eines munteren Wasserfällchens, das sich euch auch bald linker Hand offenbart. Spritzig zuerst über einige Kaskaden hüpfend, stürzt sich der Högenbach über einige Felsen nach unten und erzeugt dadurch ein Rauschen, das ihr bei günstigem Wind sogar schon oben beim Alten Fritz hören könnt.

Bei der nächsten Gelegenheit biegt ihr über eine Brücke nach links ab und wechselt dabei vom Grünen Punkt auf euer nächstes Wanderzeichen, den Blauen Ring, der euch zielsicher hinauf zur Burgruine Lichtenegg führen wird. Ihr überquert den kleinen Dorfplatz mit seinem kunstvollen Kletterbrunnen und der alten, mit wundervollem Fachwerk geschmückten Papiermühle.

Sie ist der Ursprung des Dorfes Haunritz. Hier wurde schon zu Beginn des 14. Jahrhunderts die Wasserkraft genutzt, um damals noch eine Hammermühle anzutreiben. Zur Papiermühle wurde das Ensemble erst im Jahr 1575. Ihr Mühlrad ziert sogar das Wappen von Weigendorf, zu dessen Gebiet Haunritz gehört. Von Haunritz aus soll der Sage nach ein langer, unterirdischer Gang durch den Fels bis hinauf in die Gewölbe der Burg Lichtenegg geführt haben. Durch diesen wurde angeblich das Bier von der ehemaligen Schlossbrauerei Haunritz direkt in den Burgkeller geliefert.

Ihr folgt dem Dorfplatz noch ein Stück den Hang hinauf und zweigt dann mit dem Blauen Ring zuerst nach links und gleich wieder nach rechts oben in einen schmalen, steilen Pfad ab. Dieser führt zwischen eingezäunten Weiden aufwärts und mündet vor einer Wandertafel in einen Schotterweg. Mit eurem Wanderzeichen wandert ihr nach links hinauf weiter Richtung Lichtenegg. Der Weg trägt euch, großzügig vom Blauen Ring und aussagekräftigen Wandertafeln flankiert, empor. Im Verlauf des Anstiegs wird der Schotter- zum Pflasterweg, mit dem ihr, zuletzt nach rechts hinauf, den Ortsrand von Lichtenegg erreicht. Ihr geht geradewegs in den Ort hinein und biegt an der Einmündung im Ortskern ohne erkennbares Wanderzeichen nach rechts oben zu einem schön gestalteten Informationspunkt ab. Dort folgt ihr dem Wanderzeichen mit der Nummer 33 einige Meter nach rechts hinauf, dann nach links und gelangt durch den terrassenartigen und schattenspendenden Biergarten des Wirtshauses „Alter Schloss-Wirt Lichtenegg" über jede Menge Stufen Schritt für Schritt vor die eindrucksvolle Burgruine Lichtenegg.

Dank des weißen Kalksteins, aus dem sie erbaut wurde, leuchtet die Burgruine Lichtenegg in der Mittagssonne gleißend hell und macht so ihrem Namen alle Ehre. Fast muss man die Augen zusammenkneifen, um von dem Glanz nicht geblendet zu werden. Stolz und trutzig steht sie auch noch heute da und vermittelt mit ihren groben Bruchsteinmauern einen wehrfähigen Eindruck. Ihr genauer Ursprung verbirgt sich im Nebel der Vergangenheit. Und doch kann man davon ausgehen, dass sie gut und gerne auf eine tausendjährige Geschichte zurückblicken kann.

Von dem mit allerlei Sitzgelegenheiten versehenen Plateau der Burg schweift euer Blick über die Wacholderhänge des Burgbergs weit in die Ferne. Zur einen Seite legt sich euch das Nürnberger Land zu Füßen. Zur anderen die rauer wirkende Oberpfalz mit ihren vielen, dicht bewaldeten Gipfeln.

Leicht vorstellbar, dass die alte Sage stimmt und sich Lichtenegger und Lichtensteiner, deren Burg auf dem Felssporn hoch über Pommelsbrunn liegt, früher mit Rauch- und Lichtzeichen verständigten, wenn wieder einmal ein Kaufmannszug auf der Goldenen Straße durchs Högenbachtal zog. Je nachdem, ob die Kaufleute von Böhmen oder von Nürnberg her ins Tal gelangten, informierte entweder die Lichtenegger oder die

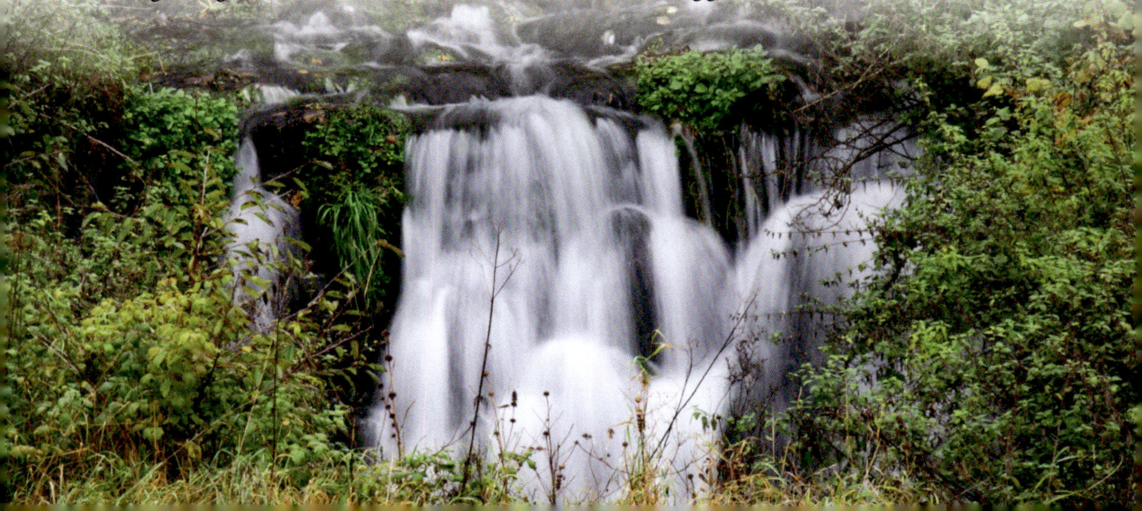

Der Wasserfall in Haunritz

Lichtensteiner Burgbesatzung den jeweiligen „Partner in Crime", dessen Mannen sich daraufhin ins Tal aufmachten, den arglosen Händlern auflauerten und sie um ihre Habe brachten. Dieses Raubrittertum führte wohl schließlich dazu, dass Nürnberger Truppen Burg Lichtenstein zerstörten. Burg Lichtenegg hingegen blieb von der Wut der Nürnberger Pfeffersäcke (so wurden die Kaufleute der Reichsstadt spöttisch genannt) verschont.

Von der Burgruine kehrt ihr mit der Nummer 33 zum Informationspunkt unterhalb des Wirtshauses zurück.

Auf dem Orchideenweg Der Orchideenweg ist für alle, die aus dieser Halbtags- eine Ganztagestour machen wollen, die perfekte Option. Wer es lieber bei der Halbtageswanderung belassen möchte, springt gleich zum Rückweg.

Von der Burg kommend, wandert ihr auf der Straße geradeaus nach unten und an die Bushaltestelle des Ortes Lichtenegg. Rechts neben der Bushaltestelle findet ihr einen Schuppen, an dessen Seite bereits eine Wandertafel und das Wanderzeichen des Orchideenwegs, die Nummer 34, die euch auf diesem Wegstück begleiten wird, auf euch warten. Rechts an dem Schuppen vorbei strebt ihr auf einem Feldweg dem Waldrand entgegen und dort, der Nummer 34 folgend, geradeaus in den Wald. Es geht direkt steil bergan. Vorbei an einigen Felsen gelangt ihr auf eine Anhöhe, die euch mit einem komfortableren Wegstück Entspannung gewährt. Bevor ihr von der Anhöhe der Nummer 34 nach rechts unten folgt, lohnt sich ein Abstecher geradeaus zu den Felsentürmen der Lichtenegger Wand, die ein prachtvolles Portal formen.

Burgruine Lichtenegg

Von der Lichtenegger Wand kehrt ihr zum Wanderweg zurück und lasst euch von eurem Wanderzeichen bald auf einem traumhaft schmalen und mit Wurzeln durchzogenen Pfad nach links hinunter in eine Senke tragen. Eine Kreuzung überquerend gelangt ihr abermals steil hinauf. Ihr gewinnt schnell an Höhe und werdet oben für euren Fleiß mit den fantastischen Eindrücken belohnt, die euch das Massiv des Hohen Fels bietet. Dort gibt es auch ein Felsentor mit einem Kugelspiel und eine kleine Höhle zu entdecken.

Vom Hohen Fels folgt ihr eurem Wanderzeichen über einen mit teils bizarren Felsen, von denen zwei besonders markante

Vertreter „Hänsel und Gretel" genannt werden, dekorierten Gratweg, der bald breiter wird und euch vor die grandiose Felswand des Türkenfelsens trägt. Mit seinen Felsentoren und Türmen gleicht der Türkenfelsen einer gewaltigen Burgmauer, die sowohl auf der Vorder- als auch auf der Rückseite spannende An- und Durchsichten für euch bereithält.

Von den Felsenwundern des Türkenfelsens kommend, folgt ihr der Nummer 34 nach rechts und gelangt kurz darauf an einer Lichtung an die mit hölzernen Balken vom Weg abgegrenzten Orchideenkolonien. Wenn hier von Mitte Mai bis Mitte Juni der gelb leuchtende Frauenschuh blüht, wird der schon vorher bezaubernde Wald zum magischen Ort, dessen geheimnisvolle Atmosphäre euch regelrecht in ihren Bann zieht. Wenn an heißen Frühsommertagen die Luft über der Orchideenlichtung zu flirren beginnt, mag es manchem erscheinen, als tanzten elfengleiche Wesen über den faszinierend geformten Blüten.

Kurz hinter den Orchideenkolonien trägt euch die Nummer 34 an einer Weggabelung nach links unten. Der Weg schwingt sich steil hinab und an eine Freifläche. Hier folgt ihr eurem Wanderzeichen nach rechts bis kurz vor einen Parkplatz. Dort, an einer Wandertafel, biegt ihr mit der Nummer 34 scharf links ab und folgt dem Schotterweg, zwischen Wiese und Acker, vorbei an Pusteblumen, purpurroten Katzenpfötchen, Anemonen, Akeleien und Ehrenpreis hinüber zum nächsten Waldrand. Geradeaus gelangt ihr auf schmalem Pfad in den wohligen Schatten des dichtgrünen Waldes. Es geht ein wenig hinauf und bald vorbei an weiteren stattlichen Felsen, von denen einer, wenn ihr eure Fantasie spielen lasst, wie ein Totenschädel aussieht. Auch das passt zu dem verwunschenen und fantastischen Charakter dieses Zauberwaldes.

Erneut überquert ihr eine Wiese und werdet dann von eurem Wanderzeichen nach links aus dem Wald und zurück nach Lichtenegg getragen. Hier kehrt ihr auf der Straße geradeaus zum Informationspunkt unterhalb des Wirtshauses „Alter Schloss-Wirt Lichtenegg" zurück.

Der Rückweg Am Informationspunkt wechselt ihr mit Blick auf die Wandertafel nach links auf das Rote Kreuz auf Weißem Grund, dem Zeichen des Erzwegs. Mit dem Roten Kreuz umrundet ihr den stattlichen Burgberg nach rechts und verlasst Lichtenegg. Herrlich, wie die Burgruine Lichtenegg über euch imposant auf dem lichten Gipfel des Kegelbergs thront. Unterhalb der Burg biegt ihr an einer Weggabelung mit dem Roten Kreuz nach links unten zum Wald hin ab. Dort erwartet euch schon die nächste Gabelung, an der ihr mit eurem Wanderzeichen rechts hinunter in einen schmalen Waldpfad abzweigt. Wie eng die Bäume hier teilweise beieinanderstehen – als würden sie bewusst zusammenrücken, um ihrem Zuhause eine wohlig schattige Atmosphäre zu verleihen.

Der Pfad mündet in einen gepflasterten Weg, dem ihr mit dem Roten Kreuz nach links oben folgt. Dieser Pflasterweg wird zum Schotterweg und trägt euch bald geradewegs am Waldrand entlang und an eine große Lichtung, die sich rechts des Weges öffnet. Hier findet ihr an einer Wandertafel euer nächstes Wanderzeichen, den Blauen Ring auf Weißem Grund. Mit diesem biegt ihr nach rechts in einen Trampelpfad ein, der euch am Waldrand nach unten trägt. Schließlich windet sich euer Weg in den Wald und stattet nach links noch einmal der Lichtung einen kurzen Besuch ab, um euch dann nach rechts unten durch ein schönes Waldstück mit allerlei Felsen zu geleiten. Dahinter geht es mit dem Blauen Ring erneut auf eine Freifläche und an einer Einmündung nach links in einen Fahrweg.

Nun schlängelt sich der Weg mit euch bequem über die Jurahöhe und dem Ort Guntersrieth entgegen. Im Ort folgt ihr eurem Wanderzeichen leicht rechts hinab an eine Kreuzung mit Wandertafel. Hier biegt ihr mit dem Blauen Ring nach rechts unten ab. Schon bald verlasst ihr Guntersrieth und wandert dahinter auf breitem Schotterweg immer weiter bergab, bis ihr im Talgrund eine große Weggabelung erreicht, an deren rechtem Rand eine von einer natürlichen Steinfassung eingerahmte Quelle einen munter glucksenden Bach mit glasklarem Wasser speist.

Bevor ihr mit dem Blauen Ring nach links abbiegt, lohnt sich ein kurzer Abstecher nach rechts. Wenn ihr dem Lauf des fidelen Bächleins und der oberhalb davon liegenden Mauer folgt, gelangt ihr schon nach etwa 50 Metern zu der Ruine eines alten Wasserbeckens.

Beides, sowohl die Reste des Beckens als auch die Mauer, ist Teil eines ausgeklügelten ehemaligen Wassertransportwerkes. Das Quellwasser trieb ein kleines Wasserrad an, das mithilfe großer Schöpflöffel das Wasser aus dem Becken schöpfte. Dann wurde das Wasser den Hang hinauf transportiert, um oben auf der kargen Jurahöhe, wo Wasser Mangelware war, die Felder zu bewässern.

Von der Ruine zur Quelle zurückkehrend, folgt ihr dem Blauen Ring scharf nach rechts durchs Högenbachtal. Vom Wegesrand grüßen euch Sumpfdotterblumen und sogar den Gewöhnlichen Pestwurz mit seinen roten Blüten könnt ihr hier entdecken. Wenn ihr die Häuser der Fallmühle erreicht, wechselt ihr nach links auf das letzte Wanderzeichen eurer heutigen Tour, das Rote Kreuz auf Weißem Grund. Es wird euch zurück zum Bahnhof in Hartmannshof führen. Es geht ein wenig hinauf, ein Stück oberhalb des Ortes entlang und dann nach links und auf dem Haunritzer Weg hinein nach Hartmannshof. Das Rote Kreuz führt euch hinunter an die Hersbrucker Straße, die ihr an der Ampel überquert und der Beschilderung zurück zum Bahnhof folgt.

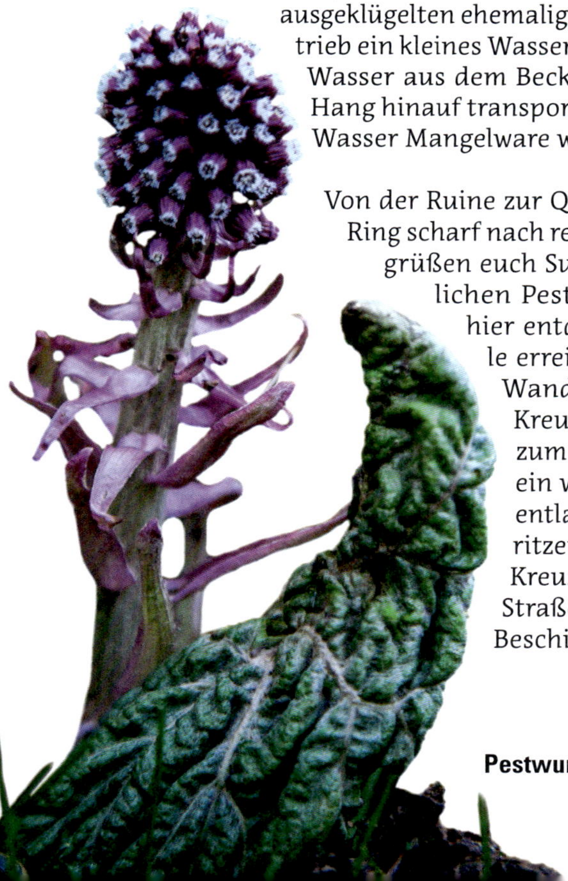

Pestwurz im Högenbachtal

Wissen für Angeber

Der Gewöhnliche Pestwurz Im Högenbachtal könnt ihr ihn finden, den Gewöhnlichen oder Roten Pestwurz. Wohl schon die keltischen Bergleute, die vor 2800 Jahren in einem abgelegenen Alpental hoch über dem Hallstätter See in Oberösterreich auf der Suche nach Salz tiefe Stollen in den Fels trieben, wussten um die heilsamen Fähigkeiten dieser krautigen Pflanze. Diese auffällig geformte Pflanze mit ihren bizarren, roten Blüten wurde in der Antike von Griechenland bis Rom zur Behandlung von Geschwüren, Atemwegserkrankungen und zur Kühlung bei Insektenstichen eingesetzt. Ihre großen Blätter eigneten sich scheinbar hervorragend als Toilettenpapier und Hutersatz. Auf Letzteres verweist das griechische Wort „petasos", das mit „Regenhut" übersetzt wird und der ursprüngliche Namensgeber dieser Pflanze sein dürfte. Aufgrund seiner vielfältigen Anwendungsmöglichkeiten und mangels modernen, medizinischen Wissens wurden Umschläge mit Pestwurz in der Frühen Neuzeit erfolglos verwendet, um der Beulenpest Herr zu werden. Immerhin war dieser Ansatz plausibler als die Praxis, auf einer aus dem Holz eines Weinstocks gefertigten Zither Musik zu spielen, um die Pest fernzuhalten. Heute feiert der Pestwurz ein Comeback. Denn in der modernen Medizin findet er unter anderem Anwendung bei Migräne, Asthma und Allergien.

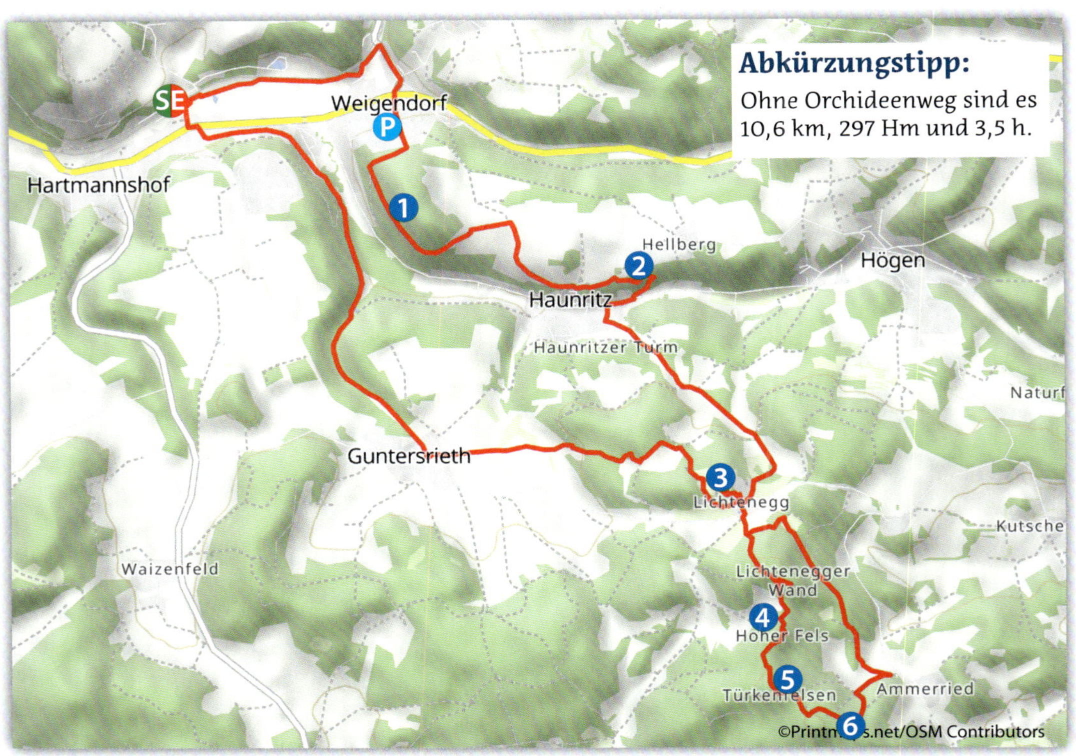

12

Die Liebenden vom Zankelstein

12,9 km

362 Hm

4,5 h

mittel

Eckdaten:

- **Schatten/Sonne:** ausgeglichenes Verhältnis zwischen sonnigen Feldwegen und schattigen Waldwegen
- **Startpunkt:** Bhf. Hartmannshof
- **Endpunkt:** Bhf. Pommelsbrunn Linien S1, RE 40, RE 41
- **Parkplatz:** Bhf. Hartmannshof, Bahnhofstr. 7, 91224 Pommelsbrunn
- **Ausrüstung:** Taschenlampe für die Erkundung der Fischerhöhle

Die Liebenden am Zankelstein

Die fantastischen Felsenwunder im Lehenhammertal sind bisher nur wenigen Wanderern bekannt. Ebenso die Fischerhöhle bei Heuchling. Auf dieser Wanderung entdeckt ihr beides und besucht zu guter Letzt auch noch die beeindruckenden Felsformationen des hoch über Pommelsbrunn gelegenen Zankelsteins.

Highlights:

1. Oeder Wand
2. Brosinnadel
3. Oeder Schlucht
4. Hammertalwand
5. Fischerhöhle
6. Felsformationen des Zankelsteins

Die Sage

Die Liebenden Zankelstein, so heißt der Berg und so nennt man auch die weithin sichtbaren Felsen, die seine Nordflanke schmücken. Und so hieß auch die Burg, die einst dort stand. Heute zeugt nichts mehr von dem einst prächtigen Bauwerk. Doch vor vielen Hundert Jahren ragten die stolzen Burgmauern hoch empor und warfen bei Sonnenaufgang ihren erhabenen Schatten auf das darunter liegende Högenbachtal. Der letzte Burgherr, der hier oben mit seinem Gefolge residierte, verlor seine Frau im Kindbett. Und so wuchs seine Tochter ohne die zärtliche und führende Hand einer Mutter auf. Ein rechter Wildfang wurde aus dem Kind, das sich zumeist in der Gesellschaft der rauen Kerle aufhielt, die sich um ihren nicht minder rauen Vater, einen Haudegen vor dem Herrn, scharten. Wenn die Kleine nicht gerade mit ihrem Vater auf Feldzügen, Reisen oder auf der Jagd war, schlich sie sich heimlich aus der Burg und durchstreifte die nahe gelegenen Wälder auf der Suche nach Abenteuern. Dem Vater war dies meist nur allzu recht. Er hatte stets die Rolle eines mutigen Ritters besser ausgefüllt als die eines fürsorglichen Vaters und war sich sicher, dass seine Tochter, dank des Umgangs mit ihm und seinen Gefolgsleuten, sehr gut in der Lage war, im Wald auf sich selbst aufzupassen. Über Jahre hinweg sollte er auch recht behalten. Seine Tochter begleitete ihn auf seinen Fahrten, ritt und focht wie einer seiner Knappen und verschwand, sobald sich ihr die Gelegenheit bot, in den Wald, um die wild-schöne Natur zu erkunden. So gingen die Jahre ins Land und das Mädchen wuchs zur jungen Frau heran.

Doch eines schönen Tages, seine Tochter war wieder in der Natur unterwegs, da gellten plötzlich ihre verzweifelten Rufe und Schreie aus dem Wald vor den Burgmauern. Der Burgherr und seine Mannen hetzten die Wehrgänge hinauf und standen suchenden Blickes an den Zinnen. Drüben, am Waldesrand, erspähte er schließlich sein Kind. Das Mädchen hatte sich auf einen Baum geflüchtet. Und darunter, im hin- und herwankenden Gebüsch, erblickte er auch den Grund. Ein gewaltiger Braunbär umkreiste hungrig den Baum. Immer wieder stellte er sich auf die Hinterfüße und versuchte, das Mädchen mit seinen Pranken zu fassen. Und jedes Mal verfehlten seine Krallen das Kind nur um Haaresbreite. Lange Speichelfäden troffen von seinen Lefzen herab. Und sein gieriges Brüllen übertönte in manchen Momenten sogar die Hilferufe. Starr vor Angst standen der sonst so wackere Burgherr und seine Mannen auf den Zinnen und rührten keinen Finger. Nur der Stallknecht, der schon lange heimlich in die Tochter seines Herrn verliebt war, fasste sich ein Herz. Er nahm sich einen der Jagdspeere, öffnete das Burgtor und trat dem Bären entgegen. Das Ende des Speers tief in den Boden gerammt, um der Wucht eines Aufpralls standhalten zu können, stellte er sich vor die so entstandene Falle und machte das ungeduldige Tier mit lautem Geschrei auf sich aufmerksam. Der Bär erkannte in dem Jungen eine leichtere Beute als in dem Mädchen auf dem Baum und stürmte auf den Mutigen zu. Der Vater und die Seinen hingegen beobachteten das Geschehen weiterhin von lähmender Furcht zur Untätigkeit verdammt. Kurz bevor ihn das massige Tier erreichte, sprang der Stallknecht einen Schritt zur Seite und hielt den im Erdreich fest verankerten Speer auf rechter Höhe. Sein Plan ging auf. Die Wucht des Aufpralls rammte dem Bären die Eisenspitze des Speers tief in die Brust. Rasend vor Schmerz bäumte das Tier sich auf und hieb mit den Pranken nach seinem Gegner. Ein ums andere Mal trafen seine Hiebe den zurückweichenden, jungen Mann. Da sprang die Tochter des Burgherrn vom Baum herab, griff sich einen Ast und attackierte den Bären damit. Als dieser sich umdrehte, um sich zu wehren, zog der Knecht sein Messer, sprang auf den Rücken des Tieres und beendete dessen Leben mit mehreren Stichen. Nun endlich eilten auch der Burgherr und die anderen Burgbewohner herbei. Überglücklich und erleichtert wollte er seine Tochter in die Arme schließen. Diese jedoch entwand sich seiner Umarmung und widmete ihre Aufmerksamkeit nur dem verletzten, jungen Mann, der sie gerettet hatte. Da erwachte in dem alten Burgherrn ein neues, bisher unbekanntes Gefühl. Es war die Eifersucht. Hinterlistig und bösartig schlich sie sich binnen weniger Momente in sein Herz und sollte in den kommenden Wochen und Monaten sein Handeln bestimmen.

Während seine Tochter und der langsam genesende Stallknecht zarte Bande der Liebe knüpften, wuchs im Burgherrn der Neid auf den jungen

Mann, der die Zuwendung bekam, die seiner Meinung ihm als Vater zugestanden hätte. So befahl er, dem Stallknecht zusätzliche Arbeiten zu geben, damit dieser keine Zeit für ein Stelldichein mit der Liebsten fände. Und seiner Tochter befahl er, stets an seiner Seite zu bleiben. Doch in der Nacht, sobald in der Burg alles tief und fest schlief, trafen sich die Liebenden außerhalb der Burgmauern an einer geheimen Stelle am Hang des Zankelsteins. Lange Zeit ging das gut. Doch eines Nachts folgte der eifersüchtige Burgherr seiner Tochter und erwischte sie mit dem Knecht in trauter Zweisamkeit. Außer sich vor Zorn sprach er über die beiden Liebenden einen fürchterlichen Fluch aus: Zu Stein sollten sie werden. In dem Moment, als sich der Fluch erfüllte, das kalte Grau des Berges von den Füßen aufwärts von den beiden jungen Menschen Besitz ergriff und sie in Stein verwandelte, schleuderte ihm seine Tochter, in Agonie gefangen, den gleichen Fluch entgegen. Und auch den Burgherrn erfasste der Fels und verwandelte ihn knirschend und krachend, die Schmerzensschreie übertönend, in Stein, während dieser gepeinigt in sich zusammensank. Die beiden Liebenden jedoch standen weiterhin aufrecht und ertrugen die Qual, bis sie gänzlich zu Stein geworden waren. Die Gefolgschaft des Grafen verließ die Burg nach dieser schrecklichen Nacht und überließ sie ihrem Schicksal. Und so zieren die drei Verfluchten den Zankelstein noch heute. Die beiden Liebenden, in Ewigkeit nah beieinander, und der eifersüchtige Vater, von Gram und Schmerz gebeugt in einiger Entfernung daneben.

Nach A. Schwarz: Die Märe vom Zankelstein. Heimat 6/1925, S. 30 f.

Die Wegbeschreibung

Auf der Goldenen Straße Von den Gleisen des Hartmannshofer Bahnhofs kommend, trefft ihr bereits am links gelegenen, überdachten Fahrradständer auf euer erstes Wanderzeichen, den Weißen Böhmischen Löwen auf Rotem Grund. Er ist das Wanderzeichen der Goldenen Straße. Vom Fahrradständer aus überquert ihr damit der Länge nach den Parkplatz und die dahinter verlaufende Straße. So gelangt ihr geradeaus, weiterhin dem Böhmischen Löwen folgend, auf geteerter Straße, unterhalb der Bahngleise, bequem in den Talgrund des Högenbachs. Im Rücken den gewaltigen Steinbruch von Hartmannshof wandert ihr beschwingt und leichten Schrittes durch das Tal nach Weigendorf. Rechts von euch mäandert der Högenbach zunächst gelassen durch die idyllische Auenlandschaft. Doch schon bald meldet sich das eben noch so entspannte Flüsschen lautstark zu Wort und springt rechts von euch quicklebendig über ein kleines Wehr. Auch der Baumbewuchs am Ufer des Baches zieht eure Aufmerksamkeit auf sich. Sich in mehrere Richtungen verzweigenden Stämme, die jeder für sich nach eigenem Raum zu streben scheinen und doch Teil eines in sich stabilen Ganzen bleiben, flankieren den Weg. Ihre Strukturen und Linien wiederholen sich als Spiegelbild im Wasser des Baches, ganz so, als würde ihr Freiheitsdrang unter Wasser nachhallen. Der Böhmische Löwe führt euch nach Weigendorf hinein, wo die geteerte Straße schließlich zum schmalen Schotterweg wird und euch noch ein letztes, verträumtes Stück neben dem fließenden Gewässer entlang bis vor einen hölzernen Steg trägt.

Durchs felsige Lehenhammertal Hier wechselt ihr von der Goldenen Straße nach links auf das Schwarze Doppel-P auf Gelbem Grund, das Zeichen des Paul-Pfinzing-Wegs, dem ihr im Nürnberger Land immer wieder begegnet. Mit eurem neuen Wanderzeichen unterquert ihr die Eisenbahnbrücke, die zwei schöne Bögen schwingt, und folgt dahinter dem geteerten Fußweg den sanftmütigen Etzelbach entlang, bevor ihr diesen mit dem Paul-Pfinzing-Weg nach rechts überquert und nach links in die Lehentalstraße einbiegt. Sie trägt euch, erst einmal weiterhin neben dem Etzelbach verlaufend, hinein in den Ort Oed. Hinter einer weiteren Eisenbahnbrücke fallen euch schräg rechts ein verfallendes Haus, das wahre Lost-Place-Atmosphäre verströmt, und darüber am Hang die graue Dohlenwand ins Auge. Hier biegt ihr mit dem Paul-Pfinzing-Weg links ab und folgt erneut dem geschwungenen Lauf des Etzelbachs. Im Frühling gefällt dieses kurze Wegstück vor allem dank des gelben und lila Farbenspiels, das die von den wärmenden Sonnenstrahlen wach geküssten Blütenmeere in den ufernahen Gärten entfachen. An einer kleinen Schleuse überquert ihr den Bach erneut und gelangt wieder an die Lehentalstraße, in die ihr nach links einbiegt. Entlang der Straße folgt ihr dem Paul-Pfinzing-Weg bis zur Oedmühle. Hier verabschiedet ihr euch von dem nach links abbiegenden Gelb-Schwarzen Wanderzeichen und folgt der Lehentalstraße ohne Wanderzeichen weiter geradeaus. Kurz vor dem Ortsende von Oed zweigt ihr auf einem unmarkierten, geteerten Fußgänger- und Fahrradweg leicht rechts ein Stück nach oben ab und wandert parallel zur unter euch verlaufenden Straße weiter. Bald schwingt der Weg nach rechts und gibt den Blick frei auf eine stattliche, sich an der gegenüberliegenden Talseite erhebende Felsenwand. Spätestens sie ist eine vielversprechende Vorbotin dessen, was euch an Felsenwundern im Lehenhammertal noch erwartet.

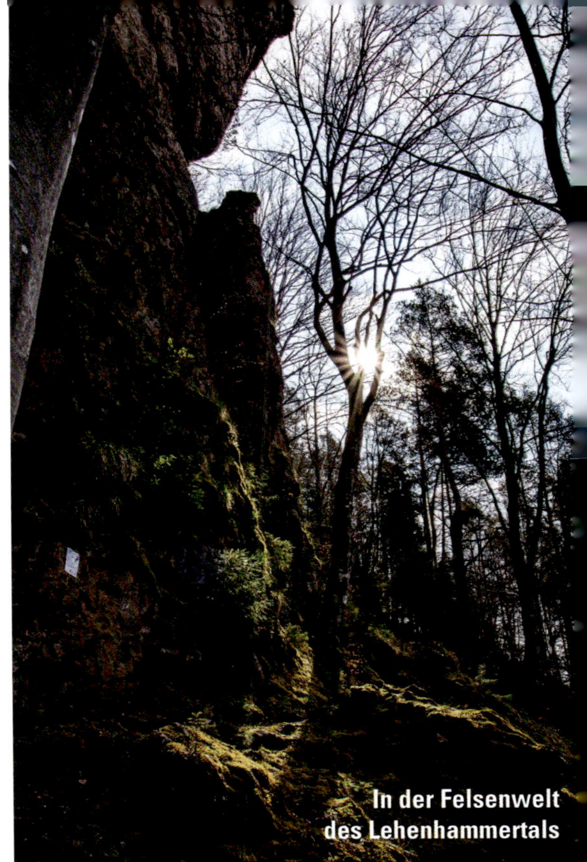
In der Felsenwelt des Lehenhammertals

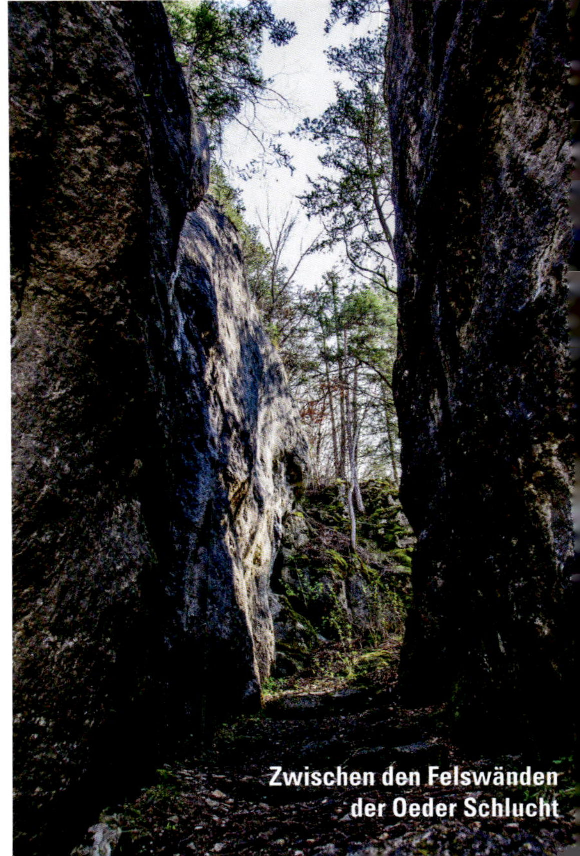
Zwischen den Felswänden der Oeder Schlucht

12

Zur Oeder Schlucht Und die Felsenwunder lassen sich nicht lange bitten. An einer Tafel des Kletterkonzepts Hirschbachtal verlasst ihr den Teerweg in einen Fahrweg nach rechts und zweigt von diesem kurz darauf auf erkennbarem, jedoch ebenfalls unmarkiertem Pfad über ein paar natürliche Stufen nach rechts oben ab. Ganz schön steil ist der kurze Trampelpfad, bevor euch auf dem letzten Stück einige Kehren etwas Aufstiegskomfort bieten. Doch euer Ziel vor Augen (ein gewaltiges Felsmassiv, in dessen Mitte ein tiefer Riss klafft) meistert ihr den Weg sicher innerhalb weniger Augenblicke. Ihr mündet direkt unterhalb des verheißungsvollen Felsmassivs, das links die Oeder Wand und rechts die Brosinnadel beheimatet, in einen weiteren Pfad. Auf der rechten Seite harrt neben der Brosinnadel ein weiteres Highlight eures Besuches. Ihr folgt dem schmalen, sich am Hang entlang windenden Pfad nach rechts. Dreht euch nach ein paar Metern um, so bekommt ihr den schönsten Blick auf die Brosinnadel geboten. Sie ist nach einem bekannten, im Jahr 1900 in der Sächsischen Schweiz verunglückten Kletterer benannt.

Dann folgt ihr dem Pfad weiter, bis ihr an dessen Ende die famose Oeder Schlucht erreicht, die sich imposant links von euch öffnet. Gut zwölf Meter erheben sich die nur wenige Meter voneinander entfernt stehenden Felswände in den Himmel und werfen ihren Schatten auf den euch kühl aufnehmenden Zwischenraum. Ihr könnt die Schlucht nach oben durchqueren. Es ist zwar eine One-Way-Veranstaltung, der Faszination, die dieses Felsenspektakel auf seine Besucher ausübt, ist dies jedoch eher zuträglich. Denn auch der von oben nach unten fliehende Blick weiß zu begeistern. Von der Oeder Schlucht kehrt ihr zur Oeder Wand zurück. Dabei erkennt ihr offenen Auges sicher auch eine kleine, im Fels hinter der Brosinnadel klaffende Höhle, die zu einem weiteren Kraxelabenteuer einlädt. Zur Oeder Wand zurückgekehrt, könnt ihr noch deren linke Flanke in Augenschein nehmen, wo euch bei der Umrundung eine weitere Felsklamm überrascht.

Zur Fischerhöhle Nachdem ihr diese Felsenwunder im Lehenhammertal ausführlich erkundet habt, steigt ihr auf dem steilen Trampelpfad wieder hinab, folgt dem Fahrweg zurück vor die Tafel des Kletterkonzepts Hirschbachtal und folgt dem Teerweg ohne Wanderzeichen nach rechts. Nach einer Weile passiert ihr rechts einen Radlerrastplatz und gelangt mit Blick auf den rechts seinen schroffen Kopf aus dem Wald reckenden Riesturm an eine Straßengabelung. Sie ist vor allem aufgrund des riesigen, ausrangierten Mühlrads, das neben der Straße achtlos entsorgt wurde, kaum zu übersehen. Hier folgt ihr eurem neuen Wanderzeichen, der Weißen Nummer 1 auf Grünem Grund, nach links, vorbei an dem eben erwähnten Mühlrad, unter der Eisenbahnbrücke hindurch an eine Weggabelung. Bevor ihr nun der Nummer 1 nach rechts folgt, empfiehlt sich ein kurzer Abstecher nach links und gleich wieder rechts auf traumhaft schön geschwungenem Pfad, zwi-

Mühlrad am Wegesrand

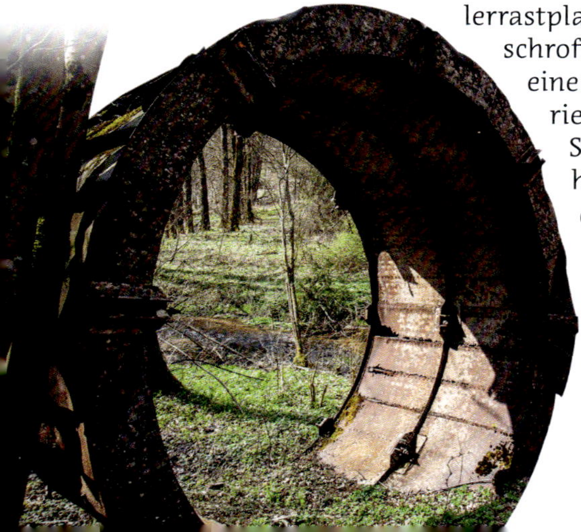

schen mit dichtem Efeu umrankten Bäumen hindurch den Hang hinauf und der bemerkenswerten Hammertalwand entgegen.

Dann kehrt ihr zurück zur Gabelung und folgt der Nummer 1 leicht links und vorbei an der Kläranlage. Bald dahinter grüßt euch von links oben die Neidstallwand, die mit ihren gewaltigen Rissen, Wülsten und Furchen zu begeistern versteht. Darunter gabelt sich der Weg. Ihr wählt mit der Nummer 1 die rechte Abzweigung und nähert euch mit dem Weg dem Etzelbach und den Eisenbahnschienen an. Kurz darauf erreicht ihr den Ortsrand von Lehenhammer. Die Nummer 1 führt euch sehr nah an einem Privatgrundstück vorbei, über einen Steg und mündet mit euch nach links in die Ortsdurchfahrt. Ihr passiert ein weiteres Mühlrad und geht an der Straße entlang durch den hübschen Ort. Mit Blick aufs Ortsende erreicht ihr eine große Wandertafel. Hier stößt zur Nummer 1 der Rote Ring auf Weißem Grund, der demnächst die Führung übernehmen und euch bis nach Heuchling leiten wird. Zuerst jedoch geht es mit beiden Wanderzeichen nach links. Bei der nächsten Gelegenheit nehmen sie euch sehr scharf mit nach links oben und führen euch aus dem wundervollen Lehenhammertal.

Nun geht es im und neben dem Wald munter im Zickzackkurs den Hang hinauf und durchaus fordernd der DAV-Hütte entgegen. Gut, dass sich neben dem Grundstück der DAV-Hütte direkt am Wegesrand eine Ruhebank befindet. Diese eignet sich hervorragend für eine kurze Rast. Danach könnt ihr auf der gegenüberliegenden Seite des Weges in dem kleinen, im Frühjahr von scheinenden Buschwindröschenkolonien bevölkerten Felsengarten auf Entdeckungsreise gehen.

Wenn ihr genügend neue Kräfte und Eindrücke gesammelt habt, folgt ihr euren Wanderzeichen bis zu einer Einmündung. Hier übernimmt der Rote Ring die Führung und trägt euch nach links und kurz darauf zu einer Weggabelung mit Wandertafel. Der Rote Ring weist euch den Weg Richtung Heuchling nach links. Achtet am Wegesrand auf die eigentümlich geformten Baumtrolle, die euren Schritten aus dunklen Augen heraus neugierig folgen. Ihr gelangt aus dem Wald auf die freie Ebene mit Blick auf einen hohen Funkmast. Bevor ihr diesen erreichen könnt, zweigt ihr mit eurem Wanderzeichen nach links ab und wandert auf dem elegant geschwungenen Fahrweg über die Ebene. Nach gut 400 Metern biegt ihr mit dem Roten Ring nach rechts vom Fahrweg in einen kaum erkennbaren Feldweg ab. Dieser trägt euch, zuerst am linken Rand einer Wiese, dann am rechten Rand eines Waldes, entlang, gemäßigt steil nach oben und schließlich in den Wald. Kurz zuvor könnt ihr rechts in der Ferne die Wände und Türme von Schloss Neidstein weiß leuchten sehen.

Im Wald geht es weiterhin bergan. Es folgt ein fröhliches Links und Rechts, bei dem euch der Rote Ring stets zuverlässig den Weg weist: Mal im Wald, dann an dessen Rand entlang, bis ihr schließlich linker Hand einen historischen Kalkbrennofen erreicht. Über dessen Verwendung in alten Zeiten unterrichtet euch eine kleine Infotafel. Direkt hinter dem

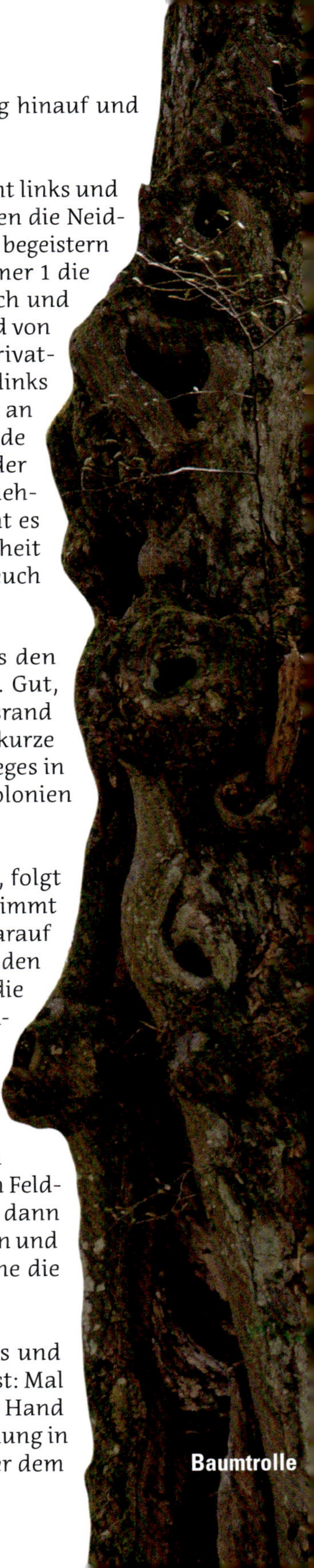

Baumtrolle

Kalkbrennofen gabelt sich der Weg ohne sofort erkennbare Wanderzeichen. Ihr entscheidet euch für die linke Abzweigung und trefft schon bald wieder auf den Roten Ring. Dieser Weg führt euch aus dem Wald und Richtung Heuchling geradeaus über eine Kreuzung. Es dauert nicht lange und ihr durchquert mit eurem Wanderzeichen einen magisch wirkenden Eichenhain. Die bizarr geformten Bäume mit ihren endlos scheinenden Ästen winden sich wie die Schlangenköpfe einer gewaltigen Hydra in alle Himmelsrichtungen. Inmitten des Hains gelangt ihr an eine Einmündung. Hier biegt ihr zunächst ohne erkennbares Wanderzeichen nach links in den Fahrweg ab. Kurz darauf versichert euch eine Wandertafel mit dem Roten Ring eures richtigen Weges, der euch bald über den Heuchlinger Anger führt. Helle, mit Felsen dekorierte Grasflächen überziehen den Hang. Allerlei buntes, summendes und flatterndes Getier haucht dem Ort munteres Leben ein, fliegt und flattert von einer blauen, gelben und lilafarbenen Blüte zur nächsten.

Der Fahrweg, an dessen Rand nun der Blaue Querstrich auf Weißem Grund den Roten Ring dominiert, führt euch geradewegs weiter und schließlich, vorbei am ehemaligen, jahrhundertealten Schöpfbrunnen, nach Heuchling hinein. Dort gelangt ihr an die Ortsdurchfahrt, in die ihr, euch am Blauen Querstrich orientierend, nach links einbiegt und nach wenigen Metern eine Gabelung mit Wandertafel erreicht. Hier wechselt ihr auf euer neues Wanderzeichen, das Gelbe Kreuz auf Weißem Grund, das Zeichen des Jura-Gebirgswegs. Mit diesem wandert ihr auf der Ortsdurchfahrt nach links. Während die Straße am Ortsende nach rechts abbiegt, haltet ihr euch mit dem Gelben Kreuz zuerst auf Pflaster- dann auf Schotterweg geradeaus und geht auf eine Baumreihe zu. Nach einem Stück entlang dieser Baumreihe erreicht ihr eine Kreuzung. Bevor ihr hier dem Gelben Kreuz nach rechts auf die Ebene folgt, zweigt ihr auf dem die Hecke durchbrechenden Fahrweg ohne Wanderzeichen nach links oben ab. Nach etwa 100 Metern erreicht ihr den Waldrand und folgt diesem nach links. So gelangt ihr in einer Waldrandecke direkt zum leicht verwachsenen Eingang eines wahren Märchenwalds. Noch intensiver als bei der Hammertalwand ist hier der Efeubewuchs. Gleich einem blättrigen Teppich fließt er über die vor euch am Hang liegenden Felsen. Er umschlingt weich und anschmiegsam die Bäume und hüllt den ganzen Ort in ein dunkelgrünes Kleid, das im wärmenden Sonnenlicht in den verschiedensten Nuancen schimmert.

Auf schmalem Pfad, der sich durch das dichte Grün windet, erreicht ihr die Felsen und darin den ummauerten Eingang zur Fischerhöhle. Fast schon verlegen zieht sich ihr Portal tief in eine Senke unterhalb des Felsmassivs zurück und lässt den Besucher eine recht kleine Höhle vermuten. Doch das Gegenteil ist der Fall, war sie doch vor gut 100 Jahren sogar eine bekannte Schauhöhle. Von dieser Nutzung zeugen zum einen noch einige in den Stein gehauene Stufen, zum anderen die schwarz gefärbten Wände, die auf die großzügige Nutzung von Fackeln, Öl oder Karbidlampen schließen lassen. Achtet beim Einstieg in die Höhle, deren vorderer Bereich mit dichtem Laub bedeckt ist, auf die Stufe, die direkt hinter dem Eingang unversehens nach unten sackt. Dahinter geht es auch schon hinab in die Dunkelheit. Hört ihr in der Stille das Wasser von der Decke tropfen und mit sattem Geräusch auf dem Höhlenboden aufschlagen? Schon nach wenigen Metern geht es über einige Stufen weiter hinunter. Das vorher schon spärliche Sonnenlicht verabschiedet sich nun vollends. Der Gang wird immer niedriger und enger. Dann erneut eine Treppe und schon erreicht ihr den mannshohen Hauptraum. Von hier gehen einige Seitengänge ab, die den Besucher sehr bald auf alle viere zwingen. Zu derartigen Leibesertüchtigungen sei jedoch nur mit entsprechender Ausrüstung inklusive Helm und ordentlicher Lampe geraten. Entdeckt wurde die Fischerhöhle übrigens von einem Hersbrucker Kaminkehrer namens Fischer.

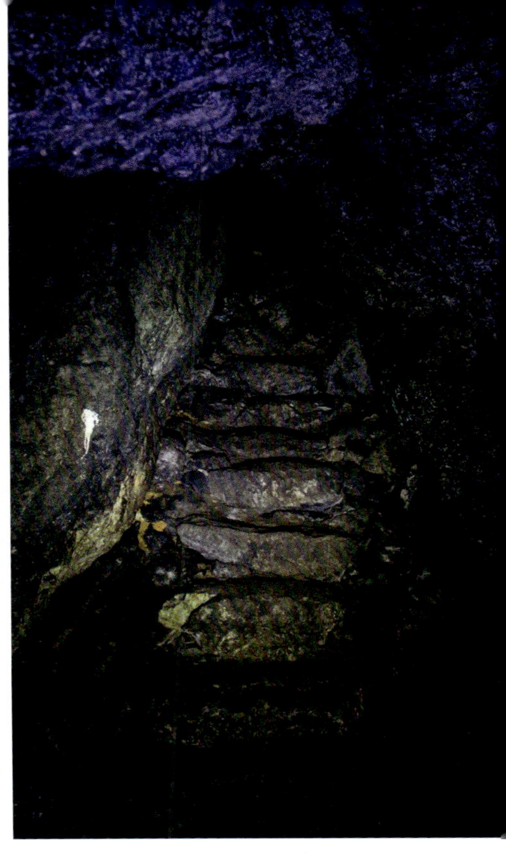

Treppenstufen in der Fischerhöhle

Zum Zankelstein Nach ausgiebiger Höhlenbefahrung kehrt ihr auf demselben Weg, auf dem ihr gekommen seid, zum Wanderweg zurück und folgt nun dem Gelben Kreuz geradeaus über die Ebene.

Hier sollen in so mancher Nacht freundliche Irrlichter orientierungslosen Wanderern und Heimkehrern aus Pommelsbrunn den rechten Weg nach Heuchling gewiesen haben. Der Sage nach handelt es sich bei den hilfreichen Lichtwesen um arme Seelen, die nur dann vollends entschwinden können, wenn die Menschen, die sie geleitet haben, ein kleines Gebet für sie sprechen.

Von der Ebene führt euch das Gelbe Kreuz in den Wald und dort nach rechts. Bald gelangt ihr an eine Kreuzung. Hier wechselt ihr vom Gelben Kreuz des Jura-Gebirgswegs nach links oben auf das Wanderzeichen H2 des Hofbergpanoramawegs. Schon geht es steil bergauf und den rechts von euch gelegenen Felsen entgegen. In Kehren trägt euch der Hofbergpanoramaweg mit dem Wanderzeichen H2 weiter hinauf und bald rechts an einem beachtlichen Felsenkessel vorbei, dem eine wahre Felsenwildnis mit kleinen und großen, mit dichtem Moos bedeckten Steinen vorgelagert ist. Hinter dem Felsenkessel schwenkt euer Wanderzeichen nach links oben. Wenn ihr vorher noch ein kurzes Stück geradeaus geht, präsentiert sich euch eine Felswand, die an sehr eng stehende, gewaltige Spielsteine erinnert. Dann steigt ihr mit dem Hofbergpanoramaweg ganz hinauf und biegt dort nach links in einen breiteren Weg ein. Dieser windet sich nach rechts und führt euch an der oberen Kante des soeben bestaunten Felsenkessels entlang, bevor er ein Stück weiter in einen Schotterweg mündet. Hier folgt ihr eurem Wanderzeichen nach links unten und zweigt bei der nächsten Gelegenheit mit dem Hofbergpanoramaweg sehr scharf nach rechts ab. Das Wanderzeichen H2 weist euch an der nächsten Gabelung den Weg nach links, dann nach rechts und trägt euch schließlich auf einer Lichtung an eine große Kreuzung.

12

Hier erwartet euch das letzte Wanderzeichen eurer heutigen Tour. Es ist das Rote, mit Weißen Buchstaben beschriftete Zeichen des 1000-Höhenmeter-Rundwanderwegs. Mit ihm überquert ihr die Kreuzung geradeaus Richtung Pommelsbrunn und gelangt bald auf gewundenem Weg nach unten aus dem Wald an einen Schotterweg, den ihr mit dem 1000-Höhenmeter-Rundwanderweg geradewegs überquert und dahinter wieder in den Wald wandert. Nun ist auch der Zankelstein, euer nächstes Ziel, angeschrieben. Euer Wanderzeichen führt euch nach links schwingend den Hang des Zankelsteins hinauf an eine Einmündung, an der ihr nach links und bei der nächsten Gelegenheit steil nach rechts oben abzweigt. Endlich habt ihr es geschafft und den Kamm des Zankelsteins erreicht. Hier folgt ihr nun dem 1000-Höhenmeter-Rundwanderweg bequem nach rechts und erreicht schon bald die grandiosen Felsformationen des Zankelsteins. Zuerst erheben sich links vor euch stolz und standhaft die zwei Liebenden. Einfach wundervoll, wie diese beiden Felsnadeln eine Einheit für die Ewigkeit bilden. So eng stehen sie, dass sich sogar ein kleinerer Stein zwischen ihnen verfangen hat. Daneben, in einiger Entfernung, ragt die breitere und gedrungene Bastei empor, die von Mutigen mit etwas Kraxelerfahrung erklommen werden kann. Dafür werdet ihr mit Sitzgelegenheiten aus Paletten belohnt, auf denen es sich mit weitem Blick ins Nürnberger Land hervorragend entspannen lässt. Doch auch denjenigen, die auf das Kraxeln lieber verzichten, bietet sich im weiteren Verlauf des von der Bastei steil nach unten führenden 1000-Höhenmeter-Rundwanderwegs ein geeigneter, mit zwei Bänken und einem umlaufenden Geländer ausgestatteter Felsenrastplatz.

Aussichtspunkt am Hang des Zankelsteins

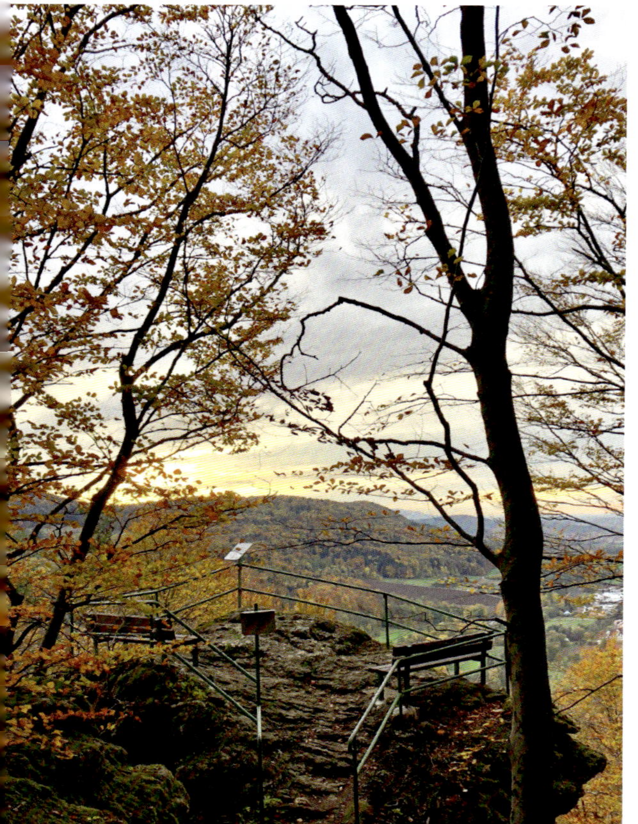

Nach Pommelsbrunn Nach einer energiespendenden Pause steigt ihr auf dem 1000-Höhenmeter-Rundwanderweg immer weiter steil hinab und mündet in einen breiten Kalksteinweg, dem ihr mit eurem Wanderzeichen nach rechts unten folgt. Nach einer Weile zweigt ihr vom Kalksteinweg mit eurem Wanderzeichen nach links unten in einen Waldweg ab und erreicht auf dem Felsenweg den Ortsrand von Pommelsbrunn. Mit dem Felsenweg mündet ihr nach links in die Gehrestalstraße, die geradeaus in die Heuchlinger Straße übergeht. Diese trägt euch, mit Blick auf den Kirchturm, dessen oberer Teil manch einem wie ein Gesicht erscheinen mag, geradewegs hinunter auf den Kirchplatz. Dahinter überquert ihr mit dem 1000-Höhenmeter Rundwanderweg die Sulzbacher Straße und gelangt auf der Arzloher Straße zum Bahnhof von Pommelsbrunn, wo ihr eure Wanderung beendet.

Wissen für Angeber

Flüche In der hier erzählten Sage verfluchen der Burgherr und seine Tochter einander mit dem Ziel, den jeweils anderen in Stein zu verwandeln. Derartige Verwünschungen sind vermutlich so alt wie die Menschheit selbst. Schon im alten Ägypten versuchte man, Gräber mit Flüchen auf Tontafeln vor Grabräubern zu schützen. Nach der Entdeckung der Grabkammer des Pharaos Tutenchamun zum Beispiel kamen einige der beteiligten Wissenschaftler unter vermeintlich seltsamen Umständen ums Leben, was zur Legendenbildung um den Fluch des Pharaos führte. Noah verflucht in der Bibel einen seiner Söhne. Und Griechen und Römer ritzten Flüche in bleierne Tafeln, um Konkurrenten mithilfe der Götter der Unterwelt zu schaden. Dass Flüche in einigen Teilen der Welt auch heute noch sehr ernst genommen werden, zeigt das Beispiel der Ruinen der indischen Stadt Bhangarh. Sie soll im 17. Jahrhundert von einem Guru verflucht worden sein. Deshalb ist das Betreten der Ruinen vor Sonnenaufgang und nach Sonnenuntergang auch heute noch bei Strafe verboten.

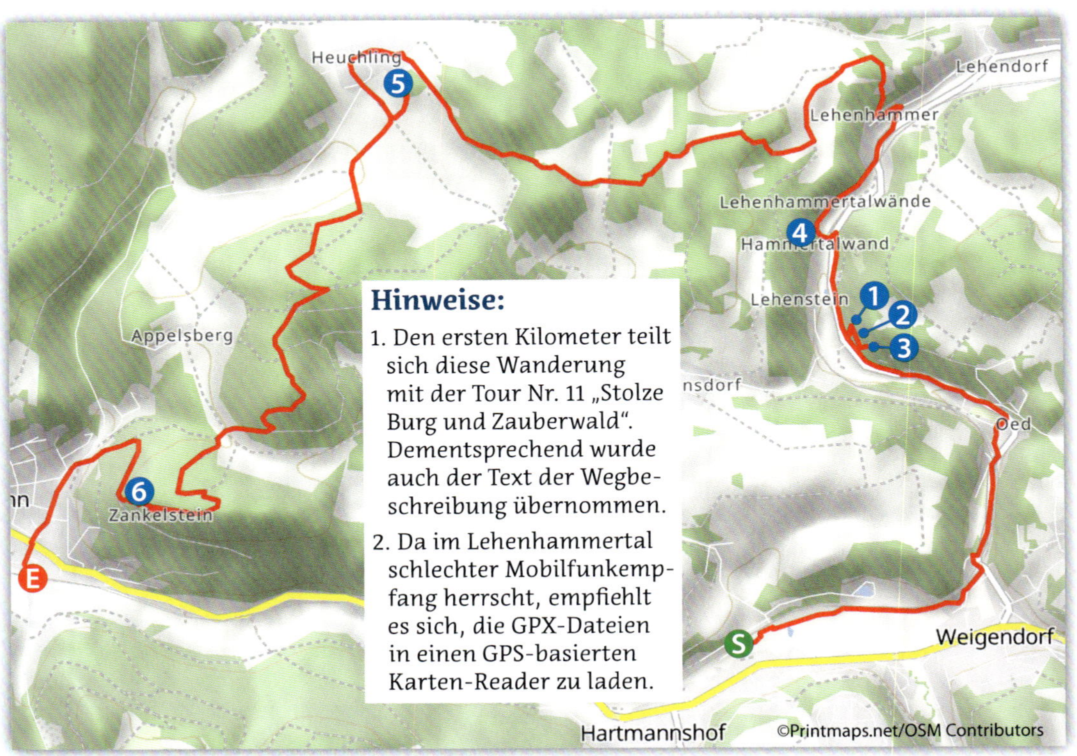

13

Der Arme Kunrad im Hirschbachtal

17 km

447 Hm

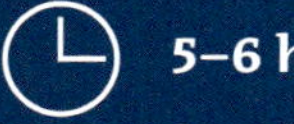

5–6 h

schwer

Eckdaten:

Schatten/Sonne: viele schattige Waldwege

Start-/Endpunkt: Bahnhof Etzelwang Linien RE 40, RE 41, RE 47

Parkplatz: Badparkplatz 92268, Etzelwang

Ausrüstung: Taschenlampe für die Erkundung des Osterlochs

Einkehrtipp: Café und Restaurant Res'n Bauernhof in Neutras, Telefon 09154 919710

Gewaltige Felsen, beeindruckende Höhlen, prachtvolle Aussichtspunkte und schattige Waldwege begeistern auf dieser fordernden Wanderung. Ein ums andere Mal überraschen euch faszinierende Ansichten und spektakuläre Panoramen.

Highlights:

1. Etzelwanger Wand
2. Neutrasfelsen (mit Bettelküche)
3. Osterloch in Hegendorf
4. Felsbastion Castell
5. Noris-Törl
6. Cäciliengrotte
7. Prellstein
8. Frankenkammer
9. Aussichtspunkt „Am Himmel"
10. Starenfelshöhle

Die Sage

Der Arme Kunrad Das Hirschbachtal ist von jeher bekannt für seine ehrfurchtgebietenden Felswände und für seine vielen geheimnisvollen Höhlen. So anziehend dieses wildromantische Tal heute auf Kletterer und Wanderer wirkt, so furchteinflößend und abweisend erschien es den Menschen früherer Generationen. Wenn im Winter frisch gefallener Schnee die Konturen der schroffen Felsen betonte und hervorhob, formte die menschliche Fantasie aus dem Anblick schnell schreckliche Monster und in Stein gefangene Riesenwesen. Wenn der Wind sich in den Portalen der Höhlen fing, klang sein Heulen wie das Kreischen Tausender wild gewordener Furien, die über Hänge brausten. Nein, für die braven und gottesfürchtigen Leute aus dem Talgrund waren diese Hänge keine geeignete Wohnstatt. Hier in die wilde Einsamkeit verschlug es nur die Ärmsten der Armen und die Ausgestoßenen. Zu ihnen gehörte der Arme Kunrad. Er lebte in einer der Höhlen im Hirschbachtal und war bis weit über dessen Hänge hinaus bekannt. Doch nicht, weil er als Bettler und Tagelöhner durch die Gegend zog. Das taten schließlich viele. Von ihnen unterschied sich der Arme Kunrad insofern, als er zum einen nicht für sich selbst bettelte und zum anderen alle Arbeiten, die ihm die Bauern auf den umliegenden Höfen anschafften, schneller und gewissenhafter erledigte als das Gesinde der Bauern. Hatte er die ihm übertragenen Aufgaben ausgeführt, packte er seinen Lohn und alles, was er sonst noch erbettelt hatte, in einen alten Jutesack und kehrte damit in seine Höhle hoch über dem Talgrund zurück.

Dort erwarteten schon ganze Scharen anderer Bettler seine Ankunft. Denn die Kunde seines mildtätigen Wirkens hatte sich unter den Mittellosen schnell herumgesprochen. Alle, die selbst zu schwach zum Arbeiten oder gar zum Betteln waren, machten sich unter Aufbietung ihrer letzten Kräfte auf den Weg ins Hirschbachtal, auf dass sich der Arme Kunrad auch um sie kümmerte. Und Kunrad nahm sie alle auf. Wie ein gütiger Vater versorgte er die Seinen. Nur eines tat er nie. Ganz egal, wie sehr man ihn auch drängte, nie erzählte er von seiner Vergangenheit. Weder den Bettlern, mit denen er zusammenlebte, noch den Bauern, die ihm für das Brechen seines Schweigens sogar Geld boten. Generell war der Arme Kunrad ein sehr schweigsamer Mensch. Nur beim Betteln formten seine Lippen hörbare Worte: „Arm Kunrad braucht's nicht. Alter, hungriger Vater braucht's. Alte, kranke Mutter braucht's." Und so spannen sich um den Armen Kunrad, den manch einer für einen verarmten Adeligen hielt, verschiedene Sagen und Legenden. Die Schlimmste war derart, dass er aus reichem Elternhaus stammte und aus Habgier zuerst seinen Bruder erschlagen hatte, dann seinen Vater hatte verhungern und seine kranke Mutter bei einem Brand hatte ums Leben kommen lassen. Über seine eigene Schlechtigkeit wahnsinnig geworden, sei er in der Welt herumgeirrt und habe seinen Verstand erst im Hirschbachtal zumindest teilweise wiedergefunden. Seitdem lebte er hier und versuchte mit dem Dienst an den Ärmsten der Armen sein furchtbares Unrecht zu sühnen. Ob es ihm gelungen ist, weiß man nicht. Nur, dass ihm kein gutes Ende zuteilwurde.

Eines Tages, als er aus dem Talgrund nicht zurückgekehrt war und auch Tage danach verschwunden blieb, machten sich die Seinen auf die Suche nach ihm. Sie fanden seinen geschundenen Körper zerschmettert am Fuß einer hohen Felswand liegen. Die Tiere hatten sich bereits über den Leichnam hergemacht. Seine kümmerlichen Reste verscharrte man in einem namenlosen Grab.

Ob es sich bei der Höhle, die dem Armen Kunrad als Behausung diente, um eine der Höhlen handelt, die ihr auf dieser Wanderung besucht, lässt sich heute nicht mehr sagen. Doch wenn es euch in einem der Hohlräume plötzlich schwer und bang ums Herz wird und sich euch eine scheinbar erdrückende, unsichtbare Last auf die Schultern legt, könnte das der Geist des Armen Kunrad sein, dessen verlorene Seele die eure gestreift hat.

Hinweis: Vieles spricht dafür, dass es sich bei der hier genannten Bettelküche um die eingestürzte Bettelmannsküche mit der HFA-Katasternummer A-76 handelt, die sich nahe des Ortes Unterklausen befindet. Weitere Bettelküchen findet ihr auf dieser Wanderung auf dem Neutrasfelsen und nahe der Cäciliengrotte. Die Begriffe Bettelküche und Bettelmannsküche rühren aus der Zeit, als Bettler und fahrendes Volk ungestörten Unterschlupf suchten und ihn in meist kleinen Höhlen fanden. Wo über längere Zeit immer wieder der Qualm des Lagerfeuers hervorschwelte, hob der Volksmund eine Bettelmannsküche aus der Taufe.

Nach K. Wild: Die Bettelmannsküche. Heimat 2/1925, S. 11 f., und R.G. Spöcker: Der Mensch und die Höhlen des bayerischen Juras in historischer Zeit. Speläologisches Jahrbuch 5-6_1925, S. 109–112.

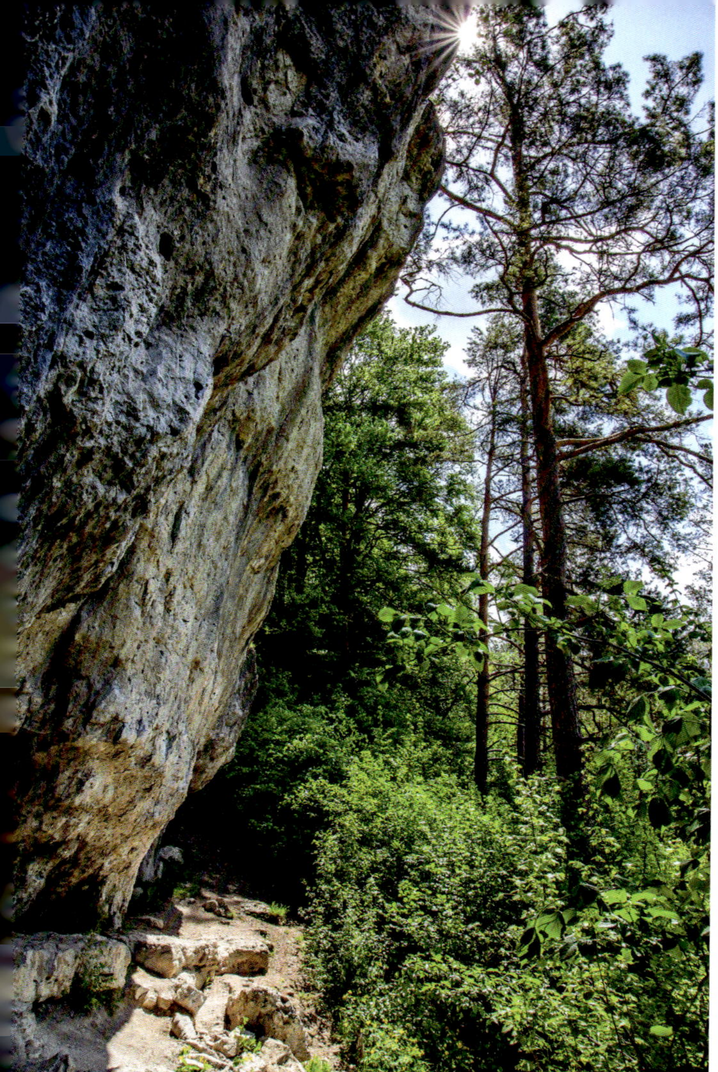

Die Wegbeschreibung

Zur Etzelwanger Wand Eure Wanderung beginnt auf dem Parkplatz am Bahnhof Etzelwang. Hier empfängt euch eine kleine Wandertafel, die den Schmankerlweg Richtung Neutras auslobt. Dieser führt euch auf gepflastertem Weg nach links unten und geradewegs durch den Schusterpark, der mit seinem gefälligen Erscheinungsbild am Ufer des Etzelbachs entzückt. Vorbei am wunderschönen Oiersingerbrunnen des Etzelwanger Künstlers Peter Kuschel gelangt ihr an die Hauptstraße. Dieser folgt ihr, zunächst ohne erkennbares Wanderzeichen nach links. Schon nach wenigen Metern grüßt euch vom linken Straßenrand eine klassisch gehaltene Wandertafel. Hier trefft ihr auf das erste relevante Wanderzeichen eurer heutigen Tour, den Blauen Punkt auf Weißem Grund. Dieses wird euch direkt nach Neutras führen. Zuerst geleitet es euch, dem Verlauf der Hauptstraße weiter geradeaus folgend, aus Etzelwang hinaus und an der Landstraße entlang.

Die Etzelwanger Wand

Wenn ihr mit dem Auto anreist, beginnt eure Wanderung am Badparkplatz direkt an den Hauptstraße.

Etwa 150 Meter nachdem ihr die Ortsgrenze passiert habt, biegt ihr, bevor ihr eine Brücke überquert, für einen kurzen Abstecher zur Etzelwanger Wand auf unmarkiertem Fahrweg leicht nach rechts oben ab und folgt diesem vorbei an einer Schranke. Schon wenige Meter dahinter verlasst ihr den breiten Fahrweg und steigt auf schmalem Trampelpfad steil nach rechts den Hang hinauf. Der Pfad schwingt sich mit euch nach links oben und führt euch durch dichtes Buschwerk an den Fuß der Etzelwanger Wand. An dieser entlang führt euch ein Pfad zu stattlichen Klippen und im hinteren Teil zu einer Bank, die unter einem besonders beeindruckenden Überhang platziert ist. Auch wenn ihr erst ein kurzes Stück gewandert seid, ist es schön, im Schatten des kühlenden Felsens Platz zu nehmen und für ein paar Minuten die Seele baumeln zu lassen.

Zum Neutrasfelsen Von der Etzelwanger Wand kehrt ihr auf demselben Weg, auf dem ihr gekommen seid, zur Landstraße zurück und folgt dieser mit dem Blauen Punkt nach rechts über die Brücke. Wenn sich die Straße nach gut 300 Metern gabelt, folgt ihr dem Blauen Punkt nach links in ein sanft gewelltes Tal. Bereits nach nicht einmal 50 Metern verlasst ihr die Straße nach rechts in einen gräsernen, nach links oben schwingenden Weg und strebt einer kleinen Wandertafel an dem mit knorrigen Kiefern geschmückten Hang entgegen. An der Wandertafel haltet ihr euch mit dem Blauen Punkt links und wandert, vorbei an einer Bank, auf schmalem Pfad Richtung Neutras. Schon nach wenigen Metern erhebt sich links und rechts von euch eine wohlige, Schatten spendende Baumzeile. Das vom Morgentau benetzte Gras unter euren Füßen strahlt zudem angenehme Frische ab, die nach dem sonnenbeschienenen Wegstück entlang der Straße besonders willkommen ist. Der Weg wirft sich elegant hin und her und folgt dem Verlauf des Gefälles. An einer Einmündung weist euch euer Wanderzeichen den Weg für ein Stück auf breitem Fahrweg nach links. Wenn dieser nach links unten abfällt, verlasst ihr ihn mit dem Blauen Punkt schon wieder geradeaus in einen weiteren romantisch anmutenden Pfad, dessen dichter Bewuchs Meter für Meter harmonische Geborgenheit vermittelt. Zuletzt wölben sich die immer näher rückenden Bäume gefällig und bilden über euren Köpfen einen natürlichen Laubengang, durch dessen Blätterdach die Sonnenstrahlen als einzeln hindurchfallende Lichtstraßen das Grün des Bodens in verschiedensten Nuancen erleuchten lassen.

Wenn der Laubengang euch wieder freigibt, dauert es nicht lange und der Pfad mündet mit euch an einer Wandertafel mit dem Blauen Punkt nach rechts in einen sich nach oben dem Wald entgegen schlängelnden Fahrweg. Das sanft gewellte Tal im Rücken steigt ihr, euch links haltend, den Hang empor. Weiter oben, an einer sich in den Schatten des Waldes schmiegenden Bank, gabelt sich der Weg. Ihr biegt mit eurem Wander-

Zwischen Etzelwang und Neutras

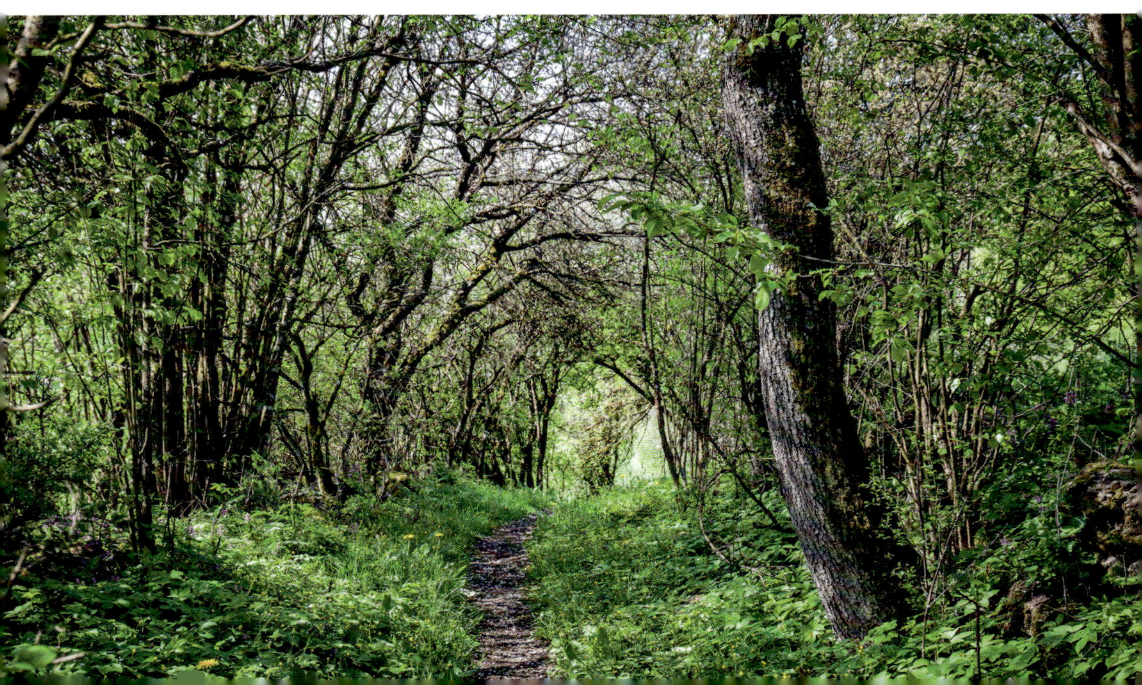

zeichen nach links in den Wald ab, dessen grüner Blätterschirm euch belebend frisch aufnimmt. Linker Hand lugen bald die ersten Felsen schüchtern zwischen den wegsäumenden Büschen hervor.

Der Weg führt euch aus dem Wald an eine Straße, der ihr mit dem Blauen Punkt nach rechts oben folgt. Nach etwa 150 Metern verlasst ihr die Straße nach links in einen engen Pfad zwischen Feldern hindurch und dahinter wieder in den Wald. Es geht bergan und nach einer Weile, bei einem Scheunenensemble, an eine Kreuzung, die ihr leicht nach links oben mit eurem Wanderzeichen überquert. Kurz darauf entdeckt ihr rechts des Wegesrands ein windschiefes, altes Holzhaus, das echtes Lost-Place-Ambiente versprüht. Dann führt euch der Weg an einer Einmündung aus dem Waldstück und mit dem Blauen Punkt auf geschottertem Fahrweg nach rechts hinunter in den Ort Neutras.

Nun heißt es aufpassen: Schon bei der ersten Gelegenheit im Ort biegt ihr, den Blauen Punkt für euren Ausflug zum Neutrasfelsen verlassend, nach links oben zu einem Schuppen ab. An dessen linker Ecke erkennt ihr die Wanderzeichen Schwarzes Doppel-P des Paul-Pfinzing-Wegs und Grüner Querstrich auf Weißem Grund. Diese dienen euch für den Moment zur Orientierung. Für den weiteren Tourverlauf sind die beiden Wanderzeichen, zumindest heute, unwichtig. Direkt an der linken Schuppenwand führen euch ein paar ausgetretene Erdstufen nach oben. Bitte beachtet, dass ihr euch hier auf dem Gelände des Resnhofs befindet. Hinter dem Schuppen geht ihr wanderzeichenbefreit nach rechts, dann nach links oben auf den Resnhof-Spielplatz und steigt an dessen linkem Rand hinauf, dem Wald entgegen. Steil geht es ohne Wanderzeichen durch den Wald geradewegs hinauf zu einem Sattel. Dort folgt ihr dem Pfad nach rechts oben und erreicht, vorbei an grauen Steinwächtern, den Neutrasfelsen. Noch hält er mit seinen Reizen sprichwörtlich ein wenig hinterm Berg.
Der Pfad führt euch links am Fuß des sich direkt neben euch erhebenden stattlichen Felsmassivs entlang. Wenn der Pfad sich anschickt, den Fels nach rechts zu umrunden, erkennt ihr in einer Einbuchtung rechter Hand einen Aufstieg, der euch verbunden mit einer kurzen Kraxelei abenteuerlich hinauf und nach rechts vor ein enges, an eine Klamm erinnerndes Felsentor führt. Dieses durchquert ihr, indem ihr über die zwischen den Wänden eingekeilten Felsbrocken klettert. Schwindelfreie Wanderer gelangen auf einem schmalen Steig mit alpinem Charakter nach rechts auf den von Felstürmen umgebenden Gipfel. Von diesem bietet sich euch eine prachtvolle Aussicht. Vom Gipfel kehrt ihr an den Fuß des Felsmassivs zurück.

Wer nun noch einen Blick auf die Bettelküche im Neutrasfelsen werfen möchte, folgt dem Pfad für ein Stück nach rechts unten, dann auf gewagten Kehren am Fels entlang hinab und bis vor das sich rechts von euch oberhalb des Trampelpfads im Dolomit öffnende Portal der Bettelküche im Neutrasfelsen. Wenn ihr direkt darunter steht, wirkt der über dem Eingang eingeklemmte Felsbrocken alles andere als vertrauenswürdig. Etwa 15 Meter reicht die Höhle in den Berg. Ob der Arme Kunrad und seine vom Schicksal gebeutelten Weggefährten wohl auch in dieser Höhle Unterschlupf fanden? Zumindest wären sie hier aufgrund der steilen Rampe vor dem Eingang ein wenig geschützt gewesen. Doch es gibt sicher wohnlichere Behausungen. Von der Bettelküche aus steigt ihr wieder nach oben zurück.

Zum Osterloch in Hegendorf Vom Fuß des Neutrasfelsens kehrt ihr nach links zum Sattel und von dort nach links unten nach Neutras zurück. Über den Spielplatz, dahinter rechts, dann über die ausgetretenen Stufen an der Schuppenwand entlang nach unten gelangt ihr wieder auf den Weg mit dem Blauen Punkt. Diesem folgt ihr nach links, vorbei an einer Wandertafel am Restaurant Res`nbauernhof, bis an die Ortsdurchfahrt. Hier empfängt euch die nächste große Wandertafel und darauf euer nächstes Wanderzeichen, die Weiße Nummer 3 auf Grünem Grund. Sie ist das Zeichen des Höhlenrundwanderwegs, der seinem Namen auf den nächsten Kilometern alle Ehre machen wird. Angelegt wurde er im Jahr 1975 vom Motorsportclub Hirschbach unter der Leitung von Karl Vinzenz. Die Nummer 3 weist euch den Weg auf der Ortsdurchfahrt nach links oben. Am Ortsrand von Neutras, hinter einem Parkplatz, gabelt sich die Straße. Ihr folgt der Nummer 3 nach rechts unten und wandert dem Wald entgegen. Am Waldrand wird die geteerte zur Schotterstraße. Hinter dem Waldstück führt euch diese mit eurem Wanderzeichen über freies Feld direkt nach Hegendorf. Wenn ihr euch auf Höhe des am Wegesrand liegenden Wanderparkplatzes umdreht, erkennt ihr rechts hinter euch die Felsenwände des Höhenglücksteigs, die ihr im weiteren Verlauf dieser Wanderung auch noch erklimmen werdet.

In Hegendorf biegt ihr an der Einmündung in der Ortsmitte mit der Nummer 3 Richtung Noris-Törl nach rechts ab. An einem Waldstück direkt an der Straße empfängt euch bald, neben einem Bushäuschen und einer Informationstafel zum Osterloch, ein schmaler Durchlass im dichten Grün, über den ihr mit der Nummer 3 nach wenigen Metern das Portal dieser beeindruckenden, fast 50 Meter langen Höhle erreicht. In deren grauen Eingeweiden erwartet euch ein wahres Tropfstein-Faszinosum. Nun heißt es: Taschenlampen an und hinein ins Abenteuer! Nach der großen Eingangshalle führt

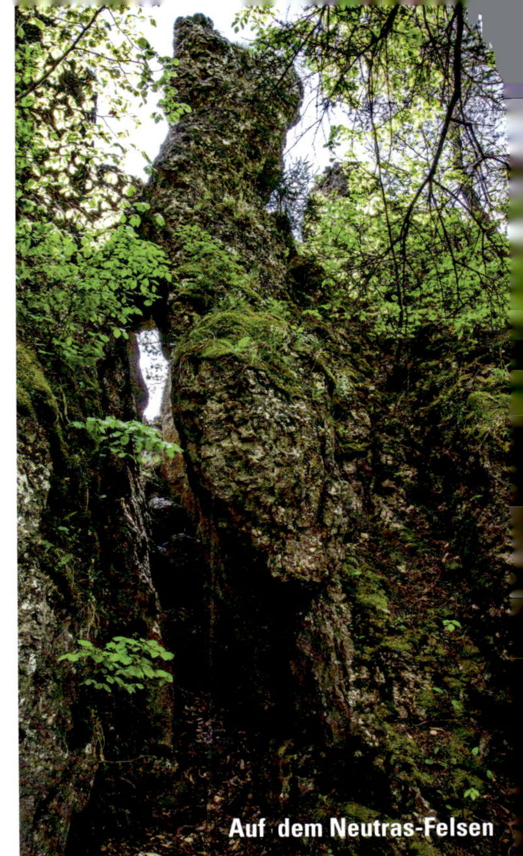
Auf dem Neutras-Felsen

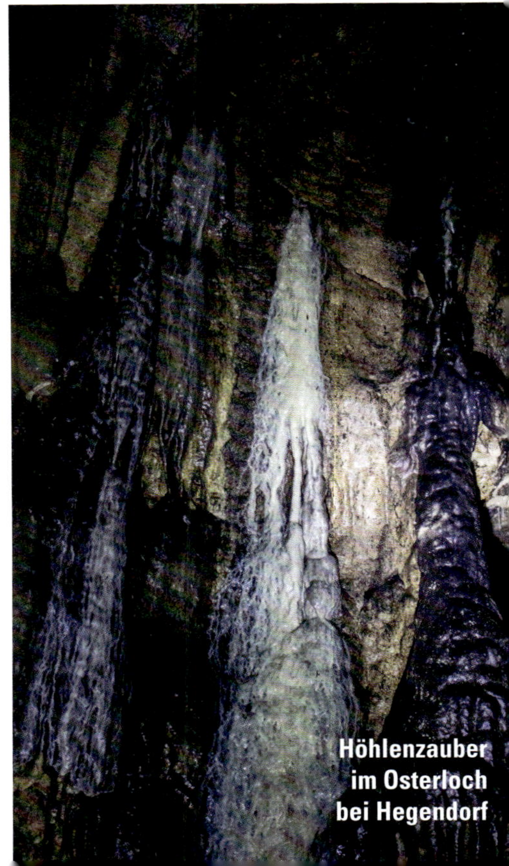
Höhlenzauber im Osterloch bei Hegendorf

euch der Gang, sich nach hinten spürbar verjüngend, tiefer und tiefer in den Fels. Nachdem ihr euch gebückt durch das erste Portal in den zweiten Raum vorgewagt habt, erwartet euch hinter einem weiteren, etwas höheren Durchlass die hintere Halle, deren rechte Wand mit wundervollen und markanten Tropfsteingebilden und -türmen geschmückt ist. Gleich schwarzen und weißen Wasserfällen stürzen sie an den hohen Wänden hinab. Eins ist sicher: Hier gibt es viel zu entdecken. Dafür solltet ihr euch entsprechend Zeit nehmen.

Zum Noris-Törl Vom Osterloch kehrt ihr zur Straße zurück, folgt dieser vorbei am Bushäuschen nach rechts und biegt bei der nächsten Gelegenheit mit der Nummer 3 nach rechts oben ab. An der nächsten Weggabelung folgt ihr eurem Wanderzeichen nach links in den Wald und wandert, entlang des Ortsrands von Hegendorf, bergan. Mit Blick auf euer Wanderzeichen überquert ihr geradeaus eine freiliegende, geschotterte Kreuzung, kehrt in den Wald zurück und erreicht bald eine Einmündung. An dieser biegt ihr nach links in einen Fahrweg ein. An der kurz darauf folgenden Wegteilung haltet ihr euch mit der Nummer 3 rechts. Nach etwa 200 Metern erreicht ihr eine Weggabelung mit Wandertafel. Hier biegt ihr mit der Nummer 3 nach rechts Richtung Noris-Törl ab.

Unweit von hier liegt das Örtchen Fischbrunn, das einst für seine vom kraftvoll strömenden Wasser des Hirschbachs angetriebenen Hammerwerke bekannt war. Von ihrem entbehrungsreichen Tagwerk gestählte Hammerleute verarbeiteten dort das in den Stollen der Gegend gewonnene Eisenerz. Von dem Funkenflug des Schmiedehammers, der glühenden Hitze der Schmelztiegel und dem zischenden Rauch des Abkühlbeckens schwarz gefärbt, verrichteten diese rauen Gesellen ihre Aufgabe. Wo so viel gearbeitet wird, wo es so herrlich leuchtet, brennt und glimmt, wo es kracht und schlägt, da sind häufig auch Kobolde zu Hause. Im Hirschbachtal hießen diese kleinen Naturgeister Hammermännlein. In ihrem Aussehen glichen sie den arbeitenden Menschen. Jedoch waren sie viel kleiner. Und statt zu helfen, trieben sie die meiste Zeit ihren Schabernack mit den Hammerleuten. Sie versteckten Werkzeuge, pusteten kräftig in die rot flammende Glut oder verstopften den rußgeschwärzten Schornstein. Doch daneben waren sie den Menschen auch von Nutzen. Denn immer, wenn von irgendwo Gefahr in Form einer herannahenden Armee oder einer Räuberbande drohte, blickten sie still und starr wie gebannt in eben jene Richtung, aus der die Gefahr auf das Hirschbachtal zukam. Dies war für die Menschen das untrügliche Signal, ihr Hab und Gut zusammenzupacken, in die wilde Felsen- und Höhlenwelt an den Hängen zu flüchten und sich vor möglichen Plünderern zu verbergen.

Der Weg schlängelt sich mit der Nummer 3 durch den Wald, mal an dessen Rand entlang, dann wieder in den Wald, und trägt euch nach gut 400 Metern an einer Weggabelung vor eine Wandertafel. Erneut biegt ihr rechts Richtung Noris-Törl ab. Es geht leicht bergan. Nun beginnt das Felsenabenteuer des mit der Nummer 3 markierten Höhlenrundwanderwegs. Links des Weges erheben sich die ersten stattlichen Felsmassive langmütig grau aus dem mit welkbraunem Laub bedeckten Waldboden. Der Weg schwingt sich mit euch einen Sattel hinauf, auf dem euch eine Weggabelung erwartet. Hier folgt ihr eurem Wanderzeichen fünf Meter nach links zur nächsten Verzweigung. Bevor ihr der Nummer 3 entlang der Felsen nach rechts unten folgt, geht ihr für einen lohnenden Abstecher zum Castell nach links oben. Die mit einem runden Tor geschmückte Felswand des Castells erinnert an eine von der Natur geschaffene Burganlage. Wie es sich für einen derartig geheimnisvollen Ort geziemt, bieten euch einige Trampelpfade rings um das Castell weitere spannende Ansichten.

Vom Castell kehrt ihr zur letzten Verzweigung zurück und lasst euch von der Nummer 3 scharf nach links unten und vorbei am Azelsteinloch führen. Dahinter geht es mit eurem Wanderzeichen bald nach rechts weg vom Fels und kurz darauf an einer Einmündung steil nach links unten an eine Kreuzung mit einer großen Wandertafel.

Diese Kreuzung ist der Start- und Endpunkt eures Abstechers zum Noris-Törl. Von hier aus führt euch die Nummer 3 auf bequemem Waldweg für euren Hin-und-Zurück-Besuch des nur noch 300 Meter entfernten Noris-Törls nach links. Eine rechtsliegende Abbiegung geflissentlich ignorierend folgt ihr der Nummer 3 unterhalb der gewaltigen Castellwand. Sie begeistert mit jeder Menge fantastischer Eindrücke und bildet den Beginn eines prachtvollen Felsenkessels. Besonders das atemberaubende Norisbrettl, an dem sich bei schönem Wetter fast immer Kletterer tummeln, zieht faszinierte Blicke auf sich. Ebenso wie die zwei bald im Fels klaffenden Höhlenportale.

Das Noris-Törl

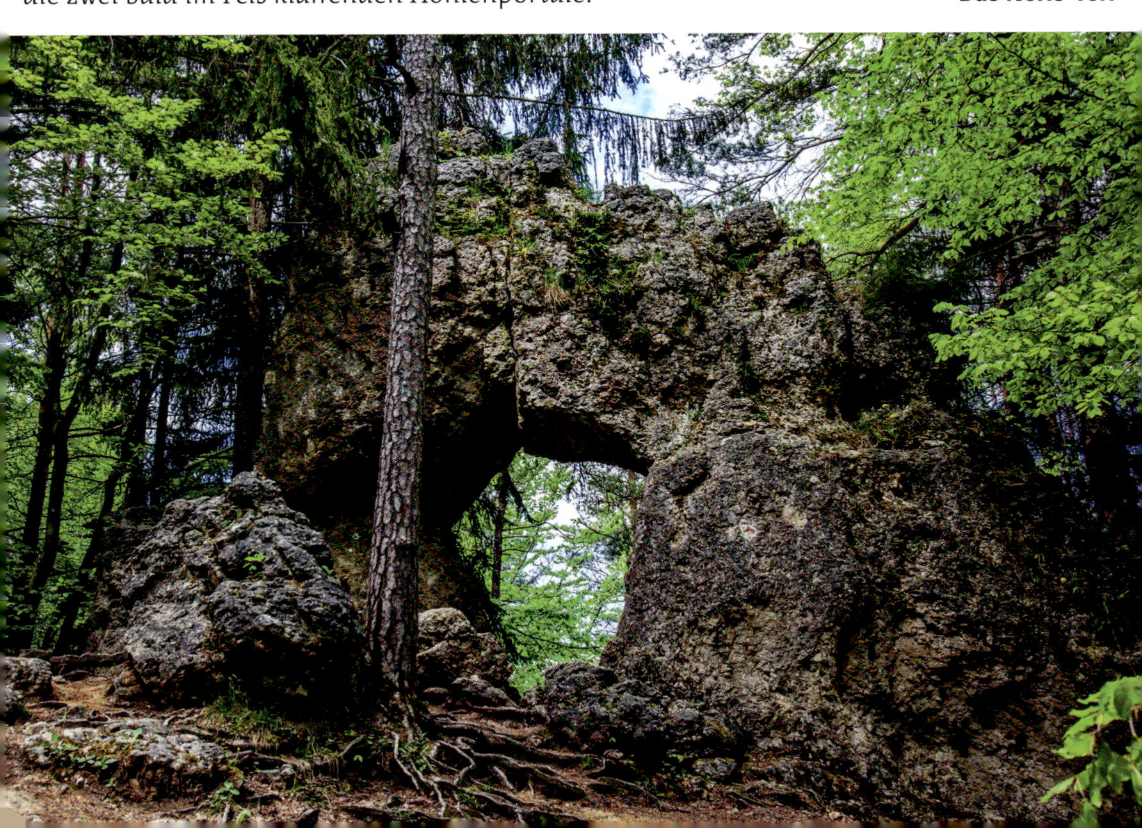

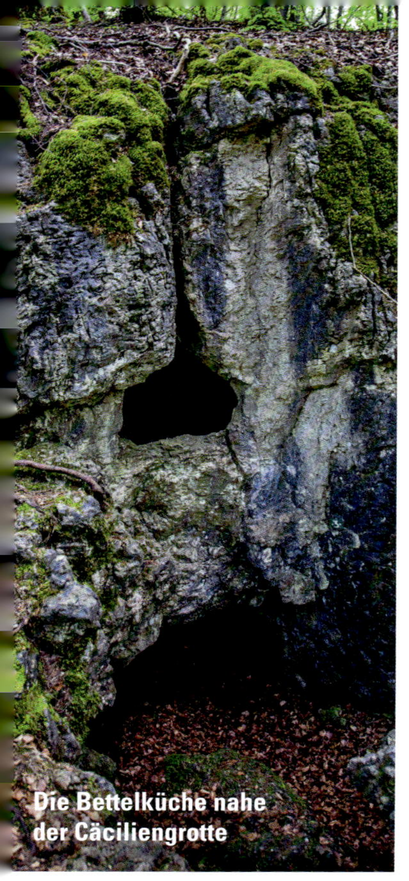

Die Bettelküche nahe der Cäciliengrotte

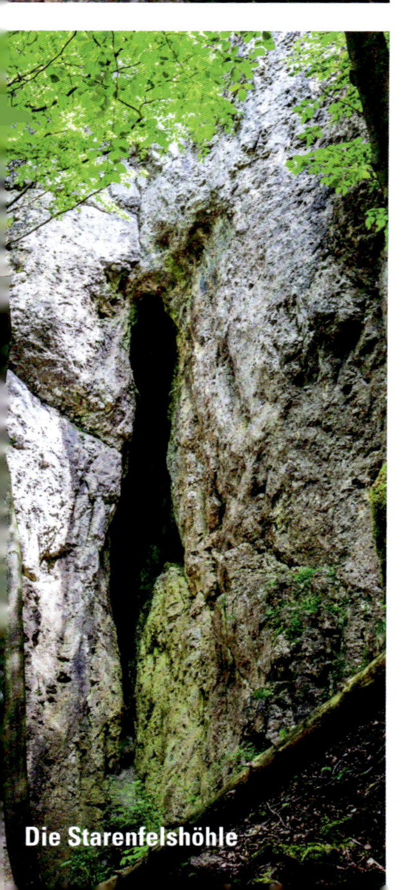

Die Starenfelshöhle

Euer Wanderzeichen schwenkt, sich an der Laufrichtung des Felsenkessels orientierend, nach rechts. Wenn sich die Felsen zurückziehen, geht ihr an einer Weggabelung mit Wandertafel nach rechts zum bereits sichtbaren, eine Erhöhung zierenden Noris-Törl. Auf der exponierten Anhöhe mit dem Kraxelfelsen links davon und dem dichten, den Waldboden durchdringenden Wurzelwerk davor wirkt das drei Meter hohe Felsentor wie das Portal in eine andere, von Zauberwesen bevölkerte Welt. Allgemein ist dieses Waldstück hervorragend dazu angetan, die Fantasie anzuregen. Das leuchtende Grün der im Frühsommer dicht belaubten Bäume lässt, wenn sich die Sonnenstrahlen durch das Blätterdach graben, den Wald märchenhaft schimmern. Wo die Baumkronen sich lichten, erobert gleißend helles Sonnenlicht begierig neuen Raum und lässt die Luft über dem Waldboden flirren. Glückskinder finden am Wegesrand seltene Orchideen, wie z. B. den geschützten Frauenschuh, der alten Geschichten zufolge feingliedrigen und zarten Elfen als Tanzschuh dient, wenn sie im silbrigen Schein des Maienmondes anmutig auf den Lichtungen des verwunschen wirkenden Waldes tanzen.

Zur Cäciliengrotte Vom Noris-Törl kehrt ihr, der Nummer 3 und zwecks der besseren Orientierung aus dieser Richtung kommend der Nummer 2 folgend, zur Kreuzung unterhalb des Castells zurück. Die weiße Nummer 2 auf Grünem Grund ist deshalb relevant, weil sie euch hinter der Castellwand den Weg in die rechte Abzweigung zur genannten Kreuzung mit der großen Wandertafel weist, wenn die Nummer 3 für einen Moment Pause macht. Dort angekommen, wechselt ihr geradeaus auf euer nächstes Wanderzeichen, den Gelben Punkt auf Weißem Grund, der euch bald nach unten trägt. Nach etwa 300 Metern biegt ihr mit dem Gelben Punkt nach links unten in einen Pfad ab, der bald nach links in einen breiten Fahrweg mündet. Schon kurz darauf führt euch der Gelbe Punkt vom Fahrweg wieder leicht nach rechts und bald aus dem Wald auf eine weitläufige Freifläche hinaus. Auf schmalem Pfad überquert ihr diese und wandert nach rechts bis zur nächsten Einmündung. Hier geht es mit eurem Wanderzeichen nach rechts, an einer Weggabelung erneut rechts haltend, sanft bergan. Bald erreicht ihr eine Kreuzung auf einem Sattel, von dem sich euch nach links ein schöner Blick hinüber zum imposanten Prinzregent-Luitpold-Turm auf der gegenüberliegenden Seite des Hirschbachtals bietet.

An der Kreuzung wechselt ihr vom Gelben Punkt wieder auf die Nummer 3 des Höhlenrundwanderwegs und folgt dieser auf dem linken von zwei möglichen Pfaden über Stock und Stein nach rechts hinauf in den Wald. Es dauert nicht lange und rechter Hand erhebt sich ein Felsmassiv, das ihr vom Wanderweg aus nach rechts mit der Nummer 3 auf schmalem, sich nach links über Felsstufen nach oben windenden Pfad erklimmt. Dort erspäht ihr durch einen niedrigen Durchgang das Portal einer kleinen, vermutlich von Meeresstrudeln geformten Höhle. Eingerahmt wird sie von einem schützenden Vorhof, den ihr entweder über den beschriebenen, gedrungenen Durchlass oder ein Stück weiter oben mit einer kurzen Kletterpartie überwindet. Damit entspricht diese Höhle, die ebenfalls als Bettelmannsküche bezeichnet wird, mit ihrem wohnraumähnlichen Charakter durchaus der Vorstellung einer natürlichen Behausung.

Aus der kleinen Höhle kommend, folgt ihr der Nummer 3 nach rechts. Euer Weg umrundet das Massiv nach rechts und überrascht euch auf dessen Rückseite mit einem schwungvollen Überhang. Dann geht es nach unten und an der linken Flanke eines stetig anwachsenden Massivs entlang. Die Nummer 3 trägt euch nach rechts hinauf und offenbart euch bald das in einer gewaltigen Felswand klaffende Portal der Cäciliengrotte. Es scheint fast, als wolle sich der Eingang schüchtern unter euren Blicken wegducken. Doch die Zurückhaltung ist nur gespielt. Schon die erste Halle der Cäciliengrotte präsentiert sich euch als großer, komfortabler Raum. Geradezu wohnlich laden die aus langen Baumstämmen bestehenden Sitzgelegenheiten zum Verweilen und Rasten ein. Die rechte Wand des Raumes öffnet sich dank des Versturzes nach oben weit dem hereinfallenden Tageslicht. Dorthin windet sich ein schmaler Pfad durch eine Felsenklamm in den zweiten, geheimnisvoll lockenden und kuppelartig ausgespülten Raum. Dessen Zauber offenbart sich euch am besten, wenn ihr bis zur Rückwand geht und euch dann, den Rücken an den kühlen Fels gedrückt, umdreht. Der Magie des gewaltigen kreisrunden Portals, durch welches sich das leuchtende Waldesgrün regelrecht in die Höhle ergießt und diese mit grünlichem Schimmer flutet, kann man sich kaum entziehen. Wie gebannt bestaunt man diese märchenhafte Pracht, die Zeit dort draußen, vor der Cäciliengrotte, vergessend.

In den Himmel Aus der Cäciliengrotte tretend folgt ihr der Nummer 3 nach rechts und bald den fordernden, von kleinen und großen Felsen geschmückten Hang hinauf zum Prellstein, dessen weißes Gestein von oben durch die Bäume strahlt. Dann schwingt sich der Weg mit eurem Wanderzeichen nach links an eine auf einer Lichtung liegende Kreuzung mit Wandertafel. Links davon erhebt sich der imposante Prellstein.

An der Kreuzung wechselt ihr auf euer neues Wanderzeichen, die Weiße Nummer 2 auf Grünem Grund. Sie führt euch, vom Prellstein kommend, von der Lichtung leicht nach rechts in den Wald und nach wenigen Metern nach links gewaltigen Felswänden entgegen, an denen der Höhenglücksteig in schwindelerregender Höhe entlangführt. Der Weg schwingt sich mit euch vor den prachtvollen Felswänden nach links oben. Bevor ihr mit der Nummer 2 den steilen Anstieg meistert, der bald nach rechts verläuft, lohnt sich ein kurzer Abstecher vom Weg scharf nach rechts oben in die Frankenkammer, deren Felsenfenster ihr sicher schon vorher über euch entdeckt habt. Die Frankenkammer erweist sich

13

als spannende, sich im hinteren Teil verjüngende Durchgangshöhle, in die von oben kommend sogar ein Teil des Höhenglücksteigs mündet.

Von der Frankenkammer kehrt ihr zur Nummer 2 zurück und folgt dieser nach oben, indem ihr das Felsmassiv steil nach rechts umrundet. Die Abzweigungen nach links (eine ist sogar mit der Nummer 2 markiert) ignorierend, folgt ihr eurem Wanderzeichen nach rechts hinauf. Die vielen, teils bizarren Felsen und die beeindruckenden Formationen beschwören eine geheimnisvolle, dabei auch beruhigende und euch wohlig umfangende Atmosphäre herauf. An einer Weggabelung folgt ihr der Nummer 2 nach rechts und das letzte Stück hinauf auf ein ebenes Plateau. Euer Wanderzeichen wirft sich zwischen den Bäumen zielsicher hin und her und führt euch schließlich auf den grandiosen, felsigen Aussichtspunkt „Am Himmel". Weit schweift euer Blick von dem gesicherten Fels ins Nürnberger Land. Einfach wundervoll, wie die waldgrünen Gipfel der Alb gleich gewaltigen Wellenbergen umherwogen. Direkt unter euch fallen die grauen Klippen, an denen sich der bei Kletterern beliebte Höhenglücksteig entlangwindet, steil in die Tiefe hinab. Ein fantastischer Ort, der dank einer perfekt platzierten Bank wie geschaffen für eine ausgedehnte Brotzeit in himmlischen Höhen ist.

Zur Starenfelshöhe Vom Aussichtspunkt kommend folgt ihr der Nummer 2 nach rechts, vorbei an einem weiteren Aussichtspunkt. Dahinter geht es bald auf wurzelbewehrtem Weg nach links hinunter an eine Kreuzung, die ihr mit der Nummer 2 geradeaus überquert, ehe ihr weiter hinabsteigt. Der Weg schwingt nach rechts an eine Wegteilung, an der ihr mit eurem Wanderzeichen nach links unten abbiegt. Wunderschön, welch markante Felsen sich hier emporschieben. Stattliche Türme und hohe Felswände zieren den Wegesrand. Bevor ihr den Wald verlasst, weist euch weiter unten die Nummer 2 den Weg nach rechts am inneren Waldrand entlang. Immer weiter folgt ihr eurem Wanderzeichen sanft nach oben, bis ihr an einem Holzplatz an eine Weggabelung gelangt. Hier wählt ihr die unmarkierte, rechte Abzweigung in einen nach unten führenden, breiten Schotterweg und trefft schon bald wieder auf die Nummer 2. An der nächsten Wegteilung folgt ihr eurem Wanderzeichen nach links in einen Waldweg, der euch kurz darauf an einer Einmündung nach links oben auf einen Sattel führt. Diesen überquerend lasst ihr euch von der Nummer 2 nach unten an den Waldrand tragen, wo euch eine Wandertafel erwartet.

Hier ist euer nächstes Ziel, die Starenfelshöhle, mit nur 300 Metern Entfernung angeschrieben. Um sie zu erreichen, wechselt ihr wieder auf die Nummer 3 des Höhlenrundwanderwegs und folgt dieser, noch für ein Stück von der Nummer 2 flankiert, auf einem Fahrweg am Waldrand entlang nach rechts. Der Weg führt euch wieder in den Wald und dort an eine Einmündung mit Wandertafel. Hier verlasst ihr die Nummer 2 und folgt der Nummer 3 scharf nach rechts oben Richtung Starenfelshöhle, gleich wieder in einer Kehre nach links hinauf und weiter dem hell leuchtenden Starenfels über euch entgegen. Nach gut 20 Metern schwenkt der Weg wieder nach rechts und schließlich nach links an den Fuß der Felswand, deren Verlauf ihr mit der Nummer 3 steil nach rechts oben folgt. Dort empfängt euch linker Hand das acht Meter hohe, spaltenartige Portal der Starenfelshöhle, die auch „Grüne Grotte" genannt wird. Vermutlich aufgrund der Schutzwirkung einer nur mit einer Kraxelei überwindbaren Felsenrampe wurde sie schon früh von Menschen als Wohnstatt genutzt. Darauf weisen Funde von Stein- und Knochengeräten, Bronzeteilen und Keramikscherben hin.

Der Rückweg nach Etzelwang Von der Starenfelshöhle führt euch die Nummer 3 entlang der Starenfelswände nach rechts unten an einen Wanderweg, dem ihr nach links oben folgt. Haltet euch an der nächsten Weggabelung rechts und folgt der Nummer 3, die bald nach rechts schwingt und euch sanft nach unten, Richtung Neutras trägt. Mit Blick auf das vor euch liegende Neutras führt euch die Nummer 3 aus dem Wald an eine Einmündung. Hier wechselt ihr auf das letzte relevante Wanderzeichen eurer heutigen Tour, den Schwarzen Nordic Walker auf Rotem Grund, dem Zeichen der vom Res'nbauernhof in Neutras gestifteten Res'n-Runde. Sie führt euch scharf nach links an einer Pferdekoppel entlang auf einem Schotterweg, der bald zum Pfad wird. Als zusätzliche Orientierungspunkte könnt ihr bis zur nächsten großen Wandertafel auch das Grüne Kreuz auf Weißem Grund und eure alte Bekannte, die Nummer 2, nutzen. Sie alle geleiten euch bald nach links unten an den Rand einer weitläufigen Freifläche und münden dort mit euch nach links in eine breite Schotterstraße. Wo diese an einer Kreuzung zur Pflasterstraße wird, findet ihr am Wegesrand die besagte, große Wandertafel. Hier verabschiedet ihr euch von den zwei grünen Orientierungshilfen und folgt dem Nordic Walker der Res'n-Runde auf der Pflasterstraße geradeaus über die Kreuzung und nach links schwingend am Waldrand hinab. Nach einer Weile weicht

Aufmerksame Blicke von der Pferdekoppel bei Neutras

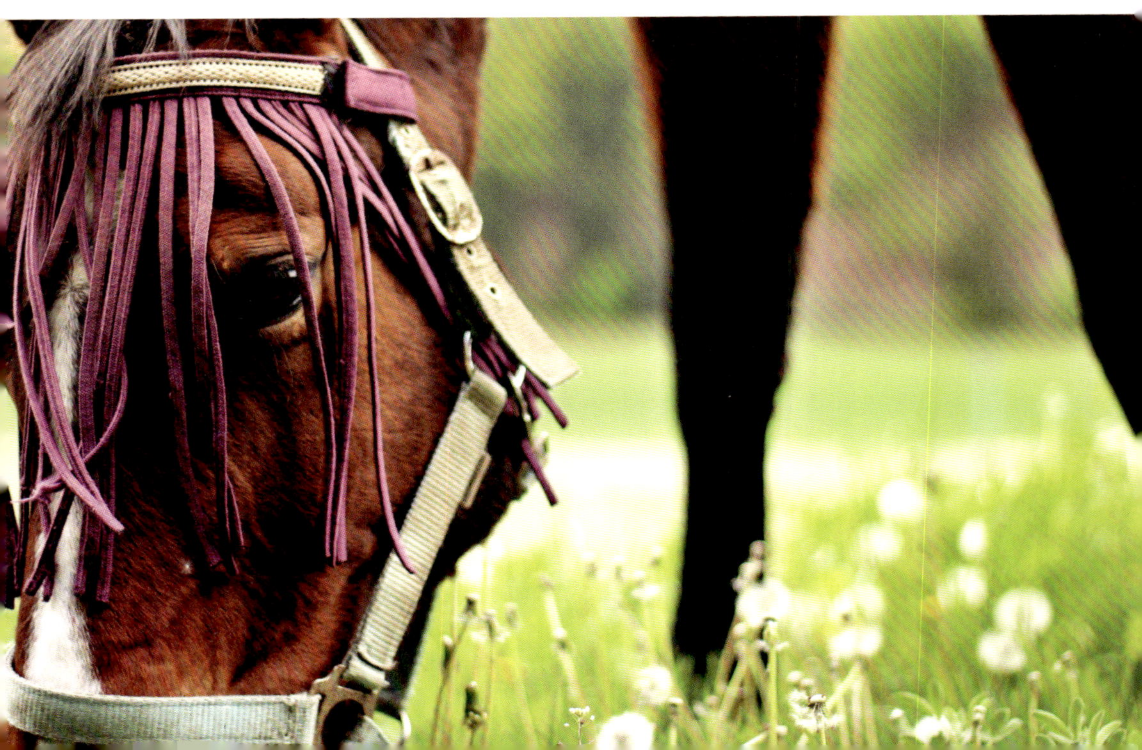

das Pflaster wieder der Schotterstraße. Auf dieser wandert ihr bequem über eine weitere freie Fläche. An deren Ende rücken die Waldränder von rechts und links enger zusammen, fast bis an den Wegesrand heran. Rechts am Waldrand steht eine Holzbank. Hier weist euch der Nordic Walker den Weg von der Schotterstraße leicht nach rechts auf einen grasbewachsenen Fahrweg am Waldrand entlang und bald in den Wald hinein, wo euer Weg nach links schwingt.

Hier heißt es nach gut 60 Metern aufpassen: Haltet euren Blick aufmerksam links! Denn dort versteckt sich an einem Baum der Nordic Walker, der euch den Weg nach rechts in einen unscheinbaren, dicht bewachsenen Pfad weist. Dieser wird bald wieder zum breiteren Weg und trägt euch bequem hinunter auf eine Wiese. Diese überquert ihr und erkennt links am Waldrand bald eine Wandertafel, von der euch der Nordic Walker grüßt und bezeugt, dass ihr auf dem rechten Weg wandert. Der Wiesenweg wird geradeaus zum Fahrweg und führt euch an einer Koppel vorbei. Dahinter erreicht ihr am Waldrand eine Bank und eine weitere Wandertafel. Hier folgt ihr dem Nordic Walker Richtung Etzelwang nach rechts in den Wald. Als Orientierungshilfe könnt ihr auf diesem letzten Wegstück den Roten Punkt auf Weißem Grund, das Zeichen des Peter-Schoener-Wegs, nutzen. Die beiden Wanderzeichen führen euch dank ihrer großzügigen Präsenz am Wegesrand zielsicher durch den Wald und zu guter Letzt auf schmalem Pfad hinunter in das euch bekannte, herrlich geschwungene Tal. Hier gelangt ihr nach links an die Landstraße, die euch mit dem Roten und dem Blauen Punkt auf bekanntem Weg nach rechts zurück nach Etzelwang trägt. Dort wandert ihr auf der Hauptstraße durch den Ort, überquert den hübschen Schusterpark nach rechts und folgt dahinter dem Schmankerlweg zurück zum Etzelwanger Bahnhof, wo ihr eure Wanderung beendet.

Wissen für Angeber

Eine kurze Geschichte vom Betteln In früheren Zeiten war Betteln weit weniger verpönt als heute. Im antiken Griechenland zum Beispiel glaubten die Menschen, dass die Götter hin und wieder vom Olymp zur Erde herabstiegen, um in der Gestalt von Bettlern, Straßenmusikanten und Prostituierten den Glauben der Menschen auf die Probe zu stellen. Einen Bettler schlecht zu behandeln, hätte einen gläubigen Griechen somit teuer zu stehen kommen können. Ein Beleg dafür, dass Bettler bei den alten Griechen durchaus weitreichendere Befugnisse hatten als ihre heutigen Kollegen, ist, dass sich der berühmte Odysseus in der Ilias nach seiner langen Irrfahrt als Bettler unbemerkt in seinen eigenen Palast schleichen konnte, um dort den unverschämten, um die Hand seiner verzweifelten Frau Penelope buhlenden Freiern kurzen Prozess zu machen.

Im Mittelalter galt es im christlich geprägten Abendland geradezu als erstrebenswert, allem irdischen Luxus, ganz dem Vorbild Jesu folgend, zu entsagen und von Almosen zu leben. Zudem boten Bettler den Reichen die Möglichkeit, sich mit Spenden barmherzig zu zeigen und sich so einen guten Platz im Jenseits zu sichern. Hinzu kam, dass Bettler im Gegenzug für Almosen für die Spender beteten. Im damaligen Verständnis, dass das Jenseits so real war wie das Diesseits, lohnte sich die Großzügigkeit für die Reichen somit gleich doppelt.
Als die Bevölkerung jedoch stetig anwuchs und Hungersnöte immer mehr Bettler in die Städte spülte, erließ zum Beispiel die Reichsstadt Nürnberg im Jahr 1370 die erste Almosenordnung in Deutschland. Von diesem Moment an durfte nur noch betteln, wer über eine entsprechende Genehmigung in Form eines an der Kleidung zu tragenden Bettelzeichens verfügte. Als dann im Jahr 1522 das Betteln in Nürnberg ganz verboten wurde, übernahm das Almosenamt die Unterstützung der Bedürftigen.
Heute ist Betteln in Deutschland erlaubt. Doch anders als früher fühlen wir uns heute von sichtbarer Armut in unserem ästhetischen Empfinden, das von der Hochglanzwelt der Medien geprägt wird, beleidigt. Oft rümpfen wir vorurteilsbehaftet die Nase oder sehen beschämt zur Seite. Hier könnte uns der schöne Spruch aus dem Talmud als Leitbild dienen: Wer einen Menschen rettet, der rettet die ganze Welt.

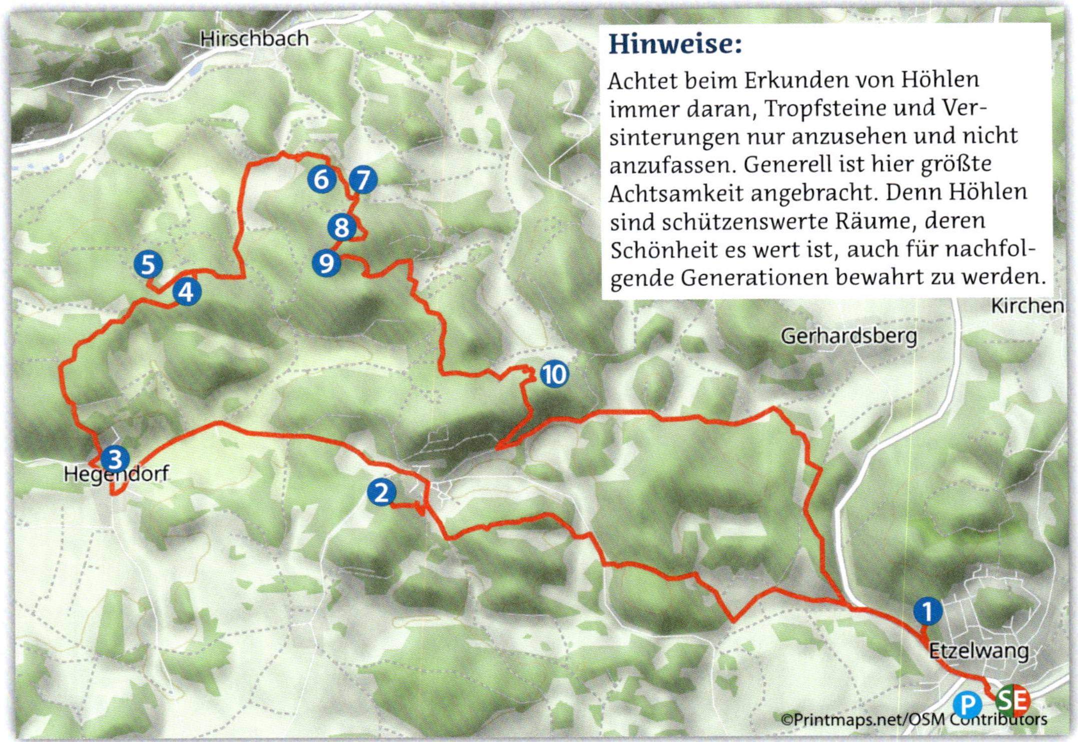

Hinweise:

Achtet beim Erkunden von Höhlen immer daran, Tropfsteine und Versinterungen nur anzusehen und nicht anzufassen. Generell ist hier größte Achtsamkeit angebracht. Denn Höhlen sind schützenswerte Räume, deren Schönheit es wert ist, auch für nachfolgende Generationen bewahrt zu werden.

14

Märchenwald und Felsenklippen

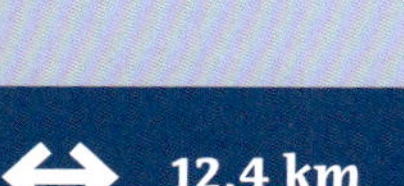
12,4 km

338 Hm

4,5 h

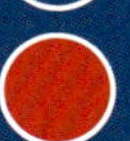
mittel

Eckdaten:

Schatten/Sonne: meiste schattige Waldwege

Start-/Endpunkt: Bahnhof Etzelwang Linien RE 40, RE 41, RE 47

Parkplatz: Badparkplatz 92268, Etzelwang

Ausrüstung: Taschenlampe für die Erkundung des Franzosenlochs

Einkehrtipp: Der Etzelwanger Felsenkeller, Tel. 09663 555, Mobil 0160 7757389

Auf stillen und oft verwunschen anmutenden Waldwegen erkundet ihr vier Berge und deren faszinierende Felsformationen rund um Etzelwang. Zu den beeindruckenden Felsgebilden gesellen sich ein märchenhaftes Schloss samt verträumtem Naturpark, ein liebevoll gestalteter Dokumentationsort und einige Höhlen, die der Wanderung einen Hauch von Abenteuer verleihen.

Highlights:

1. Kleine Felsenburg auf dem Knappenberg
2. Felsenwelt des Buchenbergs
3. Kirchenruine St. Martin in Ermhof
4. Schloss Neidstein
5. Franzosenloch (Philipshöhle)
6. Vogelloch
7. Nördliches Helmloch
8. Felsengarten „Die Sieben Brüder“

Die Sage

Der Riesenstein Eisig blies der Ostwind durch die hohen Gänge und weit gespannten Bögen der Riesenburg auf dem Neidstein. Auf seiner verzweifelten Suche nach einem Ausgang pfiff der Wind wehklagend um die Ecken und Kanten der weitläufigen Höhle. An diesem tristen Herbsttag wurde das wimmernde Zwielicht in den Gängen der Riesenburg von der Finsternis der vom Sturm über das Land gepeitschten Wolken nahezu gänzlich verschlungen. Der tobende Sturmwind wurde von anderen, noch viel erschütternderen Geräuschen übertönt. Durchdringendes, gellendes Gelächter, unterbrochen von schmerzverzerrtem Kreischen und angsterfülltem Wiehern flutete die Höhlengänge.

In der gewaltigen Höhlenburg hausten seit vielen Jahren ein alter Riese und seine Tochter. Der Vater, ein milder und besonnener Gigant, war den Menschen der Umgebung ein guter Freund und Beschützer. Er half ihnen mit seinen immensen

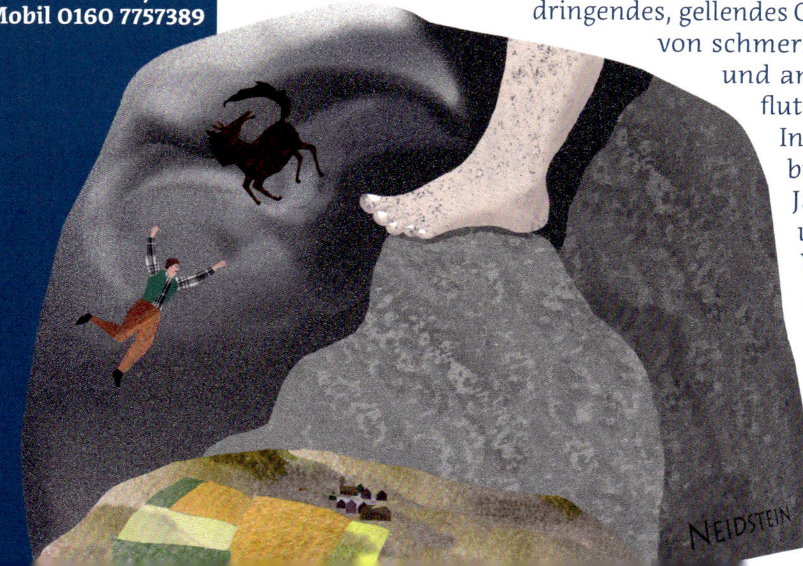

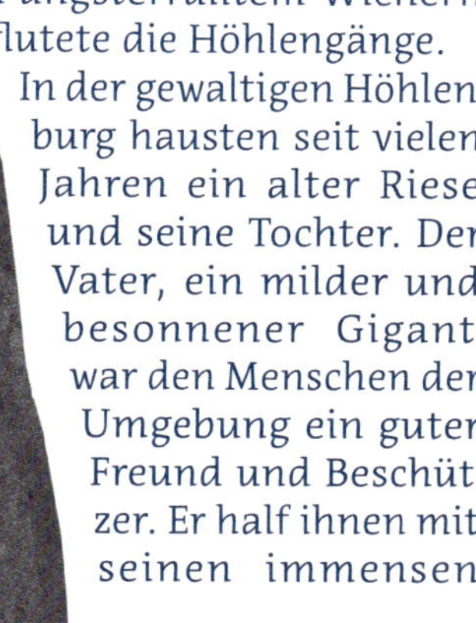

Kräften beim Bau ihrer Häuser und verteidigte sie gegen umherziehende Räuberbanden. Im Gegenzug versorgten die Menschlein ihn und seine Tochter mit Getreide, Gemüse und Früchten.
Das Riesenkind jedoch war von ganz anderem Charakter. Durchtrieben und hinterhältig spielte es den Menschen immer wieder üble Streiche. Nachts riss es die Mauern ihrer Häuser ein, deckte die Strohdächer ab und versteckte Pflüge und Wagen tief im Wald.
An diesem dunklen Tag jedoch hatte die Tochter des Riesen einen besonders üblen Scherz ersonnen. Sie hatte einen Bauern samt Pferd und Wagen von seinem Acker entführt und in die väterliche Höhle verschleppt.
Hier spielte sie nun mit den beiden erbarmungswürdigen Geschöpfen, als wären es empfindungslose Holzfiguren. Sie wirbelte Bauer und Pferd herum, warf sie hoch in die Luft und rammte sie in den lehmigen Höhlenboden. Ein ums andere Mal hörte man die Knochen ihrer Opfer splitternd bersten. Aus dem Wehgeschrei wurde schmerzerfülltes Stöhnen und Ächzen.
Da endlich kam der alte Riese nach Hause, sah das grausame Treiben seines Kindes und erschrak fürchterlich über die Kaltherzigkeit seiner Tochter. Streng wies er sie zurecht. Das Kind, von Jähzorn gepackt, stürmte aus der Riesenburg und hinauf auf den Gipfel des Neidsteins. Von dort schleuderte sie den Bauern und sein Pferd wutentbrannt in die Tiefe, wo sie am Fuß des Neidsteins zerschmettert liegen blieben.
Die Dorfbewohner, die sich in der Sturmnacht auf die Suche nach den Vermissten machten, fanden die leblosen Körper und brachten sie im Trauerzug ins Dorf zurück.
Die Bauersfrau, in ihrem Schmerz von Wut und Hass überwältigt, verfluchte den Riesen und seine Tochter.
In diesem Moment fing der Sturm noch lauter an zu wüten. Blitze zuckten durch den nächtlichen Himmel und das sich rhythmisch wiederholende Grollen des Donners erschütterte die Erde. Das Beben kroch stetig den Neidstein empor und ließ den Fels zerspringen, der den Riesen und seine Tochter unter Abertausenden Gesteinsbrocken begrub.
Noch heute trägt einer der Dolomitfelsen am Fuß des Neidsteins in Erinnerung an diese schicksalhafte Nacht den Namen „Riesenstein".

Nach Emmi Böck. Der Riesenstein. Sagen aus der Oberpfalz, S. 58

Die Wegbeschreibung

Wenn ihr mit dem Auto anreist, folgt ihr vom Badparkplatz der Hauptstraße nach rechts zum Schusterpark und von dort der Beschilderung des Schmankerlwegs hinauf zum Bahnhof. Dort beginnt eure Wanderung.

Auf den Knappenberg Direkt neben Gleis 2 des Etzelwanger Bahnhofs empfängt euch eine kleine Wandertafel, an der euch bereits euer erstes Wanderzeichen der heutigen Tour erwartet. Es ist die Weiße Nummer 6 auf Grünem Grund. Sie wird euch bis auf den Knappenberg begleiten.

Ihr folgt der Nummer 6 entlang eines Jägerzauns sanft nach rechts oben. Am Ende des Jägerzauns mündet ihr mit eurem Wanderzeichen nach rechts in einen Schotterweg. Drüben am Waldrand erspäht ihr rechts von euch die mit schönem Fachwerk geschmückte Hütte des Etzelwanger Felsenkellers.

Vor mehr als 160 Jahren nutzten Arbeiter, die an der Eisenbahnstrecke Nürnberg-Regensburg bauten, dieses Haus als Brotzeitraum und die Ingenieure als Schlafunterkunft. Bis in die 60er Jahre des letzten Jahrhunderts trafen sich hier donnerstags die Nürnberger und Amberger Richter für „Besprechungen". Auch heute noch finden hier hungrige und durstige Wanderer einen hervorragenden Ort für eine zünftige Einkehr.

Ihr gelangt an die nächste Wegteilung, an der ihr mit der Nummer 6 nach links oben abbiegt. Im Frühjahr, bevor die Bäume ihr grünes Blätterkleid überstreifen, künden hier blaue Veilchen, weiße Gänseblümchen und violette Kuhschellen von der nahenden, warmen Jahreszeit und verströmen bunte Frühlingsgrüße. Vorbei an einer langen Aussichtsbank gewinnt euer Weg an Steigung und trägt euch weiter hinauf auf eine große Lichtung. Dahinter nimmt euch der Wald wohlwollend auf und trägt euch bald sanft hinab an eine Weggabelung, an der ihr euch mit eurem Wanderzeichen rechts haltet. Der Weg wird zum romantischen Pfad, der sich entspannt mit euch durch den Wald schlängelt. Hinter einer kleinen Schlucht führt euch die Nummer 6 an eine unmarkierte Einmündung. Ihr biegt rechts ab und trefft schon bald wieder auf euer Wanderzeichen. An der nächsten Weggabelung informiert euch eine Wandertafel darüber, dass es mit der Nummer 6 und dem sich dazugesellenden Roten Querstrich auf Weißem Grund nur noch 200 Meter hinauf auf den Knappenberg sind. Doch diese 200 Meter haben es ganz schön in sich. Auf dem steilen Weg tauscht ihr eure Puste gegen Höhe ein. Die eine oder andere Verschnaufpause ist hier durchaus gestattet. Und beim letzten Stück nach rechts oben hört man den inneren Schweinehund hämisch kichern. Doch wenn es geschafft ist, werdet ihr mit dem Anblick einer schroffen, kleinen Felsenburg belohnt, deren Umrundung ihr am besten am Fuß des Felsmassivs nach rechts beginnt. Der schmale Pfad, der sich um den Fels schwingt, führt euch an einen Aussichtspunkt, von dem ihr in ein idyllisches Tal blickt, an dessen Ende ein einzelner Obstbaum sich streckend und reckend in alle Himmelsrichtungen verzweigt.

Zu den Felsklippen des Buchenbergs Vom Aussichtspunkt kommend, weist euch vor der Felsenburg des Knappenbergs ein schön gestaltetes, hölzernes Wanderschild den Weg hinauf Richtung Neukirchen und Erkelsdorf. Ihr folgt der Beschilderung und dem Roten Querstrich auf Weißem Grund, der euch bis zum Bahnhof in Neukirchen bei Sulzbach-Rosenberg zuverlässig leiten wird. Ihr wandert über den mit dichtem Wurzelwerk durchzogenen Felsenkamm ein Stück nach oben und danach bequem über das Plateau des Knappenbergs. Die bizarr geformten, euren Weg säumenden Buchen künden schon von eurem nächsten Ziel, dem felsigen Gipfel des Buchenbergs. Der

Rote Querstrich, das Zeichen des Östlichen Albrandwegs, trägt euch bald hinunter in eine Senke, wo ihr eurem Wanderzeichen und der Beschilderung, am Fuß einiger schöner Felsen, leicht rechts hinab Richtung Erkelsdorf folgt. Mit dem Roten Querstrich überquert ihr eine Kreuzung und verlasst weiter unten den Wald, vorbei an einer schön platzierten Ruhebank und dahinter nach links in einen Feldweg mündend hinein nach Erkelsdorf. Offenen Auges werdet sicher auch ihr die vielen dekorativen Kunstwerke an den Zäunen und auf den Grundstücken entdecken, die einem ein verzücktes Schmunzeln ins Gesicht zaubern. Bei der ersten Gelegenheit biegt ihr nach rechts unten zur Ortsdurchfahrt ab und folgt dieser mit dem Roten Querstrich nach links. Kurz vor Erreichen des Ortsendes verlasst ihr die Ortsdurchfahrt mit eurem Wanderzeichen halb rechts und lasst euch von einem Schotterweg aus Erkelsdorf hinaus und mit elegantem Schwung dem Buchenberg entgegentragen.

Am Fuß des Buchenbergs gabelt sich der Weg. Ihr entscheidet euch mit eurem Wanderzeichen für die rechte Abzweigung und erreicht kurz darauf den Waldrand. Dort steigt ihr bei der ersten Gelegenheit mit dem Roten Querstrich nach links oben in den Wald und den knackig steilen, dafür kurzen Hang hinauf. Auf dem Weg hinauf auf das Plateau erheben sich euch gegenüber die gewaltigen Felsenklippen des Buchenberges. Was für ein erhabener Anblick: Kerzengerade schieben sich die grauen Felsriesen aus dem Waldboden entschlossen dem, sich zwischen den Baumkronen blau abzeichnenden, Himmel entgegen. Bäume, die sich gleich mutigen Akrobaten in schwindelerregender Höhe über die steil hinabfallende Felsenkante beugen und Moospartien, die gleich fliehendem Wasser Stück um Stück dem Waldboden entgegenzustürzen scheinen, nehmen sie mit auf ihrem unaufhaltsamen Weg nach oben. Nach links führt euch der Rote Querstrich über einen kurzen, dafür umso spannenderen Felsengrat, hinauf auf das felsige Plateau des Buchenbergs. Zwischen den Felsmassiven winden sich abenteuerliche Pfade hindurch und offenbaren euch so manches steinig schöne Geheimnis. Doch Vorsicht! Die gefährliche Kante der steil abfallenden Klippe solltet ihr stets meiden.

Zum Schloss Neidstein Vom Plateau des Buchenbergs schwingt sich der Rote Querstrich über einen fantastischen Kehrenweg schlangenartig den Hang hinunter und dem Örtchen Ermhof entgegen. Oberhalb des Ortes gelangt ihr über Stufen an eine Einmündung mit Wegweiserbaum und folgt dem Roten Querstrich nach links Richtung Neukirchen. Gediegen trägt euch der Weg hinab und am Waldrand nach rechts hinüber nach

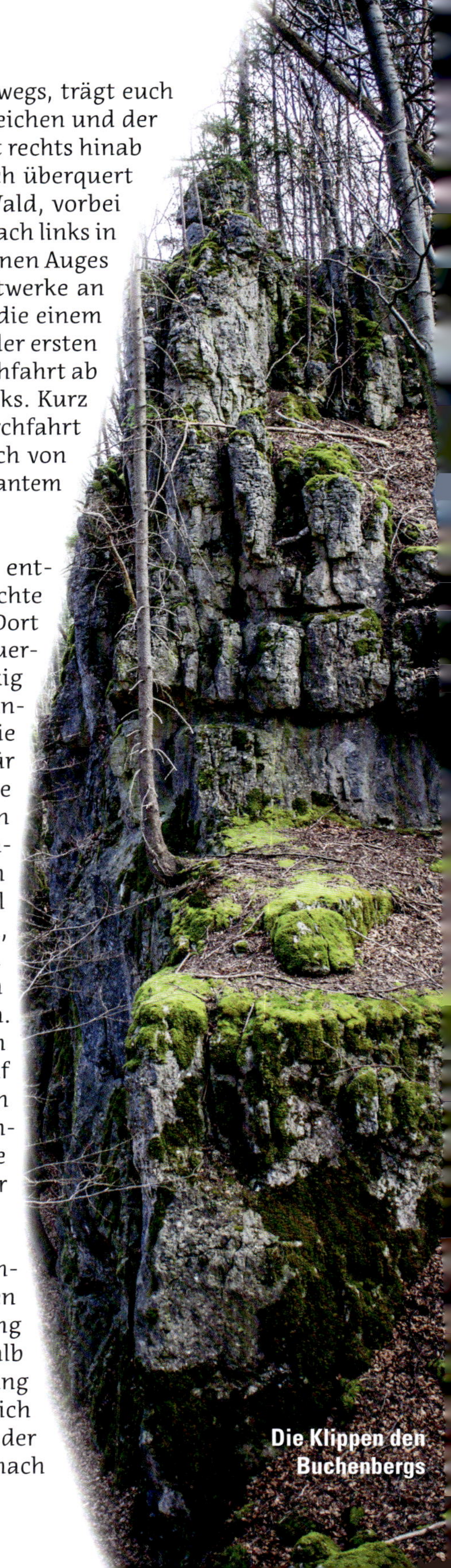
Die Klippen den Buchenbergs

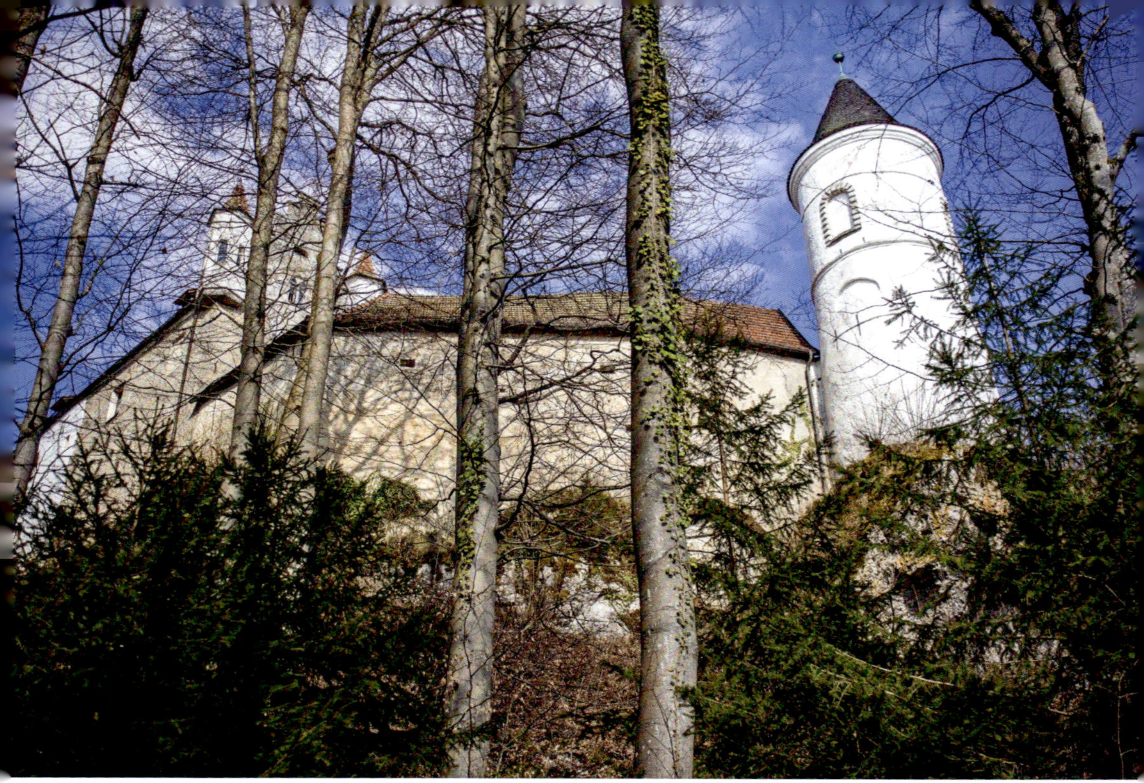

Ermhof. Dort erreicht ihr, vorbei an einem in Würde gealterten Haus mit Fachwerkschmuck, die Ortsdurchfahrt.

Hier verlasst ihr den nach links verlaufenden Roten Querstrich nach rechts für einen kurzen, beschilderten Abstecher zur 200 Meter entfernten, liebevoll gestalteten Informations- und Dokumentationsstätte St. Martin. Mehr als 1000 Jahre lang stand dort ein Gotteshaus, das im 15. Jahrhundert zur weithin bekannten Wallfahrtskirche avancierte.

Von St. Martin kommend folgt ihr der Ortsdurchfahrt nach links und mit dem Roten Querstrich bis kurz hinters Ortsschild. Dort biegt ihr mit eurem Wanderzeichen Richtung Neukirchen nach rechts in einen Feldweg ein, wandert zwischen Wiesen und Feldern, dann durch ein Waldabteil und erreicht schließlich den Ortsrand von Neukirchen. Vorbei an einer Pferdekoppel gelangt ihr an einer Einmündung mit dem Roten Querstrich nach links und bei der nächsten Gelegenheit nach rechts auf „Am Fichtenhof" nach unten an die Erkelsdorfer Straße. Dieser folgt ihr mit eurem Wanderzeichen nach rechts durch eine Bahnunterführung und verlasst den Roten Querstrich dahinter nach links Richtung Bahnhof. Kurz darauf empfängt euch ein hölzerner Schilderbaum, der euch den Weg zum Neidstein leicht rechts in einen schmalen Fußgängerweg weist. Hier trefft ihr auf euer neues Wanderzeichen, das Blaue Kreuz auf Weißem Grund. Es wird euch bis vor das Schloss Neidstein begleiten. Der Fußgängerweg geht mit dem Blauen Kreuz geradeaus in den Breslauer Weg über, mit dem ihr nach links in die Etzelwanger Straße mündet und diese kurz darauf, am Wertstoffhof, mit eurem Wanderzeichen nach rechts verlasst. Vorbei am Spielplatz und über ein

Brücklein schwenkt ihr nach links in einen breiten Schotterweg. Von diesem zweigt ihr ein Stück weiter mit dem Blauen Kreuz nach rechts zum Wald hin ab, wandert bald am Waldrand entlang, haltet euch bei der nächsten Gelegenheit mit eurem Wanderzeichen Richtung Neidstein links und werdet von einem schönen Waldweg aufgenommen. Es dauert nicht lange und ihr steigt nach rechts über Treppenstufen und einen schmalen, steilen Pfad nach oben. Am Fuß beeindruckender Felsen wandert ihr auf einem wundervollen Hangweg entspannt hinauf, wo ihr schließlich eine Lichtung erreicht. Von dieser aus leitet euch euer Wanderzeichen auf breitem Schotterweg nach links unten, um schon nach etwa 100 Metern nach rechts in einen schmalen Waldweg abzuzweigen, mit dem ihr an den Fuß der Neidsteiner Schlosstreppen gelangt. Malerisch liegen sie da und versprechen euch einen bezaubernden Aufstieg. Durch den märchenhaft anmutenden, natürlich wirkenden Park geht ihr, begleitet von den faszinierenden Ansichten, die aus dem Zusammenspiel schroffer Felsen und alter, erhabener Bäume entstehen, immer weiter hinauf bis an eine im Schatten eines stattlichen Felsens liegende Wegteilung.
Hier macht ihr erst einmal einen Abstecher nach rechts und gelangt über einige ausgetretene Treppenstufen vor das gusseiserne Tor von Schloss Neidstein. Aus dem durch die weißen Mauern hell erleuchteten Schlosshof grüßt euch die verschmitzt grinsende Figur des Gestiefelten Katers. Die Präsenz dieser Märchengestalt unterstreicht den romantischen Charakter von Schloss Neidstein, das im 16. Jahrhundert um die Ruinen der vormals auf dem Schlossberg befindlichen, gleichnamigen Burg erbaut wurde, die wiederum über der Neidsteingrotte steht. Kann es sich bei der Neidsteingrotte etwa um die eingestürzte Riesenburg handeln? Und wenn ja, sind dann der alte Riese und seine garstige Tochter noch immer unter den Felsen und den stolzen Bauten begraben? Wer weiß. Doch wenn der Wind in den Baumkronen über euch den Blättern ein murmelndes Rauschen entlockt, mag es auf so

Altehrwürdige Scheune in Ermhof

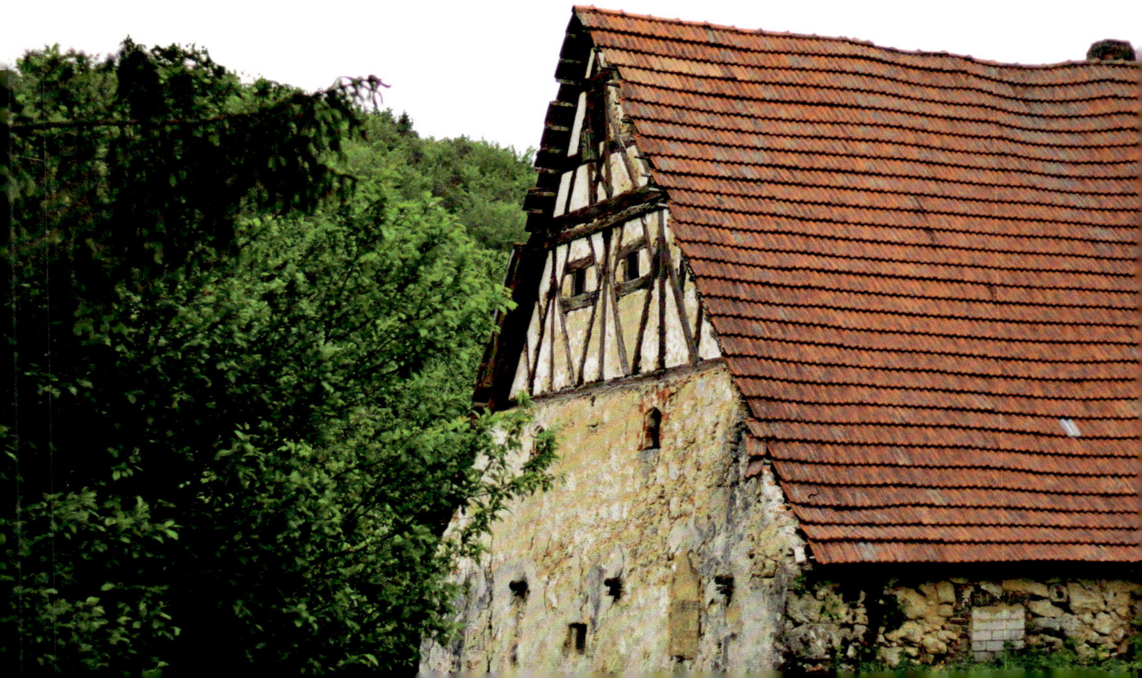

manchen fantasiebegabten Menschen wirken, als höre er tief unten im Stein das Stöhnen der Riesen, die dort seit Jahrhunderten gefangen sind und verzweifelt auf Erlösung warten.

Zum Vogelloch Vom Schlosstor kehrt ihr zur Gabelung unterhalb des Felsens zurück und folgt einem unmarkierten, verwunschenen Pfad durch dichtes Gebüsch nach rechts unten. Ihr wandert am Fuß des imposanten Burgfelsens. Achtet auf die sich im Waldboden etwas versteckenden Treppenstufen, die euch unterhalb einer stattlichen Felswand, weiterhin ohne Wanderzeichen, nach links unten führen und bald nach rechts in einen komfortablen Pfad schwingen. Wieder wandert ihr traumwandlerisch durch einen Teil des stimmungsvollen Neidsteiner Schlossparks, der hier wie ein von der Zeit vergessener Ort wirkt. Besonders schön ist der Blick nach rechts hinauf zum Schloss Neidstein, das sich euch, wenn die Bäume davor im Frühjahr noch nicht ihr Blätterkleid angelegt haben, gleißend hell und Magie versprühend präsentiert. Kein Wunder, dass sich einst auch der Hollywood-Star Nicolas Cage von Schloss Neidstein verzaubern ließ und das wundervolle Bauwerk käuflich erwarb.

Kurz hinter dem Platz mit dem schönen Burgblick heißt es aufpassen: Vom weiter geradeaus verlaufenden Pfad zweigt ihr mit einem Stichweg sehr scharf nach rechts ab und gelangt auf schmalem Pfad vor das Portal des kleinen Franzosenlochs, das auch Philipshöhle genannt wird.

Der Name Franzosenloch lässt sich sicher auf die Zeit des sogenannten 1. Koalitionskrieges vor mehr als 200 Jahren zurückführen, als die französischen Revolutionstruppen bis tief in die Oberpfalz vordrangen und überall, wo sie auftauchten, Angst und Schrecken verbreiteten. Ob die kleine Höhle nun von französischen Soldaten oder von verängstigten Einwohnern genutzt wurde, ist nicht bekannt. Jedoch gibt es in der

Die Sieben Brüder

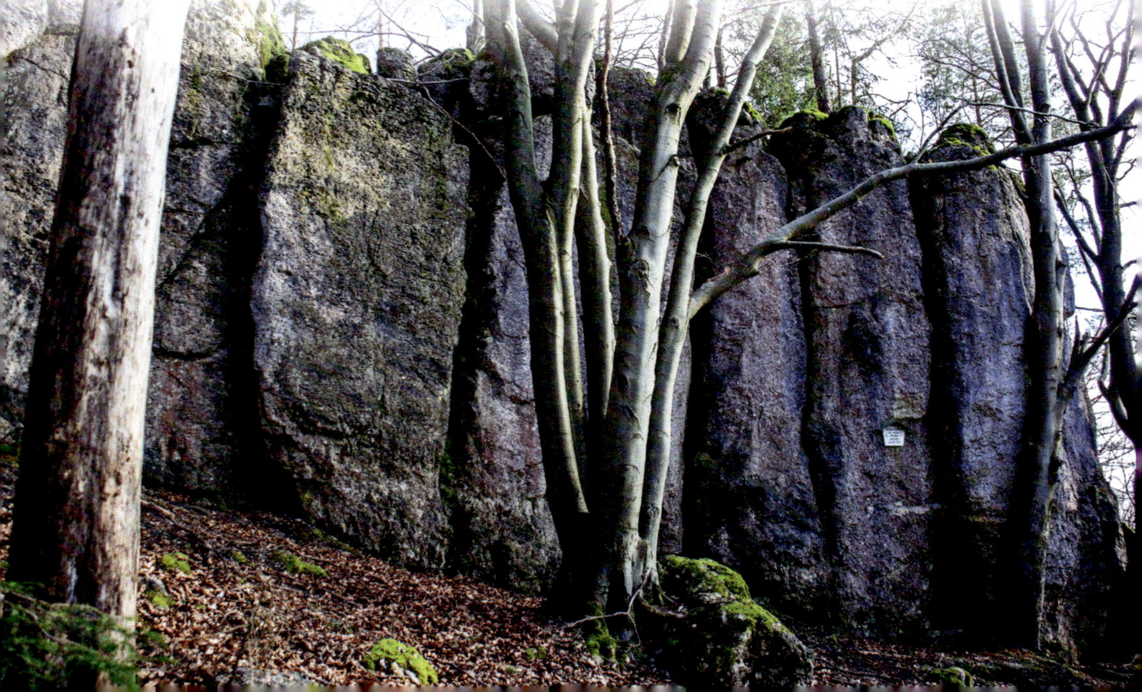

näheren Umgebung noch zwei weitere Höhlen gleichen Namens, was durchaus auf die Intensität der damaligen Geschehnisse schließen lässt.

Vom Franzosenloch kehrt ihr zum Pfad zurück und folgt diesem nach links, um den Schlossberg weiter nach rechts zu umrunden. Schließlich mündet der unmarkierte Pfad in den Weg mit der Weißen Nummer 2 auf Grünem Grund. Mit diesem Wanderzeichen, das euch bis hinter Rupprechtstein begleiten wird, steigt ihr über einige Stufen, nach links unten und wandert, vorbei an einer Wandertafel, an der euer nächstes Ziel Rupprechtstein bereits angeschrieben ist, unterhalb beachtlicher Felsen der Straße entgegen. Kurz vor Erreichen der Straße zweigt von der Nummer 2 ein Pfad nach links hin zu den mit dichtgrünem Efeu berankten Felsen und dem darin klaffenden Eingang des Vogellochs ab. Ein Felsen versucht, sich schützend vor das Portal zu schieben und es so vor neugierigen Blicken zu verbergen. So entsteht ein faszinierendes Ensemble, das erneut die Fantasie beflügelt.

Zu den Sieben Brüdern Vom Vogelloch kehrt ihr zur Nummer 2 zurück und gelangt mit dieser nach links, zuletzt über einige Stufen, aus dem Wald an die Straße. Ihr überquert die Straße nach links und geht mit der Nummer 2 auf geschottertem Weg zwischen Koppeln hindurch und an deren Ende, eurem Wanderzeichen folgend, nach rechts. Es geht ein Stück oberhalb einer der Koppeln entlang und dann nach links in den Wald und den Hang hinauf. Im Verlauf des Aufstiegs wird der Weg zum Hohlweg, dessen bauchige Rundung euch angenehm wohlig umfängt. Weiter oben mündet ihr mit der Nummer 2 leicht links in einen breiteren Fahrweg.
Gleich hinter der Einmündung zweigt ein unmarkierter Pfad nach links und nach wenigen Metern erneut nach links in den Wald ab und strebt, unterhalb eines markanten Felsmassivs, dem sich im Fels öffnenden Nördlichen Helmloch entgegen. So spektakulär wie andere Höhlenportale ist diese kleine Höhle, die eher an einen Überhang erinnert, sicher nicht. Doch schafft sie zusammen mit dem soeben erwähnten Felsmassiv im fliehenden Licht eines späten Nachmittags, wenn die Sonnenstrahlen die kühle Felsbastion über euch wärmend streicheln, eine herrlich wildromantische Stimmung.

Vom Nördlichen Helmloch kehrt ihr zweimal nach rechts zum Fahrweg zurück und folgt diesem mit der Nummer 2 nach links. Sie geleitet euch weiter hinauf und an eine Straße, die ihr nach links überquert. Auf einem direkt neben der Straße verlaufenden, mit der Nummer 2 markierten Pfad und zuletzt wieder auf der Straße gelangt ihr so hinauf nach Rupprechtstein. Vorbei an einer Wandertafel und Burg Rupprechtstein führt euch euer Wanderzeichen zwischen engen Mauern hindurch nach links unten und an eine große Kreuzung mit Wanderzeichenbaum.

Hier wechselt ihr auf das Wanderzeichen Weiße Nummer 3 auf Grünem Grund, das mit euch in Richtung der Sieben Brüder in die linke Kurve einschlägt und gleich wieder mit der Nummer 3 nach rechts in einen Waldweg abbiegt. Letzterer mündet in einen Fahrweg, dem ihr mit der

Nummer 3 für etwa 15 Meter nach links folgt. Dann, am Rand einer Freifläche, verlasst ihr die Nummer 3 und zweigt ohne Wanderzeichen in einen Fahrweg ab, der euch am rechten Rand der Freifläche sanft nach oben führt. Über eine Kuppe folgt ihr dem unmarkierten Fahrweg bald nach rechts in den Wald und trefft dort, nachdem ihr euch an der ersten, unmarkierten Weggabelung links gehalten habt, an der zweiten Gabelung auf euer letztes Wanderzeichen des heutigen Tages, die von rechts oben einmündende Weiße Nummer 5 auf Grünem Grund. Dieser folgt ihr geradeaus bergab. Die Nummer 5 schwingt sich mit euch bei der nächsten Gelegenheit nach links und trägt euch geradewegs an den Fuß des Felsmassivs mit dem Namen „Sieben Brüder". Mit Blick auf den Felsengarten stellt ihr schnell fest, wie dieser zu seinem Namen kam: sieben stramm und stolz emporragende Felsen, vereint in stummer Eintracht und linker Hand ein nach vorne tretender Turm, dessen markante Form unter anderem Erinnerungen an einen Bären wecken kann. Ein kraftvoller Ort, der zum Entdecken und Verweilen einlädt.

Der Rückweg Vom Felsmassiv der Sieben Brüder folgt ihr der Nummer 5 hinab Richtung Etzelwang. Dabei passiert ihr kurz hinter den Sieben Brüdern weitere Felsen.

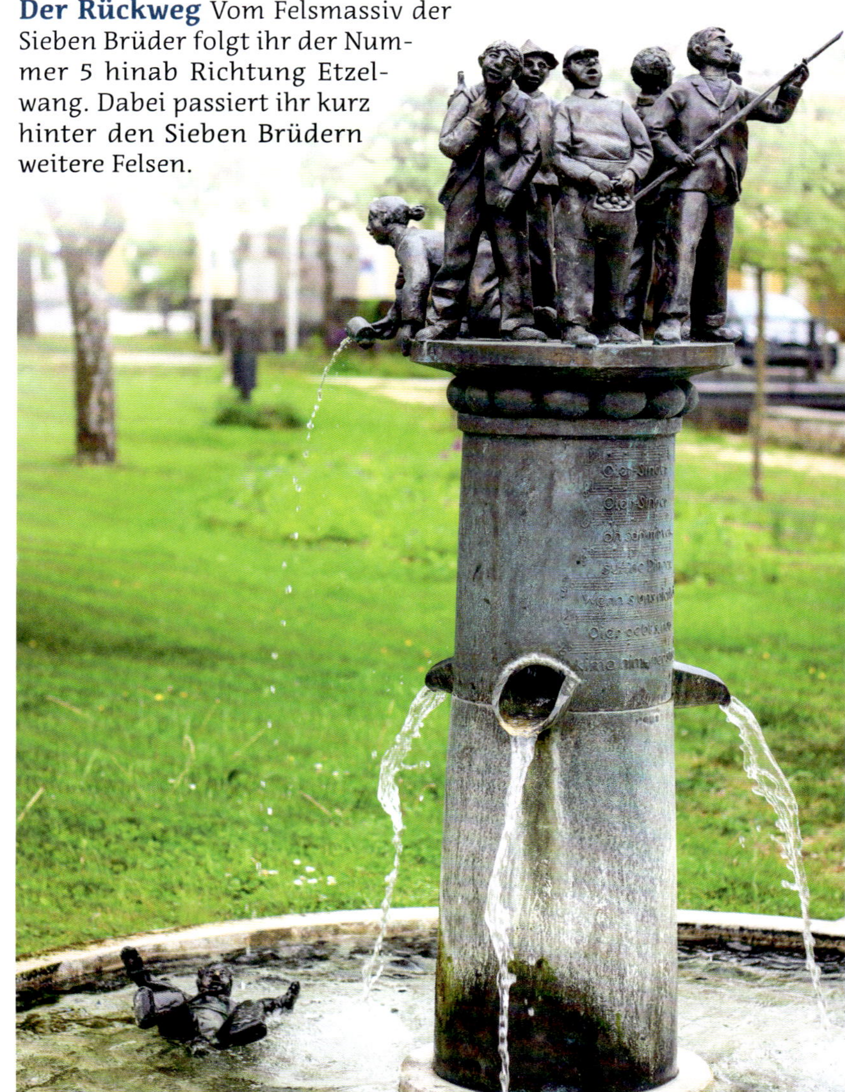

Der Oiersinger-Brunnen in Etzelwang

An einer Weggabelung haltet ihr euch mit eurem Wanderzeichen rechts und erreicht schon bald den Ortsrand von Etzelwang. An der Häusergrenze gabelt sich der Weg ohne erkennbare Wanderzeichen. Ihr entscheidet euch für die linke Abzweigung und erspäht linker Hand kurz darauf die Nummer 5 an einem Baum. Der Waldweg geht nach rechts über in die geteerte Straße „Am Hardt“. Dieser folgt ihr mit eurem am Wegesrand gut versteckten Wanderzeichen geradeaus und bald, mit großartigem Blick, steil nach unten, wo die Straße mit euch nach links schwingt und in die Schulstraße mündet. Auf dieser gelangt ihr nach rechts hinunter an die Hauptstraße, die ihr überquert. Im gegenüber liegenden Schusterpark könnt ihr den wunderschönen Oiersingerbrunnen des Etzelwanger Künstlers Peter Kuschel bewundern. Vom Schusterpark geht ihr, vorbei an einer Wandertafel des Schmankerlwegs, auf gepflastertem Weg hinauf und zurück zum Etzelwanger Bahnhof.

Wissen für Angeber

Die Eiersinger von Etzelwang Der wunderschöne Brunnen im Schusterpark mitten in Etzelwang ist der alten Etzelwanger Tradition der Eiersinger, richtig ausgesprochen „Oiersinger“, gewidmet. In der Nacht von Ostersonntag auf Ostermontag wird in Etzelwang für Spenden in Form von Eiern, Geld oder aufmunternden Getränken gesungen. Noten und Text des Oiersinger-Lieds könnt ihr auf dem Sockel der erheiternden Skulptur nachlesen.

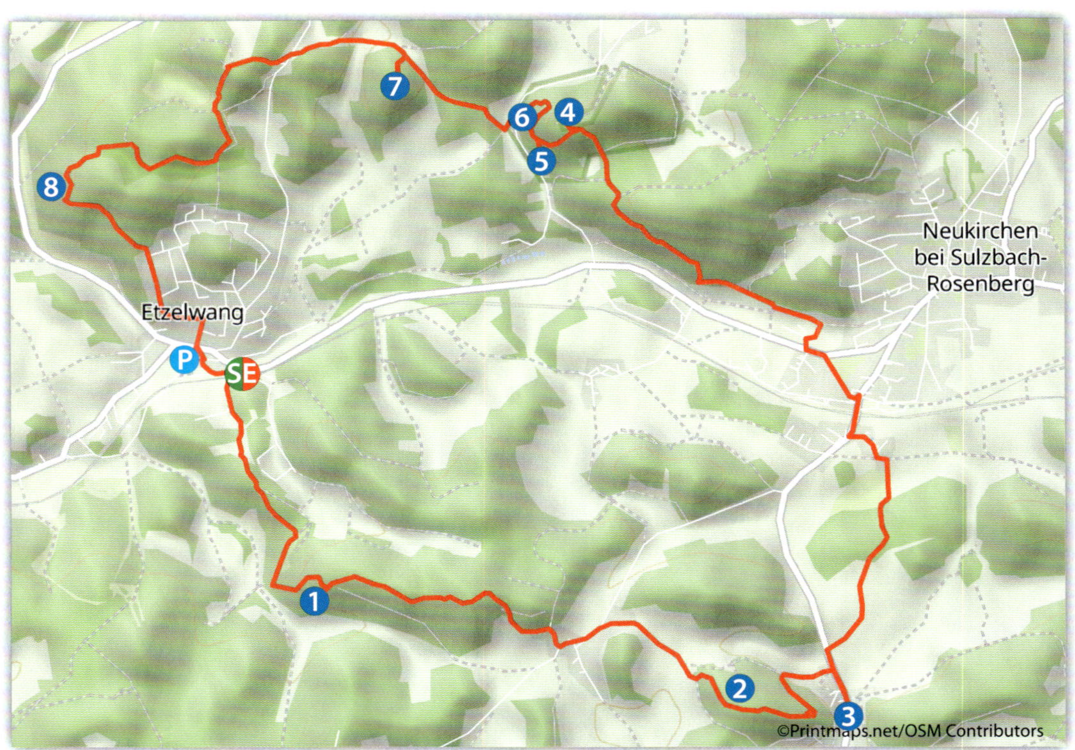

15

Auf den Spuren der Toten

Auf oft wunderschönen Waldpfaden erkundet ihr die Hänge und Hochebenen oberhalb des Pegnitztals. Dabei präsentieren sich euch offensichtliche und verborgene Naturschätze, wie der beeindruckende Langenstein und der Rumpelbach-Wasserfall, einer der schönsten Wasserfälle des Nürnberger Lands. Eine besonders angenehme Überraschung auf dieser Tour ist der Waldweg zwischen dem Alten Schloss und dem Langenstein. Dieser gefällt zu jeder Jahreszeit und verströmt genau die Ruhe, die man beim Wandern im Wald sucht.

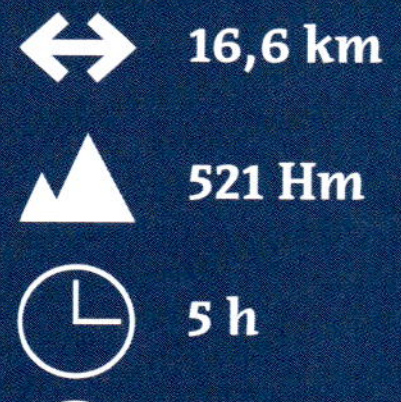

16,6 km

521 Hm

5 h

mittel

Eckdaten:

Schatten/Sonne: ausgeglichenes Verhältnis zwischen sonnigen Feld- und schattigen Waldwegen

Start-/Endpunkt: Bahnhof Vorra (Pegnitz) Linie RB 30

Parkplatz: Wanderparkplatz Düsselbach, 91247 Vorra

Einkehrtipp: Inselblick Gaststätte Café in Vorra, Tel. 09152 9219906

Landgasthaus Beim Pechwirt in Artelshofen, Tel. 09152 8555

Highlights:

1. Pegnitzinsel
2. Lochfels
3. Düsselbacher Wand
4. Steinerne Rinne bei Düsselbach
5. Rumpelbach-Wasserfall
6. Burgstall Altes Schloss
7. Langenstein
8. Stieglitzberger Nadel
9. Schloss Artelshofen

Die Sage

Die lebende Tote von Artelshofen Heute findet ihr in nahezu jeder Ortschaft eine Kirche, deren Glocken die Uhrzeit schlagen und zum Gottesdienst läuten. Für uns ist das mittlerweile selbstverständlich. In alten Zeiten jedoch war es für einen Ort etwas ganz Besonderes, über eine eigene Kirche zu verfügen. Die Menschen waren damals um ein Vielfaches religiöser, als wir es heute sind. Nachdem Seuchen wie die Pest ganze Landstriche entvölkert und den Menschen nur zu deutlich ihre Sterblichkeit vor Augen geführt hatten, suchten die Überlebenden ihr Heil im Glauben. Eine eigene Kirche im Ort zu haben, bedeutete, dass man jederzeit einen Gottesdienst besuchen oder die Beichte ablegen und so für sein Seelenheil nach dem Tod sorgen konnte. Bevor Artelshofen im Pegnitztal vor mehr als 400 Jahren endlich eine eigene Kirche bekam, mussten die Gläubigen einen fast neun Kilometer langen Fußweg auf sich nehmen, um am Gottesdienst in Kirchensittenbach teilnehmen zu können.
Eine Kirche konnten die Artelshofener nach dem Bau der Jakobuskirche nun stolz ihr Eigen nennen. Doch weil der Pfarrei während des Baus das Geld ausgegangen war, musste vorerst auf die Errichtung eines eigenen Friedhofs verzichtet werden. Und so stellte sich die Frage: Wohin mit den Verstorbenen? Man fasste den Entschluss, dass man es

mit den Toten weiter so handhaben wollte wie bisher. Sie sollten von der Jakobuskirche über Stöppach zum Friedhof in Kirchensittenbach gebracht werden. Doch der Aufstieg durchs Engenthal hinauf zur Ebene und nach Stöppach war beschwerlich. Nach langanhaltendem Regen war es sogar so gut wie unmöglich, mit dem Leichenkarren hinauf zu gelangen. Der Weg von Stöppach hinunter nach Kirchensittenbach war nicht weniger fordernd.

Und so trug es sich eines Tages zu, dass es der Bestatter mit seinem Leichenkarren, der mit dem leblosen Körper eines jungen Artelshofener Mädchens beladen war, mit Müh und Not von Artelshofen hinauf nach Stöppach schaffte. Doch als dort ein Wolkenbruch die Wege in schlammigen Morast verwandelte, beschloss er, die Nacht in einem Gasthaus in Stöppach zu verbringen. Der Leichenkarren wurde im Schuppen untergebracht, der Sarg mit dem leblosen Mädchen in der Stube aufgebahrt. Man aß gemeinsam neben dem Sarg zu Abend, der Wirt legte noch ein paar Scheite Holz ins Feuer, bevor er zu Bett ging, und der Bestatter machte es sich am Kamin mit ein paar Decken gemütlich. Nach dem anstrengenden Aufstieg nach Stöppach fiel er binnen weniger Minuten in tiefen Schlaf.

Doch mitten in der Nacht schreckte er hoch. Was war da für ein Geräusch? Wie ein kehliges Röcheln hatte es sich angehört. Er musste geträumt haben. Er schloss die Augen und drehte sich um. Doch wenige Augenblicke später ertönte das Geräusch, das an das dünne Rasseln rostiger Schellen erinnerte, erneut. Das hatte er sich jetzt aber weder eingebildet noch herbei geträumt. Dieses Geräusch hatte er wirklich gehört. Doch woher kam es. Im Zwielicht des glimmenden Kamins wanderten seine Blicke von links nach rechts durch die Stube. Nachdem er nichts Auffälliges entdecken konnte, wollte er sich schon wieder zur Ruhe betten. Da wurde der Raum von einem herzzerreißenden Stöhnen erfüllt. Es schien aus dem Sarg zu kommen. Der Bestatter schlug die Decken zur Seite, stand auf und näherte sich vorsichtig der hölzernen Kiste auf leisen Sohlen. Viel lieber hätte er einfach schreiend Reißaus genommen. Doch seine Neugier siegte über die Angst, sodass er bald direkt neben dem Sarg stand. Zaghaft legte er eine Hand auf das vom Wolkenbruch noch feuchte Holz. Einen Moment war es totenstill in der Stube. Nur das glimmende Knacken des letzten rotglühenden Holzscheits im Kamin war zu vernehmen. Vielleicht hatte er sich das alles doch nur eingebildet? Da hämmerte es plötzlich von innen an den Sargdeckel. Der arme Bestatter erschrak fürchterlich. Gellende Schreie erfüllten die Stube. Erst als sich Hilferufe in das Geschrei mischten, fasste der Bestatter sich und verstand, dass das Mädchen im Sarg gar nicht gestorben, sondern nur scheintot gewesen war.

Sofort stemmte er den Deckel vom Sarg und hob das verängstigte und geschwächte Kind aus der

Der Langenstein

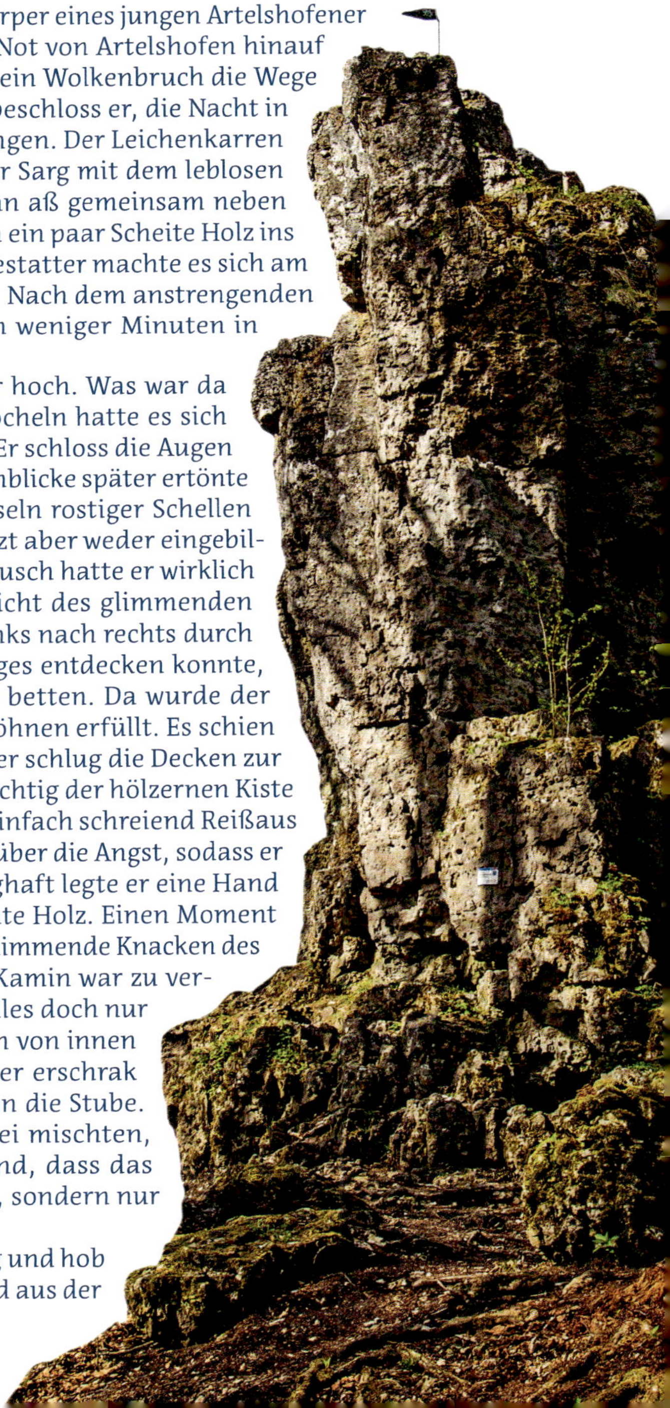

Totenkiste. Zum Glück hatte der Wolkenbruch den Bestatter zur Übernachtung in Stöppach gezwungen. Denn sonst hätte er seinen Weg wie gewohnt fortgesetzt und das Kind wäre längst begraben gewesen und einige Meter tief unter der Erde aufgewacht.

Nach Hanns Seibold: Das scheintote Mägdlein von Artelshofen. Sagen aus der Nürnberger Landschaft, S. 116 f.

Die Wegbeschreibung

Zur Pegnitzinsel Von den Gleisen des Bahnhofs Vorra kommend, gelangt ihr, vorbei am überdachten Fahrradständer, in die Bahnhofstraße. An der gegenüberliegenden Wandertafel trefft ihr auf das erste Wanderzeichen eurer Tour, den Gelben Punkt auf Weißem Grund. Diesem folgt ihr nach rechts in den parallel zur Bahnhofstraße verlaufenden Fußweg.

Seinen Namen verdankt Vorra, das bereits vor mehr als 1000 Jahren urkundlich erwähnt wurde, höchstwahrscheinlich den Forellen, die sich hier in der Pegnitz munter tummelten und dafür sorgten, dass sich am Ufer Menschen niederließen. Im Lauf der Zeit wurde der Ortsname immer wieder variiert, bis schließlich Vorra daraus wurde.

Der Fußweg mündet erneut in die Bahnhofstraße, die euch an eine Kreuzung mit Bahnunterführung führt. Hier wechselt ihr vom Gelben Punkt auf das Grüne Kreuz auf Weißem Grund, das Zeichen des Jean-Müller-Wegs, und folgt diesem auf der Bahnhofstraße nach links weiter in den Ort.

Die Straße nähert sich nach links dem Pegnitzufer an und gibt den Blick auf die idyllisch gelegene Pegnitzinsel frei, der ihr über eine beim Café Inselblick gelegene Brücke einen lohnenden Besuch abstatten könnt. Alte Kastanien dominieren die Enden der länglichen Insel. Im Schatten dieser altehrwürdigen Bäume laden Bänke zum Verweilen ein. Steinerne Statuen vermitteln augenzwinkernd parkähnliche Atmosphäre und das Rauschen der Pegnitz, die hier vom entspannten Fließen ermuntert von einem langen Wehr ins übermütige Springen verfällt, erfüllt die Luft.

Zum Lochfels Von der Pegnitzinsel zurückkehrend gelangt ihr mit dem Grünen Kreuz auf der Bahnhofstraße nach links an die Hauptstraße. Dieser folgt ihr mit eurem Wanderzeichen nach links über die Pegnitz. Herrlich, wenn euch die zarten Blätter der Kastanie in der Morgensonne grüßen.

Hinter der Brücke geht es mit eurem Wanderzeichen auf der Hirschbacher Straße ein kurzes Stück geradeaus. Rechts von euch seht ihr das Neue Schloss Vorra. Es wurde vor etwa 100 Jahren vom Freiherrn von Soden, einem echten Weltenbummler, der unter anderem diplomatische Ämter in Algier, Havanna und Kamerun bekleidete, im Garten des aus dem 17. Jahrhunderts stammenden Alten Schlosses erbaut. Beide Schlösser beherbergen heute ein Schullandheim.

Im Wald hinter dem Schloss Vorra liegt, im grünen Dickicht verborgen, der Eingang zu einem einst 1,5 Kilometer langen Stollen, der vom Pegnitztal durch den Berg hinüber bis ins Hirschbachtal nahe Fischbrunn reichte. Um diesen Durchgang zu schaffen, wurden im Jahr 1925 der Prinz-Stollen bei Vorra und der Adele-Stollen bei Fischbrunn miteinander verbunden. Im Nürnberger Land wurde bereits in der Antike Eisenerz abgebaut und bis ins ferne Rom exportiert. In den letzten 100 Jahren dieser Bergbaugeschichte wurden besonders viele Gruben und Stollen in den Fels getrieben, um das metallhaltige Gestein zu fördern. Verladen wurden die Minerale an den Bahnhöfen in Hohenstadt und Vorra. Die Eisenbahn, die ab 1859 zwischen Nürnberg und Amberg verkehrte, ermöglichte die erfolgreiche Wiederaufnahme des zuvor ermüdeten Bergbaus. Im Zweiten Weltkrieg, als Eisen immer rarer wurde, erfuhr der Eisenerzabbau im Nürnberger Land eine letzte Hochphase, bevor er zu Beginn der 1950er Jahre eingestellt wurde.

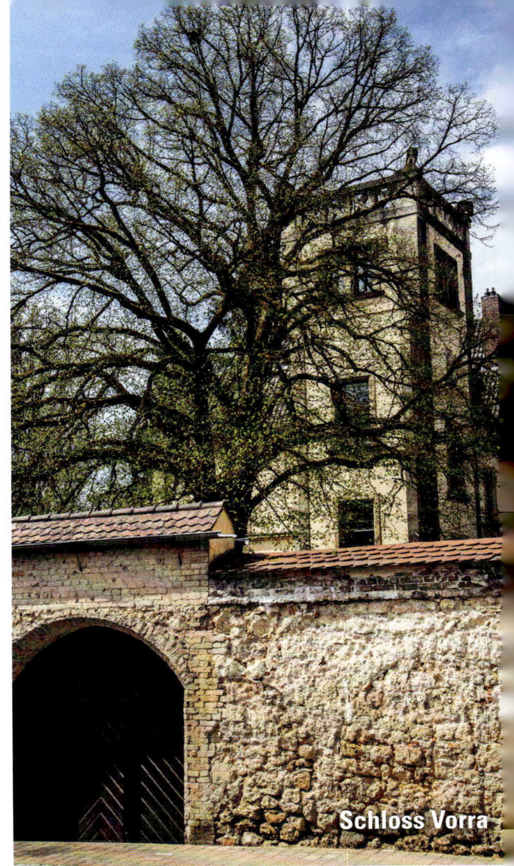
Schloss Vorra

Hinter dem Schloss biegt ihr an einer großen Kreuzung mit dem Grünen Kreuz nach rechts in den Fischbrunner Weg ein und folgt dem Verlauf der Schloßparkmauer. Bei der nächsten Weggabelung mit Wandertafel verabschiedet ihr euch vom Grünen Kreuz und wechselt geradeaus mit eurem nächsten Wanderzeichen, dem Grünen Querstrich auf Weißem Grund, dem Zeichen des Heinrich-Scheuermann-Wegs Richtung Eschenbach auf „Am Schloßpark". Bald passiert ihr die Grundschule Vorra und folgt dahinter dem Grünen Querstrich nach links auf dem Pfarrerbergweg den Hang hinauf. Bei der nächsten Gelegenheit biegt ihr mit eurem Wanderzeichen rechts in den Eschenbacher Weg ein. Am Ende der Straße geht es bergan nach links, gleich wieder nach rechts und auf einem Fahrweg aus dem Ort und bald in den Wald. Dort folgt ihr weiterhin dem Grünen Querstrich, der sich mal nach rechts, dann wieder nach links wirft. Mal ein wenig nach unten, dann wieder bergan. Das Ganze so entspannt, dass ihr kaum bemerkt, wie ihr immer mehr an Höhe gewinnt. Wenn im Frühling die hellgrün leuchtenden Blätter die Schätze des Waldes noch

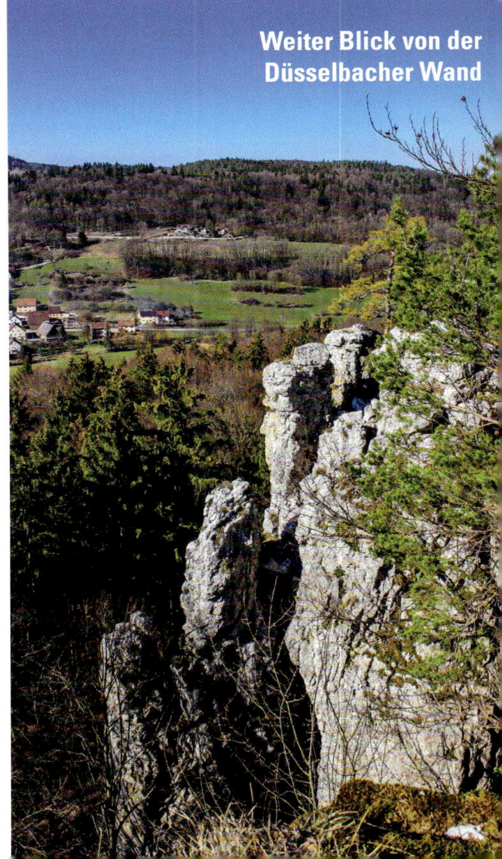
Weiter Blick von der Düsselbacher Wand

15

nicht gänzlich verbergen, könnt ihr oben am Hang links von euch bald stattliche Felsformationen ausmachen.

Nachdem ihr im Wald bereits zwei Abzweigungen ignoriert habt, gelangt ihr nach etwa 500 Metern an eine mit einer Wandertafel dekorierte Weggabelung. Hier wechselt ihr für euren Abstecher hinauf zur Düsselbacher Wand vom Grünen Querstrich nach links auf den Roten Ring auf Weißem Grund, der euch auf einem schönen Pfad sofort steil den Hang hinauf trägt und dann nach rechts dem nahenden Lochfels entgegenstrebt. Dessen vom Weg aus gut erkennbares Massiv erreicht ihr nach rechts über einen unmarkierten Pfad. Es lässt sich leicht erklimmen und bietet euch einen schönen Blick hinunter ins Pegnitztal. Links vom Lochfels erhebt sich am Hang ein eindrucksvoller, bauchiger Felsturm, dem ihr auf einem schmalen, kaum erkennbaren Pfad einen Besuch abstatten könnt. Doch Vorsicht! Auf diesem Trampelpfad offenbart der Lochfels seinen wahren Charakter. Von der Kante aus werdet ihr nämlich nur der Spitze gewahr. Tatsächlich handelt es sich um eine nach rechts und links schweifende, tief abfallende Felswand, an deren Rand der genannte Pfad entlangführt.

Die Steinerne Rinne bei Düsselbach

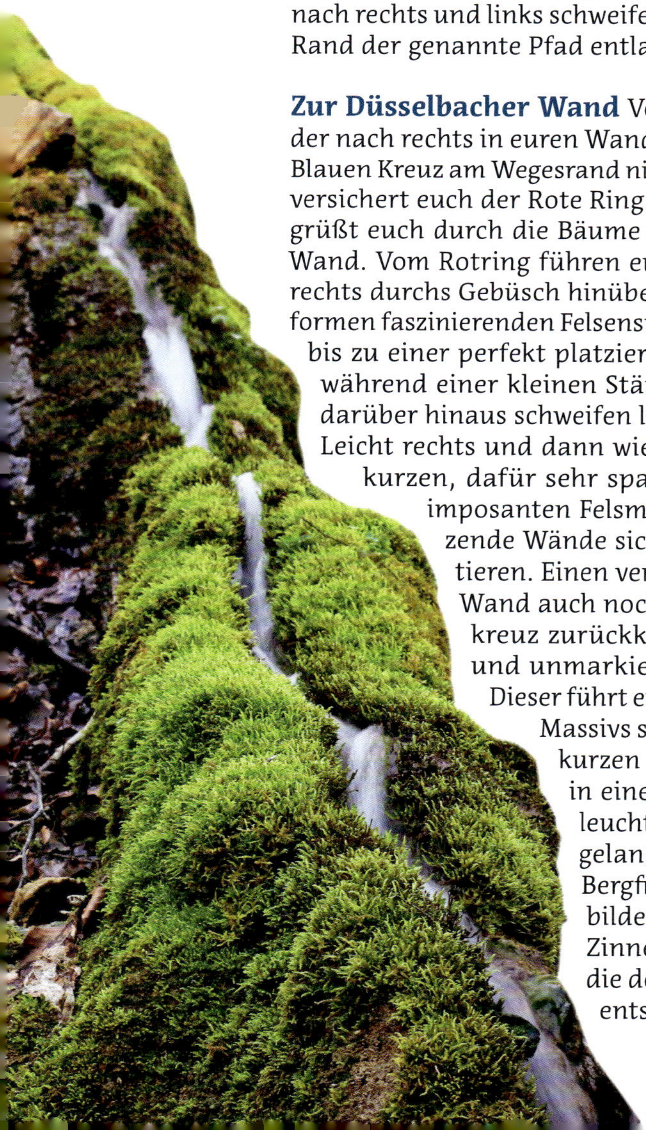

Zur Düsselbacher Wand Vom Lochfels kommend, mündet ihr wieder nach rechts in euren Wanderweg. Lasst euch von einem einsamen Blauen Kreuz am Wegesrand nicht irritieren. Schon wenige Meter weiter versichert euch der Rote Ring wieder des rechten Weges. Kurz darauf grüßt euch durch die Bäume das strahlende Weiß der Düsselbacher Wand. Vom Rotring führen euch gleich mehrere Trampelpfade nach rechts durchs Gebüsch hinüber zu diesem mit teils bizarren Gesteinsformen faszinierenden Felsenspektakel. Nach links windet sich ein Pfad bis zu einer perfekt platzierten Ruhebank, von der ihr eure Blicke während einer kleinen Stärkung bequem ins Pegnitztal und weit darüber hinaus schweifen lassen könnt.
Leicht rechts und dann wieder nach links erreicht ihr über einen kurzen, dafür sehr spannenden Grat das Gipfelkreuz dieses imposanten Felsmassivs, dessen sich tollkühn hinabstürzende Wände sich euch von hier beeindruckend präsentieren. Einen verborgenen Schatz hält die Düsselbacher Wand auch noch für euch bereit. Wenn ihr vom Gipfelkreuz zurückkehrt, zweigt ein etwas unscheinbarer und unmarkierter Pfad scharf nach links unten ab. Dieser führt euch an der rechten Flanke des gewaltigen Massivs steil hinab und direkt zum Eingang einer kurzen Klamm, durch die ihr nach links oben in eine kleine, von bizarr geformten und hell leuchtenden Türmen eingerahmte Felsenburg gelangt. Wie auf einem alles überragenden Bergfried fühlt man sich hier oben. Die Felsen bilden schroffe, natürliche große und kleine Zinnen einer eigenwilligen geformten Mauer, die den Besucher schützend umgibt und ihm entspannte Momente der Ruhe schenkt.

Zur Steinernen Rinne Von der Düsselbacher Wand kommend, verlasst ihr den Roten Ring und geht bei der ersten Gelegenheit ohne Wanderzeichen nach rechts an der Talkante entlang. Bald steigt ihr, weiterhin wanderzeichenbefreit, steil nach rechts hinab und mündet unten wieder in den mit dem Grünen Querstrich gekennzeichneten Heinrich-Scheuermann-Weg. Diesem folgt ihr nach rechts. Ein Anstieg führt euch vorbei am Fuß der Düsselbacher Wand, deren erhabener Anblick euch ihre geradezu ausufernden Dimensionen noch deutlicher vor Augen führt. Dahinter fällt der Weg nach links unten ab und trägt euch an eine Einmündung, an der euch eine Wandertafel erwartet. Hier wechselt ihr vom Grünen Querstrich auf die Weiße Nummer 3 auf Grünem Grund. Mit dieser biegt ihr scharf nach links unten Richtung Düsselbach ab. Nach einer Weile führt euch die Nummer 3 richtungsändernd nach rechts aus dem Wald, bald über die Bahngleise, vorbei an der DAV-Hütte und passiert mit euch den Wanderparkplatz Düsselbach.

Wenn ihr mit dem Auto anreist, beginnt eure Wanderung hier.

Kurz darauf geht es über die Pegnitz hinein in das schöne Örtchen Düsselbach. Dort erreicht ihr die Ortsdurchfahrt, wo ihr euch von der Nummer 3 verabschiedet.

Ohne Wanderzeichen biegt ihr nach links in die unterhalb der Ortsdurchfahrt verlaufende Straße ein. Schon nach wenigen Metern geht die geteerte Straße am Ortsende in einen dicht bewachsenen Fahrweg über. Dieser trägt euch am Rand der Pegnitzauen entlang und schwingt sich nach etwa 300 Metern rechts hinauf an die oberhalb des Fahrwegs verlaufende Landstraße. Nachdem ihr diese überquert habt, folgt ihr auf der gegenüberliegenden Straßenseite dem rechten der beiden, dicht nebeneinanderliegenden Fahrwege geradewegs nach oben in den Wald. Weiterhin ohne Wanderzeichen geht es, entlang eines schmalen Bachlaufs, vorbei an einer Schranke hinauf. Munter plätschert das kühle Nass über einige Stufen und kündet von nahenden Wasserwundern. Je weiter ihr hinauf gelangt, desto mehr wird das quirlige Gurgeln des Baches von einem stetig anschwellenden Rauschen übertönt. Kein Wunder, denn der Weg strebt unablässig der Steinernen Rinne zu. Beim Erreichen des unteren Endes dieses Naturwunders stockt dem beeindruckten Besucher gerne für einen Augenblick der Atem.

Doch wie entstehen steinerne Rinnen eigentlich? Dazu braucht es eine Karstquelle, der besonders kalkhaltiges Wasser entspringt, einen Hang mit der richtigen Neigung – das Wasser darf nicht zu langsam und nicht zu schnell fließen – und eine Portion Glück. Dann setzt sich der Kalk am Rand des nach unten fließenden Rinnsals als Kalktuff ab und schichtet sich mit der Zeit immer weiter auf. Sowohl in die Breite als auch in die Höhe wächst die steinerne Rinne auf diese Art. Bis zu zwei Zentimeter können es im Jahr werden. Über die steinerne Rinne bei Düsselbach wurde mir berichtet, dass hier einst eine hölzerne Wasserleitung von einer nahe gelegenen Quelle hinunter ins Pegnitztal verlief. Der vom Quellwasser abgegebene Kalk ummantelte die alte Holzleitung über die

Jahre. So entstand dieses wundervolle und empfindliche Naturwunder. Um es auch für kommende Generationen zu erhalten, ist das Betreten des Hangs rechts und links des Wasserlaufs nicht gestattet.

Der Weg schwingt sich in einer langen Kurve nach rechts oben und führt euch an das obere Ende der Steinernen Rinne. Hier, an einer mehrere Meter hohen Felswand, braust das Wasser durch ein besonders steiles Stück der mit dichtem Moos geschmückten Rinne zielstrebig und ungebremst dem Pegnitztal entgegen. All das Wasser, das von der natürlichen Leitung nicht aufgenommen werden kann, wirft sich rechts und links davon, seine Sturzwelle in Abertausenden weißen Tropfen um sich schleudernd, über die Kante der Felswand und fließt weiter unten wie ein silbrig glänzender, fluider Rahmen an den Seiten der Steinernen Rinne hinab.

Zum Rumpelbach-Wasserfall Vom oberen Ende der Steinernen Rinne folgt ihr dem Weg nach links schwingend weiter hinauf. Er führt euch an eine Einmündung, an der ihr nach rechts abbiegt. Nach etwa 120 Metern schwenkt der unmarkierte Weg nach links oben und mündet in einen mit der Weißen Nummer 2 auf Grünem Grund gekennzeichneten Fahrweg. Diesem folgt ihr nach rechts. Oberhalb einer Wiese wandert ihr weiter bis an eine Weggabelung, an der die Nummer 2 angebracht ist.

Nun heißt es aufpassen: Für den wegbefreiten Abstecher zum Rumpelbach-Wasserfall biegt ihr, statt der Nummer 2 nach links zu folgen, scharf nach rechts unten in den unmarkierten Fahrweg ab. Wenn das Buschwerk nach wenigen Metern endet, haltet ihr euch entlang der Buschzeile links und überquert die freie Fläche vor euch nach rechts unten zum Waldrand hin. Dort angekommen geht ihr nach links, bis sich in einer Waldrandecke im Gebüsch eine Schneise öffnet. Durch diese führt euch ein Trampelpfad nach unten, direkt an die tiefe Schlucht des Rumpelbach-Wasserfalls. Ungestüm stürzt sich das Wasser über unzählige Kaskaden hinab und stiebt auf den unten liegenden Steinen mit schallendem Aufprall in weißer Gischt auseinander. Nach links führt euch ein abenteuerlicher, schmaler Pfad direkt an der Hangkante entlang oberhalb eines weiteren bezaubernden Wasserfalls noch zu einigen Sinterstufen, über die sich der an dieser Stelle noch gefällig und sanft murmelnde Rumpelbach dem Wasserwall entgegen windet.

Zum Alten Schloss Vom Rumpelbach-Wasserfall kehrt ihr auf bekanntem, unmarkiertem Weg über die Freifläche zurück zu eurem Wanderweg und folgt diesem nach rechts. Schon bald durchquert ihr auf einer mit Steinen improvisierten Furt den Rumpelbach. Dahinter gelangt ihr an eine Straße. Hier wechselt ihr von der Nummer 2 scharf nach links oben auf den Gelben Punkt auf Weißem Grund, der euch direkt zum Alten Schloss führen wird. Auf der Straße geht es hinauf auf die Hochebene. Dort überquert ihr mit dem Gelben Punkt eine Kreuzung und folgt ihm kurz darauf leicht nach rechts in einen von der Teerstraße abzweigenden Fahrweg. Bei der nächsten Weggabelung haltet ihr euch erneut rechts und wandert auf gepflastertem Weg weiter. Der Pflasterweg wird zum Schotterweg. Bald biegt ihr mit eurem Wanderzeichen an einer weiteren, in einem kleinen Waldstück liegenden, Kreuzung leicht nach links ab und wandert dahinter auf breitem Fahrweg, vorbei an einer Scheune, Richtung Wald. Besondere Erwähnung verdient die Georg-Westphal-Bank, die euch an der besagten Scheune, kurz bevor ihr den Wald erreicht, zu einer kleinen Rast einlädt. Schon allein, um die wunderbaren Notizen und Grüße im „Bankerl-Buch" zu genießen, lohnt es sich, Platz zu nehmen. Was für eine schöne Idee.

Ihr folgt dem Gelben Punkt in den Wald, haltet euch, kurz nachdem ihr den Wald betreten habt, an einer ersten Weggabelung mit eurem Wanderzeichen rechts und wandert sanft hinauf. An einer zweiten Gabelung haltet ihr euch links und an der dritten wieder rechts. Bald geht es vorbei an einer Einzäunung und dann nach rechts schwingend bis zu einer mit einer Wandertafel bestückten Weggabelung auf einer kleinen Lichtung.

Von hier führt euch der Gelbe Punkt nach links hinüber zu dem nur noch 100 Meter entfernten Burgstall Altes Schloss. Auf einem wundervoll geschwungenen Pfad geht es zunächst ein bisschen hinab, bevor es zwischen malerischen Felsen hindurch hinauf zum Burgfelsen des Alten Schlosses geht.

Einst stand hier oben tatsächlich eine kleine Burg. Mit ganz viel Geduld findet man noch einige kaum erkennbare Mauerreste. Erbaut wurde das Alte Schloss vermutlich bereits vor 1000 Jahren. Viel ist darüber jedoch nicht bekannt. Selbst der Nürnberger Kartograph Paul Pfinzing fand hier vor gut 400 Jahren schon keine Ruine mehr.

Seinen Schatz verbirgt das Alte Schloss ein paar Meter weiter im Dickicht. Wenn ihr dem Gelben Punkt, vom Burgfelsen kommend, noch ein kleines Stück nach rechts unten folgt und den markierten Weg in einer Rechtskurve ohne Wanderzeichen auf leidlich gut erkennbarem Pfad durchs Gebüsch nach links verlasst, offenbart euch das Gebiet des Alten Schlosses sein schönstes Geheimnis: eine schroffe, von Rissen und Spalten durchzogene Felsformation, an deren linker Flanke sich ein stattlicher Felsenturm erhebt. Ihr könnt das kleine Massiv auf einem dicht bewachsenen, abenteuerlichen Pfad umrunden und dann wieder zum Gelben Punkt zurückkehren.

Die Sinterstufen des Rumpelbachs

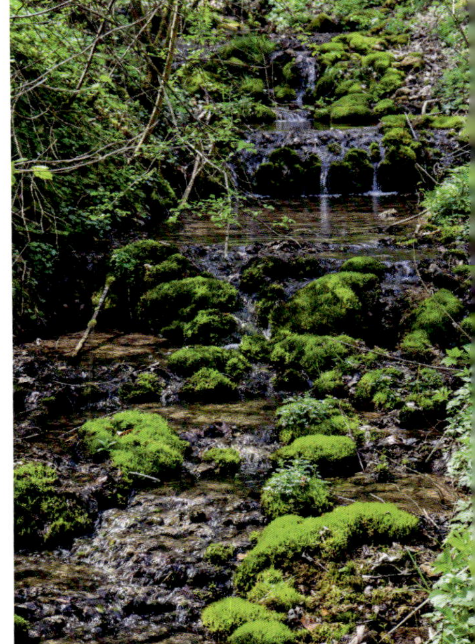

Nicht weit von hier versteckt sich tief im Wald der Graue Fels, ein Felskoloss, dessen zerklüftete Formen so gewaltig sind, dass man ihn für einen zu Stein gewordenen Riesen halten könnte. Der Sage nach soll er genau das sein. Vor Urzeiten lebte dieser Riese hier oberhalb des Pegnitztals. Trotz seiner furchteinflößenden Gestalt war er ein überaus freundlicher Gigant, der sein Glück kaum fassen konnte, als er eines Tages im Wald auf ein Mädchen traf, das, ganz anders als die restlichen Menschen, nicht gleich flüchtete, sobald es seiner gewahr wurde. Stattdessen ging es zutraulich auf den Riesen zu und die beiden wurden Freunde. Lange Zeit trafen sie sich regelmäßig im Wald und spielten miteinander. Doch eines Tages versetzte der Riese dem Mädchen beim Spielen versehentlich einen solch heftigen Stoß, dass es durch die Luft gegen einen Stein geschleudert wurde und tot zu Boden sank. Der Verlust der lieb gewonnenen Freundin brach dem Riesen das Herz. Er legte sich neben die Tote und starb wenig später von Trauer überwältigt. Sein massiger Körper wurde im Lauf der Zeit zu Stein und bildete den Grauen Fels.

Zum Langenstein Von der Felsformation kehrt ihr nach rechts oben zum Alten Schloss und von dort mit dem Gelben Punkt nach rechts zu der auf der kleinen Lichtung liegenden Weggabelung mit der Wandertafel zurück. Dort wechselt ihr auf das letzte Wanderzeichen eurer heutigen Tour, den Gelben Querstrich auf Weißem Grund, der euch zum bereits angeschriebenen Langenstein und sogar bis zum Bahnhof in Vorra führen wird. Herrlich geschwungen windet sich der Gelbe Strich, oft auf schmalem Pfad, mit euch durch den immer wieder märchenhaft anmutenden Wald. Mit grünem Moos dekorierte Felsen und von Efeu umrankte Bäume schmücken euren Weg. Dank der vorbildlichen Beschilderung ist es ein Leichtes, dem Gelben Querstrich zu folgen, der euch bald über eine Straße und dahinter zurück in den Wald trägt.

Schließlich führt euch euer Wanderzeichen aus dem Wald hinaus auf eine Freifläche. Hier ist der Gelbe Querstrich ungewohnt zurückhaltend. Wenn ihr nach rechts unten blickt, könnt ihr ihn hinter einem Schotterweg jedoch wieder ausmachen. Also nichts wie hin und mit eurem Wanderzeichen zurück auf einen schön geschwungenen Waldpfad, der schon bald in einen breiten Fahrweg mündet. Diesem folgt ihr nach links oben, wo euch eine Weggabelung mit einer Wandertafel empfängt. Sie weist euch den Weg zum Langenstein und im weiteren Verlauf nach Vorra nach links oben. Es erwartet euch ein kurzer, dafür recht knackiger Anstieg hinauf zum Gipfel des Langensteins. Dort oben schiebt sich das gleichnamige Felsmassiv schroff und selbstbewusst dem Himmel entgegen. Die am Sockel des Langensteins liegenden Felsbrocken künden von ehemals noch größerer Pracht. Fast mutet es an, als wäre der Fels in seinem Streben nach Höhe von unsichtbaren Mächten zur Rechenschaft gezogen und zur Strafe zerschmettert worden. Dem Zauber dieses kraftvollen Ortes ist das eher zuträglich, ergeben sich doch beim Blick vorbei an den willkürlich platzierten Felsen hinauf zum Kopf des Langensteins faszinierende Ansichten.

Durchs Engenthal zur Stieglitzberger Nadel Nun beginnt der lange Abstieg nach Artelshofen. Der Gelbe Querstrich führt euch auf schmalem Pfad rechts am Fuß des Langensteins vorbei und dahinter in steilen Kehren durch den Wald bergab, bis der Pfad am Waldrand in einen breiten Fahrweg mündet. Diesem folgt ihr mit eurem Wanderzeichen nach rechts. Ausladend nach links schwingend umrundet ihr am Waldrand entlang eine weitläufige Freifläche, biegt an der nächsten

Weggabelung mit dem Gelben Querstrich nach rechts ab und gelangt über eine Freifläche an einigen hölzernen Schuppen in einen Schotterweg, dem ihr nach links folgt. Schon nach wenigen Metern erreicht ihr mit eurem Wanderzeichen eine Weggabelung mit Wandertafel. Euer Wanderzeichen weist euch den Weg nach rechts Richtung Artelshofen und zum Bahnhof Vorra. Zuerst am Waldrand, dann auf breitem Fahrweg durch den kühlenden Wald trägt euch euer Weg durch das grün schimmernde Engenthal immer weiter nach unten. An einer Einmündung folgt ihr eurem Wanderzeichen nach rechts. An einer weiteren, großen Weggabelung haltet ihr euch mit dem Gelben Querstrich links und wandert weiter durch das Tal hinab. Linker Hand schieben sich einige Felsen immer zutraulicher dem Fahrweg entgegen. Von rechts hört ihr es bald munter plätschern. Ein Bächlein findet, zuerst noch ruhig und gelassen, seinen Weg durch einen tiefen Graben. Ein Stück weiter wird das vormals dünne Rinnsal, gespeist von zwei, euren Weg zeitweise überspülenden Quellen, zum übermütigen Bach, der keck und fidel über künstliche, grün bewachsene Stufen springt. Hei, wie das gurgelt und spratzelt! Eine wahre Wonne ist es, dem im Licht der Sonne golden funkelnden Wasser auf seinem Weg zuzuschauen und zu lauschen. Der Bach begleitet euch auf eurem Weg nach Artelshofen, das ihr bald erreicht. Direkt bei der ersten Gelegenheit im Ort, vor dem Senioren- und Pflegezentrum Artelshofen, verlasst ihr euer Wanderzeichen für einen kurzen Abstecher zur Stieglitzberger Nadel ohne Wanderzeichen scharf nach links oben. Gut 200 Meter sind es auf dem Schotterweg bis zu diesem beeindruckenden Felsensemble, das direkt am Wegesrand emporwächst. Mit seinen zerklüfteten Wänden und der Felsnadel, die sich, obwohl nach Freiheit und Unabhängigkeit strebend, scheinbar nicht gänzlich vom Rest des Massivs lösen kann, vermittelt es eine schroffe Erhabenheit.

Über Schloss Artelshofen zurück nach Vorra Von der Stieglitzberger Nadel kehrt ihr auf dem Schotterweg nach Artelshofen zurück und mündet dort wieder in die Straße „Ins Engenthal", der ihr mit dem Gelben Strich nach links unten folgt. Hinter einem kleinen Brünnlein biegt ihr mit eurem Wanderzeichen steil nach rechts unten ab. Bei der nächsten Gelegenheit geht ihr nach rechts und dann nach links unter einer Eisenbahnbrücke hindurch in die Straße „Am Schloss". Schon erreicht ihr rechter Hand die ersten Gebäude von Schloss Artelshofen. Das Schloss selbst steht inmitten einer von einer hohen Mauer vor

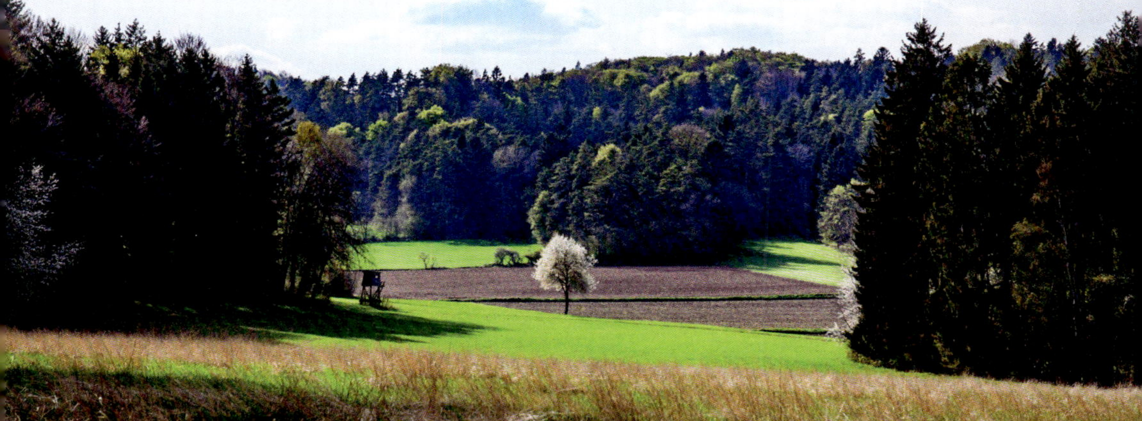

Schöne Ansichten auf dem Weg nach Artelshofen

neugierigen Blicken verborgenen Parkanlage. Auffällig sind die runden Ecktürme der Schlossmauer, die der Anlage einen wehrhaften Charakter verleihen. Vor gut 700 Jahren als Wasserburg erbaut, wechselte das Schloss viele Male den Besitzer und begeistert noch heute mit seinem gepflegten Erscheinungsbild, das an die Pracht vergangener Zeiten erinnert.

Von „Am Schloss" folgt ihr eurem Wanderzeichen nach rechts in den „Schulanger", der euch auf geteerter Straße, immer entlang der Pegnitz zurück zum Bahnhof Vorra trägt, wo ihr eure Wanderung beendet.

Wissen für Angeber

Lebende Tote Die Menschen haben schon immer und überall an Untote geglaubt. In Europa war die Furcht vor Wiedergängern besonders im späten Mittelalter und in der frühen Neuzeit allgegenwärtig. Besonders dann, wenn Seuchen wie die Pest oder Kriege die Bevölkerung heimsuchten, schlich sich die Angst vor lebenden Toten in die Herzen der leidgeplagten Bevölkerung. Von der Pest wusste man damals sehr wenig. Bekannt war vor allem, dass nur allzu bald auch die Menschen aus der näheren Umgebung des Kranken dahingerafft wurden, wenn sich die Krankheit ein Opfer geholt hatte.
Die Ursprünge für den Glauben an die Untoten lagen in einigen, zur damaligen Zeit, unerklärlichen Phänomenen. Wenn Haare und Nägel von Verstorbenen scheinbar auch nach deren Tod weiterwuchsen, versetzte das die Menschen in Angst und Schrecken. In Wahrheit zog sich nur die austrocknende Haut zurück und ließ Nägel und Haare länger wirken. Besonders fürchterlich muss es für die Menschen gewesen sein, wenn sie aus einem Sarg das „Schmatzen der Toten" hörten, was nichts anderes war als Fäulnisgase, die dem Körper entwichen.
Um die Toten im Grab und von den Lebenden fernzuhalten, wurden zum Beispiel große Steine über die Köpfe der Verstorbenen gelegt, bevor der Leichnam mit Erde zugedeckt wurde. Särge wurden zugebunden, Leichen geköpft, Gliedmaßen abgeschlagen oder Pflöcke durchs tote Herz getrieben, um die unheilvolle Wiederkehr der Toten zu verhindern.
Beispiele für Wiedergänger aus dem deutschsprachigen Raum waren kopflose Reiter, bei denen es sich in der Regel um Straftäter handelte, deren verfluchte Seelen nach der Enthauptung keine Ruhe fanden. Dann gab es noch die

sogenannten Aufhocker. Sie sprangen nächtlichen Wanderern auf den Rücken und wurden mit jedem Schritt schwerer, bis sie ihr Opfer regelrecht erdrückten. Der bekannteste lebende Tote jedoch war von jeher der Vampir. Schon in der Antike beschrieb Homer in seiner Ilias, wie Odysseus vor dem Tor zur Unterwelt Tiere opferte, um mit deren Blut die gierigen Seelen der Toten anzulocken. Besonders deutlich wird das Grauen vor diesen Untoten beim rumänischen Glauben an den Strigoi. Ein Untoter, der vor allem seine eigene Familie heimsucht und einem Verwandten nach dem anderen das Blut aussaugt. Das reale Vorbild für den berühmtesten aller literarischen Vampire, Graf Dracula, war Vlad Tepes, der auch „Der Pfähler" genannt wurde. Als Sohn des Vlad Dracul soll er im Jahr 1431 in Nürnberg geboren worden sein, während sein Vater auf dem Nürnberger Reichstag von Kaiser Sigismund in den Drachen-Orden aufgenommen wurde, der die Kirche vor den Osmanen schützen sollte. Nürnberger Buchdrucker waren es auch, die im ausgehenden 15. Jahrhundert Schriften über die Gräueltaten des Pfählers veröffentlichten, die er in seiner rumänischen Heimat beging. Gut möglich, dass der Autor Bram Stoker bei einem seiner zwei Besuche in Nürnberg einst auf die Spuren des grausamen Heerführers aus der Walachei stieß und sich davon und von der mittelalterlichen Altstadt Nürnbergs sowie von der wildromantischen Natur des Nürnberger Lands zu seinem weltberühmten Roman inspirieren ließ.

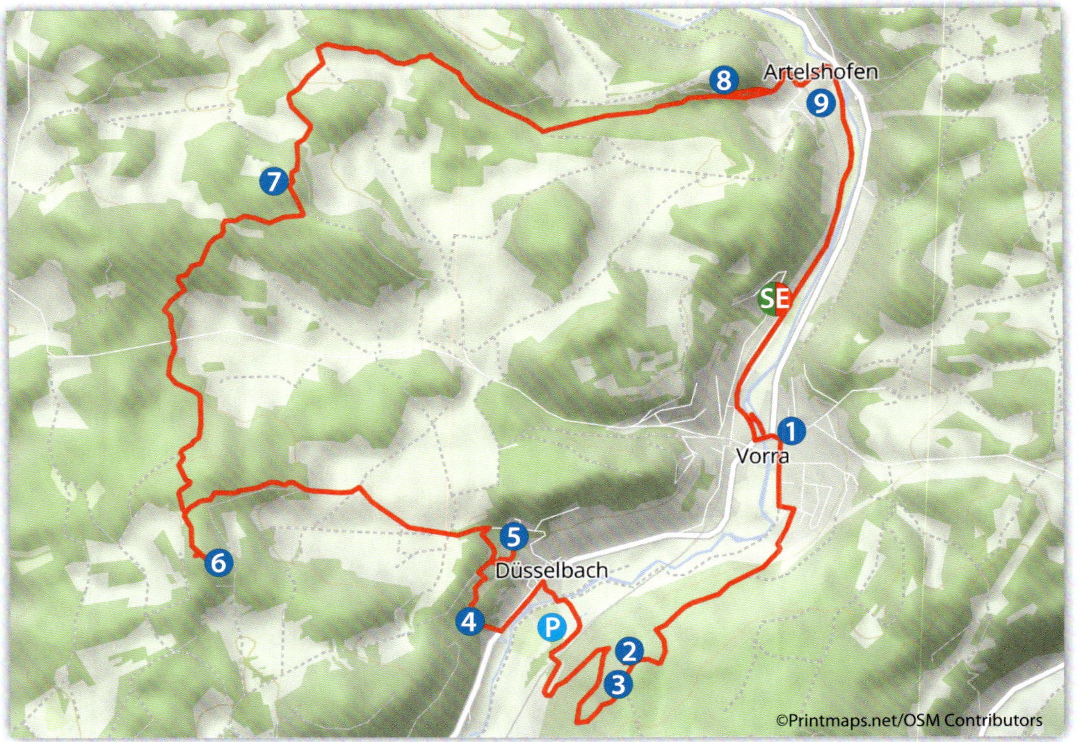

16

In die Felsenwelt des Glatzensteins

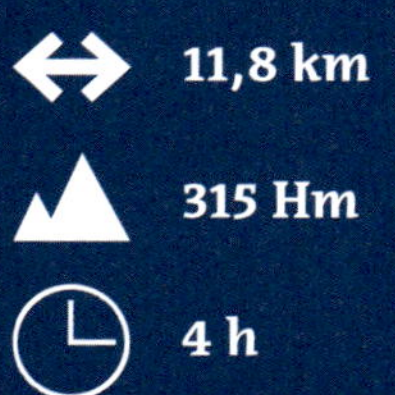

11,8 km

315 Hm

4 h

mittel

Eckdaten:

- **Schatten/Sonne: ausgeglichenes Verhältnis zwischen schattigen Waldwegen und sonnenbeschienenen Feldwegen**
- **Start-/Endpunkt: Bahnhof Reichenschwand Linie RB 30**
- **Parkplatz: Bahnhof Reichenschwand, Höhenweg 1, 91244 Reichenschwand**

Der schönste Ausblick auf das Nürnberger Land präsentiert sich euch sicher von der wundervoll platzierten Ruhebank auf dem felsigen Aussichtspunkt des Glatzensteins. Dessen weithin sichtbares Felsmassiv bietet euch zudem einige spektakuläre und bizarre Steinformationen, die es zu entdecken lohnt. Auf dieser Wanderung erwartet euch noch ein weiterer bekannter Gipfel: der Große Hansgörgl. Dieser Berg verdankt seinen Namen einem berühmt-berüchtigten Räuber und Wilderer, der mit dem Raubritter Michael, dessen Burg auf dem gegenüberliegenden Michelsberg in Hersbruck thronte, gemeinsame Sache gemacht haben soll.

Highlights:

1. Glatzenstein
2. Glatzensteinhöhle
3. Felsenschlucht am Glatzenstein
4. Großer Hansgörgl

Die Sage

Don't Drink And Fly Unten in der Stube rumorte es gewaltig. Die Schranktüren schepperten, als würde sie jemand aus den rostigen Angeln reißen. Die Teller klirrten wie das lautstark zu Bruch gehende Geschirr auf einem Polterabend. Die Teekanne pfiff schon seit einer gefühlten Ewigkeit. Dem Bauern und seiner Frau, die von Schrecken erfüllt in ihrem Bett im ersten Stock des Hauses lagen und die Bettdecken schützend bis zur Nase hochgezogen hatten, als würden sie die daunendicken Bezüge vor drohendem Unheil bewahren können, erschien es, als wäre in dieser sternlosen Nacht das Jüngste Gericht über sie und ihren Hof hereingebrochen.

Die Urheberin dieses furchteinflößenden Getöses war eine abstoßend hässliche Hexe, die sich darauf verlegt hatte, arglosen Bauersfamilien in den Orten rund um den Glatzenstein die Nachtruhe zu rauben. Hatte sie in der Stube der verängstigten Bauersleute lange genug getobt, schwang sie sich zufrieden auf ihren Besen und rief: „Fahr aus und nirgendwo an!" Mit diesen Worten erhob sich der Besen und rauschte mit der Hexe darauf durch den Schornstein hinaus in die Nacht.

Hin und her wütete die Hexe in der Stube. War sie im einen Moment noch damit beschäftigt, der Hofkatze ein glühendes Holzscheit an den Schwanz zu binden, warf sie nur Sekunden später die frisch gewaschene Wäsche in den neben dem Ofen stehenden Kohleeimer. Wie ein tanzender Derwisch wirbelte sie umher, schrie dabei wie von der Tarantel gestochen und beschmierte mit dem am Abend übrig gebliebenen Eintopf die Wände.

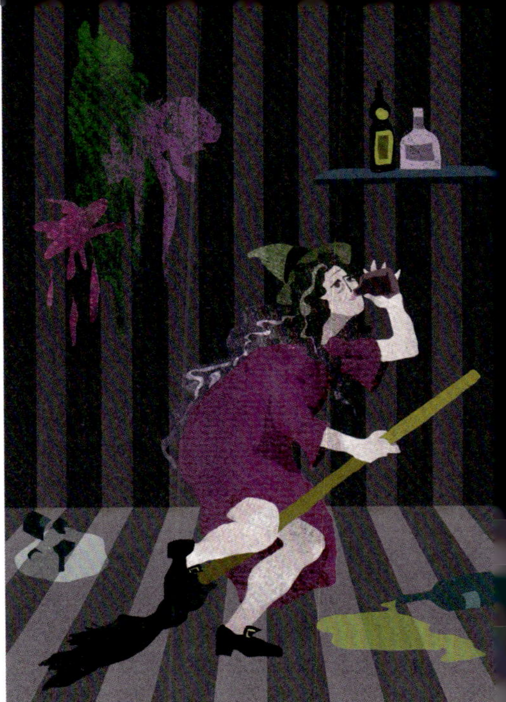

Sie hielt erst inne, als sie eine der unteren Türen des Küchenbuffets öffnete, rieb sich kurz die blutunterlaufenen Augen und blickte dann noch einmal in den Schrank. Dort standen, fein säuberlich aufgereiht, die köstlichsten Obstbrände. Gierig griff sich die Hexe die erste Flasche, entkorkte diese und nahm einen tiefen Schluck. Danach warf sie die Flasche johlend an die Wand, wo sie in tausend Scherben zerbarst und einen hässlichen Fleck zurückließ. Die Hexe kreischte vor Verzückung und schnappte sich zielsicher die zweite Flasche. Wieder entkorkt und wieder einen gewaltigen Schluck genommen. Danach mit einem Jauchzen, das an das Kreischen einer Kreissäge erinnerte, die Flasche samt dem köstlichen Nass an die Wand geschmettert. So erging es einer Flasche nach der anderen.
Als alle Flaschen zerstört waren und die Hexe, unanständige Lieder lallend, zu weiteren Schandtaten nicht mehr in der Lage war, entschied sie, es für diese Nacht dabei bewenden zu lassen und nach Hause zu fliegen.
Lange nicht so elegant wie sonst setzte sie sich auf ihren Besen. Im Rausch nicht mehr ganz bei Sinnen, erhob sie ihre Stimme und rief statt dem gewohnten „Fahr aus und nirgendwo an!" dieses Mal „Fahr aus und überall an!"
Der Besen tat, wie ihm geheißen, und raste sogleich mit der Hexe gegen die Wand. Der unerwartete Schmerz des Aufpralls blies der Hexe augenblicklich den berauschten Kopf frei. Doch noch bevor sie ihrem Besen einen neuen Befehl entgegenrufen konnte, stieg dieser blitzschnell der Decke entgegen und rammte ihren Kopf ungebremst durch das Deckenholz. Und so herb ging es weiter. Mitsamt seiner Herrin prallte der Besen gegen Wände, Decke und Boden. Erst als die Hexe leblos von ihrem Besen glitt, rauschte dieser durch den Schornstein in die Nacht hinaus.
Am nächsten Morgen fanden der Bauer und seine Frau den zerschmetterten Körper der Hexe inmitten ihrer verwüsteten Stube.

Nach Hanns Seibold: Drud und Zauberer.
Sagen aus der Nürnberger Landschaft, S. 86

Die Wegbeschreibung

Auf den Glatzenstein Eure Wanderung startet auf Gleis 2 des Reichenschwander Bahnhofs. Mit Blick auf die Gleise folgt ihr eurem ersten Wanderzeichen, dem Schwarzen Doppel-P auf Gelbem Grund, nach rechts. Es ist das Wanderzeichen des Paul-Pfinzing-Wegs.

Paul Pfinzing war ein bedeutender Kartograf, der Ende des 16. Jahrhunderts das Nürnberger Land mithilfe eines eigens entwickelten

16

Marschkompasses kartografierte und im Pfinzing-Atlas festhielt. Bei der Erstellung seiner Karten arbeitete Paul Pfinzing so genau, dass sich sogar heute noch Flugzeuge daran orientieren könnten.

Der Paul-Pfinzing-Weg, der euch auf dem ersten Viertel eurer Wanderung leiten wird, führt euch am Bahnsteigende auf gepflastertem Weg leicht rechts ein Stück hinauf und biegt dann mit euch an einer Wandertafel richtungsändernd scharf rechts, zur Straße „Am Windhof" hin, ab. In diese biegt ihr nach links ein und folgt ihr bis zur Einmündung in die „Lambacher Straße". Hier weist euch euer Wanderzeichen den Weg nach links und schon bei der nächsten Gelegenheit, unterstützt von einigen hölzernen Wegweisern, nach rechts in einen weiß strahlenden Schotterweg. Dieser wird bald von einer Straße gekreuzt, die ihr geradeaus überquert und direkt dahinter den schön gestalteten Generationengarten passiert, einen Ort für Jung und Alt mit tollen Spielgeräten und Ruheplätzen.

Der Schotterweg trägt euch sanft bergan aus Reichenschwand hinaus und auf die freie Ebene, auf der nachts ein unheimlicher weißer Reiter sein Unwesen treiben soll. Schon so manchen Wandersmann, der es vom Glatzenstein nicht vor Anbruch der Dunkelheit zurück ins Pegnitztal geschafft hat, soll er mit schauderhaftem Gelächter über die Äcker und Wiesen gejagt haben.

Tagsüber droht euch hier kein Unheil. Vielmehr könnt ihr den sich rechts von euch erhebenden Großen Hansgörgl bestaunen, dessen Gipfel ihr später auch noch einen Besuch abstatten werdet. Doch zuerst folgt ihr weiter dem Paul-Pfinzing-Weg, der sich elegant mit euch über die Ebene und stetig nach oben windet. Wenn ihr euch umdreht, werdet ihr mit einem wunderbaren Blick auf die gegenüberliegenden Berge belohnt. Nachdem ihr eurem Wanderzeichen nach der Überquerung der Anhöhe ein wenig hinab gefolgt seid und vor euch die Häuser von Leuzenberg sehen könnt, weist euch der Paul-Pfinzing-Weg an einer Gabelung den Weg nach links hinüber Richtung Wald. Am Waldrand trefft ihr zum ersten Mal auf einen hölzernen Wegweiser mit der Aufschrift „Glatzenstein". Ihr folgt dem Wegweiser und eurem Wanderzeichen durch den Wald. Dann geht es wieder auf eine Freifläche und einen Schotterweg

Die Drei Könige auf dem Glatzenstein

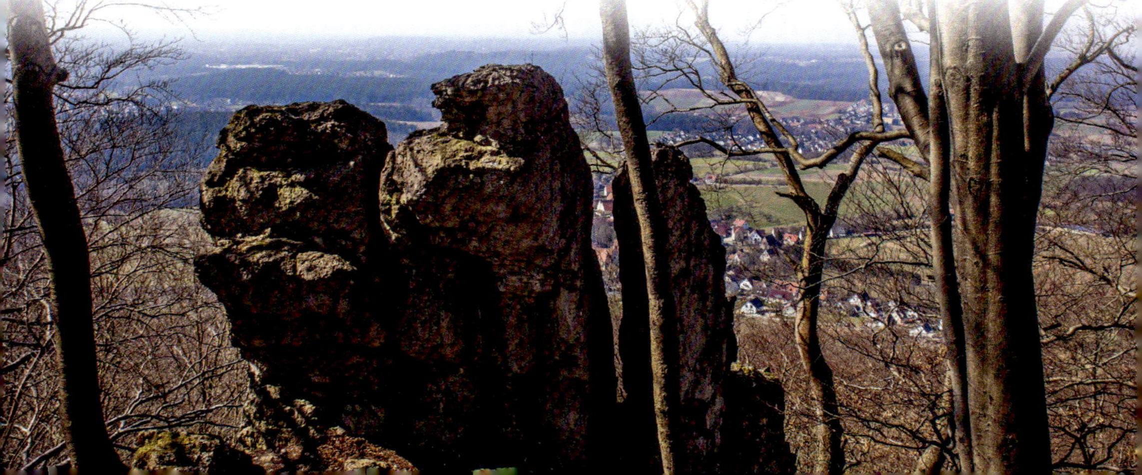

querend, vorbei an einer Wandertafel, schräg nach rechts zurück in den Wald. Dort dauert es nicht lange, bis ihr, zuerst nach links, dann schon bald nach rechts, mit dem Paul-Pfinzing-Weg steiler nach oben steigt. Der Weg gewinnt an Charakter. Knorrige Wurzeln durchziehen wie mit Leben vollgepumpte Adern den braunen Waldboden und verleihen ihm den Anschein uralter, widerstandsfähiger Haut, die sich schützend über das empfindliche, darunter sorgsam Verborgene spannt.

Dieser schöne Weg mündet in einen Schotterweg, dem ihr mit dem Paul-Pfinzing-Weg, vorbei an einem Hochsitz, nach rechts oben folgt. Hier trefft ihr auch auf das Wanderzeichen des Archäologischen Wanderwegs, das „Speikerner Reiterlein".

Diese gefällige, keltische Tonplastik gilt als der bedeutendste, vorgeschichtliche Fund der Gegend. Es handelt sich um eine etwa acht Zentimeter lange Grabbeigabe, die den Verstorbenen im Jenseits als Angehörigen der einflussreichen Reiterkaste ausweisen und ihm so eine entsprechende Position in der Anderswelt sichern sollte.

Nach etwa 200 Metern folgt ihr dem Paul-Pfinzing-Weg an einer Gabelung nach links und bald darauf an einer Einmündung nach rechts. Kurz dahinter gabelt sich der Weg erneut. Das Zeichen des Paul-Pfinzing-Wegs ging hier zwar scheinbar verloren, doch ihr könnt dem „Speikerner Reiterlein" vertrauen und diesem geradeaus bis zur nächsten Einmündung folgen. Dort stoßt ihr wieder auf den Paul-Pfinzing-Weg, mit dem ihr nach links und bald aus dem Wald auf eine große Lichtung wandert. Diese überquert ihr schräg nach rechts hin zur Straße und folgt dieser mit eurem Wanderzeichen steil den Hang hinauf in den Wald. Nach gut 400 Metern erreicht ihr linker Hand eine Wandertafel. Hier verlasst ihr den Paul-Pfinzing-Weg und wechselt scharf links auf den bald zum Pfad werdenden Frankenweg, mit dem ihr weiter Richtung Glatzenstein wandert.

Es folgt ein wundervoll geschwungenes Wegstück, das euch traumwandlerisch entlang einer Felskante durch den dichten Buchenwald trägt. Wohlwollend beobachtet und behütet von Tausenden Baumaugen gleitet ihr bequem zwischen den Buchen hindurch. Baumaugen

Herrlicher Pausenort auf dem Glatzenstein

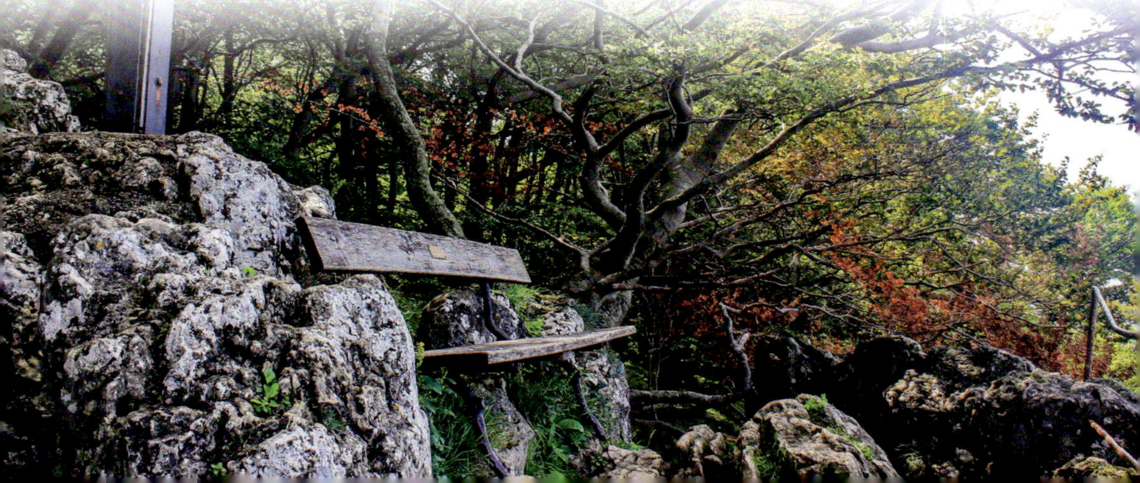

entstehen, wenn ein Baum nach dem Verlust eines Astes weiterwächst und sich an der Stelle des ehemaligen Astes die Struktur des Baumes verändert. Wenn euch hier im Frühjahr, bevor die Bäume ihr Blätterkleid wieder anlegen, der Himmel sein klares Blau durch die dicht beieinanderstehenden Baumkronen entgegenschickt, umfangen euch geheimnisvoll anmutende Farbtöne aus Blau, Braun und Grau, die eine eigentümliche, einerseits kühle und dabei andererseits wohlig warme Stimmung in den Wald zaubern.

Bald überquert ihr mit dem Frankenweg eine Straße nach links und wandert weiter durch den Wald, bis euch euer Wanderzeichen aus dem Wald und am Waldrand entlang weiter sanft nach oben trägt. Wieder im Wald, teilt sich der Weg dreifach. Hier heißt es aufpassen: Ihr verlasst den Frankenweg und entscheidet euch für den mittleren Weg ohne Wanderzeichen. Auf diesem erreicht ihr kurz darauf die beeindruckende Felsenwelt des Glatzensteins.

Was für ein großartiges Ensemble: Knorrige Bäume umklammern mit ihren langen Wurzeln uraltes, oft löchriges Juragestein. Andere schlängeln sich durch den lockeren und weichen Waldboden. Scheinbar nach einem weiteren Stück Fels tastend, das sie innig umarmen können. Nach rechts hinüber, dem sich prachtvoll an der Kante erhebenden Felsmassiv entgegen, gelangt ihr zum fantastischen Aussichtspunkt des Glatzensteins, den ihr nach links, zwischen Felsen hindurch, erreicht. Zum Glück ist der Felsen, von dem es kerzengerade hinab geht, mit einem Geländer gesichert. Von hier aus könnt ihr weit ins Nürnberger Land blicken. Rechts von euch erheben sich auf dem gegenüberliegenden Plateau die gewaltigen Mauern der stolzen Festung Rothenberg.

Hier oben auf der perfekt platzierten Bank zu sitzen und zu verweilen, tut einfach gut. Seine Blicke und Gedanken schweifen zu lassen, ist ein wundervolles Gefühl. Und nach dem langen Aufstieg beißt man gerne herzhaft in die mitgebrachte Stulle.

Vom Aussichtspunkt kommend geht ihr weiter nach links und erblickt nach wenigen Metern links von euch den gewaltigen Kersbacher Turm. Wenn ihr diesem entgegengeht, entdeckt ihr links unterhalb, in einer stattlichen Felswand klaffend, das Portal der Höhle im Glatzenstein. Ein schmaler, jedoch ungesicherter und daher nicht ungefährlicher Pfad führt hinab zu der kleinen Grotte, die einst sogar bewohnt wurde.

Von unten soll das Felsmassiv des Glatzensteins, sofern es nicht zugewachsen ist, einem Pferd ähneln. Der Sage nach wurden dort vor Urzeiten ein Dieb und sein Pferd von einer Geröllawine verschüttet. Als das Gestein ihre mittlerweile versteinerten Körper freigab, hatte der Fels die Gestalt eines Pferdes angenommen. Der Dieb jedoch war für seine Untaten im Stein aufgegangen und verschwunden.

In die Felsenschlucht Von der Glatzensteinhöhle und der Felsennadel geht ihr hinüber zum Archäologischen Wanderweg. Diesem folgt

ihr ein paar Meter nach links bis zu einer Wandertafel kurz vor einer Weggabelung. Hier gibt es, neben der Variante, dem Archäologischen Wanderweg einfach und bequem hinunter zum ausgeschilderten historischen Kalkbrennofen zu folgen, die Möglichkeit, vorher noch ein kurzes Felsenabenteuer zu bestehen.
Dafür steigt ihr auf einem kaum erkennbaren Pfad links vorbei an der Wandertafel steil nach rechts den Hang hinunter und den unübersehbaren Felsen rechts unter euch entgegen. Ihr umrundet den Felsvorsprung nach rechts und steigt unterhalb einer schroffen Felsenwand hinab in den Grund einer urtümlichen Felsenschlucht. Umgestürzte Bäume und bizarre Fluchten vermitteln euch einen guten Eindruck von den rohen Kräften, die diesen kraftvollen Ort geschaffen haben. Fast hat man das Gefühl, als wäre diese Schlucht von der Zeit vergessen worden.

Auf den Großen Hansgörgl Schließlich verlasst ihr diesen spannenden Felsenkessel durch eine breite Klamm nach rechts oben und erreicht einen Wanderweg, markiert mit dem Grünen Punkt auf Weißem Grund, dem ihr nach links folgt. So gelangt ihr bald hinunter zu dem historischen Kalkbrennofen, vor dem der Archäologische Wanderweg von rechts oben kommend in euren Weg mündet. Mit dem Archäologischen Wanderweg wandert ihr links am Kalkbrennofen vorbei, bald links hinab und dann, an einer Wandertafel, nach rechts. Der Archäologische Wanderweg trägt euch aus dem Wald und auf einem Fahrweg am Rand der Ebene entlang, wo er im weiteren Verlauf nach links in den Wald abzweigt. Hier wechselt ihr das Wanderzeichen und folgt nun dem Roten Punkt auf Weißem Grund geradeaus Richtung Oberkrumbach. So gelangt ihr auf der Ebene an eine Kreuzung. Hier wechselt ihr auf das letzte Wanderzeichen eurer heutigen Tour, das Gelbe Kreuz auf Weißem Grund, dem Zeichen des Jura-Gebirgswegs, das euch den Weg zu eurem nächsten Ziel, dem Großen Hansgörgl, nach rechts weist. Ihr wandert nun oberhalb des Krumbacher Tals über die sonnenbeschienene Ebene.

Es geht gemächlich dahin. Der Wind, der hier oben gerne bläst, verschafft euch auch in den warmen Monaten eine angenehm frische Brise. Wenn die Straße sich in einer Linkskurve nach unten windet, folgt ihr dem Gelben Kreuz

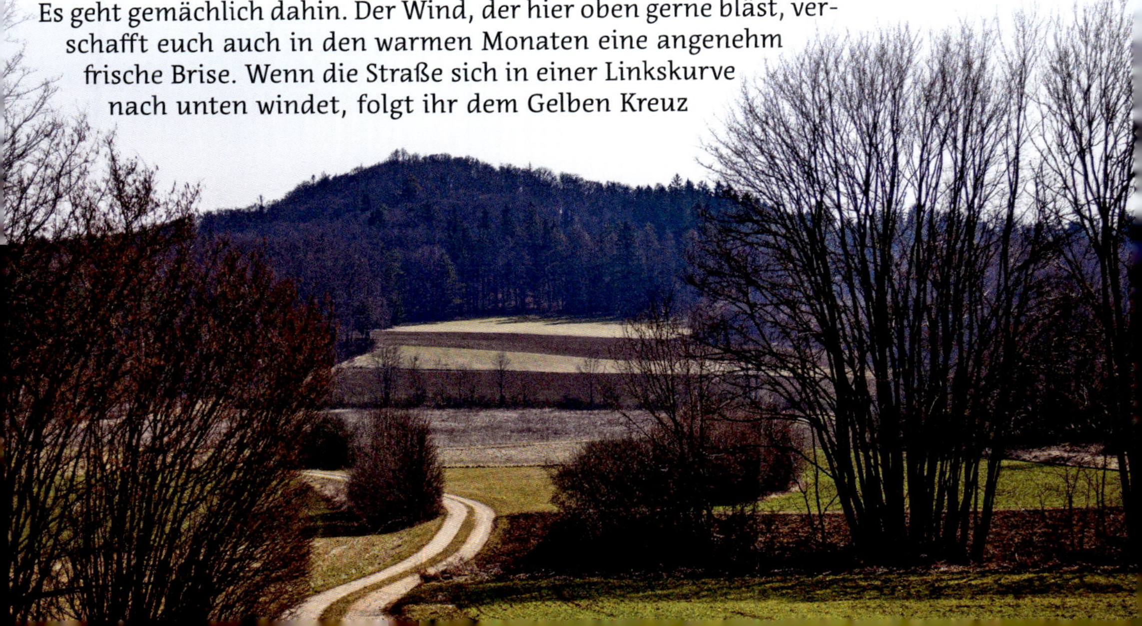

Auf dem Weg zum Großen Hansgörgl

nach rechts durch ein Wäldchen und wieder hinaus auf die freie Ebene. Schon bald erblickt ihr den sich selbstbewusst vor euch erhebenden Großen Hansgörgl. Stattlich sieht er aus. Und strahlt mit dem sich ihm entgegen schlängelnden Weg eine erhabene Eleganz aus.

Mit eurem Wanderzeichen biegt ihr unterhalb des Großen Hansgörgls, der Beschilderung zu dessen Gipfel folgend, nach rechts ab und beginnt kurz darauf den moderaten Aufstieg, der euch binnen weniger Minuten in den Wald trägt. An der ersten Wegteilung im Wald haltet ihr euch mit dem Gelben Kreuz leicht links. Hundert Meter weiter biegt ihr, weiterhin mit eurem Wanderzeichen, vom Fahrweg auf einen schmaleren Weg nach links oben ab. An der nächsten Gabelung erwartet euch zwar kein Wanderzeichen. Doch gibt euch das „Hinauf" den Weg nach rechts vor. Immer schmaler werdend windet sich euer Weg schließlich als Pfad zwischen dichtem Gebüsch hindurch, dem mit Felsen bewehrten Gipfel des Großen Hansgörgls entgegen und, schließlich das Gelbe Kreuz für einen Abstecher verlassend, nach links hinauf. Besondere Aufmerksamkeit verdienen hier oben die sich kühn zwischen den Felsen empor drehenden, teils knöchernen Bäume, die diesem Ort eine geheimnisvolle Atmosphäre verleihen.

Der Rückweg Vom Gipfel zum Gelben Kreuz des Jura-Gebirgswegs zurückkehrend biegt ihr in diesen nach links ein und wandert mit angenehmem Gefälle bergab. Nach etwa 25 Metern zweigt ihr ohne erkennbares Wanderzeichen nach rechts unten ab und trefft bald wieder auf das Gelbe Kreuz. An der nächsten Weggabelung, hier ist an einer Wandertafel auch schon euer Zielort Reichenschwand angeschrieben, folgt ihr dem Gelben Kreuz erneut nach rechts. Auf dem nun folgenden Wegstück könnt ihr noch einmal den Zauber des Waldes genießen, bevor ihr mit eurem Wanderzeichen in einen breiten Fahrweg mündend dem Jura-Gebirgsweg nach links unten folgt und nach etwa 1,8 Kilometern am Ortsrand von Reichenschwand an die Ziegeleistraße gelangt. Diese trägt euch nach links an die Bahngleise und von dort, mit dem Gelben Kreuz dem Straßenverlauf nach rechts folgend, immer parallel zu den Gleisen, zurück zum Reichenschwander Bahnhof.

Früher, als die Orte noch kleiner und weder durch breite Straßen noch durch Bahngleise miteinander verbunden waren, geschah nachts auf dem schmalen Weg von Reichenschwand nach Hersbruck, der sich durch die Pegnitzauen wand, Kurioses. So manchem Wanderer, der hier noch nach Sonnenuntergang unterwegs war, begegneten besonders in feuchtwarmen Nächten feurige Männlein. Im Allgemeinen sind derart leuchtende Erscheinungen eher garstige Gesellen, die arglose und ortsfremde Reisende in die Irre führen. Doch zum Glück der Wanderer handelte es sich bei diesen Feuergeistern um freundliche und hilfsbereite Wesen, die Reisende sicher durch die sumpfige Auenlandschaft führten. Für ihren Dienst verlangten die hilfreichen Geister stets nur einen Kupferpfennig. Sobald sie diesen erhalten hatten, verschwanden sie im Nebel des Talgrunds und warteten auf den nächsten Wandersmann.

Wissen für Angeber

Schutz vor Hexen Angst und Aberglaube trieben auch im Nürnberger Land ab dem 15. Jahrhundert grausame Blüten. Begünstigt von Kriegen, Seuchen und Naturkatastrophen wie dem Höhepunkt der „Kleinen Eiszeit" zwischen den Jahren 1585 und 1597, als es aufgrund verdorbener Ernten zu schrecklichen Hungersnöten kam, kroch die Furcht vor Hexen und Hexern Stück für Stück in die angsterfüllten Herzen der Menschen. Was folgte, war eines der dunkelsten Kapitel in der Geschichte des Abendlandes – die Hexenverfolgung. Doch auch, wenn die letzte angebliche Nürnberger Hexe im Jahr 1692 hingerichtet worden war, der Aberglaube, der das Leben von Generationen bestimmt hatte, hielt sich bis tief ins 20. Jahrhundert und führte zu teils kuriosen Bräuchen. Neben schnell gesprochenen Gebeten sollten in Kreuzform ausgelegte Gegenstände gegen Hexen helfen. So legte manch einer sogar seine müffelnden Socken überkreuzt vors Bett. Oder man steckte eine Mistgabel verkehrt herum in den Misthaufen. Das Vieh im Stall wollte man mit großzügig verteiltem Johanniskraut oder mit dem Verstreuen von gesegnetem Salz schützen. Manch einer warf sogar ein paar Salzkörner in die Milch. War man auf Reisen, galt Brot, das am Freitag gebacken wurde, als geheiligter Gegenstand, der, solange man ihn bei sich trug, vor Verhexungen schützte. Und gegen angehexte Warzen halfen angeblich Wickel mit einer halb verrotteten Speckschwarte. Auch der in der hier erzählten Sage verwendete Spruch „Fahr aus und überall an!" galt als Schutz vor Hexen. Wenn man dazu das Kopfkissen mit voller Wucht gegen die Tür des Schlafgemachs warf, sollte man eine angenehme Nachtruhe vor sich haben. Bleibt nur die Frage: Wie gut schläft man ohne Kopfkissen?

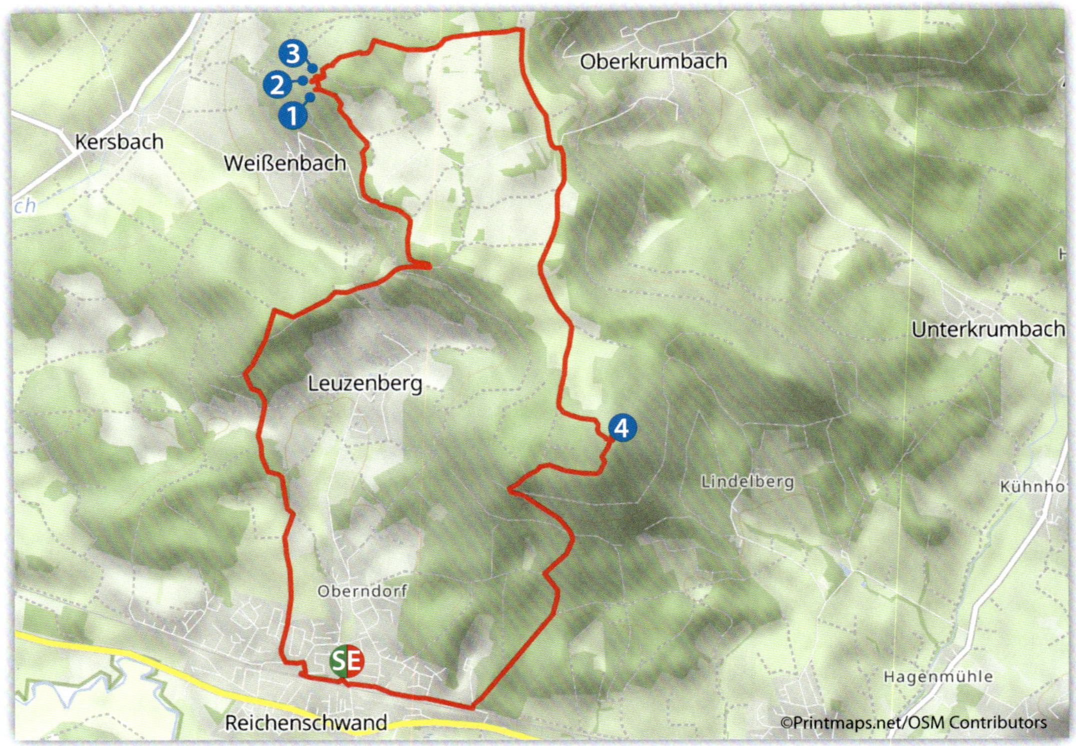

17

Festungsmacht und Burgenglück

 **16,1 km**

 **363 Hm**

 **5,5 h**

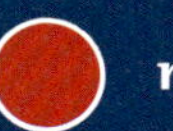 **mittel**

Eckdaten:
Schatten/Sonne: viele schattige Waldwege
Startpunkt: Bahnhof Schnaittach
Endpunkt: Bahnhof Hedersdorf Linie RB 31
Parkplatz: Bahnhof Schnaittach, Hersbrucker Straße 18, 91220 Schnaittach
Einkehrtipp: Igelwirt in Osternohe/ Schlossberg, Tel. 09153 4060
Extra-Tipp: Eine Führung durch die Festung Rothenberg, mehr dazu erfahrt ihr unter www.heimatverein-schnaittach.com

Hoch über dem beschaulichen Ort Schnaittach erhebt sich die stolze Festung Rothenberg, die größte Barockfestung Europas. Um dieses trutzige Gemäuer ranken sich mehrere unheimliche Sagen. Einige davon erfahrt ihr in diesem Buch. Die anderen lasst ihr euch am besten im Rahmen der spannenden Festungsführung erzählen. Neben der Festung Rothenberg erwartet euch auf dieser Wanderung auch noch die Burgruine Osternhohe. Deutlich kleiner und weit weniger gnädig von der Zeit behandelt, entfaltet sie jedoch mit ihrem auf einem Felsen thronenden Bergfried eine geradezu verwunschene Atmosphäre. Zusätzlich verleihen ein märchenhafter Laubengang, eine stattliche Felsenburg und ein wundervoller Obstbaumweg dieser Wanderung Charakter.

Highlights:

1. Streuobstwiesenweg auf dem Weg zur Festung Rothenberg
2. Friedhof der Festung Rothenberg
3. Festung Rothenberg
4. Felsmassiv Windburg
5. Burgruine Osternohe

Die Sage

Der Graue Mann „Mord! Mord! Mord!", hallte es von den hohen Mauern der Festung wider, wurde zwischen den Wänden hin und her geworfen und vom Nachtwind bis hinunter ins Tal getragen. Schon tönte das Horn und rief die Festungsmannschaften zum Sammeln. Eiligst sprangen die Soldaten von ihren Pritschen, quetschten ihre Füße in die am Vorabend blank polierten Stiefel, zogen sich hektisch den Rock über und rannten in den Festungshof, wo sie, vom jahrelangen gnadenlosen Üben diszipliniert, in Reih und Glied Aufstellung nahmen.
Mit strengem Blick inspizierte der Major, der seine Reitgerte zwischen den Händen kokett auf und ab schwingen ließ, die Reihen seiner Soldaten. Schließlich sollte der Kommandant, wenn er den Hof betrat, ein Musterbeispiel an Einheit und Ordnung vorfinden. Doch als dieser erschien, würdigte er die musterhaften Reihen seiner Mannschaft nicht eines Blickes. Schnurstracks folgte er im Licht des den Nachthimmel über der Festung erhellenden Vollmonds einem einzelnen Soldaten, einem der Wachhabenden, über den Hof und hinauf auf die Bastion. Nun löste sich auch die einstudierte Ordnung der Soldaten auf und sie folgten ihrem Kommandanten in gebührendem Abstand. Ein Flüstern und Raunen ging durch die Menge. Wer wohl ermordet worden war? Und warum? Niemand wusste es. Es hatte auch niemand Außergewöhnlichen getroffen. Einer der neuen Rekruten, der auf der Mauer Wache gehalten hatte, war offen-

sichtlich erdrosselt worden. Der Strick, der ihm zum Verhängnis geworden war, schnürte noch immer den geschundenen Hals ein. Die Augen im Todeskampf krampfhaft geweitet starrten in toter Verzweiflung in den Nachthimmel. Das Gesicht, zur aschfahlen Grimasse verzerrt, schien gräulich zu schimmern. Während der Kommandant ernsten Blickes die Fassung bewahrte, wurde so mancher junge Rekrut von Grauen gepackt und rannte davon. Sofort begannen die Ermittlungen, doch der Mörder konnte nicht ermittelt werden. Die Festungstore blieben den Bewohnern des Umlandes in der Nacht verschlossen. Und von den Soldaten konnte niemandem ein Motiv nachgewiesen werden.

Wochen danach, es war in der Nacht des darauffolgenden Vollmonds, hallten erneut angsterfüllte Schreie durch die Dunkelheit. Doch dieses Mal waren es panische Hilferufe. Als die komplette Festungsbesatzung sich daran machte, den Urheber dieses Radaus aufzuspüren, fanden sie schließlich einen der jüngeren Rekruten zusammengekauert und winselnd in einer Ecke sitzen. „Der Graue Mann", stammelte der Erbarmungswürdige vor sich hin.

Nachdem ihn ein Arzt mehrere Tage eingehend untersucht hatte, kam dieser zu dem Schluss, dass der junge Soldat im Angesicht unvorstellbaren Grauens den Verstand verloren hatte, und ließ ihn ins Irrenhaus bringen. Beim nächsten Vollmond wiederholte sich der schreckliche Vorgang. Wieder durchrissen entsetzliche Hilferufe die mondhelle Nacht. Wieder fanden die Soldaten einen der jungen Rekruten, vor Angst verrückt geworden, in einer Ecke kauernd. Wieder wimmerte der Junge die geheimnisvollen Worte „Der Graue Mann". Und wieder blieb dem Arzt nichts anderes übrig, als den Unglücklichen einzuweisen.

Viele Monde gingen so dahin. Bis eines Nachts, es war wieder einmal Vollmond, der vom Kummer über den Verlust der vielen jungen Rekruten gezeichnete Kommandant ziellos über den Festungshof wanderte. Da plötzlich waberte weiß leuchtender Nebel von außen pulsierend über die Zinnen der Festungsmauer und kroch mannshoch über den Wehrgang. Schemen waren in dem geisterhaften Weiß auszumachen, deren Konturen sich mehr und mehr definierten, bis sich die von Verwesung entformte, graue Gestalt des einstmals ermordeten Wachmanns aus dem Nebel schälte. Den Kopf eigenartig rhythmisch von rechts nach links wiegend, schlurfte das Gespenst, immer vom weißen Nebel umwogt, über den Wehrgang. Als der Kommandant sich vom ersten Schrecken erholt hatte, erhob er die Stimme und rief der unheimlichen Erscheinung entgegen. In diesem Moment wurde das Gespenst vom Nebel förmlich aufgesogen. Daraufhin verflüchtigte sich der unheimliche Dunst und löste sich schließlich auf. Seit dieser Nacht ist „Der Graue Mann" nie wieder in Erscheinung getreten. Doch wer weiß ...

Nach Emmi Böck: Das „Graue Männlein".
Sagen aus Mittelfranken, S. 161

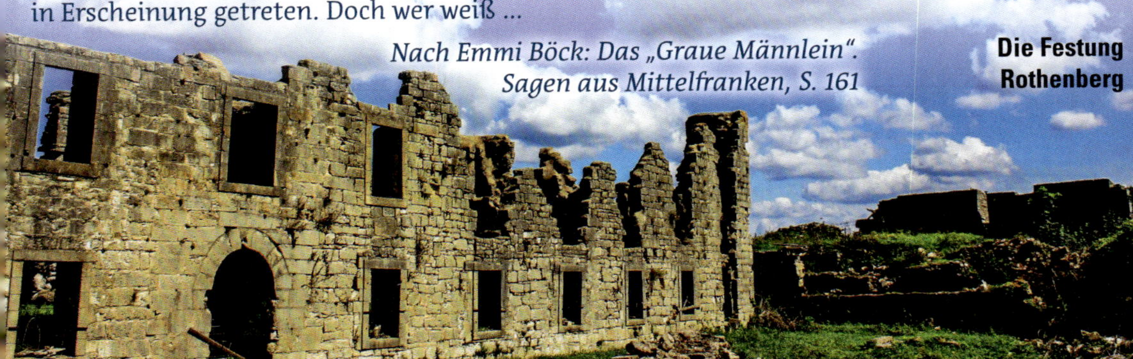

Die Festung Rothenberg

17

Die Wegbeschreibung

Zum Festungsfriedhof Rothenberg Aus dem Zug steigend folgt ihr dem Gleis und dem sich daran anschließenden Pflasterweg nach rechts und gelangt, vorbei an einigen Wertstoff-Containern, an einen Bahnübergang. Hier trefft ihr auf das erste Wanderzeichen eurer Tour, das Rote Andreaskreuz auf Weißem Grund. Es ist das Zeichen des Albquerwegs und wird euch bis weit hinter die Festung Rothenberg begleiten. Mit dem Roten Andreaskreuz überquert ihr den Bahnübergang und folgt eurem Wanderzeichen geradeaus bis an eine Gabelung. Hier haltet ihr euch leicht rechts und wandert zuerst auf der Bergstraße, dann auf dem links parallel dazu verlaufenden Schotterweg den Hang hinauf. Über euch erkennt ihr, wenn der Wald darunter den Blick freigibt, schon die imposanten Mauern der Festung Rothenberg.

Geradezu entzückend sind auf diesem Wegstück die vielen Obstbäume, die sowohl den rechten als auch den linken Wegesrand säumen. Ihre zarte Blütenpracht versüßt euch im Frühjahr den durchaus fordernden Anstieg. Weiß und rosa erstrahlen sie in den Monaten April und Mai und verleihen dem Hang einen sanften Zauber. Wenn dann zum Ende der Blüte der milde Sommerwind die federleichten Blütenblätter durch die Luft wirbelt und ausgelassen mit ihnen spielt und sie mal dahin, dann wieder dorthin bläst, entwickelt das Schauspiel eine Magie, die den staunenden Betrachter Jahr für Jahr erneut in ihren Bann zieht. Jede Menge Infotafeln zu Streuobstwiesen vermitteln euch wertvolles Wissen und gestatten euch die eine oder andere kurze Verschnaufpause. Dazu ziert den Hang auch noch ein kleiner Skilift, der ihm fast alpine Optik verleiht. Auch der Ausblick ins Nürnberger Land, der sich euch bietet, wenn ihr euch umdreht, kann sich sehen lassen. So wird aus dem Anstieg ein alle Sinne umschmeichelndes Erlebnis – zumindest wenn ihr euch ein wenig Zeit lasst.

Einem Tambour, also einem Trommler, der vor vielen Hundert Jahren auf der Festung Rothenberg seinen Dienst versah, erging es da leider ganz anders. Unerlaubt hatte er sich eines Abends von der Truppe entfernt, um unten im Tal in einer Schnaittacher Schenke ordentlich einen zu zechen. Kurz vor Mitternacht packte ihn dann doch die Angst vor den drakonischen Strafen, die ihn für seine Desertion erwarten würden. Er nahm seine Trommel und hetzte den Hang zur Festung hinauf. Gerade einmal zehn Minuten blieben ihm, um vor dem Nachtappell das Tor zu erreichen. Er eilte und rannte, so schnell ihn seine Füße trugen, und schaffte es sogar noch vor dem Läuten an die Festungsbrücke. Doch dort brach er vor Erschöpfung tot zusammen. Sein Geist soll noch heute in Form eines schwarzen Pudels, der ahnungslosen Wanderern gerne voranläuft, an den Hängen des Festungsbergs umgehen. Wer weiß, vielleicht begegnet er euch ja auf eurem Weg nach oben.

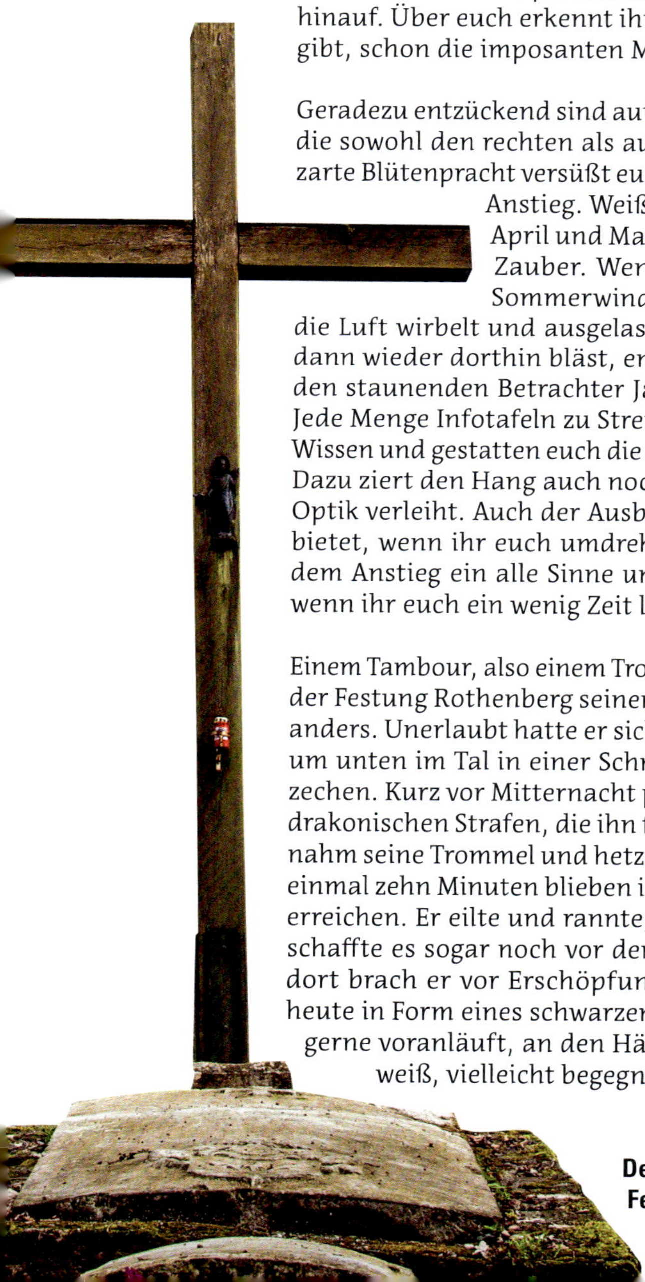

Der Friedhof der Festung Rothenberg

Unterhalb des Waldrands mit Blick auf den über euch liegenden Berggasthof Rothenberg schwingt sich das Rote Andreaskreuz mit euch nach rechts und einer Weggabelung entgegen, an der ihr euch für die linke Abzweigung entscheidet, die euch weiter hinauf führt. Weiter oben mündet ihr mit eurem Wanderzeichen nach rechts in einen breiten Weg, der sich kurz darauf, an den Resten einer alten Skischanze, erneut gabelt. Wieder haltet ihr euch links und gelangt weiter bergan zur nächsten Gabelung. Dieses Mal erwarten euch drei Möglichkeiten. Ihr wählt mit dem Albquerweg die goldene Mitte und steigt auf immer schmaler und stimmungsvoller werdendem Pfad weiter hinauf. Bei der nächsten Gelegenheit macht ihr mit dem ausgeschilderten Festungsrundweg einen kurzen Abstecher nach rechts zu dem nur wenige Meter entfernten Festungsfriedhof.

In den etwas mehr als hundert Jahren, in denen der Friedhof genutzt wurde, fanden hier fast 1100 Festungsinsassen ihre letzte Ruhe. Ganz schön unheimlich, wenn man sich vorstellt, dass auf diesem Areal, das früher deutlich größer war, die Gebeine derart vieler Verstorbener liegen. Einer davon, so kündet eine Sage, soll ein Oberst gewesen sein, der sich im Kommandantenhaus mit einem gezielten Schuss selbst entleibte. Seinen Geist will so mancher Wachsoldat noch Jahre später in Frühlings- und Herbstnächten, wenn aufgebrachte Winde die Festungsmauern pfeifend und heulend peitschen, auf einem Zwischenwall stöhnend und keuchend hin- und herwandern gesehen haben.

Zur Festung Rothenberg Vom Festungsfriedhof folgt ihr der Weißen Nummer 5 auf Blauem Grund einige Meter hinauf und mündet nach rechts wieder in den Albquerweg. Mit diesem umrundet ihr das sich nun klar und deutlich über euch abhebende Festungsareal nach links. Im Frühling begeistern am Wegesrand Unmengen des Hohlen Lerchensporns, auf Fränkisch auch mal „Haingögerla“ genannt, mit weißen und purpurnen Blüten. Doch Vorsicht, dieses Mohngewächs gilt als giftig. Daher bitte nur gucken, nicht anfassen! Beim Umrunden lohnt sich ein kurzer Abstecher vom Albquerweg nach links in den Festungsgraben.

Hier werden die enormen Dimensionen der Festungsmauern besonders gut ersichtlich. Ganze 19 Meter sind sie hoch. Dabei hätten 16 Meter zum Schutz vollkommen ausgereicht. Vielleicht war der Grund für die Höhe von 19 Metern die Tatsache, dass sie dadurch bei klarer Sicht sogar von der Nürnberger Burg aus gut zu sehen ist und sich die Nürnberger Herren sich jedes Mal darüber ärgerten, dass mitten in ihrem Gebiet eine kurbayerische Festung stand. Doch die Mauern sind nicht nur hoch, sie sind auch richtig breit. So breit, dass sie lange und hohe Gewölbegänge, die sogenannten Kasematten, beherbergen, in denen die Bewohner des Umlands früher bei Gefahr Unterschlupf fanden. Das alles und noch viel mehr erfahrt ihr im Rahmen der spannenden Festungsführung, die von Anfang April bis Anfang November angeboten wird.

Hervorzuheben ist die Sternform der Festungsanlage, die sich durch die Position der Bastionen ergibt und gezielt tote Winkel und somit

17

mögliche Angriffspunkte vermeidet. Dieses Erscheinungsbild erhielt die Festung erst im 18. Jahrhundert. Als Befestigungsstandort wurde das Plateau des Rothenbergs jedoch schon viel früher genutzt. Sogar Karl der IV., dessen eindrucksvolle Spuren an so manchem Ort im Nürnberger Land zu finden sind, ließ hier eine vormals kleine Burg vergrößern und ausbauen. In den folgenden Jahrhunderten wurde sie zur Ganerbenburg. Eine Ganerbschaft war in alten Zeiten eine meist adelige Eigentümergesellschaft. Einer der berüchtigtsten dieser adeligen Ritter war Konrad Schott von Schottenstein. Ihm diente die Burg als Raubritternest. Dieser wilde Haudrauf muss, selbst für die gnadenlosen Zeiten im ausgehenden 15. Jahrhundert und beginnenden 16. Jahrhundert ein arger Wüterich gewesen sein. Dem Nürnberger Bürgermeister Wilhelm Derrer schlug er beispielsweise die Hand ab, weil der ihm grimmige Briefe geschrieben hatte. Viel bekannter als er selbst wurden jedoch zwei seiner Weggefährten. Zusammen mit Hans Thomas von Absberg versetzte er die Nürnberger Kaufleute jahrelang in Angst und Schrecken. Und mit dem berühmten Götz von Berlichingen, dem sich sogar Johann Wolfgang von Goethe literarisch widmete, verband ihn bereits in jungen Jahren eine tiefe Freundschaft.

Aus dem Festungsgraben kommend, folgt ihr dem Roten Andreaskreuz des Albquerwegs nach links oben bis zu einer großen Lichtung mit Kreuzung und Wandertafel. Ein breiter Schotterweg führt euch nach links hinauf und vor die Brücke der Festung.

Auch hier beeindrucken die gewaltigen Ausmaße. Diese verdankt sie ihrer Geschichte. Als sie von den kaiserlichen und Nürnberger Truppen im Spanischen Erbfolgekrieg erobert wurde, die die Besatzung aushungerten und dadurch zur Kapitulation zwangen, schleiften die Feinde das Bauwerk. Die Festung Rothenberg profitierte von ihrer Zerstörung insofern, als sie bis 1741 noch wehrhafter wiederaufgebaut wurde und so eine Belagerung im Österreichischen Erbfolgekrieg erfolgreich überstand. Als Napoleon Bonaparte im Jahr 1806 große Teile des Herzogtums Frankens dem Königreich Bayern zuwies, verlor die Festung ihre strategische Funktion als Grenzbastion, wurde eine Zeit lang als Gefängnis genutzt und 1841 der Bevölkerung als Steinbruch überlassen. Zum Glück kümmert sich heute der Heimatverein Schnaittach e.V. um den Erhalt dieser großartigen Festungsanlage.

Im Graben der Festung Rothenberg

Zur Windburg Von der Festung Rothenberg kommend lasst ihr euch mit dem Roten Andreaskreuz von dem breiten Schotterweg geradewegs bequem nach unten bis an die Straße tragen. Mit eurem Wanderzeichen geht ihr kurz nach links an der Straße entlang und steigt dann mit dem Albquerweg an der Abbiegung nach Enzenreuth rechts hinauf. Hier gesellt sich zum Roten Andreaskreuz der Blaue Querstrich auf Weißem Grund. Er wird im weiteren Verlauf den Albquerweg ablösen. Doch zuerst durchquert ihr mit beiden Zeichen den Ort und gelangt auf geschottertem Weg auf eine freie Hochebene. Lasst eure Blicke nach rechts über die sanft geschwungenen Gipfel und Täler schweifen – wundervoll. Ebenso die Harmonie, die hier oben herrscht. Vogelstimmen und das geschäftige Summen und Brummen von Insekten beseelen die weiten Wiesen mit bezaubernden Klängen und verleihen dieser in sich ruhenden Welt eine zauberhafte Atmosphäre.

Hinter der freien Fläche überquert ihr im Wald eine Kreuzung, an der der Schlossberg, eines eurer nächsten Ziele, bereits angeschrieben ist. Wenn sich hier im Wald der Morgennebel verflüchtigt und langsam den Sonnenstrahlen weicht, bieten sich euch herrliche Lichtblicke. An der nächsten Kreuzung oberhalb einer Lichtung folgt ihr euren beiden Wanderzeichen nach links und verlasst nach etwa 400 Metern den Schotterweg und damit den Albquerweg, indem ihr an einer Wandertafel mit eurem neuen Wanderzeichen, dem Blauen Querstrich, leicht links in den Wald abzweigt. An einer kurz darauf folgenden Einmündung haltet ihr euch mit dem Blauen Querstrich rechts, verlasst demnächst den Wald und überquert eine Straße. Dahinter wandert ihr zwischen Feldern dem nächsten Wald entgegen.
Und was für ein herrliches Waldstück euch da erwartet! Verzagt öffnet sich vor euch ein schmaler Gang aus Bäumen, deren dünne Zweige sich über euren Köpfen zu einem regelrechten Laubengang verästeln. Herrlich ist es, unter dem natürlich gewölbten Portal hindurch zu schreiten und diese zart umfangende grüne Dichte, die euch wohlwollend aufnimmt, zu betreten.
Leicht hin und her schwingend trägt euch der Pfad, eingerahmt von den dichten Büschen, an eine Weggabelung. Hier mündet von rechts kommend das Zeichen des Paul-Pfinzing-Wegs, das Schwarze Doppel-P auf Gelbem Grund, in euren weiter geradeaus führenden Weg. Mit dem Blauen Querstrich und dem Paul-Pfinzing-Weg geht es bald flankiert von moosbewachsenen Felsen bergan. Oben schwingt ihr mit euren Wanderzeichen nach links und gelangt an eine Gabelung. Ihr entscheidet euch für die linke Abzweigung und wandert mit dem Blauen Querstrich und dem Paul-Pfinzing-Weg am Waldrand entlang. Nach etwa 500 Metern, ihr habt soeben eine Freifläche überquert, biegt ihr mit euren Wanderzeichen nach rechts hinüber zum Wald hin ab. Direkt nachdem ihr den Wald betreten habt, erreicht ihr eine Einmündung. Hier verlasst ihr den Blauen Querstrich und folgt dem verbleibenden Paul-Pfinzing-Weg nach rechts. An der nächsten Kreuzung biegt ihr mit dem Paul-Pfinzing-Weg nach links ab und überquert kurz darauf einen Schotterweg. Hier ist auf einer Wandertafel euer nächstes Ziel, das Felsmassiv der Windburg, bereits angeschrieben. Der Paul-Pfinzing-

Weg führt euch bald zweimal nach rechts abbiegend und dann in sehr weitem Bogen nach links schwingend auf schmaler werdendem Pfad um die Windburg herum. Auf diesem Pfad grüßen euch vom Wegesrand immer wieder die liebevoll gestalteten kleinen und größeren Baumbilder des Osternoher Künstlers Peter Kraus. Meist handelt es sich um tierische Waldbewohner, doch mischt sich auch ein Zwerg darunter. Mal sehen, ob ihr ihn findet. Besonders possierlich sind zwei herumtollende Frischlinge. Na hoffentlich versteckt sich nicht ihre wachsame Mutter irgendwo im Unterholz.

An der mit bizarren Türmen geschmückten Nordseite der Windburg zweigt in einer Kurve ein sehr schmaler Trampelpfad ohne Wanderzeichen vom Weg scharf nach links oben ab. Mit diesem Pfad gelangt ihr für einen Abstecher am Fuß beeindruckender Felsen auf den Gipfel der Windburg. Abenteuerlich und durchaus rutschig trägt euch dieser Pfad unter und zwischen umgestürzten Bäumen hindurch und zuletzt nach rechts hinauf dem steinigen Gipfel der Windburg entgegen, wo euch der höchste Aussichtspunkt des Schnaittacher Gemeindegebiets empfängt.

Zur Burgruine Osternohe Vom Gipfel der Windburg kehrt ihr auf dem bekannten Trampelpfad zum Paul-Pfinzing-Weg zurück und folgt diesem nach links weiter um die Windburg. Von unten erschließen sich euch die Dimensionen dieses Massivs noch besser. Dann durchquert ihr eine kurze Felsenklamm und geht ein Stück hinab, einem stolz aufragenden Fels entgegen, an dessen Füßen eine Bank zu einer kurzen Rast einlädt.
Hinter einem Funkmast überquert ihr mit dem Paul-Pfinzing-Weg eine geschotterte Waldautobahn und biegt mit eurem Wanderzeichen bei der nächsten Gelegenheit links ab. Bald erreicht ihr einen Holzplatz. Hier biegt der Paul-Pfinzing-Weg nach rechts ab. Ihr jedoch geht, zumindest für ein paar Meter, ohne Wanderzeichen geradeaus nach unten und mündet kurz darauf am Waldrand nach links in einen breiten Schotterweg. Hier trefft ihr auf das letzte Wanderzeichen eurer heutigen Tour, das Grüne N des Naturfreundewegs. Am Waldrand entlang wandert ihr auf dem Schotterweg, der an einem Strommast zum Pflasterweg wird und euch auf freier Fläche mit großartigem Fernblick hinunter in den Ort Schlossberg trägt. Dort angekommen, verlasst ihr den Naturfreundeweg für einen Abstecher zur Burgruine Osternohe und biegt bei der ersten Gelegenheit ohne Wanderzeichen scharf nach rechts oben in den Burgweg ab. Links erkennt ihr schon bald, am Ende eines Gartens, einen Teil der ehemaligen Burgmauer. Dann erreicht ihr, der Beschilderung folgend, nach links den Vorplatz der ehemaligen Burganlage, auf dem ein Baum steht, dessen alte Wurzeln sich selbstbewusst um die unter ihm aus dem Waldboden ragenden Felsen schlingenden. Ein Warnschild weist euch auf das Betreten auf eigene Gefahr hin. Eine Treppe führt euch hinauf Richtung Bergfried-Ruine und Aussichtspunkt. Wenn ihr von dort hinunter ins idyllische Osternoher Tal blickt, seht ihr am linken Ortsrand die Dreifaltigkeitskirche des Ortes mit ihrem hübsch anzusehenden Glockenturm.

Der Sage nach wurde diese Kirche genau an der Stelle errichtet, an der sich vorher Nacht für Nacht 14 herrlich glühende Lichter getummelt hatten. Inmitten deren fröhlichen Reigens und Leuchtens ertönte eine erhabene Stimme und wies die Bewohner von Osternohe, die sich schon lange eine eigene Kirche gewünscht hatten, an, auf eben diesem Tanzplatz eine Kapelle zu Ehren der 14 Nothelfer zu erbauen. Der Osternoher Burgherr, der das Schauspiel von seiner Burg beobachtet hatte, zögerte nicht lange und finanzierte das Bauvorhaben. Und so steht die Dreifaltigkeitskirche in Osternohe seit mehr als 500 Jahren.

Der Rückweg Von der Burgruine Osternohe kommend, gelangt ihr zurück in den Ort Schlossberg, folgt dem Burgweg nach rechts unten und biegt, kurz vor Erreichen des großen Wanderparkplatzes mit dem Naturfreundeweg steil nach rechts unten ab. Gleich bei der nächsten Gelegenheit zweigt ihr erneut nach rechts unten ab und erreicht den Berggasthof Igelwirt. Euer Weg verläuft über eine Treppe leicht links direkt unter dem Gebäude des Igelwirts hindurch nach unten an eine Straße, die ihr überquert und über eine weitere lange Treppe in die Ortsdurchfahrt mündet. Dieser folgt ihr nach rechts unten. Die Straße schwingt sich, den Ort Schlossberg verlassend, den Hang hinunter und nach Osternohe hinein. Kurz hinter dem Ortsschild biegt ihr an einer Wandertafel mit dem Naturfreundeweg Richtung Hedersdorf sehr scharf nach links in einen Schotterweg ab, der euch hinunter zum Osternoher Skilift, der längsten Liftanlage Mittelfrankens, trägt. Vor diesem zweigt ihr mit dem Naturfreundeweg nach rechts ab und geht unterhalb des Skilifts nach links. Vorbei am Skischulbüro überquert ihr ein kleines Bächlein und folgt eurem Wanderzeichen über eine Streuobstwiese bis zu einer Einmündung. Ihr biegt rechts ab, gelangt nach Bondorf und folgt dem Naturfreundeweg an der Einmündung in die Ortsdurchfahrt nach rechts. Die Straße führt euch bis nach Osternohe und zur Dreifaltigkeitskirche.

Das zur Kirche gehörende Pfarrhaus soll einst dem Dorfbäcker gehört haben. Als die Kirche fertiggestellt worden war, vermachte er, da er selbst keine Nachkommen hatte, sein Haus nach seinem Tod der Kirche.

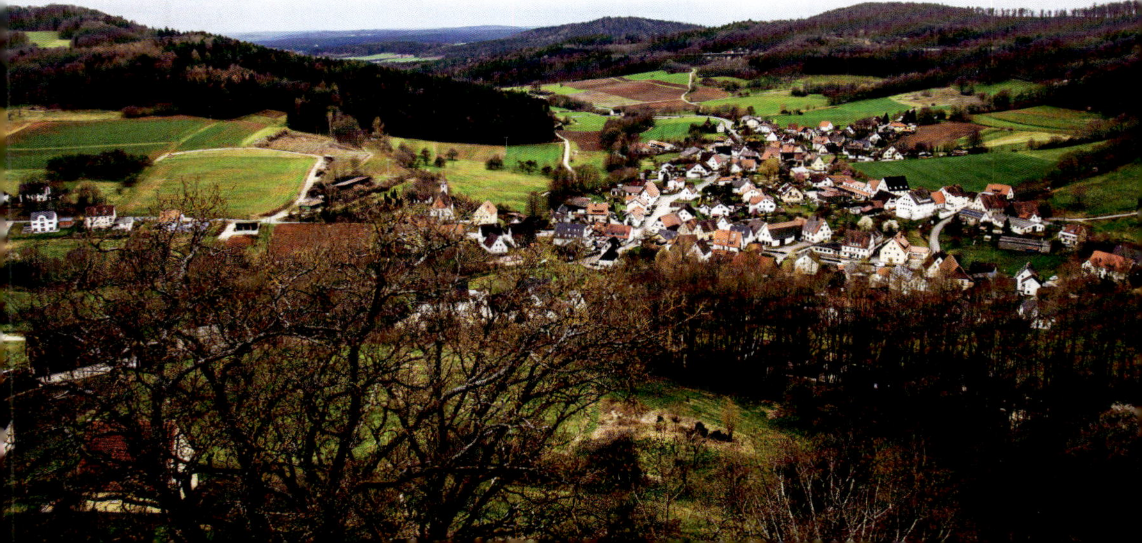

Blick von der Burgruine Osternohe ins Tal

17

Der alte Backtrog soll dort noch bis in die 1830er Jahre im Gedenken an den großherzigen Bäcker gestanden haben.

Direkt hinter der Kirche biegt ihr mit eurem Wanderzeichen, dem N des Naturfreundewegs, scharf links ab und verlasst Osternohe. Es geht stetig, dafür jedoch sanft, nach oben. Zuerst auf freier Fläche, dann geradeaus über eine Kreuzung in den Wald. An einer großen Weggabelung mit Jägersitz haltet ihr euch mit dem Naturfreundeweg links und steigt weiter hinauf. Nach einem Stück auf der Höhe trägt euch der Weg hinunter und aus dem Wald hinaus. Nun folgt ihr einfach immer dem Naturfreundeweg. Nach einigem Auf und Ab, immer am Waldrand entlang, erreicht ihr eine Einmündung, an der ihr mit eurem Wanderzeichen nach rechts unten, entlang einer Obstbaumreihe ein Stück hinab geht und bei der nächsten Möglichkeit mit dem N nach links abbiegt. Bald mündet ihr an einem toten Baum erneut in einen Schotterweg, dem ihr nach rechts unten folgt. Dieser Weg trägt euch vorbei an einem Waldkindergarten hinunter bis nach Hedersdorf, wo der Weg zur Straße wird. Dieser folgt ihr bis zu einer Einmündung mit Wandertafel. Auf der Uhustraße geht ihr nach links, bis zu einer Brücke, die ihr mit der Dorfstraße nach rechts überquert. Entlang der Schnaittach gelangt ihr an den kleinen Dorfplatz mit Bushaltestelle und erreicht nach links auf der Dorfstraße, kurz vor dem Ortsschild, den Hedersdorfer Bahnhof.

Wissen für Angeber

Festungsbau Wie man sein Hab und Gut möglichst erfolgreich vor unerwünschtem Zugriff schützt, haben die Bewohner des Nürnberger Lands schon sehr früh gelernt. Schon vor gut 2500 Jahren errichteten die Kelten auf der Houbirg einen das Bergplateau beherrschenden Erd- und Holzwall, der zu Deutschlands bedeutendsten vor- und frühgeschichtlichen Höhensiedlungen gehört. Im Mittelalter boten Burgen wie Hohenstein, Hartenstein, Lichtenegg, Lichtenstein,

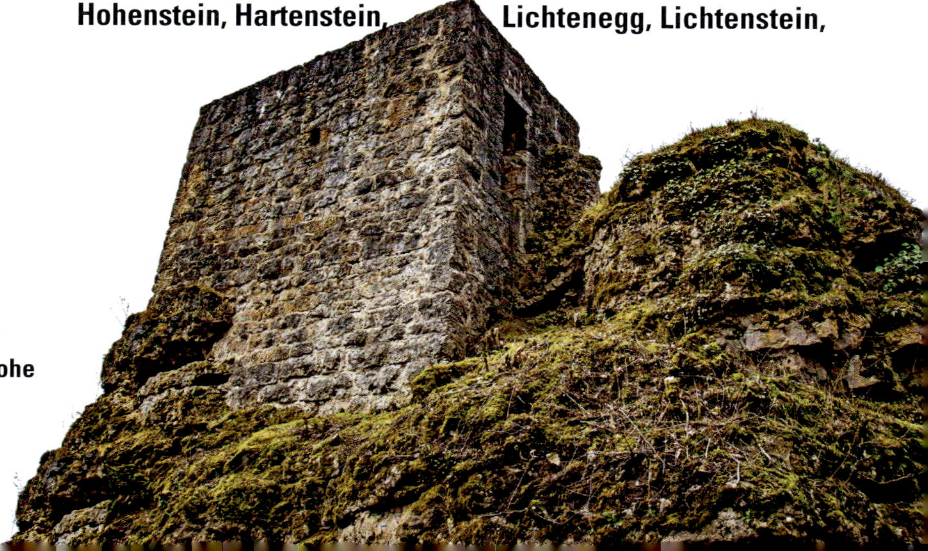

Der Bergfried der Burgruine Osternohe

Burgthann, Grünsberg oder das Wenzelschloss mit ihren hohen Wänden Schutz vor feindlichen Angriffen. Als jedoch mit der Einführung des Schießpulvers im 15. Jahrhundert die Artillerie auf den Schlachtplan trat, mussten die Bauherren umdenken. Zum einen mussten die Mauern stärker und stabiler werden, um der steigenden Durchschlagskraft standzuhalten. Zum anderen benötigten die Befestigungen Bastionen für ihre eigenen Kanonen, die auf den schmalen Wehrgängen von einst keinen Platz fanden. Die Festung Rothenberg vereint gleich mehrere wertvolle Baustrategien. Sie liegt hoch oben auf dem Rothenberg, was die Bestürmung naturgemäß erschwert. Auf ihr ragen keine hohen Türme empor, die unnötige Angriffsfläche bieten könnten. Stattdessen ist die Silhouette flach. Hinzu kommen die gezielt eingesetzten Erdaufschüttungen vor den Mauern. Diese sorgten dafür, dass feindliche Geschütze entweder zu niedrig schossen und nur den Erdwall trafen, oder zu hoch und die Kugeln über die flache Festung hinwegflogen. Die trapezartige Form mit den vorgelagerten Bastionen vermeidet tote Winkel, in denen Feinde sich an die Erstürmung der Mauern machen könnten. Somit blieb Belagerern meist nur noch die Möglichkeit, Festungen wie Rothenberg auszuhungern. Das Konzept der flachen Festungen jedenfalls hielt sich bis ins 20. Jahrhundert. Dann ging man noch einen Schritt weiter und nutzte Bunkersysteme mit möglichst ebenen Bastionen zum Schutz vor feindlichem Beschuss. Dieses Konzept lag wiederum dem Bau der Doggerstollen in der Houbirg während des Zweiten Weltkriegs zugrunde.

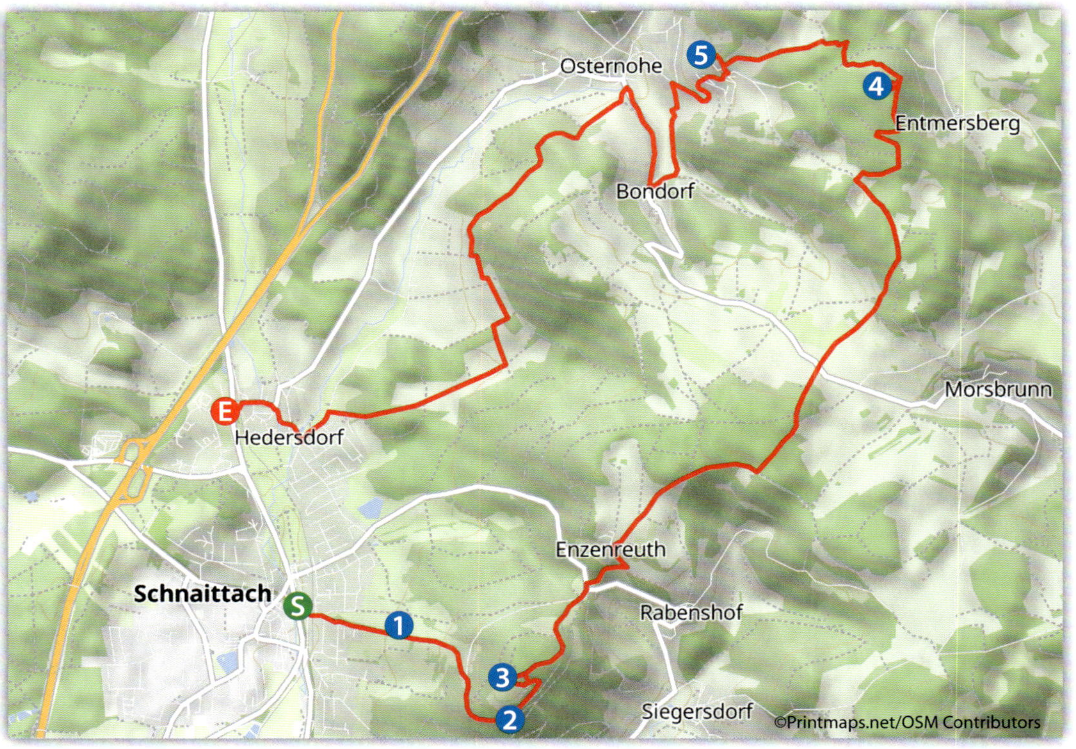

18

Der Teufel bei Bühl

Spannende Felsenburgen und grandiose Aussichten belohnen euch auf dieser Wanderung für so manchen fordernden Anstieg. Während die erste Hälfte der Wanderung eine Sehenswürdigkeit nach der anderen präsentiert, finden sich auf dem Rückweg immer wieder entspannte Passagen, die Gelegenheit zum gedankenverlorenen Wandern bieten.

17,8 km

445 Hm

5,5 h

mittel

Eckdaten:
- **Schatten/Sonne: ausgeglichenes Verhältnis zwischen sonnigen Feld- und schattigen Waldwegen**
- **Start-/Endpunkt: Bahnhof Simmelsdorf-Hüttenbach Linie RB 31**
- **Parkplatz: Wanderparkplatz Winterstein (an der Burg Winterstein Simmelsdorf)**

Highlights:
1. Kirche Mariä Heimsuchung bei Bühl
2. Aussichtspunkt am „70er Lindl"
3. Burgruine Winterstein
4. Felsenburg im Kappenholz
5. Hexenfelsen bei St. Helena
6. Wolfsloch bei Ittling

Die Sage

Der Schatz des Teufels Vor langer Zeit versteckte der Teufel einen seiner liebsten Schätze, eine bis zum Rand mit Gold gefüllte Truhe, hoch oben in den steilen Hängen des Bühlbergs. Verborgen vor aller Welt Augen hatte er sie dort oben in eine Höhle gebracht und diese mit einem verzauberten Felsentor gesichert, das sich nur auf sein Wort hin auftat. Eines Tages kamen die ersten christlichen Missionare ins Schnaittachtal und predigten ihre neue Religion. Dem Teufel gefiel das ganz und gar nicht. Die Christen bauten sogar eine Kirche in Bühl, gar nicht weit entfernt von dem Versteck der Goldtruhe. Der Beelzebub war entsetzt, als er erleben musste, wie am Karfreitag, als der Pfarrer in der Kirche die Heilige Messe las, das Felsentor zum Versteck der Goldtruhe aufsprang und er selbst, von all der Frömmigkeit in der nahen Kirche gebannt, wie gelähmt in der Ecke der Höhle sitzen musste, bis der Gottesdienst endlich endete. Natürlich blieb dieser Umstand nicht lange verborgen. Denn jedes Jahr am Karfreitag sprang das Felsentor erneut auf und gab den Blick auf die Goldtruhe frei. Und so saß der Teufel jedes Jahr am Karfreitag unsichtbar in der Höhle neben seiner Truhe und hoffte, dass niemand ihm seinen Schatz rauben würde.
Eines Tages, er hatte schon oft von dem Zauber am Karfreitag gehört, fasste ein gieriger Bauer aus dem nahen Rampertshof den Plan, die Schatztruhe in seinen Besitz zu bringen. Er stieg am Karfreitag früh morgens den Hang des Bühlbergs hinauf und wies seinen Knecht an, an der Kirche in Bühl Schmiere zu stehen und ihm Handzeichen zu geben, wenn der Gottesdienst beginnen würde. Wie ihm geheißen war, begann der Knecht wie wild zu winken, als im Inneren der Kirche die Predigt begann. Sofort fing der Bauer an, nach der geöffneten Schatzhöhle zu suchen. Und tatsächlich fand er sie. Der unsichtbare Teufel, entsetzt darüber, dass es nun doch ein Mensch wagte, nach seiner Goldtruhe zu suchen, saß in seiner Ecke und konnte sich nicht rühren. Er war von

der Predigt unten in der Kirche gebannt. Und so musste er hilflos zusehen, wie der Bauer die schwere Truhe schulterte und sich an den Abstieg machte. Verzweifelt schaute er dem Dieb hinterher, als dieser langsam aus seinem Blickfeld nach unten verschwand. Während der Teufel vor lauter Wut vor sich hin fluchte, war der Bauer mittlerweile an seinem Haus angekommen. Wenn er es schaffte, die Truhe über seine Türschwelle zu tragen, gehörte der Schatz endgültig ihm.

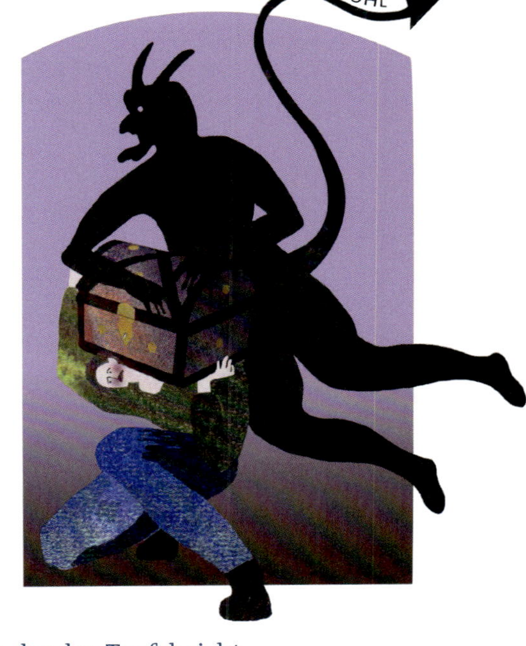

Da endlich endete die Predigt. Der Teufel erwachte aus der Starre und stürmte wutentbrannt den Hang hinunter. Genau in dem Moment, als der Bauer mit der schweren Goldtruhe stöhnend und ächzend über seine Türschwelle treten wollte, warf sich der Teufel auf die Truhe und der Bauer brach unter dem Gewicht zusammen. Nun wurde der Beelzebub für den Dieb sichtbar und grinste den erschrockenen Bauern triumphierend an. Doch die Gier des Bauern war so groß, dass er verzweifelt versuchte, die Truhe doch noch über die Schwelle zu zerren. Sein Knecht, der den Teufel nicht sehen konnte, kam dazu und machte sich sofort daran, seinem Herrn zu helfen. Hätte er den Gehörnten auf der Truhe sitzen sehen, hätte er es sich sicher anders überlegt. Doch das Gewicht des Teufels war auch für zwei Männer zu schwer. Die Truhe rührte sich nicht vom Fleck. Da flehte der Bauer den Teufel an, die Goldtruhe wenigstens auf seinen Dachboden stellen zu dürfen. Er würde den Schatz auch niemals anrühren. Er wolle ihn nur von Zeit zu Zeit ansehen und bewundern. Der Teufel, der diesen Wunsch durchaus nachvollziehen konnte und auch keine Lust mehr hatte, die Truhe wieder den Hang hinaufzuschleppen, willigte ein und überwachte die Arbeit der beiden mit funkelnden Augen. Bei der Plackerei brachen dem Bauer und seinem Knecht alle Fingernägel ab. Sie sollten nie wieder nachwachsen. Die Goldtruhe jedoch steht seitdem auf dem Dachboden des Bauern. Und der Teufel geht in dessen Haus ein und aus, um sich, wann immer er möchte, an seinem Schatz zu erfreuen.

Nach Emmi Böck: Die Goldtruhe am Wachtstein.
Sagen aus Mittelfranken, S. 140

Die Wegbeschreibung

Zur Kirche Mariä Heimsuchung in Bühl Gegenüber dem Bahnhof Simmelsdorf-Hüttenbach erkennt ihr schon den gelben Wegweiser nach Bühl und, neben vielen anderen, euer erstes Wanderzeichen: den Gelben Querstrich. Und so folgt ihr dem Wegweiser und dem Gelben Querstrich auf der Bergstraße Richtung Bühl mit moderater Steigung nach oben. Da kommt der Kreislauf schon nach wenigen Metern in Schwung und ihr erreicht innerhalb kurzer Zeit Betriebstemperatur. Nach etwa 200 Metern führt euch die Bergstraße an eine Einmündung.

18

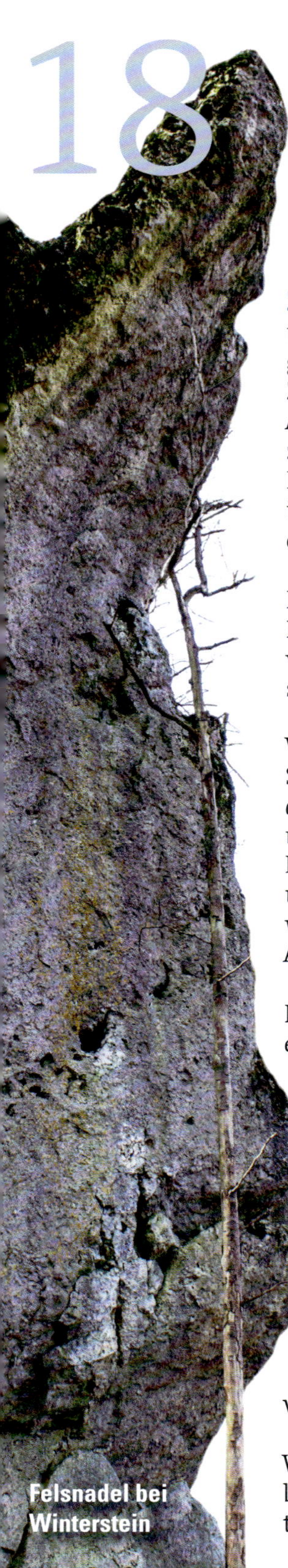
Felsnadel bei Winterstein

Ihr biegt mit dem Gelben Querstrich nach rechts oben in die Bühler Straße ab und könnt schon bald die Kirche Mariä Heimsuchung mit ihrer Kirchenmauer über euch sehen. Auf der Bühler Straße steigt ihr weiter nach oben und umrundet die Kirchenmauer nach links. Vorbei an einem fantastischen alten Baum gelangt ihr über den Friedhof zur Kirche. Von hier oben bietet sich euch ein hervorragender Blick über das Schnaittacher Tal, das sich gefällig vor euch ausbreitet.

Zur Burg Winterstein Den Kirchhof auf demselben Weg verlassend folgt ihr eurem Wanderzeichen, dem Gelben Querstrich, auf der Straße geradeaus. Auf der Wandertafel an der Kirchenmauer ist euer nächstes Ziel, der Ort Winterstein, bereits angeschrieben. Durch eine schöne Allee, an deren Bäumen im Winter charmant gestaltete Krippen platziert werden, verlasst ihr Bühl und wandert weiter sanft nach oben. Hinter einer Gruppe stattlicher Eichen und einem Flurkreuz verlasst ihr die Straße mit dem Gelben Querstrich nach links und steigt auf einem Trampelpfad durch eine Streuobstwiese den steilen Hang hinauf.

Hier oben soll in besonders dunklen Nächten eine weiße Frau umgehen. Es ist der Geist einer Ehebrecherin, die zur Strafe für ihre Untreue dazu verdammt ist, auf ewig zwischen Hüttenbach und Utzmannsberg zu spuken.

Weiter oben, an einer Bank, mündet der Trampelpfad wieder in die Straße, der ihr das letzte Stück nach links hinauf auf das Plateau des Bühlbergs folgt. Dort erwartet euch eine einladende Sitzgruppe mit Flurkreuz. Das Ensemble wird vom „70er Lindl" beschirmt, einem Friedensbaum, der anlässlich der Aussöhnung zwischen Deutschland und Frankreich nach dem Krieg von 1870 bis 1871 gepflanzt wurde. Bei wundervoller Aussicht könnt ihr hier nach dem durchaus fordernden Anstieg eine kurze Verschnaufpause einlegen.

Hinter dem Friedensbaum wird die Straße zum Schotterweg, der euch etwa 200 Meter über die Ebene trägt, bis ihr eine Wandertafel erreicht. Hier biegt ihr mit dem Gelben Querstrich nach links ab und wandert dem Waldrand entgegen. Im Wald geht es gemächlich nach oben. An einer Weggabelung haltet ihr euch mit dem Gelben Querstrich links und wandert, vorbei an einer Bank, auf diesem schönen Waldweg bequem weiter.

Der Wald mit seinen Bäumen und dem dichten Buschwerk umfängt den Weg zärtlich und vermittelt eine wohlige grüne Nähe, die Geborgenheit und Ruhe ausstrahlt. Nur das Rascheln des Laubes unter euren Füßen und der liebliche Gesang der Vögel sind zu hören. Diese Stille bietet dem Waldbesucher die Möglichkeit, seine Gedanken verträumt schweifen zu lassen und neue Energie zu sammeln.

Wenn euch der Weg schließlich an eine Straße trägt, biegt ihr scharf links in diese ein. Nach wenigen Metern verlasst ihr sie bei der nächsten Gelegenheit schon wieder und geht mit dem Gelben Querstrich nach rechts oben Richtung Winterstein. Nun folgt ein munteres Hin und Her auf freier Ebene, bei dem ihr möglichst immer dem Gelben Querstrich folgt. Wo es keinen Gelben Querstrich gibt, diktiert euch das bald sichtbare Winterstein den Weg. Mit dem Fahrweg gelangt ihr an einen Acker. An diesem geht ihr ohne erkennbares Wanderzeichen nach rechts entlang. Bei der Umrundung des Ackers nach links grüßt euch von rechts wieder der Gelbe Querstrich. Der Weg mündet in einen Schotterweg, in den ihr mit dem Gelben Querstrich nach rechts einbiegt. Von hier könnt ihr schon den Ort Winterstein rechts vor euch sehen. Bei der nächsten Möglichkeit biegt ihr mit eurem Wanderzeichen nach links Richtung Winterstein ab und wandert einem Wäldchen entgegen. Kurz davor gabelt sich der Weg. Ihr geht mit dem Gelben Querstrich rechts am Rand des Wäldchens entlang. Kurz bevor ihr mit dem Gelben Querstrich nach rechts Richtung Winterstein abbiegt, erhebt sich neben euch im Wald eine beeindruckende Felsnadel, die einen kurzen Abstecher wert ist. Atemberaubend, wie sich der nach oben bizarr verjüngende Felsen zwischen den Bäumen emporschiebt. Seine Spitze neigt sich nach vorne, als wolle er euch wohlwollend zunicken und begrüßen.

Vom Wäldchen folgt ihr dem Gelben Querstrich nach rechts unten in eine Senke und dort nach links. Bei der nächsten Möglichkeit biegt ihr ohne erkennbares Wanderzeichen nach rechts oben ab, hinauf nach Winterstein. Nachdem ihr den ersten Schuppen des Ortes passiert habt, leuchtet euch von links auch wieder der Gelbe Querstrich entgegen.

Ihr gelangt an die Ortsdurchfahrt, der ihr nach links in den Ort folgt. Schon nach wenigen Metern erhebt sich links am Straßenrand der mannshohe Apokalyptische Reiter. Dieser bedrohlich wirkende Geselle aus Maschinenteilen und echten Knochen ist, trotz oder vielleicht gerade aufgrund seines endzeitlichen Aussehens, ein Symbol und Mahnmal für den Frieden.

Ihr geht an der Straße weiter und biegt bei der nächsten Gelegenheit ohne Wanderzeichen nach links in eine Nebenstraße ein. Diese führt euch in einem Rechtsbogen zu einem Wanderparkplatz. Gegenüber dem Parkplatz steht die Burgruine Winterstein.

Zwar sieht sie von vorne eher aus wie ein altes Herrenhaus. Doch handelt es sich um eine immerhin gut 700 Jahre alte Burganlage. Im hinteren, leider nicht wirklich einsehbaren

Der Apokalyptische Reiter in Winterstein

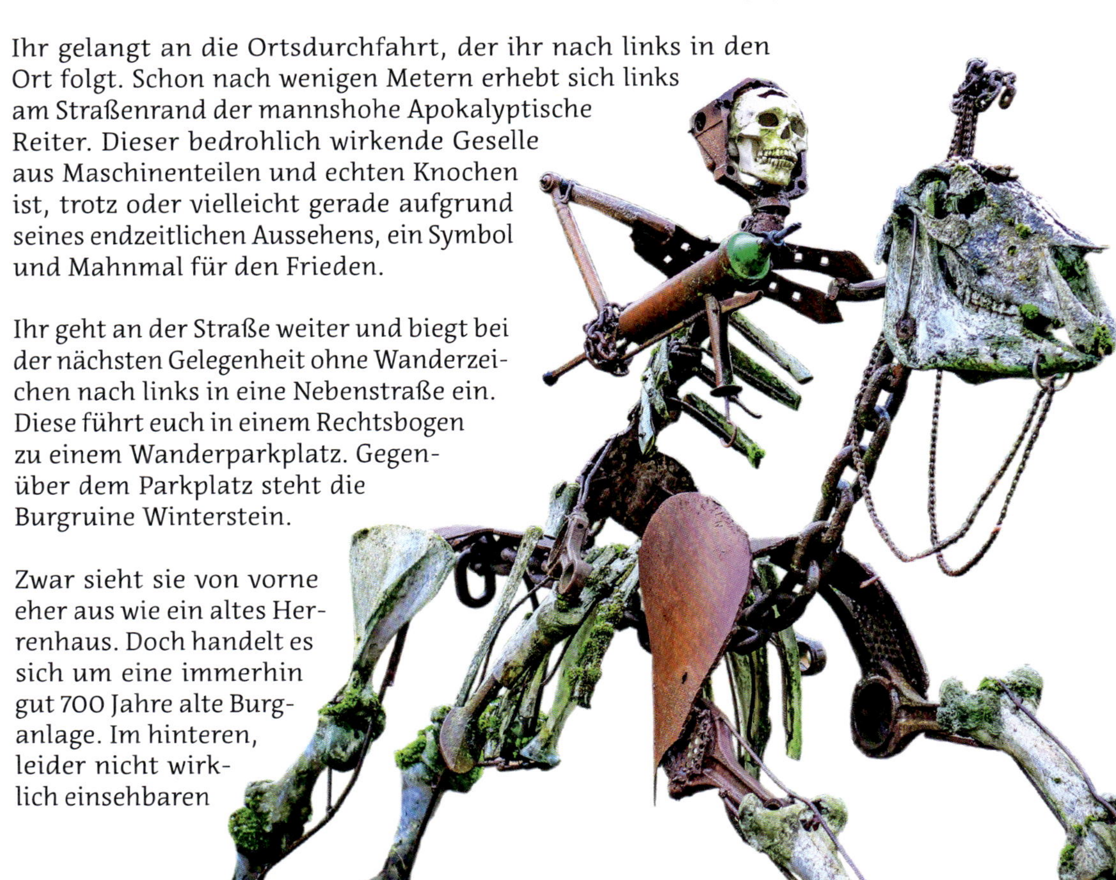

18

Teil finden sich noch Ruinen der ursprünglichen Burganlage. Nachdem die Burg im Laufe der Jahrhunderte mehrmals den Besitzer gewechselt hat, gehört sie heute der Familie Tucher, der berühmten Nürnberger Patrizierfamilie. Im Mittelalter zählten die Tucher zu den erfolgreichsten und einflussreichsten Kaufmannsfamilien. Und ja, das sind auch die mit dem Bier.

Neben der Zisterne der Burg Winterstein soll einst eine junge Frau unter einem großen Stein lebendig begraben worden sein. Nachts sieht man der Sage nach an der Stelle, an der die Bedauernswerte ihr Ende fand, ein Licht brennen. Manch einer sagt, dabei handele es sich um die Seele der Toten, die bis heute keine Ruhe gefunden hat.

Wenn ihr mit dem Auto anreist, beginnt eure Wanderung hier.

Von der Burg kehrt ihr zur Ortsdurchfahrt zurück und stoßt dort an einer Wandertafel auf euer nächstes Wanderzeichen, den Roten Ring des Hüttenbacher Rundwegs. Diesem folgt ihr nach rechts Richtung St. Helena.

Zur Felsenburg im Kappenholz Erneut passiert ihr den Apokalyptischen Reiter und wandert an der wenig befahrenen Straße aus dem Ort Richtung Großengsee. Nach etwa 300 Metern, kurz vor einer Linkskurve, verlasst ihr die Straße mit eurem Wanderzeichen, dem Roten Ring, scharf nach links oben in den Wald. Hier ist auch wieder St. Helena angeschrieben. Euer Weg verläuft schon bald nach rechts und auf einen mit Felsen dekorierten Hang zu. Am Fuß des Hangs biegt ihr mit dem Roten Ring nach rechts in einen schmalen Pfad ab. Er führt euch auf einem malerisch schönen Hangweg unterhalb beeindruckender Felsen entlang, die wie gewaltige Bastionen und bizarre Türme wirken. Der Rote Ring macht einen Rechtsbogen und trägt euch hinunter an eine Einmündung. Ihr biegt ohne erkennbares Wanderzeichen rechts ab und gelangt schon bald an die Straße, in die ihr nach rechts einbiegt. Ihr verlasst die Straße schon nach 100 Metern nach links und folgt dem Roten Ring auf geschottertem Feldweg hinüber an den Waldrand.

Dort biegt ihr ohne Wegzeichen nach links ab und folgt nach gut 50 Metern einem breiten Fahrweg rechts in den Wald. Schon nach 20 Metern erheben sich rechts von euch die Türme der Felsenburg im Kappenholz.

Die Felsenburg auf dem Kappelholz

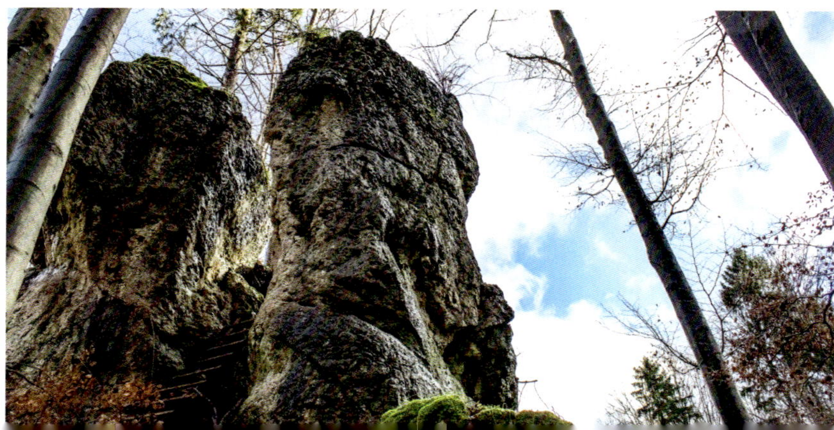

Ihr geht noch ein Stück weiter, bis sich rechts von euch in dem dichten Gebüsch eine Schneise auftut. Dieser folgt ihr geradeaus hinüber zur Felsenburg und gelangt durch eine kurze Klamm auf einen Felsengrat, der wie die Mauer einer natürlichen Wehranlage wirkt und den ihr noch ein paar Meter nach links erkunden könnt. Von dem Grat geht es nach rechts durch ein Felsenportal. Faszinierend, wie sich linker Hand einzelne Vorsprünge stellenweise aus der Wand zu lösen scheinen und euch ihre steinernen Köpfe entgegen recken. Von hier aus könnt ihr das Massiv nach rechts umrunden. Dabei passiert ihr auch die spannendste Stelle dieses Ortes, zwei Felsentürme, zwischen denen eine Leiter nach oben auf das Plateau der Felsenburg führt.

Zum Wolfsloch Von der Felsenburg kehrt ihr durch die Schneise zum Fahrweg zurück und folgt diesem nach links hinunter und zurück an den Waldrand. Dort geht ihr nach links am Waldrand entlang und mündet wieder in den Schotterweg mit dem Roten Ring. Diesem folgt ihr nach links in den Wald. Dort gewinnt ihr schnell an Höhe. Ihr erreicht eine Einmündung und biegt mit dem Roten Ring nach links ab. Der Weg trägt euch aus dem Wald, sanft den Hang hinunter und mit schöner Aussicht hinein nach Sankt Helena.

In Sankt Helena erreicht ihr eine Kreuzung. Hier wechselt ihr auf euer neues Wanderzeichen, den DAV-Weg.
Dieser führt euch auf der Straße nach links unten, rechts vorbei an der Kirche, aus dem Ort und hinunter ins Tal und an die Landstraße. Auf dem Weg nach unten passiert ihr den beeindruckenden Hexenfelsen, der seinen Namen sicher seiner Ähnlichkeit mit dem Profil einer dieser im Volksglauben Besen reitenden Damen verdankt. Es wird vermutet, dass sich auf dem Plateau oberhalb des Hexenfelsens einst eine Burg über dem Naifertal erhob. Beweise gibt es dafür bis heute jedoch nicht.

Im Talgrund biegt ihr mit dem DAV-Weg nach rechts in die Landstraße ein und verlasst diese nach wenigen Metern schon wieder, indem ihr mit dem DAV-Weg nach links und vorbei an der kristallklaren Naiferquelle erneut nach links den Hang emporsteigt. Richtig steil geht es hier hinauf. Eine willkommene Gelegenheit zum Verschnaufen bietet euch das Bestaunen einer sich rechts von euch im Wald erhebenden Felsbastion, deren schroffe Wände und Klüfte auch einen zweiten Blick verdienen.

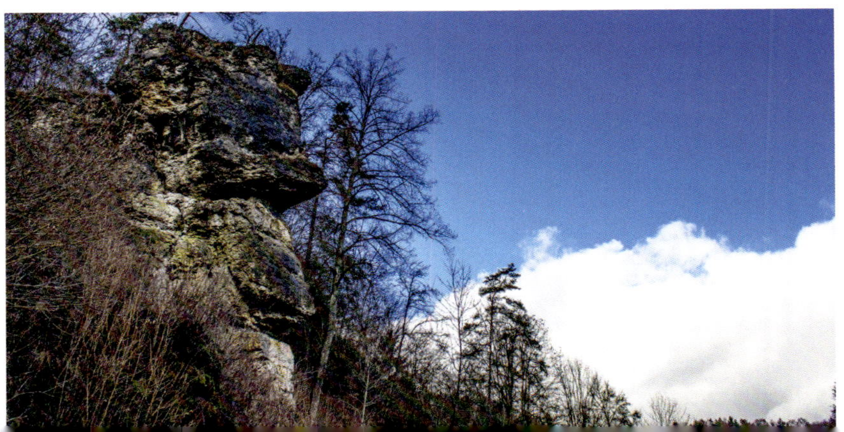

Der Hexenfelsen bei St. Helena

18

Nach gut 200 Metern Anstieg biegt ihr mit dem DAV-Weg nach links ab. Es geht zwar weiterhin nach oben, doch längst nicht mehr so steil, sondern deutlich gemäßigter. Dann überquert ihr eine Kuppe und lasst euch vom DAV-Weg nach unten und an eine Landstraße tragen. Ihr überquert die Straße, geht auf der gegenüberliegenden Seite mit dem DAV-Weg in den Wald und biegt dort ohne erkennbares Wanderzeichen nach rechts ab. Der Weg verläuft parallel zur Straße. Wenn der DAV-Weg nach einigen Hundert Metern nach links in den Wald abzweigt, kehrt ihr leicht rechts zur Straße zurück und folgt dieser noch etwa 300 Meter, bevor ihr hinter einer eisernen Brunnenabdeckung mit einem Schotterweg ohne Wanderzeichen nach rechts von der Straße zum Waldrand hin abbiegt.

Dort, an einer schön gestalteten Sitzgruppe mit Panoramablick auf den Funkturm Riegelstein, verlasst ihr den linksabbiegenden Schotterweg und geht ohne Wanderzeichen auf einem Pfad geradeaus in den Wald hinein. Bereits nach wenigen Metern erkennt ihr rechts über euch oben am Hang die gewaltigen Felsen des Wolfslochs.

Der Pfad führt euch leicht links nach oben und mündet dort, kurz vor dem Felsmassiv, in einen breiten Fahrweg, auf dem ihr die letzten paar Meter zum Wolfsloch nach rechts geht. Was für einen überwältigenden Anblick die Versturzhöhle des Wolfslochs doch bietet! Wie eine natürliche Burganlage schmiegt sie sich in den rauen Dolomitfels. Fast meint man, ein Burgtor, den Burghof und den ehrfurchtgebietenden Burgfried zu erkennen. Einfach grandios, dieses Ensemble. Und im Winter, wenn der eisige Wind durch das Portal des Wolfslochs pfeift, bilden sich an dessen Wänden beeindruckende Eiszapfen.

Eine Infotafel an einem Baum informiert euch darüber, wie das Wolfsloch zu seinem Namen kam: Es wurde nach den Wirren des Dreißigjährigen Krieges Mitte des 17. Jahrhunderts, als die Anzahl der Wölfe in der Gegend überhandnahm und die Raubtiere zur regelrechten Landplage wurden, als Fallgrube verwendet. Bestückt mit einem lebenden Köder, meist einer Ziege, wurden Wölfe, Bären und Füchse im Wolfsloch gefangen und dann erschlagen. Eine Anekdote berichtet davon, dass die Wolfsplage im Nürnberger Land derart ausartete, dass die Raubtiere sich sogar bis an den ersten, mittelalterlichen Tiergarten der Stadt Nürnberg wagten, der im Burggraben vor den Toren der Stadt angelegt

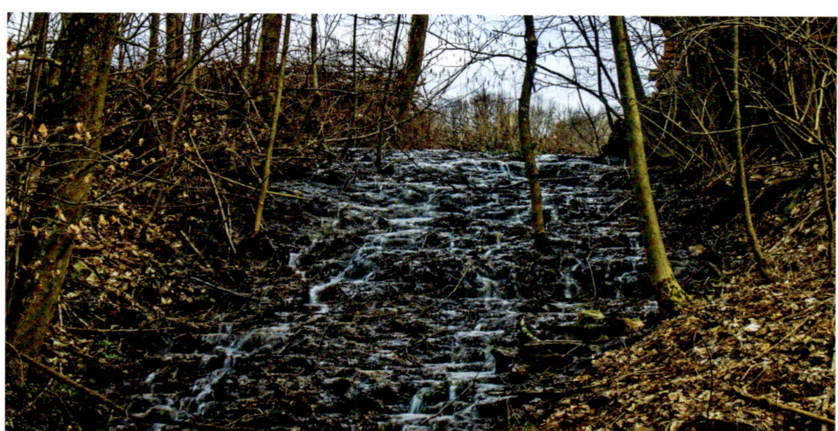

Die Sinterstufen in Diepoltsdorf

worden war. Zum Schutz der dort gehaltenen Hirsche, Rehe und Wildschweine wurde das Areal mit einem besonders hohen Zaun umgeben.

Der Rückweg Aus dem Wolfsloch tretend, gleich unter der Infotafel, weist euch die Beschilderung des Rundwanderwegs „1.000 Jahre Ittling" den Weg nach rechts unten hinab nach Ittling. Im Ort angekommen biegt ihr an der ersten Einmündung ohne Wanderzeichen nach rechts ab. Die Straße schwingt bald nach links unten und mündet dann in die Ortsdurchfahrt, in die ihr nach rechts unten einbiegt. Die Straße trägt euch hinunter und einem Gasthaus entgegen. Hier trefft ihr auf euer letztes Wanderzeichen für die heutige Tour. Es ist der Blaue Punkt auf Weißem Grund, der euch, das ist bereits auf der Wandertafel gegenüber dem Gasthaus angeschrieben, zurück nach Simmelsdorf führen wird.

Mit dem Blauen Punkt wandert ihr rechts vorbei am Gasthaus auf der Straße aus dem Ort hinaus und den Hang hinauf. Kurz hinter dem Ortsende biegt ihr mit dem Blaupunkt nach rechts ab. Die Straße wird zum Schotterweg, der euch an die nächste Weggabelung trägt. Hier haltet ihr euch mit dem Blauen Punkt links. Es dauert nicht lange und linker Hand bietet sich euch ein grandioser Blick hinüber zum Ittlinger Steinbruch. Wenn sich an dunstigen Wintertagen dichter Nebel über den Steinbruch legt und in dünnen Schwaden an den geschundenen Felswänden hinabkriecht, mag er mit etwas Fantasie wie das Portal in eine andere, uns unbekannte Welt erscheinen. Und die Nebelschwaden sind lange dünne Finger, die euch lockend näher winken.

Kurz darauf haltet ihr euch mit dem Blaupunkt rechts und steigt den Hang hinauf dem Wald entgegen. Dort angekommen, folgt ihr eurem Wanderzeichen nach rechts tiefer in den Wald. Es erwarten euch große und kleine, eckige und runde Felsen, die euch, angetan mit grünem Mooskleid, willkommen zu heißen scheinen. Manche der kleineren, grünen Gesellen nähern sich keck dem Weg, während ihre großen Brüder stolz und mit wachem Blick oben am Hang verweilen. Der Blaue Punkt führt euch schließlich an eine Weggabelung, an der ihr mit eurem Wanderzeichen nach links unten Richtung Simmelsdorf abbiegt.

Immer weiter folgt ihr dem Blauen Punkt hinab. Im Verlauf des Weges durchquert ihr eine hohle Gasse, auf deren dicht mit Laub bedecktem Boden sich allerlei Steine verbergen, die ein achtsames Wandern

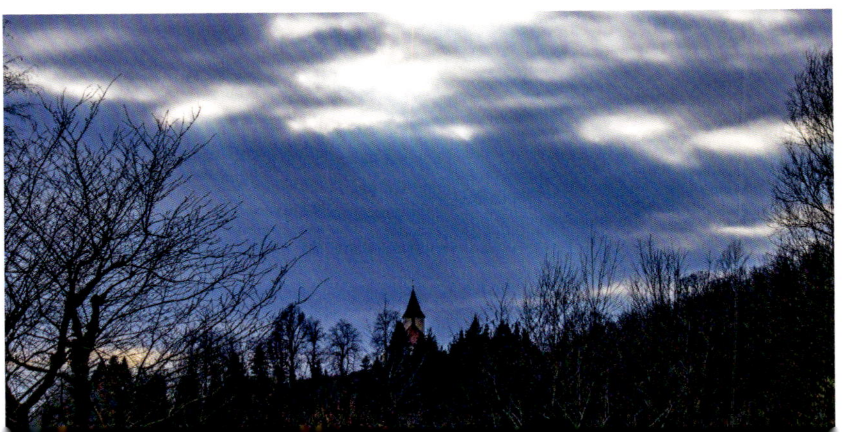

Die Kirche Mariä Heimsuchug im zauberhaften Licht

erfordern. Dann erkennt ihr über euch hell leuchtende Kalksteinwände, deren Bruch sich großzügig über den Hang und auf dem Weg verteilt. Auch hier ist Trittsicherheit gefragt. Schließlich trägt euch der Blaue Punkt in einer scharfen Linkskurve richtungsändernd aus dem Wald an die Achtelstraße, in die ihr nach links einbiegt.

Parallel zum munter fließenden Ittlinger Bach gelangt ihr, vorbei an einem Trafohäuschen, an die Einmündung in die Landstraße, der ihr mit dem Blauen Punkt nach links hinein nach Unterachtel folgt. Ihr durchquert den Ort und geht kurz vor dem Ortsende über eine Brücke. Direkt hinter der Brücke weist euch an einer Wandertafel der Blaue Punkt den Weg nach Simmelsdorf über die Straße und scharf rechts den steilen Hang hinauf. Bald erreicht ihr eine Weggabelung. Ein erkennbares Wanderzeichen gibt es hier zwar nicht, doch wenn ihr dem Weg nach links oben folgt, stoßt ihr schon bald wieder auf den Blauen Punkt. Der Schotterweg wird nun zum wild bewachsenen Waldweg und führt euch kurz darauf, an einer weiteren Weggabelung, scharf nach rechts. Nun wandert ihr bequem und entspannt oberhalb des Tals entlang.

Nach etwa 500 Metern erreicht ihr eine Kreuzung, an der euer Wanderzeichen, vermutlich aufgrund zerstörter Bäume, nicht mehr sichtbar ist. Haltet euch geradeaus und folgt dem Schotterweg sanft nach oben. Dort entdeckt ihr auch bald wieder den Blauen Punkt. Über eine Wiese trägt euch der Schotterweg an den Waldrand und dort an eine Weggabelung. Ihr geht mit dem Blauen Punkt rechts in den Wald. Kurz bevor ihr aus dem Wald geradeaus auf eine Freifläche tretet, biegt ihr mit dem Blauen Punkt, weiterhin im Wald, nach rechts unten ab. Der Weg wird schmaler, steil und steinig. Erneut ist Trittsicherheit gefragt. Dieser Hang bietet neben Felsen, über die sich die knorrigen Wurzeln alter Bäume wie strähniges Riesenhaar ziehen, mehrere Hohlwege, die den Weg zum Parcours werden lassen. Zumindest wenn ihr euch auf das Abenteuer einlasst. Auf diesem spannenden Pfad gelangt ihr nach unten und direkt an den Ortseingang von Diepoltsdorf. Ihr biegt mit eurem Wanderzeichen, vorbei an einem Schuppen, nach links in die Achtelstraße ein und wandert in den Ort hinein. Schon nach wenigen Metern hört ihr ein verheißungsvolles Rauschen. Kurz darauf entdeckt ihr dessen Ursprung. Ein hübsch anzusehender Wasserfall, der sich in Form vieler kleiner Wasserfällchen seinen Weg über Sinterstufen nach unten bahnt, erfreut das Auge des Betrachters. Es spratzelt und fließt hinab, dass es eine wahre Wonne ist. Auch wenn dieser lebendige Ort direkt an der Straße liegt, lädt er doch zum kurzen Verweilen und Innehalten ein, um dem munteren Treiben der Wassergeister ein wenig zuzusehen.

Von den Sinterstufen folgt ihr dem Blauen Punkt weiter durch den Ort. Zuletzt verlasst ihr, mit Blick auf die Kirche Mariä Heimsuchung, Diepoltsdorf und kehrt auf dem Fußgänger- und Fahrradweg parallel zur Straße nach Simmelsdorf und geradewegs zum Bahnhof zurück.

Wissen für Angeber

Die Toten von St. Helena Unweit des Ortes wurde übrigens ein Hügelgräberfeld gefunden. Bei archäologischen Ausgrabungen wurden vier Hügelgräber mit bis zu 20 Metern Durchmesser freigelegt. Sie sind mehr als 2500 Jahre alt und beinhalteten neben Schmuck, einem Schwert und Pferdegeschirr die Überreste eines kopflos Begrabenen. Was aus dem Kopf des Bestatteten wurde, weiß man bis heute nicht. Bekannt ist, dass die Kelten einen ausgeprägten Schädelkult betrieben. Besonders die Köpfe vornehmer Feinde wurden einbalsamiert, verwahrt und präsentiert. Teilweise wurden sogar Fassaden und Tore mit Schädeln geschmückt. Das Begräbnis in einem Hügelgrab war bei den Kelten in der Regel bedeutenden Persönlichkeiten vorbehalten. Wie viele andere Kulturen der Antike glaubten wohl auch die Kelten an ein Leben nach dem Tod. Mit reichen Grabbeigaben sollten die Toten auch im Jenseits ihren im Leben gewonnenen Status präsentieren können. Doch Hügelgräber gab es nicht nur bei den Kelten. Man findet sie nahezu überall. Von Italien bis China wurden hochrangigen Persönlichkeiten unterschiedlich große Grabhügel errichtet. Das größte Hügelgrab ist sicher das Mausoleum des ersten Kaisers von China. Es beherbergte neben prächtigen Schätzen die bekannte Terrakotta-Armee, bestehend aus fast 8000 individuell gestalteten, mannshohen Tonfiguren.

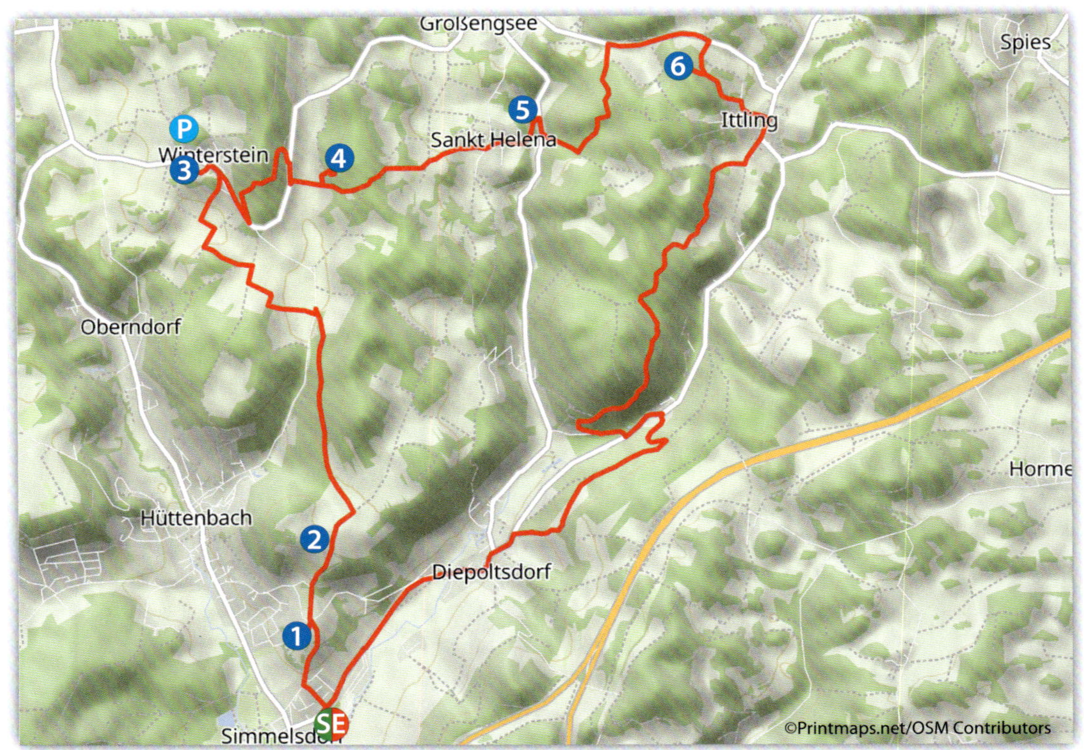

19

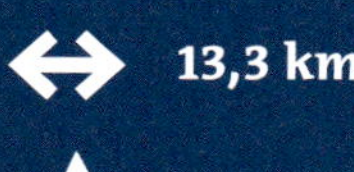

13,3 km

247 Hm

3–4 h

mittel

Eckdaten:

Schatten/Sonne: ausgeglichenes Verhältnis zwischen sonnigen Feld- und schattigen Waldwegen

Start-/Endpunkt: Bahnhof Rupprechtstegen Linie RB 30

Parkplatz: Bahnhof 1, 91235 Hartenstein; alternativ auf dem Wanderparkplatz Rupprechtstegen am östlichen Ortsausgang

Einkehrtipp: Windbeutelcafé Hohensteiner Hof, Tel. 09152 533

Extra-Tipp: Um in die Oberburg der Burg Hohenstein zu gelangen, informiert euch unter https://burg-hohenstein.org

Wasserspiele und Burgenzauber

Eine Wanderung, die alles beinhaltet, was das Herz des Wanderers höher schlagen lässt: märchenhafte Wälder, gewaltige Felsen, eine alte Burg und sogar einen Wasserfall. Und das alles auf oft stillen und verträumten Waldwegen. Während ihr den Großteil der Höhenmeter in der ersten Hälfte der Tour meistert, wird die zweite Hälfte zum entspannten Abstieg.

Highlights:

1. Harnbacher Mühle
2. Unterer Harnbach-Wasserfall
3. Burg Hohenstein
4. Andreaskirche
5. Ankatal

Die Sage

Das Bernlohmaigerl Wie es wohl sein muss, als sogenannte verlorene Seele für immer in den Wäldern rund um Hohenstein spuken zu müssen? Diese Frage kann man dem Bernlohmaigerl stellen, wenn man ihm auf dieser Wanderung begegnet. Ins Hochdeutsche übersetzt bedeutet das so viel wie „Das Bärenmädchen“. Seit vielen Jahren geht dieser Geist bei Hohenstein um und hat sich dem einen oder anderen Bauern oder Wanderer in verschiedenen Gestalten gezeigt. Mal als Dorfmädchen aus den Hersbrucker Bergen, das von einem weißen Hund begleitet wird. Ein anderes Mal in Gestalt einer anmutigen Zigeunerin mit tiefschwarzen Haaren, die ein Tamburin schlagend mit einem Tanzbär unterwegs sein soll. Dieser Erscheinung verdankt das Bernlohmaigerl auch seinen Namen. Eines Abends, die Sonne war gerade untergegangen, war ein Bauer nach einem langen Tag auf dem Feld auf dem Heimweg in den Wäldern am Fuß des Hohensteins unterwegs. Natürlich wusste er um die Geschichten, die sich um das Bernlohmaigerl rankten. Ganz mulmig war ihm zumute, als er mit seinem Karren immer tiefer in den Wald hineinfuhr. Und tatsächlich sah er im fahlen Mondlicht plötzlich einen riesigen, jedoch scheinbar friedlichen Bären vor seinem Ochsenkarren trotten. Und gar nicht weit davon erblickte er im gerade aufziehenden Nebel die schemenhafte Gestalt des Bernlohmaigerls zwischen den Bäumen hin und her tanzen. Dabei schlug es sein Tamburin und seine vielen Armreife klimperten dazu im Takt. Gefangen zwischen Schrecken und Bewunderung sah der Bauer der geisterhaften Erscheinung bei ihrem Tanz zu. Doch als das Gespenst sich langsam auf ihn zubewegte, wendete er den Karren und fuhr so schnell er konnte Richtung Raitenberg.

Dort berichtete er im Wirtshaus von seinem unheimlichen Erlebnis. Die

anderen Wirtshausgäste, reichlich mutig vom übermäßigen Bierkonsum, machten sich mit Fackeln und Heugabeln bewaffnet auf den Weg in den nächtlichen Wald, um das Bärenmädchen zu finden. Doch genau an der Stelle, an der der Bauer das Bernlohmaigerl gesehen haben wollte, fanden sie nur einen gewöhnlichen Busch.
Noch viele Male soll das Bernlohmaigerl in den Wäldern gesehen worden sein. Niemand hat je gewagt, es anzusprechen. Bestimmt fand es aus diesem Grund bisher keine Erlösung und ist immer noch auf der Suche nach jemandem, der seine verlorene Seele endlich befreit.

Nach Ernst Knoth: Das Bärenmädchen. Heimat 8-9/1939, S. 51

Die Wegbeschreibung

Zur Harnbacher Mühle Diese Wanderung beginnt schon verheißungsvoll. Wenn ihr am Bahnhof Rupprechtstegen aussteigt und den Bahnsteig verlasst, fällt euch linker Hand der beeindruckende Felsenturm des Granitsteinbruchs auf. Wenn er von den Strahlen der Morgensonne getroffen wird, leuchtet er fast schon golden. Gegenüber dem Bahnsteig empfängt euch eine Wandertafel. Hier findet ihr das erste Wanderzeichen eurer Tour, das Rote Kreuz auf Weißem Grund. Es weist euch den Weg nach rechts Richtung Griesmühle. Schon nach wenigen Metern, vor dem zum stilvollen Rast-Waggon Rupprechtstegen gehörenden Backsteingebäude, biegt ihr auf geschottertem Weg nach links unten Richtung Pegnitzgrund, Spielplatz und Wandertafel ab. Am Rahmen der Wandertafel findet ihr erneut das Rote Kreuz und folgt diesem nach links hinüber zu einer Brücke, die ihr, weiterhin mit dem Roten Kreuz, nach rechts überquert. Hinter der Brücke biegt ihr mit eurem Wanderzeichen scharf links nach unten in den Mühlenweg ein, der euch immer entlang der ruhig fließenden Pegnitz aus dem Ort führt.

Wunderschön sind die Wiesen am Ufer der Pegnitz im Frühling, wenn sie in saftigem Grasgrün und leuchtendem Löwenzahngelb erstrahlen. Wenn der Löwenzahn im Frühsommer zu Pusteblumen wird, entfacht jeder Windstoß wahre Stürme an munter umherwirbelnden Fallschirmen. Im Herbst locken die vielen verschiedenen Grüntöne und bald die bunten Farben, die den Wald an den Hängen Stück für Stück erobern.

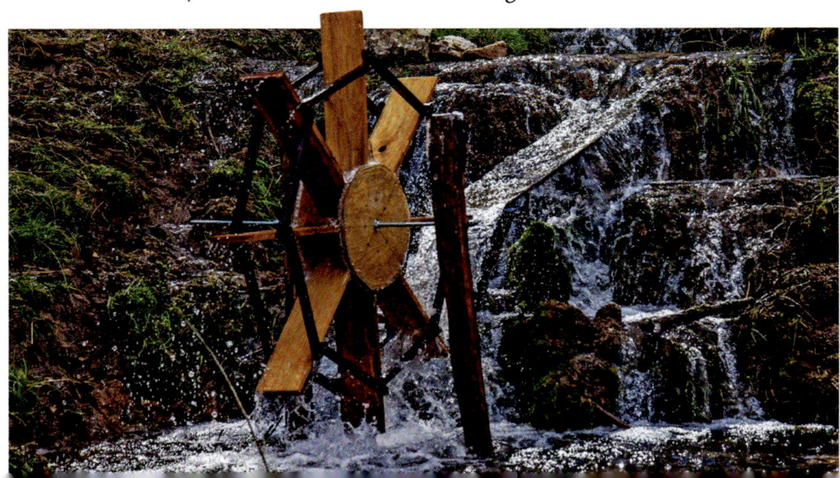

Wasserspiele an der Harnbacher Mühle

Nach etwa 1,5 Kilometern entlang der Pegnitz erreicht ihr rechter Hand die Harnbacher Mühle. Was für ein hinreißendes Plätzchen Erde. Gefällige Bachläufe und Kaskaden, Wasserräder und Brückchen verleihen diesem Ort der Inklusion eine magische Atmosphäre. Die liebevoll gestaltete Wasserlandschaft bietet euch immer wieder herrliche Ansichten. Überall gibt es kleine Wunder zu entdecken. Einige offensichtlich, andere ein wenig verborgen, doch immer faszinierend.

Zum Unteren Harnbach-Wasserfall An der Harnbacher Mühle weist euch ein schön gestaltetes Holzschild den Weg nach links oben zum Wasserfall. Diesem folgt ihr, begleitet vom Roten Kreuz, in ein idyllisches Tal. Der Harnbach fließt murmelnd und glucksend direkt neben dem Weg und funkelt munter im Sonnenlicht. Leicht kann es hier geschehen, dass auf diesem märchenhaften Weg eure Schritte gemächlicher werden, Gespräche verstummen und einer ausgeglichenen Stille und Ruhe weichen.

Nach einer Weile mischt sich in das Gemurmel des Harnbaches ein stetig anschwellendes Rauschen. Ihr nähert euch dem Unteren Harnbach-Wasserfall. An einem Rastplatz führt ein hölzerner Steg nach rechts hinüber zu diesem faszinierenden Naturschauspiel. Eine Bank lädt zum Verweilen und Genießen ein. Dem Klang des Wassers zu lauschen hat schon fast meditativen Charakter.

Zur Burg Hohenstein Vom Unteren Harnbach-Wasserfall kehrt ihr zum Wanderweg zurück und folgt diesem nach rechts an eine Einmündung, in die ihr mit dem Roten Kreuz nach rechts einbiegt und kurz darauf die Griesmühle erreicht.
Schon seit mehr als 1000 Jahren wird dieser Standort für Mühlen genutzt, unter anderem zur Stromgewinnung. Ganz so lange stehen die in Würde gealterten Fachwerkhäuser des Ensembles noch nicht. Doch auch sie haben sicher schon einige Jahre auf dem Giebel. Auf der Rückseite des rechten Fachwerkhauses findet ihr erneut einen bemoosten Wasserlauf. Links vorbei an der Griesmühle geht es mit dem Roten Kreuz ziemlich steil bergan Richtung Treuf. Hinter der Griesmühle haltet ihr euch an einer Weggabelung mit dem Roten Kreuz rechts und passiert kurz darauf den deutlich hör- und sichtbaren Oberen Harnbach-Wasserfall. Auch wenn er rechts drüben in der unwegsamen Schlucht unerreichbar scheint, begeistern sein Anblick und sein stolzes Rauschen.

Auf dem Weg zum unteren Harnbacher Wasserfall

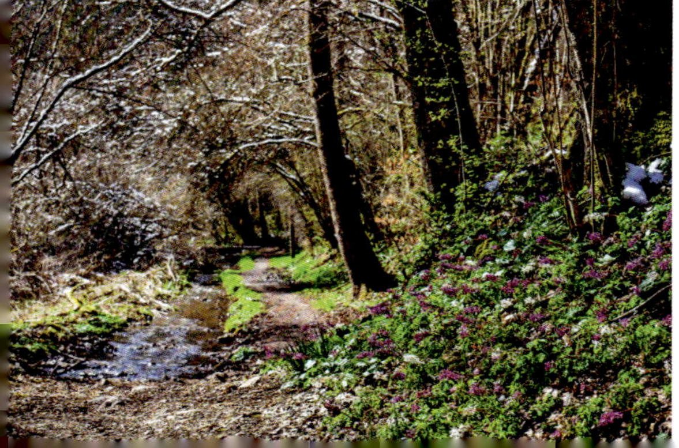

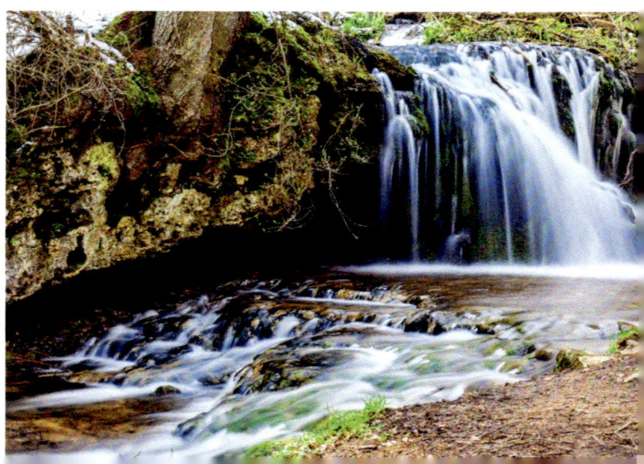

Nach dem ersten Anstieg gönnt euch der Weg, der euch sanft durch ein stilles Tal weiter nach oben trägt, nur begleitet von den Geräuschen des Harnbachs, eine willkommene Verschnaufpause. Besonderes Augenmerk verdient rechter Hand eine kleine, an einen Sumpf erinnernde, Auenlandschaft mit ihren, vom dichten Moos nahezu gänzlich bedeckten Bäumen, die an nebligen Tagen mit ihren knöchernen, grünen Fingern aus dem Dunst heraus nach den rettenden Sonnenstrahlen zu greifen scheinen.

Vorbei an einem von einem umgestürzten Baum in Mitleidenschaft gezogenen Haus, das eine gewisse Lost-Place-Atmosphäre versprüht, geht es mit dem Roten Kreuz erneut bergan und hinauf nach Treuf. Dort biegt ihr an der ersten Einmündung mit dem Roten Kreuz nach rechts ab. Nach gut 200 Metern zweigt ihr mit eurem Wanderzeichen und der gelben Beschilderung Richtung Hohenstein nach links oben ab und verlasst den Ort.

Gut 400 Meter nachdem ihr Treuf verlassen habt, folgt ihr an einer Gabelung dem Roten Kreuz nach rechts steil hinauf und gelangt bald auf eine Ebene, die ihr überquert. Nach einer Weile seht ihr vor euch die auf dem gleichnamigen Fels erhaben thronende Burg Hohenstein. Sie gehört zu den beeindruckendsten Bauwerken des Nürnberger Lands und steht auf dessen höchstem Gipfel.

Zielstrebig führt euch der Weg an die Straße. Auf dieser wandert ihr mit eurem Wanderzeichen geradeaus hinauf nach Hohenstein. Dort gelangt ihr unterhalb des Burgfelsens an eine Kreuzung mit einer großen Wandertafel. Hier biegt ihr nach links ab und folgt schon bei der nächsten Gelegenheit der braunen Beschilderung nach rechts oben und an der nächsten Weggabelung links haltend auf gepflastertem Weg der Burg entgegen. Durch einen Torbogen gelangt ihr in die Unterburg. Lasst euch Zeit, um die Anlage mit der ihr gebührenden Wertschätzung zu erkunden. Rechts von euch erhebt sich der mächtige Hohenstein, ein Dolomitfelsen mit steil abfallenden Klippen. Darauf thronen wie eine Verlängerung der hohen Felswände die massiven Mauern der Burg Hohenstein.

Über eine steile Treppe erklimmt ihr den imposanten Felsen und erreicht das Portal der Oberburg. Besonders entzückend ist der vielfältige Kräutergarten vor und im Innenhof. Wenn ihr Burg Hohenstein an einem Sonn- oder Feiertag besucht oder euch den Burgschlüssel ausgeliehen habt, stehen euch im Innenbereich alle Türen offen und ihr könnt diesen wunderbar restaurierten Ort genauestens erkunden und kennenlernen. Im Pallas führt eine Holztreppe bis ins Dachgebälk und zu einem Aussichtstürmchen, das euch einen fabelhaften Rundumblick über die Region bietet. Am schönsten präsentiert sich euch die Burg Hohenstein von einem Felsvorsprung oberhalb des Burgportals, den ihr nach ein paar weiteren Treppenstufen über einen schmalen Grat nach links, auf dem ein wenig Kraxelerfahrung von Vorteil ist, erreicht. Von hier aus bietet sich euch auch eine großartige Aussicht ins Nürnberger Land und bis nach Nürnberg. Manch einer mag sich über den Glockenturm auf den Mauerresten des ehemaligen Bergfrieds wundern. Dreimal täglich schlägt die Hohensteiner Glocke, bei Hochzeiten oder Todesfällen sogar ein viertes Mal. Die Anschaffung der Glocke im Jahr 1552 hatte jedoch einen deutlich praktischeren Hintergrund. Wenn der Vogt, der im Langen Haus in der Unterburg lebte, in der Oberburg gebraucht wurde, läuteten dort die Bediensteten ab 1552 die Glocke statt ihrem Vorgesetzten, wie vorher, Steinchen aufs Dach zu werfen.

Zur Andreaskirche im Ankatal Auf demselben Weg, auf dem ihr den Burgfelsen erklommen habt, kehrt ihr an die Ortsdurchfahrt und nach links zur Kreuzung mit der großen Wandertafel zurück. Hier wechselt ihr auf euer neues Wanderzeichen, das Rote Andreaskreuz auf Weißem Grund. Es ist das Zeichen des Albquerwegs. Diesem folgt ihr auf der Straße nach rechts unten Richtung Rupprechtstegen und aus dem Ort hinaus. Etwa 100 Meter nachdem ihr Hohenstein verlassen habt, biegt ihr hinter einer Einbuchtung mit dem Andreaskreuz leicht links von der Straße in einen Feldweg ein.

Dieser trägt euch vorbei an einem Holzlager und dahinter im Wald einen kleinen Hang hinauf und wieder hinunter. Danach verläuft euer Weg am linken Waldrand und mündet in einen Fahrweg, dem ihr nach rechts, vorbei an einem Hüllweiher, an einen Teerweg folgt.

Hüllweiher sind eine Besonderheit der Fränkischen Alb. Es sind meist von Menschen angelegte kleine Gewässer, die auf den trockenen Hochflächen die Wasserversorgung sicherstellen sollten. Wasser war hier oben ein kostbares Gut und so wichtig, dass fast jeder Ort seinen eigenen Hüllweiher hatte. So verwundert es auch nicht, dass viele Orte der Fränkischen Alb diese unverzichtbaren Weiher auch heute noch als „...hüll“ im Namen tragen.

An der Einmündung in den Teerweg verlasst ihr diesen mit dem Roten Andreaskreuz sogleich nach links durch ein Gebüsch und geht oberhalb der Straße auf einem sehr schmalen Pfad entlang, bis ihr die Straße mit eurem Wanderzeichen nach rechts überquert und dahinter leicht links in den Wald zurückkehrt.

Auf und ab geht es durch den mit großen und kleinen Felsen dekorierten Wald. Dabei wird der breite Weg auch mal zum wildromantischen Pfad, der euch an einigen sehenswerten Felsformationen vorbeiführt. Wie in einem Märchenwald fühlt man sich hier oben, wenn an Herbsttagen dichter Nebel in wabernden Schwaden den Wald regelrecht flutet und ihn in einen bläulichen Schimmer taucht. Durch die Sage vom Bernlohmaigerl gewinnt die Wanderung auf diesem Wegstück zusätzlich an Atmosphäre.

Dann geht es stetig bergab. An einer unscheinbaren Weggabelung haltet ihr euch auf dem schmaleren Pfad mit dem Roten Andreaskreuz leicht rechts. Kurz darauf passiert ihr eine Wandertafel, an der euer nächstes Ziel, der Ort Kreppling, bereits angeschrieben ist. Wenn der schmale Pfad in einen Fahrweg mündet, folgt ihr diesem mit dem Roten Andreaskreuz nach rechts. Bald verlasst ihr den Wald und mündet mit dem Fahrweg in eine Straße, der ihr nach links in den Ort Kreppling folgt.

In Kreppling gelangt ihr auf der Straße an eine Einmündung und biegt mit dem Andreaskreuz nach rechts ab. Kurz vor dem Ortsende verlasst ihr die Straße mit eurem Wanderzeichen nach links in einen Schotterweg. 100 Meter weiter biegt ihr hinter einem kleinen Wäldchen mit dem Roten Andreaskreuz rechts ab und lasst euch von dem Feldweg dem Wald entgegentragen. Hier empfängt euch erneut ein schöner Pfad, der sich elegant durch den Wald schlängelt. Dahinter gelangt ihr an eine Straße, der ihr mit eurem Wanderzeichen nach links unten nach Raitenberg hinein folgt. In Raitenberg überquert ihr geradeaus die Kreuzung und wandert mit dem Roten Andreaskreuz aus dem Ort hinaus und einen Hang hinauf. Oben angekommen gabelt sich der Weg. Ihr haltet euch mit eurem Wanderzeichen links und gelangt in ein idyllisches Tal mit saftig grünen Wiesen, eingerahmt von dichten Wäldern. Im Talgrund angekommen, biegt ihr mit dem Roten Andreaskreuz rechts in einen schmalen Pfad ab. Rechts und links des Weges künden zuerst einzelne, dann in Formation auftretende Felsen von den Naturwundern, die euch im Ankatal erwarten.

Der Pfad trägt euch in den Wald, wo ihr euch mit dem Roten Andreaskreuz rechts haltet. Schon bald empfängt euch rechts, ausgeschildert und über einen schmalen Stichweg erreichbar, das große Portal der grün schimmernden Höhle mit dem klingenden Namen Andreaskirche. Angesichts der an ein Kirchenfenster erinnernden Höhlenöffnung im rechten Bereich liegt der Vergleich mit einem sakralen Bau auch nahe. Die Wände der Höhle wirken, als wären sie von Menschenhand bearbeitet worden. Und tatsächlich soll eine behauene Felsnische einst als Altar genutzt worden sein. Früher suchten die Bewohner des Pegnitztals in unruhigen Zeiten in dieser gut verborgenen Grotte Schutz

Burg Hohenstein

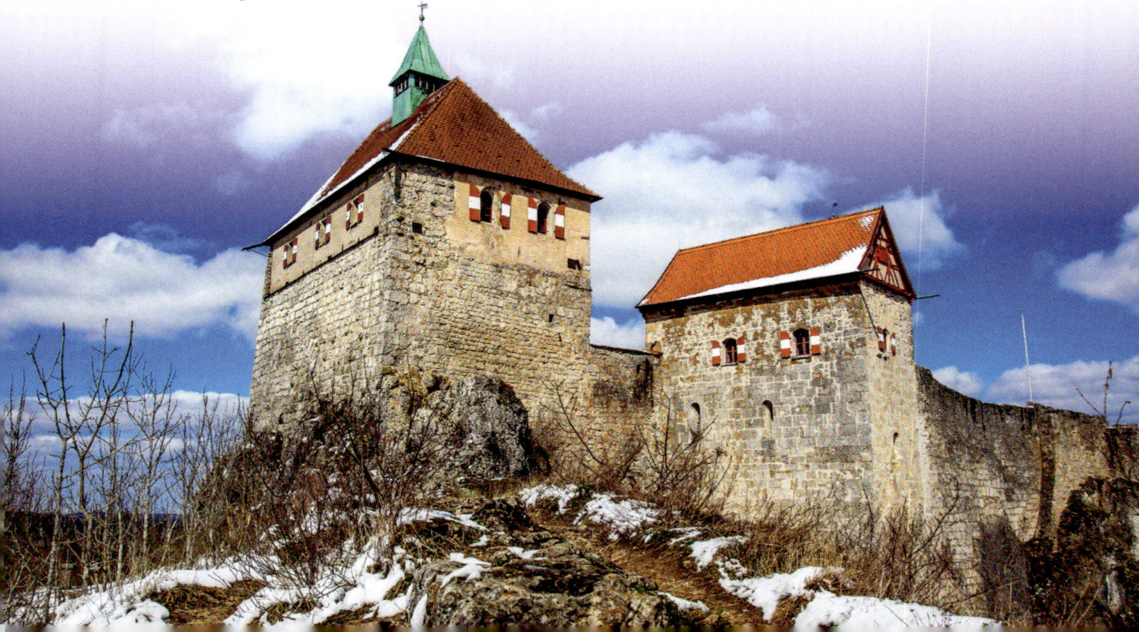

19

und Zuflucht. Was spricht also dagegen, dass sie diesen Ort auch für Gottesdienste nutzten, in denen sie für Frieden und Sicherheit beteten? Besonders beeindruckend ist der linke Höhleneingang, in dem jede Menge gewaltiger Felsbrocken liegen. Fast wirkt es, als hätte hier einst ein Riese seine natürlichen Golfbälle vergessen.

Von der Andreaskirche kehrt ihr zum Roten Andreaskreuz zurück und folgt diesem nach rechts. Nun geht es hinein in das gewaltige Ankatal. So hoch sind die Hänge dieser Schlucht, dass nur wenige Sonnenstrahlen den Talgrund erreichen und dieser dadurch in geheimnisvolles Zwielicht getaucht wird. So mancher Wald- und Felsengeist scheint euch neugierig vom Wegesrand aus zu beobachten. Die Vielfalt an Felsgestalten sowie Flora und Fauna an diesem wundersamen Ort kann nur als überbordend bezeichnet werden. Von allen Seiten strömen Unmengen an Eindrücken auf euch ein und nehmen euch regelrecht gefangen. Besonders der Anblick der stattlichen Felsmassive am linken Hang der Schlucht unterstreicht den urtümlichen Charakter dieses Ortes. Am Ende des Tals erwartet euch die majestätische Ankatal-Kletterwand, die senkrecht in den Himmel ragt und euch schließlich wieder ins gefälligere Pegnitztal verabschiedet.

Dort gelangt ihr an das Ortsschild und die Ortsdurchfahrt von Rupprechtstegen. Ihr überquert die Straße und geht mit dem Roten Andreaskreuz geradeaus über den Wanderparkplatz Rupprechtstegen auf eine Brücke zu, auf der ihr die Pegnitz überquert.

Wenn ihr mit dem Auto anreist und euch für den Alternativ-Startpunkt entscheidet, beginnt eure Wanderung hier.

Dreht euch auf der Brücke noch einmal um! Dann präsentiert sich euch, auf der rechten Seite der Schlucht, die das Ankatal bildet, die Ankatalwand noch von einer anderen, deutlich stärker zerklüfteten Seite. Hoch oben, auf der gegenüberliegenden Seite der Schlucht, erhebt sich das ehemalige, auch heute noch schön anzusehende Kurhotel Rupprechtstegen. Denn Rupprechtstegen war lange Zeit ein beliebter Luftkurort. Sogar die berühmten Dirigenten Richard Wagner und Richard Strauß sollen hier ruhevolle Tage verbracht haben.

Nachdem ihr die Pegnitz überquert habt, biegt ihr nach rechts in den Uferweg ein und folgt eurem Wanderzeichen Richtung Bahnhof, der auf einer Wandertafel bereits angeschrieben ist. Auf ebenem Schotterweg flaniert ihr das malerische Pegnitzufer entlang und lasst die Wanderung gemütlich ausklingen. Vielleicht habt ihr Glück und erhascht einen Blick auf die hier lebende Schwanenfamilie. Während das Rote Andreaskreuz bald durch eine lange Bahnunterführung nach links abbiegt, folgt ihr der Uferpromenade noch ein Stück. Schon bald erreicht ihr unterhalb des Rast-Waggons Rupprechtstegen die Weggabelung, über die ihr nach links oben zurück zum Bahnhof gelangt.

Wissen für Angeber

Ritter auf Burg Hohenstein? Hoch oben auf einem Dolomitfelsen thront die Burg Hohenstein, deren Ursprünge bis ins 11. Jahrhundert zurückreichen. Sie ist das Wahrzeichen des Nürnberger Lands und lockt Besucher aus nah und fern an. Die kühne und verwegene Lage hoch über dem Nürnberger Land und die grandiose Fernsicht regen die Fantasie des Besuchers an. So mancher verfällt beim Anblick der erhabenen Mauern oberhalb der schroffen Klippen in romantische Schwärmerei. Vor dem inneren Auge entfalten sich spannende Geschichten um tapfere Ritter und edle Burgfräulein, die hier oben lebten und liebten. Man träumt von wilden Kämpfen und unerbittlichen Belagerungen. Und wirklich, die Burg Hohenstein wurde, wie so viele andere fränkische Burgen auch, im Zweiten Markgräfler Krieg im Jahr 1553 erobert und niedergebrannt. Viel mehr Spektakuläres gibt es über die Burg nicht zu berichten. Denn sie war bereits im 12. Jahrhundert eine Verwaltungsburg. Von hier aus verwaltete der Pfleger, dessen Aufgaben mit denen eines heutigen Landrats und Amtsrichters vergleichbar waren, das Pflegamt Hohenstein. Burg Hohenstein war also eher das, was wir heute als Landratsamt bezeichnen. Klingt schon gar nicht mehr ganz so spannend, tut ihrer fabelhaften Optik jedoch keinen Abbruch – und hindert euch auch nicht daran, eurer Fantasie an diesem fantastischen Ort freien Lauf zu lassen.

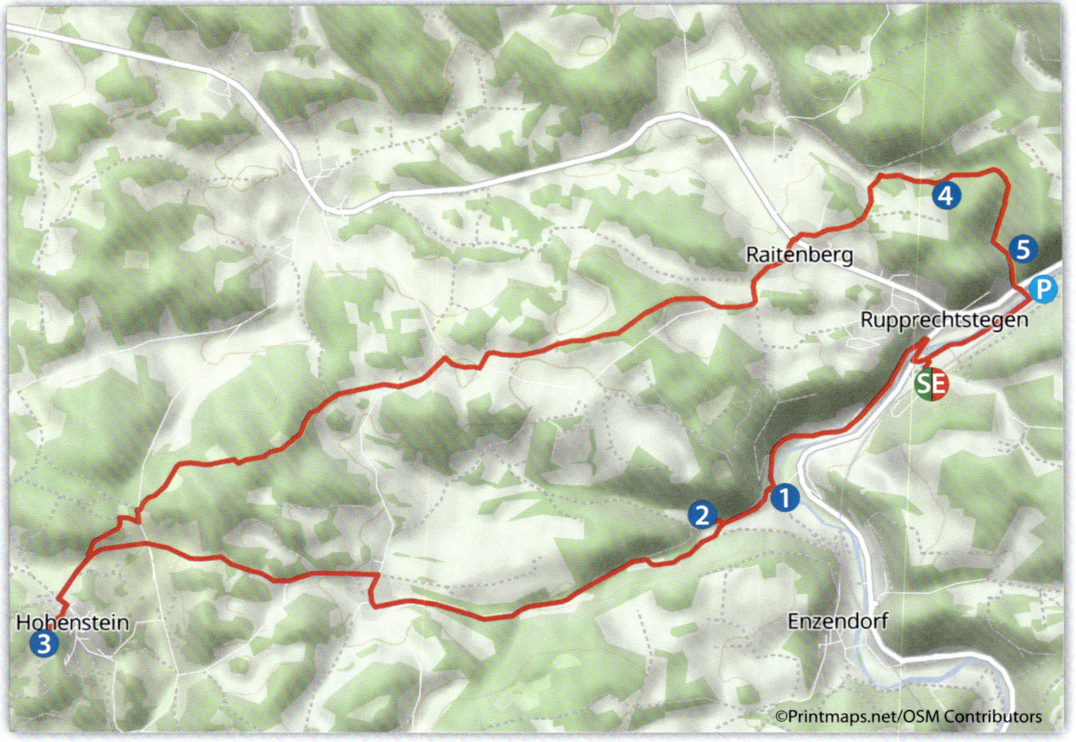

20

17,7 km

377 Hm

6 h

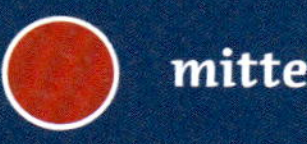

mittel

Eckdaten:

- **Schatten/Sonne:** ausgeglichenes Verhältnis zwischen sonnigen Feld- und schattigen Waldwegen
- **Startpunkt:** Bahnhof Velden (b. Hersbruck)
- **Endpunkt:** Bahnhof Neuhaus (Pegnitz) Linie RB 30
- **Parkplatz:** Bahnhof Velden, Bahnhofstr. 33, 91235 Velden (b. Hersbruck)
- **Ausrüstung:** Taschenlampe für die Höhlenerkundung
- **Einkehrtipp:** Gasthof Frankenalb in Neuhaus an der Pegnitz, Telefon 09156 927172

Uferzauber und Höhlenmagie

Gewaltige Felsenklippen am Pegnitzufer, sich tief in die Erde grabende Höhlen und eine stattliche Burg mit finsterer Vergangenheit. Diese Ganztagstour bietet euch so manches Highlight und bleibt schon aufgrund des fantastischen Geislochs dem begeisterten Wanderer noch lange in Erinnerung.

Highlights:

1. Uferweg in Velden
2. Mühlwand in Velden
3. Geisloch
4. Rufenberg-Felsentor
5. Saalburg-Grotte
6. Rohenloch
7. Raumhöhle
8. Burg Veldenstein

Die Sage

Wie Velden zur Stadt wurde Vor mehr als 650 Jahren war Karl IV., der vielen als der bedeutendste, römisch-deutsche Kaiser des Spätmittelalters gilt, immer wieder im schönen Nürnberger Land unterwegs. Mehr als 50 Mal durchquerte er mit seinem Gefolge das Gebiet, um nach Nürnberg zu reisen.

Eines Tages kam er auch in das idyllische Örtchen Velden. Was ihn hierhin verschlagen hatte, wusste niemand genau zu sagen. Schließlich verlief die Goldene Straße, die Prag und Nürnberg miteinander verband und als einer der wichtigsten Handelswege galt, ein ordentliches Stück entfernt. Auf seinen Reisen hatte Karl IV. schon dem handelsstrategisch wichtigen Ort Lauf an der Pegnitz das Stadtrecht verliehen. Dies war auch nachvollziehbar, war Lauf doch der letzte Übernachtungsort, den er auf einer Reise von Prag nach Nürnberg passierte. Um auch in Lauf angemessen residieren zu können, hatte der König sich dort kurzerhand ein repräsentatives Wasserschloss bauen lassen.

Doch was trieb ihn die Pegnitz hinauf nach Velden? Vielleicht hatte er von der Pracht des schönen, malerisch am Fuße gewaltiger Felsen gelegenen Ortes gehört und wollte sich selbst ein Bild davon machen. Vielleicht wollte er auch einfach nur dem Trubel der größeren Städte entfliehen und suchte im Pegnitztal ein wenig Ruhe und Abgeschiedenheit. Oder aber er hatte von den leckeren Forellen gehört, die es in der Gegend um Velden geben sollte, und die nirgends sonst so gut schmeckten wie in Velden selbst.

Egal, was der Grund für seinen Besuch in dem Örtchen war, am Ende landete eine der hervorragend schmeckenden Veldener Forellen auf dem Teller des Königs. Herrlich duftend und geradezu kunstvoll mit den Beilagen auf dem Teller angerichtet, versetzte schon der pure Anblick den königlichen Gast in Entzücken. Die nach Rosmarin duftenden Kartoffeln, das mit Petersilie verfeinerte Gemüse und der Duft der Forelle ließen Karl IV. das Wasser im Mund zusammenlaufen. Mit einem einzigen tiefen Atemzug ließen ihm die Aromen die ganze prachtvolle Idylle des heimeligen Pegnitztals vor dem geistigen Auge erscheinen. Seinem Gastgeber, der sich unterwürfig in Lobhudeleien erging, schnitt er mit energischem Handstreich das Wort ab. Dieser, seine Bediensteten und das gesamte königliche Gefolge erstarrten in stiller Erwartung. Der Monarch nahm das Besteck, öffnete den Fisch, schnitt sich ein Stück heraus und probierte. Erst ein kleines Stückchen, das er langsam auf der Zunge zergehen ließ. Dann ein größeres Stück, um den großartigen Geschmack erneut zu erleben. Dann noch ein Stück, weil das Geschmackserlebnis nie wieder enden sollte. Dann noch eins und noch eins, bis von der Forelle nur noch die Gräten übrig waren. Voller Wonne blickte er auf den leeren Teller. Und nachdem er einen ordentlichen Schluck Bier genommen hatte, sprach der König zufrieden: „Einem Ort, in dem es derartige Köstlichkeiten gibt, muss ich einfach das Stadtrecht zusprechen." Ob in dem darauf folgenden Jubel der Veldener Bürger noch jemand die Bestellung des Königs nach einer zweiten Forelle gehört hat, ist leider nicht überliefert. Doch die Veldener haben bis heute nicht vergessen, wem sie ihr Stadtrecht verdanken. Und deshalb ziert eine Forelle noch immer die untere Hälfte des Veldener Wappens.

Nach der Erzählung eines Anwohners

Die Wegbeschreibung

Zur Mühlwand in Velden Vom Bahnhof kommend folgt ihr der geteerten Straße parallel zu den Gleisen nach links Richtung Velden. An der ersten Gabelung haltet ihr euch links und trefft auf euer erstes Wanderzeichen der heutigen Tour, den Blauen Querstrich auf Weißem Grund. Er führt euch, kurz nach Verlassen des Bahnhofsgeländes, nach links über steile Stufen hinunter an die Straße. Diese überquert ihr, geht nach links unter der historischen Eisenbahnstahlbrücke hindurch und überquert auf einer hölzernen Brücke nach rechts die sanft dahinfließende Pegnitz.

Manche der 23 Pegnitz-Brücken, auf denen die Bahn das romantische Pegnitztal durchquert, und die teilweise sogar unter Denkmalschutz stehen, sind weit über 100 Jahre alt. Diese Kunstwerke des Brückenbaus verleihen dem Pegnitztal mit seinen grünen Auen, den bewaldeten Hängen und den daraus emporragenden, schroffen Felsen zusätzlich nostalgische Akzente, die Gedanken an die „gute alte Zeit" wachrufen.

20

Hinter der Holzbrücke biegt ihr mit dem Blauen Querstrich nach rechts Richtung Kipfental in den Uferweg ein. Ihr unterquert die Eisenbahnbrücke ein weiteres Mal und folgt eurem Wanderzeichen entlang des Pegnitzufers. Vorbei an einigen Gärten wandert ihr auf schmalem Pfad. Die weit in den Fluss hineinragenden, mit dichtem Grün belaubten Äste der den Uferweg säumenden Bäume spiegeln sich im Wasser. Kleine Stege lugen vorsichtig von der Uferkante aus in den Fluss. Entschlossene Forellen stoßen von unten ungebremst durch die Wasseroberfläche und vollführen kühne Sprünge, um unvorsichtige Fliegen und Mücken zu erbeuten. Auf der gegenüberliegenden Seite entzücken gepflegte, altehrwürdige Häuser zwischen dem teils dichten Blätterdach. Das alles schafft besonders in den frühen Morgenstunden eine geradezu märchenhafte Atmosphäre, die euch schnell zum entspannten Schlendern animiert.

An einer romantisch gelegenen Brücke, die hinüber zur Liebesinsel führt, wechselt ihr vom rechts abbiegenden Blauen Strich auf das weiter geradeaus und entlang der Pegnitz führende Zeichen des Mühlenwegs, die Weiße Nummer 3 auf Grünem Grund. Sie führt euch weiter auf dem Uferweg und schließlich, sich elegant durch enge Gassen windend und vorbei an einem malerischen Pavillon, auf dem Schießmauerweg an die Nürnberger Straße. Dieser folgt ihr, die Nummer 3 für ein kurzes Stück verlassend, geradeaus. Schon bei der nächsten Gelegenheit biegt ihr nach rechts unten ab und überquert auf einer weiteren hölzernen Brücke die Pegnitz. Links von euch zieht das ehemalige Veldener Pflegschloss eure Blicke auf sich. Das dreistöckige Gebäude, dessen erstes Obergeschoss vom Barock und dessen zweites von der Renaissance geprägt sind, beherbergt im Erdgeschoss ein Kreuzgewölbe.

In den Gewölben der Stadt Velden soll es nicht geheuer sein. Dies musste auch ein französischer Kavallerist am eigenen Leib erfahren, als im Rahmen der Koalitionskriege vor mehr als 200 Jahren französische

Am Pegnitzufer in Velden

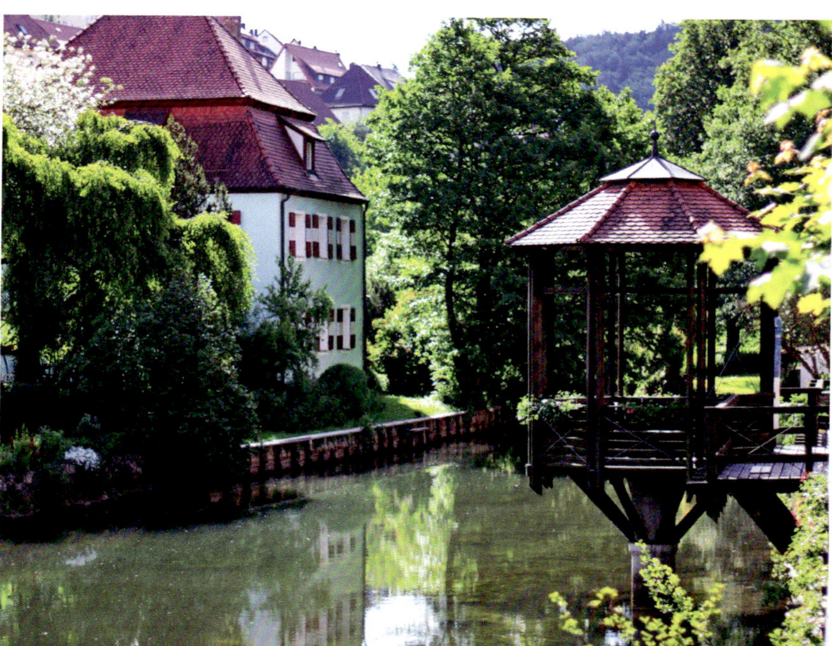

Truppen in Velden ihr Lager aufschlugen. Dieser Soldat sollte ein als Pferdestall geeignetes Gewölbe im Ort finden und dieses requirieren. Vielleicht war es ja sogar das Gewölbe des Veldener Pflegschlosses, das er, pünktlich zur Mittagsstunde, zu diesem Zweck besuchte. Als er ins Halbdunkel des Gewölbes trat, um es genauer in Augenschein zu nehmen, schwebte aus dem Zwielicht eine weiße Gestalt auf ihn zu. Noch bevor das Gespenst ihn erreichen konnte, ergriff der französische Soldat, von nackter Angst gepackt, die Flucht. Ob es sich bei dem unheimlichen Wesen tatsächlich um einen Geist handelte, wurde nie geklärt.

Hinter der Brücke gelangt ihr in die Veldener Altstadt. Geradeaus mündet ihr in die Mühltorstraße. Hier trefft ihr an einer Wandertafel wieder auf die Nummer 3, die euch den Weg nach links weist. Vorbei am Schlosshof durchquert ihr das stattliche Mühlentor. Es war einst Teil der Veldener Stadtmauer, die vermutlich zur Zeit der Hussitenkriege in der ersten Hälfte des 15. Jahrhunderts erbaut wurde. Der Mühltorturm ist der einzige erhaltene von ehemals drei Tortürmen. Durch seinen Torbogen hindurch gelangt ihr mit der Nummer 3 nach links in die Mühlgasse. Dieser folgt ihr, zuletzt über einen Hof, aus dem Ort. Links von euch hört ihr das Schlagen der munter arbeitenden Mühlräder und vor euch erblickt ihr das graue Naturschauspiel der prachtvollen Mühlwand. Einige Bänke unterhalb der gewaltigen Überhänge, die bei Kletterern sehr beliebt sind, bieten euch eine kurze Rastmöglichkeit an diesem Ort, an dem die milde Gefälligkeit des Pegnitzufers auf die ungebremste Kraft der Felsenklippen trifft. Wie ein Spiegel folgen sie dem Fluss der Pegnitz. Ein wirklich grandioser Anblick, der noch lange in Erinnerung bleibt.

Ins Kipfental Die Nummer 3 führt euch auf schmalem Pfad am Fuß des Felsenwunders an eine gegenüber einem Brückenaufgang angebrachte Wandertafel. Hier verabschiedet ihr euch von dem Wanderzeichen und folgt bar jeder Markierung einfach den sich rechts vor euch empor-

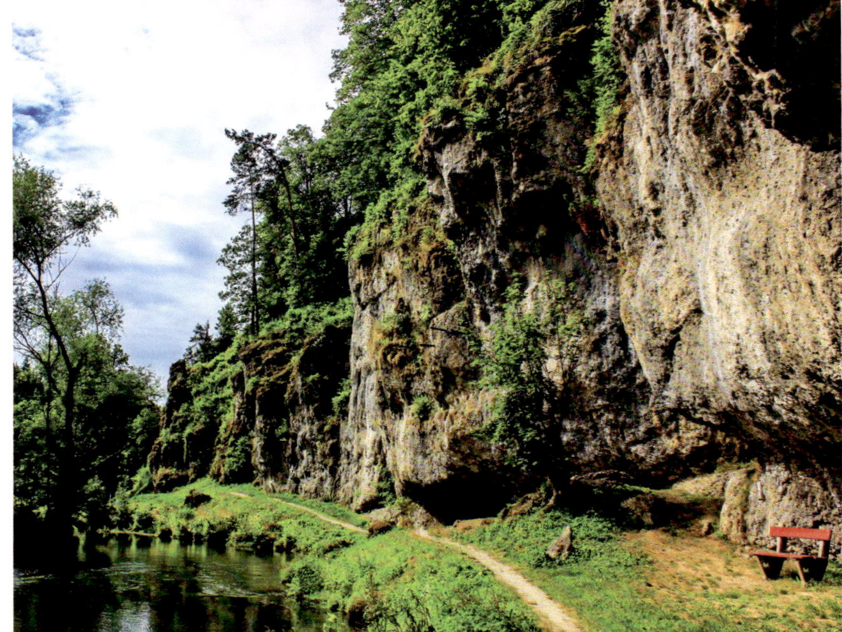

Die Mühlwand am Ufer der Pegnitz in Velden

windenden Treppen, vorbei am Kriegerdenkmal richtungsändernd nach oben. Hier wird es spannend: Eng an den Felsen entlang führt euch eine mit Geländer gesicherte Eisentreppe hinauf an die Felsenkante. Das Geländer gewährt euch noch ein paar Schritte Sicherheit und entlässt euch dann in die Freiheit eines sich nach rechts direkt an der Kante entlangschlängelnden Steigs, der Wanderern mit Höhenrespekt durchaus ein flaues Gefühl in die Magengegend zaubert. Mit großartigem Blick auf das sich unter euch ins Pegnitztal schmiegende Velden folgt ihr dem Steig bis an eine Weggabelung. Hier biegt ihr mit eurem neuen Wanderzeichen, dem Gelben Punkt auf Weißem Grund, sehr scharf nach links oben ab. An eine lange Waldtreppe schließt sich ein schmaler, irdener Hangweg an, der im weiteren Verlauf breiter und geschottert wird und vorbei an einer Wandertafel, an der auch das Kipfental angeschrieben ist, nach rechts schwenkt.
Dem Gelben Punkt folgend, steigt ihr unterhalb eines Sportgeländes auf erneut schmalem Pfad leicht nach rechts oben, geht an einem Tennisplatz vorbei und wandert mit eurem Wanderzeichen auf einem Fahrweg durch den Wald sanft hinauf auf die freie Ebene. Ausgedehnte Wiesen wechseln sich mit bewaldeten Hügeln ab. Sanft wirft sich euer Weg hin und her und führt euch dann an eine Weggabelung, an der ihr mit dem Gelben Punkt nach links Richtung Kipfental abbiegt. An einer Weggablung hinter einem Gärtchen folgt ihr dem Gelben Punkt vom Fahrweg nach links unten in einen Waldweg. Bald begrüßt euch linker Hand ein beachtliches Felsmassiv, das euch beim Passieren immer neue, faszinierende Ansichten bietet. Richtig finster ist es hier im Wald auf dem Weg nach unten. Der Weg wird nach links zum steilen, mit kleinen Felsen garnierten, Trampelpfad, der euch aus dem Wald hinausführt und, vorbei an einer Bank, in einen breiten Schotterweg mündet. Während der Gelbe Punkt nach links abbiegt, folgt ihr dem Schotterweg, erst einmal ohne Wanderzeichen, am Waldrand entlang, nach rechts. Er trägt euch bequem durch das stille Kipfental, an dessen bewaldeten Hängen sich immer wieder Felsformationen im Wald zu verbergen suchen, die auch oft einen zweiten Blick wert sind.

Zum Geisloch Bald mündet euer nächstes Wanderzeichen, der Rote Ring auf Weißem Grund, scharf von rechts oben kommend, in den Schotterweg und übernimmt die Führung. Ihr wandert mit dem Roten Ring weiter auf der Schotterstraße. Kurz darauf teilt sich der Weg. Ihr biegt mit dem Roten Ring nach links oben ab und gelangt mit sanftem Anstieg an eine weitere Weggabelung mit Wandertafel. Mit dem Roten Ring folgt ihr dem Schotterweg Richtung Münzinghof nach rechts. Doch nur, um diesen bei der nächsten Gelegenheit mit eurem Wanderzeichen leicht links in einen gefälligen, schmalen Pfad zu verlassen, der euch weiter bergan durch den Wald auf die freie Ebene führt. Wieder in einen Schotterweg mündend, trägt euch der Rote Ring nach links und schließlich mit Blick auf die Häuser von Münzinghof an die Straße. Auf dieser gelangt ihr nach rechts durch eine bezaubernde Kastanienallee hinüber an den Ortsrand von Münzinghof. Besonders in der Herbstsonne, wenn sich das Laub bunt färbt, erstrahlt die ganze Baumstraße in den verschiedensten Farbnuancen und gibt ihre braun glänzenden Früchte preis.

Das kleine Dorf der Lebensgemeinschaft Münzinghof liegt idyllisch inmitten von Weiden mit grasenden Kühen. Dort gibt es einen Biobauernhof, eine Metzgerei und eine Käserei, deren Produkte an einem Automaten käuflich erworben werden können.

Am Ortseingang weist euch euer Wanderzeichen den Weg sehr scharf nach rechts in einen Schotterweg, bei der nächsten Gabelung nach links und dann nach links am Waldrand entlang an eine Einmündung. Ihr wandert mit dem Roten Ring nach rechts Richtung „Geißloch-Höhle" in den Wald und erreicht bald eine große Lichtung.

Auch, wenn ihr es heute kaum noch erkennen könnt, hier entstand vor mehr als 2000 Jahren, zur Zeit der Kelten, ein Grabhügelfeld mit etwa 30 Hügeln. Grabhügel konnten mehrere Meter hoch werden und Dutzende Meter durchmessen. Gekrönt wurden sie oft mit Stelen oder idealisierten Figuren der Verstorbenen.

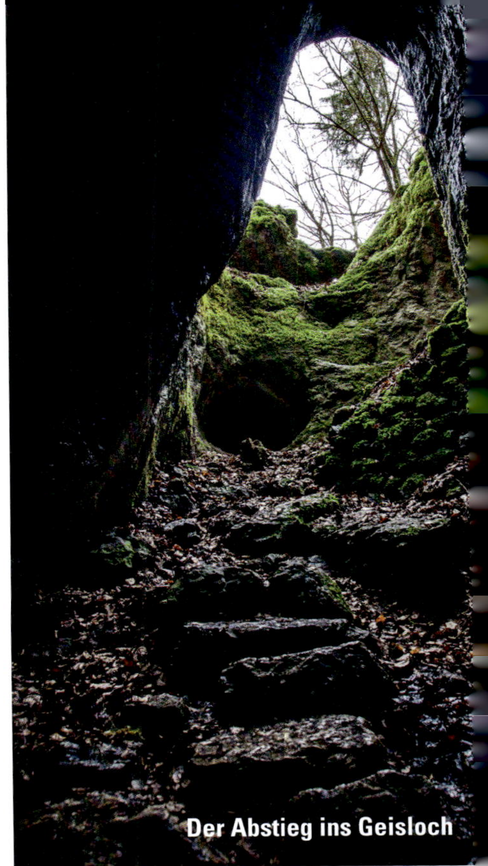
Der Abstieg ins Geisloch

Auf der Lichtung teilt sich der Weg. Ihr folgt eurem Wanderzeichen nach links und kehrt zurück in den Wald. Nach etwa 400 Metern zweigt der Rote Ring mit euch nach rechts Richtung „Geißloch-Höhle" ab. Der Weg schwingt nach links und trägt euch an eine Einmündung mit Wandertafel.

Versinterungen im Geisloch
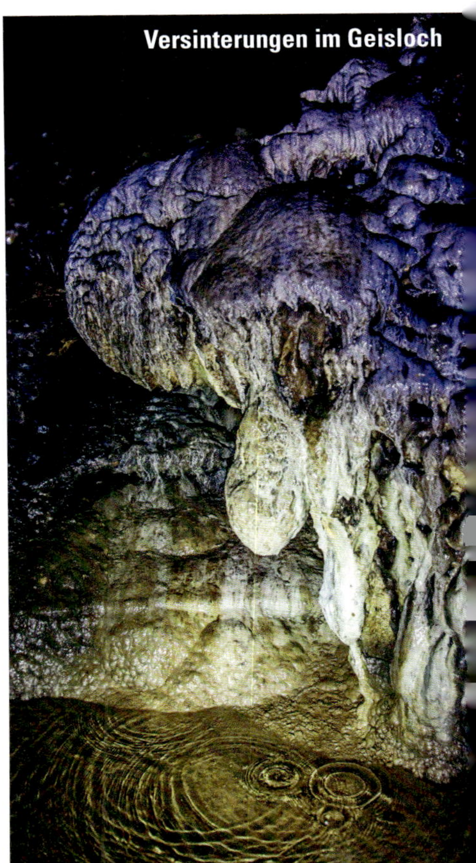

Hier empfängt euch euer neues Wanderzeichen, das Gelbe Dreieck auf Weißem Grund. Es ist das Zeichen des Plecher Höhlenwegs und führt euch erst einmal nach rechts zur nur noch 100 Meter entfernten „Geißloch-Höhle". Nach der Höhlenbefahrung werdet ihr wieder zu dieser Weggabelung zurückkehren.

Nun also nach rechts zum Geisloch, das, wie ihr sicher schon gemerkt habt, auch als „Geißloch-Höhle" bezeichnet wird. Der Weg führt euch auf eine kleine Lichtung mitten im Wald. Eine hölzerne Sitzgruppe lädt zur kurzen Rast und Vorbereitung ein. Ein paar Meter daneben klafft im Waldboden der von einigen Felsen eingerahmte Einstieg ins Geisloch. Wenn ihr näher herantretet, erkennt ihr schnell, dass es einige Meter in einen Kessel hinabgeht. Ein paar ausgetretene Stufen führen kühn hinunter und offenbaren, dass das Geisloch einst eine Schauhöhle war.

Vor mehr als 100 Jahren wurden hier die Besucher mit Fackeln und anderen rußenden Leuchtmitteln

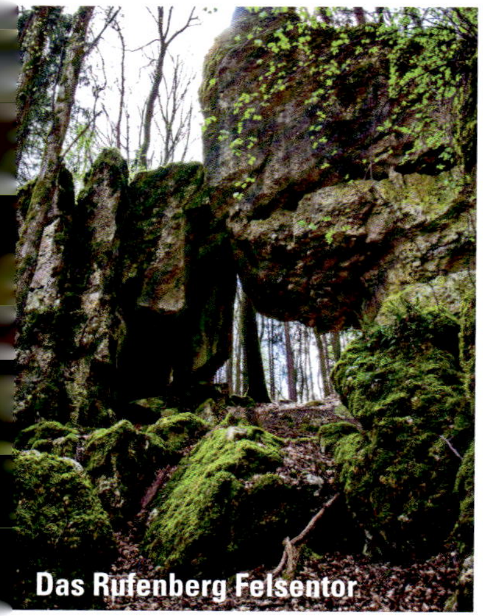
Das Rufenberg Felsentor

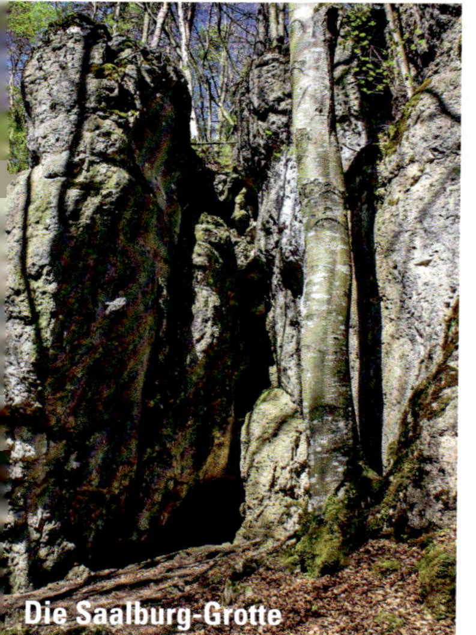
Die Saalburg-Grotte

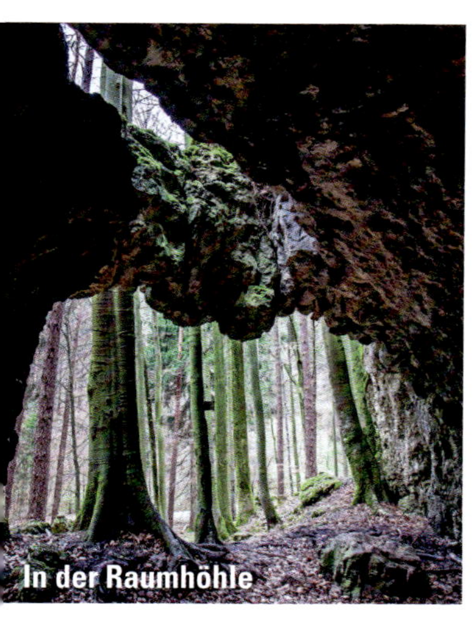
In der Raumhöhle

durchgeführt. Die schwarzen Rußspuren sind heute noch mehr als deutlich an den Höhlenwänden erkennbar. Doch nicht nur auf diese Art wurde das Geisloch kommerziell genutzt. In den Jahrhunderten zuvor wurde der Lehm, den ihr gleich bei eurem Besuch unter euren Schuhen schmatzen hören werdet, eifrig abgebaut, um daraus Tabletten zu pressen, die Sodbrennen und Magenbeschwerden lindern sollten.

Doch nun hinein ins Höhlenabenteuer. Am besten haltet ihr schon ab jetzt die Taschenlampen griffbereit. Auf den alten, stellenweise ziemlich rutschigen Stufen fühlt man sich, als würde man direkt in die mythologische Unterwelt hinabsteigen. Unten empfängt euch ein niedriges Portal. Auf den ersten Metern im Gang dahinter schimmert noch Sonnenlicht auf dem dunklen Gestein und dem unebenen Boden. Das ändert sich mit dem Betreten der „Küche", der ersten von drei hintereinanderliegenden Hallen. Das Tageslicht zieht sich respektvoll zurück und die Dunkelheit nimmt euch auf. Schon nach wenigen Metern verstummen sämtliche Außengeräusche. Nur das von den Höhlenwänden widerhallende Platschen der von der Decke fallenden Wassertropfen ist zu vernehmen. Geradeaus steigt ihr den lehmigen Hang nach oben und erreicht die „Seehalle". Diese gefällt vor allem aufgrund des Pfades, der sich zwischen den Sinterbecken hindurch windet. Rechts des Pfades wächst ein großer Stalagmit geduldig nach oben. Weiter geht es in die große Lehmkammer. Zwischen zwei malerischen Seen schlängelt sich ein kleiner Damm nach hinten, wo euch sogar noch ein großer Tropfstein erwartet. Daneben gibt es hier jede Menge großartiger Versinterungen, die vielgliedrigen Wasserfällen gleichend Richtung Höhlenboden streben. Rechts hinter dem See gibt es eine wahre Sinterbeckenkaskade zu entdecken.

In Velden erzählt man sich die Sage von zwei Männern, die sich zusammen mit Matthias, dem zauberkundigen Hirten aus Eschenfelden, einst auf den Weg ins Fichtelgebirge machten, um dort in einer verborgenen Höhle, die einer Kirche ähneln sollte, einen gewaltigen Goldschatz zu finden. Tatsächlich entdeckten sie die Höhle und gelangten, dank Matthias' Zauberkünsten, auch hinein. Doch dort erwartete sie neben den prächtigen Schätzen auch der Leibhaftige, der ihnen all das Gold nur überlassen wollte, wenn sie dafür einen mit ihrem Blut besiegelten Pakt mit ihm eingingen. Dieses Risiko war den Schatzsuchern freilich zu groß und so nahmen sie geschwind Reißaus. Wenn man im Geisloch auf ausgedehnte Erkundungstour geht und sich in den vielen Ecken und Nischen, die Zeit und die Welt vor dem Höhleneingang vergessend, in all der unterirdischen Pracht geradezu verliert, kann man sich gut vorstellen, welche Höhle der Umgebung die Veldener zu dieser Sage inspiriert haben mag.

Zum Rufenberg Felsentor Vom Geisloch kehrt ihr mit dem Gelben Dreieck zur letzten Weggabelung zurück und wandert mit ihm rechts haltend Richtung Viehhofen. Der Rote Ring wird das Gelbe Dreieck übrigens noch bis zum Dorfplatz in Viehhofen flankieren.

Der Waldweg mündet in einen Schotterweg, dem ihr nach rechts unten folgt. Nach etwa 200 Metern verlasst ihr den nach rechts verlaufenden Schotterweg und folgt dem Gelben Dreieck nach links Richtung Viehhofen in einen schmaleren Waldweg. Euer Wanderzeichen führt euch den Hang des Rufenbergs hinauf. Oben angekommen, geht es auch schon wieder hinunter und dem Waldrand entgegen.

Hier heißt es aufpassen: Bevor ihr mit dem Gelben Dreieck den Wald geradeaus verlasst und den Häusern von Viehhofen entgegen wandert, erreicht ihr im Wald eine Kreuzung mit Bank. Hier biegt ihr nach links in den unmarkierten, unteren Fahrweg ein. Dieser führt euch am Fuß einiger ansehnlicher Felsformationen direkt zum grandiosen Rufenberg-Felsentor. Was für einen erhabenen Anblick euch dieses Felsenmonument doch bietet. Als wären die niedrigeren Felsen auf der linken Seite, denen eine einzelne Steinplatte vorangestellt wurde, nur hier, um den gewaltigen, überhängenden Block auf der rechten Seite bis in alle Ewigkeit still verharrend zu stützen. Die vor dem natürlichen Triumphbogen herumliegenden, mit dichtem Moos bedeckten Felsbrocken verleihen dem Ensemble durch das hereinfallende Licht einen magischen, grünen Schimmer.

Zur Saalburg-Grotte Auf dem Fahrweg kehrt ihr zum markierten Wanderweg zurück und folgt dem Gelben Dreieck nach links aus dem Wald hinaus und hinunter nach Viehhofen. Am Ortseingang gibt es kein erkennbares Wanderzeichen. Ihr geht geradeaus in den Ort und mündet, hier zeigt euch der Rote Ring, dass ihr richtig seid, nach rechts in die Ortsdurchfahrt ein. Auf dieser gelangt ihr nach unten an eine Gabelung, wo euch euer Wanderzeichen an einer Wandertafel den Weg nach rechts Richtung Saalburg-Grotte weist. Ihr erreicht den hübsch gestalteten Dorfplatz mit Sitzgruppe und einer weiteren Wandertafel. Hier wird der flankierende Rote Ring von dem Blauen Ring, dem Zeichen des Plecher Rundwegs, abgelöst. Mit ihm und dem Gelben Dreieck geht ihr am Dorfplatz nach links und bei der nächsten Gelegenheit, der Blaue Ring ist hier besser sichtbar, wieder links. Bergab überquert ihr mit dem Gelben Dreieck geradeaus eine weitere Straße und verlasst Viehhofen auf geteertem Weg in weitem Bogen nach rechts unten schwingend in ein Tal. Im Talgrund wird die Straße zum Schotterweg und führt euch an einer Gabelung vor eine Wandertafel.

Hier weist euch das Gelbe Dreieck den Weg für einen Ausflug zur Saalburg-Grotte nach links. Nach etwa 400 Metern auf dem Feldweg führt euch ein hölzernes Schild nach rechts in den Wald und den Hang hinauf, zuletzt über Stufen, an das Portal der Saalburg-Grotte. Noch eindrucksvoller als die kleine Grotte selbst sind die stattlichen Felswände, die sie beherbergen. Tatsächlich erinnern sie an wehrhafte Burgmauern, die seit Ewigkeiten dem gnadenlosen Sturm der Zeit trotzen. Überall klaffen tiefe Risse und Klüfte, die vom endlosen Kampf gegen die Naturgewalten künden. Auf einem schmalen Pfad am Fuß der Felsen lässt sich das Massiv noch etwas genauer erkunden.

Zum Rohenloch Von der Saalburg-Grotte kommend und aus dem Wald tretend kehrt ihr mit dem Gelben Dreieck nach links zur letzten Weggabelung zurück und folgt eurem Wanderzeichen weiter am Waldrand geradeaus. Schon nach wenigen Metern werdet ihr am linken Wegesrand auf ein Holzschild aufmerksam, das von der unmittelbaren Nähe des Rohenlochs kündet. Ein schmaler Trampelpfad windet sich nach links in den Wald und trägt euch vor das bogenförmige Tor des Rohenlochs. Hinter der ersten Halle wird es bald finster. Die Höhle windet sich nach links in den Fels und mündet in einen weiteren Hohlraum.

Zur Raumhöhle Vom Rohenloch zurückkehrend, folgt ihr dem Gelben Dreieck nach links und an der kurz darauf folgenden Weggabelung auf gepflastertem Weg nach links oben. Es geht steil bergauf. Der Pflasterweg führt euch aus dem Tal hinaus. Nachdem ihr den Anstieg gemeistert habt, verlasst ihr den Wanderweg nach rechts in den Wald für einen lohnenden Ausflug zur ausgeschilderten Raumhöhle. Deren Portal öffnet sich nahe dem Waldrand verheißungsvoll und malerisch von Efeu umrankt in einem sich vor euch erhebenden Felsmassiv. Ihren besonderen Schatz gibt die Raumhöhle erst beim Betreten des Raumes preis. Es ist ein, dem Portal vorgelagerter Felsenbogen, der dieser kleinen Höhle seine einzigartige Architektur beschert.

Zur Burg Veldenstein in Neuhaus Von der Raumhöhle kehrt ihr aus dem Wald zum Wanderweg zurück. Hier verabschiedet ihr euch von dem Gelben Dreieck des Plecher Höhlenwegs und wechselt auf den Blauen Punkt, der euch, noch für ein kurzes Stück vom Blauen Ring flankiert, nach rechts Richtung Höfen führt. Schon bald zweigt ihr mit eurem neuen Wanderzeichen vom Pflasterweg nach rechts in einen schmaleren Weg ab, der ein Stück am Waldrand entlang und dann über eine Wiese nach links führend an einer Wandertafel in einen Schotterweg mündet. Hier verabschiedet ihr den Blauen Ring. Der Blaue Punkt weist euch den Weg nach rechts Richtung Pfaffenhofen. Nach 300 Metern zweigt ihr mit eurem neuen Wanderzeichen nach rechts in eine Teerstraße ab und geht entlang eines Ackers dem Wald entgegen. Links hinter dem Acker erkennt ihr im Gebüsch die Silhouette eines stattlichen Felsenturms mit dem treffenden Namen Langerstein. Dann gelangt ihr auf der Straße nach links unten in den Wald und wechselt nach wenigen Metern mit eurem Wanderzeichen nach rechts in einen bequemen Waldweg, der euch vor ein Felsmassiv trägt und dort nach links abbiegt.

Hinter dem ersten Massiv erhebt sich auf dem schönen Weg nach unten rechts von euch eine weitere Felsformation. Diese bietet euch einige beachtenswerte Ansichten. Risse, Spalten, angedeutete Höhlen und Türme verleihen diesem Massiv, das ihr nach rechts umrundet, einen eigenwilligen und zauberhaften Charakter. Dahinter schwenkt der Weg kurz aus dem Wald und nach links wieder zurück. Plötzlich ändert der Wald sein Erscheinungsbild. Die Bäume rücken enger zusammen und der Weg wird mit einem Mal zum schmalen Pfad. Das dichte Grün umfängt euch und begleitet euch ein kleines Stück, bis ihr nach links wieder in einen breiteren Fahrweg mündet. Der geradezu märchenhafte Charakter des Waldes jedoch bleibt euch noch eine Weile erhalten.

Ihr wandert mit dem Blauen Punkt durch den Märchenwald und schließlich hinunter an eine Einmündung. Hier wandert ihr mit eurem Wanderzeichen links den Hang hinauf und bald hinaus aus dem schönen Wald, nach links in einen Schotterweg, der euch zuverlässig und komfortabel nach Pfaffenhofen trägt. Achtet auch immer auf die oft reizvollen Felsformationen am Wegesrand.

Im Ort angekommen folgt ihr dem Blauen Punkt Richtung Neuhaus/Peg. an die Ortsdurchfahrt und dieser nach rechts unten. Kurz vor Erreichen des Ortsschildes verlasst ihr den Blauen Punkt und biegt mit eurem neuen Wanderzeichen, der Weißen Nummer 8 auf Rotem Grund, nach links ab.

Es folgt ein längeres, von der Sonne großzügig beschienenes Wegstück. Die Nummer 8 trägt euch auf geteerter Straße hinab, schwenkt nach rechts, zweigt an einer Wegteilung links in einen Schotterweg ab und trägt euch nach rechts und links schwingend hinauf auf die Ebene, die ihr geradewegs überquert. An einem Wegkreuz und einer im Schatten gelegenen Bank folgt ihr der Nummer 8 an einer Einmündung für ein paar Meter nach links.

Schon bei der nächsten Gelegenheit verlasst ihr die Nummer 8 und wechselt nach links unten auf den mit einer Schwarzen Kapelle auf Gelbem Grund markierten Kapellenweg 1. Dieser trägt euch auf einem Fahrweg in eine stille Senke hinab, führt euch nach rechts und hinter einem Jägersitz vom Fahrweg nach links hinüber zum Waldrand. Nach einem kurzen Stück

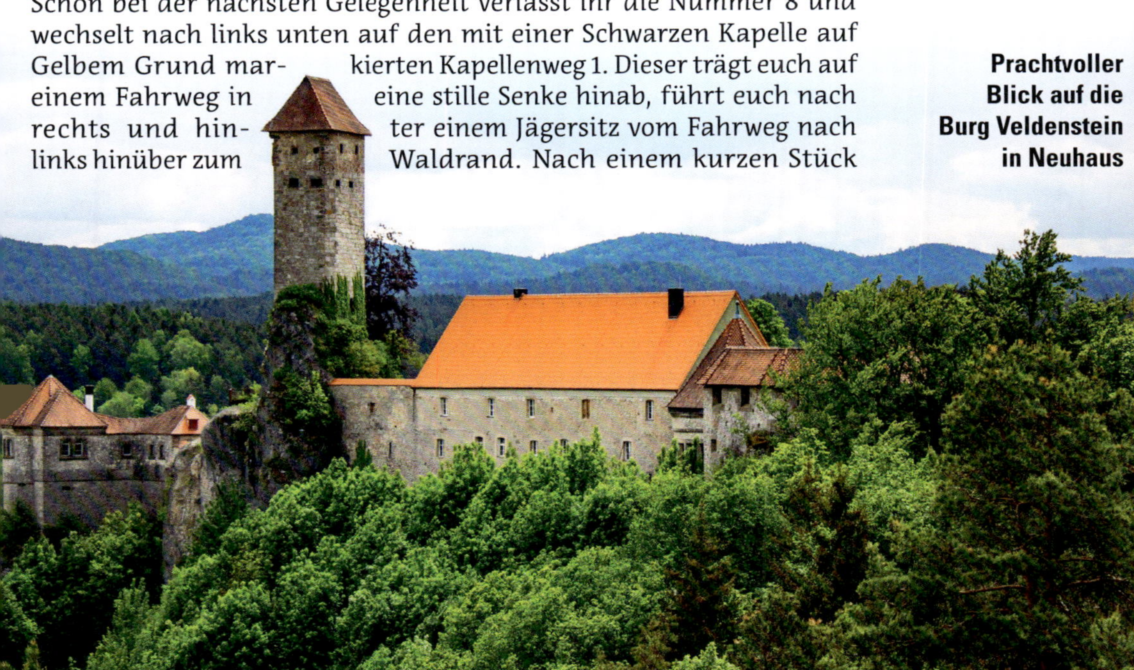

Prachtvoller Blick auf die Burg Veldenstein in Neuhaus

bergab durch den Wald und wieder hinaus erreicht ihr am Waldrand eine Weggabelung mit einer Wandertafel. Hier gesellt sich zum Kapellenweg 1 der Rote Punkt auf Weißem Grund, das Zeichen der Erzweg-Schlaufe Neuhaus und euer letztes Wanderzeichen der heutigen Tour, das euch direkt zur Burg Veldenstein führen wird. Mit beiden Wanderzeichen biegt ihr nach rechts ab. Bald erreicht ihr die nächste Einmündung.

Hier übernimmt der Rote Punkt die Führung und trägt euch auf geschottertem Weg nach rechts hinauf. Bevor ihr oben die ersten Häuser von Neuhaus erreicht, zweigt der Rote Punkt mit euch sehr scharf nach links ab, vorbei an einer Schranke und entlang einer Baumzucht. Hinter dieser folgt ihr dem Roten Punkt nach rechts in den Wald und dann nach links zu einem Aussichtspunkt mit grandiosem Blick auf die prachtvolle Burg Veldenstein. Beeindruckend, wie die Burganlage auf dem Felsen thront. Besonders der hohe Bergfried, der sich stolz und mit Efeu berankt auf einem einzeln stehenden Felsen, gleich einem Märchenturm, dem Himmel entgegenstreckt, zieht faszinierte Blicke auf sich.

Mehr als 800 Jahre ist Burg Veldenstein alt. Im frühen 13. Jahrhundert zum Schutz vor den einfallenden Slawen errichtet, wurde sie einige Male mehr oder weniger erfolgreich belagert. Zerstört wurden große Teile der Burg erst im Jahr 1708. Doch nicht durch feindliche Belagerer, sondern durch einen Blitz, der zielsicher im Pulverturm einschlug und eine verheerende Explosion verursachte. Nach dieser Katastrophe wurde die Ruine ihrem Schicksal überlassen. Erst in der zweiten Hälfte des 19. Jahrhunderts begann man mit Instandsetzungsarbeiten, die zum Großteil zu Beginn des 20. Jahrhunderts durchgeführt wurden. Hermann Göring, der hier einige Jahre seiner Kindheit verbracht hatte, kaufte Burg Veldenstein, ließ sie weiter renovieren und einen bombensicheren Bunker einbauen. Zudem hortete Göring hier die konfiszierten Schätze jüdischer Familien, die vor den Nationalsozialisten ins Ausland geflohen waren. Von diesen Schätzen, unter denen sich sogar das Gold der Nibelungen befinden soll, wurden bis auf eine Kiste mit Tischleuchtern und einigen Spirituosen jedoch bis heute nichts gefunden.

Vom Aussichtspunkt folgt ihr dem Roten Punkt auf einem schönen Steig in den Wald. Dort geht es über steile Kehren auf einen Hangweg und direkt hinauf zur Burg Veldenstein, deren Mauern, aus der Nähe betrachtet, noch imposanter wirken.

Zum Bahnhof Neuhaus (Pegnitz) Ihr folgt dem Roten Punkt von der Burg auf der Burgstraße nach unten. Im weiteren Verlauf wird aus der Burgstraße der Obere Markt, der sich bald gabelt. Ihr folgt der Straße mit eurem Wanderzeichen nach rechts und zweigt bei der nächsten Gelegenheit mit dem Roten Punkt über Kopfsteinpflaster nach links unten zu einem Fußgängerweg ab, der euch hinunter zum Neuhauser Bahnhof trägt, wo ihr eure Wanderung beendet.

Wissen für Angeber

Die Druiden Auf eurer Wanderung überquert ihr ein heute nicht mehr wirklich erkennbares Grabhügelfeld der Kelten. Diese Gräber zeigen, wie wichtig den Kelten ihre Religion war. Die Druiden, was so viel bedeutete wie „die Eichenkundigen“, fungierten als Mittler zwischen den Welten. Wie diese Gelehrten und Heiler zu den geistigen und politischen Führern der Kelten wurden, lässt sich heute nur noch erahnen. Das liegt vor allem daran, dass die Druiden selbst keinerlei schriftliche Zeugnisse über ihr Wirken hinterlassen haben. Ihre Erfahrungen gaben sie mündlich weiter, um Uneingeweihten den Einblick in ihr Wissen und ihre Zeremonien zu verwehren. Diese Naturphilosophen, so zumindest beschreibt sie Gaius Julius Cäsar, scheinen wahre Universalgelehrte gewesen zu sein. Neben der Astrologie, der Philosophie und der Heilkunde fungierten sie als Mittler zwischen Himmel und Erde. Sie sprachen Recht und entschieden mit ihren Prophezeiungen über die Geschicke ihres Stammes. Mit ihren oft blutigen Ritualen und ihrem Einfluss auf die inzwischen von den Römern unterworfenen Kelten waren sie den neuen Herren um die Zeitenwende jedoch ein Dorn im Auge. Und so verboten diese das Druidentum und verfolgten die Gelehrten gnadenlos. In Irland, das nie zum römischen Imperium gehörte, blieb der alte Glauben noch lange lebendig. Dort und in Wales floss die Erinnerung an die Druiden in die mittelalterliche Mythologie ein. Und so weist der Zauberer Merlin aus der berühmten Artussage sicher nicht von ungefähr verblüffende Ähnlichkeit mit unserem Bild von den antiken Priestern der Kelten auf.

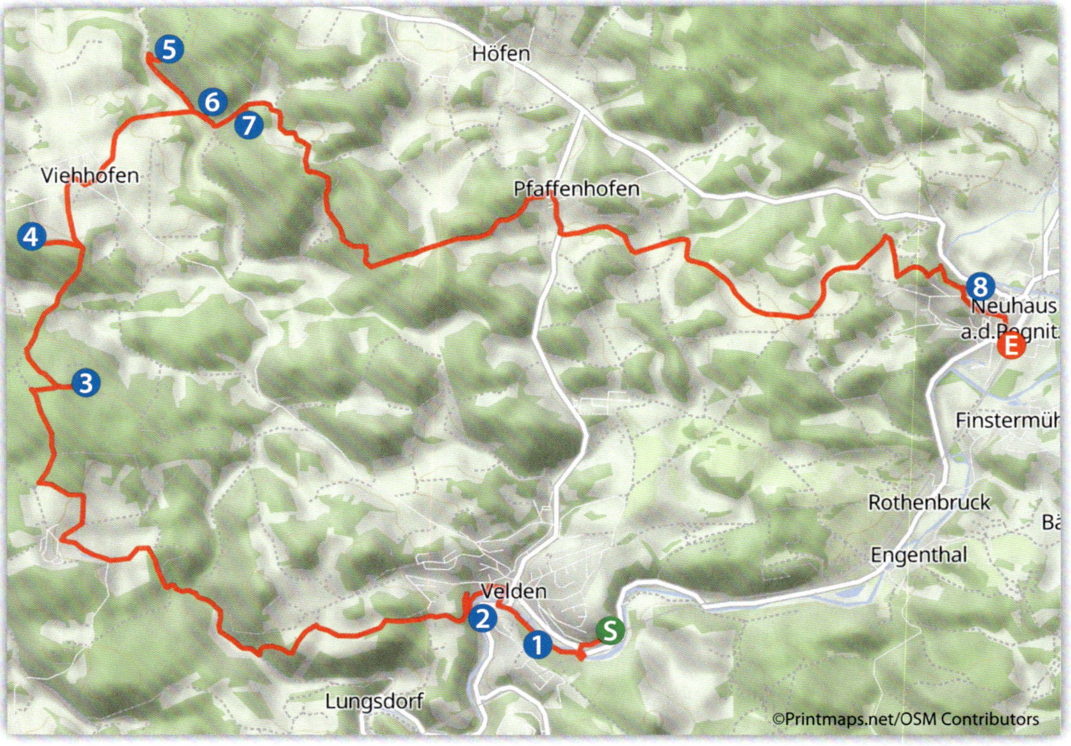

21

Hexenzauber und Höhlenbär

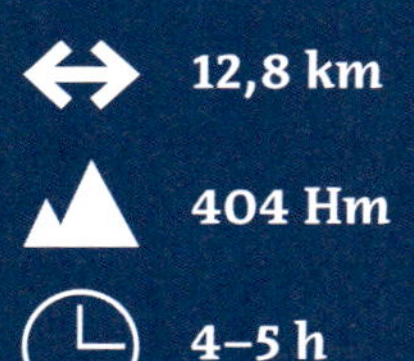

12,8 km

404 Hm

4–5 h

mittel

Hoch oben über dem Pegnitztal thront auf einem schroffen Felsen die altehrwürdige Burg Hartenstein. Im Lauf ihrer langen Geschichte hat sie schon so manchen Burgherrn kommen und gehen gesehen. Doch ist diese Burg, von der sich euch eine grandiose Aussicht bietet, nur eines der vielen Highlights, die euch auf dieser spannenden Wanderung erwarten. Gleich zwei spektakuläre Höhlen öffnen ihre Portale für euch. Und wundervolle Wegstücke gibt es obendrauf auch noch.

Highlights:

1. Felsmassiv des Konradsbergs
2. Burg Hartenstein
3. Aussichtspunkt Hirtenberg
4. Felsmassiv Rabesberg
5. Hainkirche
6. Petershöhle

Eckdaten:

- **Schatten/Sonne:** überwiegend schattige Waldwege
- **Startpunkt:** Bahnhof Rupprechtstegen
- **Endpunkt:** Bahnhof Velden Linie RB 30
- **Parkplatz:** Bahnhof 1, 91235 Hartenstein
- **Ausrüstung:** Taschenlampe
- **Einkehrtipp:** Rast-Waggon Rupprechtstegen, Tel. 09152 4085585

  Restaurant Touché auf Burg Hartenstein, Telefon 09152 92167

Die Sage

Vertauschte Kinder Die junge Mutter schlief tief und fest in ihrem Bett. Neben ihr in einer mit liebevollen Schnitzereien verzierten, hölzernen Wiege schlief ihr neugeborenes Kind. Das Flackern einer Hammeltalgkerze tauchte den Raum in rhythmisch pulsierendes Licht und erfüllte die Luft mit einem eigentümlichen, an Stallgeruch erinnernden Duft. Der Kerzenruß schwärzte die Wände und ließ die Stube noch etwas dunkler wirken. So wäre selbst einem aufmerksamen Beobachter der schemenhafte Schatten entgangen, der sich, ein säuglingsgroßes Bündel im Arm haltend, flüsterleise durch den Raum auf die Wiege zubewegte. Regelrecht zu schweben schien die Gestalt, deren Umrisse im zitternden Zwielicht des Kerzenscheins verschwammen. Kein Geräusch außer dem entspannten Ein- und Ausatmen der beiden Schlafenden war zu vernehmen. Nichts, was die Mutter hochschrecken ließ. Und auch ihr Kind reagierte nicht auf die Hexe, als sich diese in Form des unheilvollen Schattens über das Bettchen beugte. Ihr von den Rändern eines schwarzen Mantels eingerahmtes, von tiefen Furchen und Pockennarben gezeichnetes Gesicht formte ein fürchterliches Grinsen, das einzeln stehende, faulig braune Zähne entblößte. Vorsichtig, fast schon zärtlich, fuhr sie mit ihrer knöchernen Hand in die Wiege und schob das Kind mit ihren klauenartigen Fingern ein wenig zur Seite. Den dadurch entstandenen Platz nutzte die alte Vettel und legte das Bündel hinein, das sie so sorgsam in die Stube getragen hatte. Vorsichtig lockerte sie das Leinen, das um das Bündel gewickelt war. Zum Vorschein kam das Gesicht eines Säuglings. Zum Verwechseln ähnlich sah das zweite Kind dem ersten. Als beide schlafend nebeneinanderlagen, konnte man sie nicht mehr voneinander unterscheiden. Bei dem zweiten Kind handelte es sich um einen Wechselbalg.

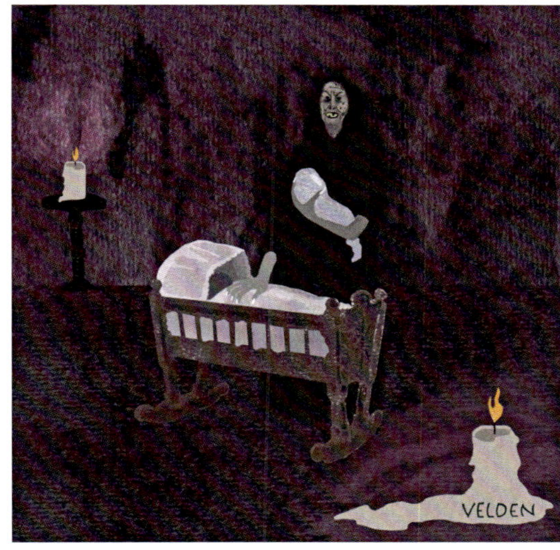

Oh welch grausamer Streich. Die Hexe hatte die dunklen Mächte beschworen und einen innerlich verkümmerten und missgestalteten Säugling geschaffen, dessen fragiler Körper binnen kürzester Zeit verfallen würde. Wenn nun die Eltern, von Angst gepackt nach dem falschen Kind griffen, würde sich der echte, ungetaufte Säugling durch schwarze Magie in Luft auflösen und vom eisigen Nachtwind zur Hexe getragen werden, die dann nach Wunsch und Willen über das Schicksal des erbarmungswürdigen Neugeborenen verfügen könnte. Genauso unbemerkt, wie sie als Schatten in den Raum gelangt war, schlich sich die Hexe durch einen schmalen Spalt in der Tür wieder hinaus und verschwand schauderhaft kichernd in der Nacht.

Kurz darauf kehrte der Kindsvater, der die Geburt seines ersten Kindes im Wirtshaus gefeiert hatte, trunken vor Vaterfreude und fränkischem Bier, zurück. Behutsam öffnete er die Tür, entledigte sich seiner Schuhe, schlich auf leisen Strumpfsohlen zum Kinderbettchen und beugte sich mit stolzem Blick darüber. Entsetzen packte ihn, als er die beiden einander bis aufs letzte Haar gleichenden Säuglinge nebeneinanderliegen sah. Die Geschichte vom Wechselbalg war ihm nur zu gut bekannt. Schließlich war Derartiges zwischen Rupprechtstegen und Velden in der Vergangenheit immer wieder vorgekommen. Und niemand wusste, was je aus den Kindern geworden war. Ob die Hexe sie zu Sklaven erzogen oder ihnen gar Schlimmeres angetan hatte. Von dem heftigen, angsterfüllten Schnaufen ihres Mannes aufgeweckt, trat auch die Mutter an das Bettchen und brach vor Schreck fast zusammen. Sie sahen einander, blankes Grauen in den Augen, eine gefühlte Ewigkeit an. Dann griff der Vater in die Wiege und hob eines der beiden Kinder heraus ...

Nach Hanns Seibold: Der Wechselbalg von Velden.
Sagen aus der Nürnberger Landschaft, S. 72

Die Wegbeschreibung

Zum Konradsberg Gegenüber dem Bahnsteig empfängt euch eine Wandertafel. Hier findet ihr auch schon das erste Wanderzeichen eurer Tour, das Rote Andreaskreuz auf Weißem Grund, das Zeichen des Albquerwegs. Es wird euch, abgesehen von einem Abstecher zum Konradsberg, bis nach Hartenstein begleiten und führt euch sogleich nach rechts Richtung Hartenstein. Vorbei an dem wundervoll restaurierten, olivgrünen Rast-Waggon, an dessen Fenstern weiße Spitzenvorhänge klassischen Esprit versprühen, gelangt ihr vor das alte backsteinerne

Bahnhofsgebäude. Hier biegt ihr mit dem Roten Andreaskreuz scharf nach links unten zur Pegnitz hin ab. Dort mündet ihr am Spielplatz in den breiten und geschotterten Uferweg, dem ihr mit eurem Wanderzeichen für ein paar Meter nach rechts folgt, bis euch der Albquerweg an einer weiteren Wandertafel den Weg nach rechts durch eine Unterführung weist. Tatsächlich handelt es sich um einen langen, engen und finsteren Tunnel, an dessen weit entferntem Ende das Tageslicht nur eine lockende Illusion zu sein scheint.

Auf der anderen Seite tretet ihr hinaus in das kurzzeitig blendende Tageslicht. Seltsam, auf der anderen Seite des Tunnels wirkte alles so schön aufgeräumt und zivilisiert. Die dahinfließende Pegnitz, der saubere Uferweg, ein wahres Idyll. Hier wiederum ist alles anders. Die Ordnung weicht der ungebremsten Natürlichkeit, die euch in Form eines wildromantischen Hohlwegs aufnimmt und euch zwischen alten Ästen und Bäumen hindurch und vorbei an moosbegrünten Felsen und Wurzeln nach oben trägt. Selten wird man auf einer Wanderung so unvermittelt in die Natur gestoßen wie hier.

Weiter oben zweigt ihr an einer Einmündung nach links ab und schwingt mit dem schönen Waldweg, auf dem ihr dem Roten Andreaskreuz folgt, bald nach rechts. Oberhalb der Bahntrasse wandert ihr auf diesem entspannten Weg und passiert schon bald die sich direkt am Wegesrand erhebende Rupprechtwand. Wie eine Vorbotin der euch noch erwartenden Felsmassive fasziniert sie mit ihrem grauen Antlitz, das euch mit Falten, Rissen und Furchen bereitwillig ihr hohes Steinalter offenbart. Nach einer Weile präsentiert sich euch durch die Bäume hindurch auf der anderen Talseite die spektakuläre Ankatalwand mit ihrem höhlenartigen Vordach. Eine unmarkierte Abzweigung nach rechts oben ignorierend haltet ihr eurem Wanderzeichen geradeaus die Treue.

Burg Hartenstein

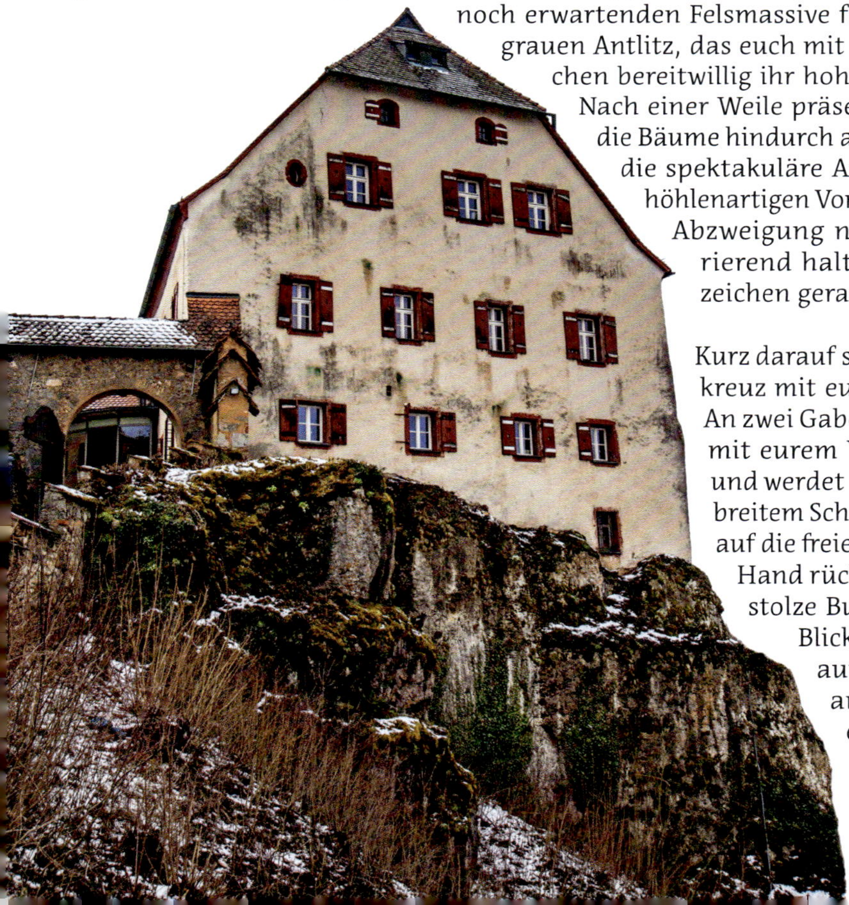

Kurz darauf strebt das Rote Andreaskreuz mit euch nach rechts hinauf. An zwei Gabelungen haltet ihr euch mit eurem Wanderzeichen rechts und werdet schließlich von ihm auf breitem Schotterweg aus dem Wald auf die freie Ebene geleitet. Rechter Hand rückt in der Ferne bald die stolze Burg Hohenstein in euer Blickfeld. Nach einem Stück auf der Ebene zweigt ihr an einem Jägersitz mit eurem Wanderzeichen und der Beschriftung nach Hartenstein links ab. Sanft windet sich der Albquerweg mit euch über die Ebene und gewährt euch so manch schönen Blick auf die euch umgebende Kuppelalb. Ein herrlich entspannendes Wegstück, das zum angeregten kommunikativen Austausch mit den Mitwandernden einlädt. An einer Einmündung haltet ihr euch links und biegt kurz darauf an einer Wegteilung mit Sitzgruppe mit eurem Wanderzeichen nach rechts oben in den Wald ab. Nach einem kurzen Anstieg verläuft der Weg nach links und führt euch am Waldrand entlang. Durch eine Schneise könnt ihr schon bald die links von euch auf dem Burgberg thronende Burg Hartenstein erkennen.

Bei der nächsten Einmündung geht ihr links und wandert, nach rechts schwingend, bald an einem Umspannwerk vorbei. Dann heißt es aufpassen: Direkt hinter dem Umspannwerk biegt euer Wanderzeichen an einer Weggabelung mit euch nach rechts oben ab. Ihr steigt den Hang hinauf und gebt gleich noch einmal acht. Denn hier verlasst ihr das Rote Andreaskreuz für eine Weile und wechselt für einen Ausflug zum Felsmassiv des Konradsbergs nach rechts auf die Weiße Nummer 2 auf Grünem Grund. Unter der Hochspannungsleitung hindurch gelangt ihr in den Wald. Hier teilt sich der Weg. Ihr folgt der Nummer 2 auf dem linken, also dem etwas höher gelegenen Weg. Dieser schwingt sich nach links und dann nach rechts vor das beeindruckende Massiv des Konradsbergs. Bizarre, sich nach vorne wölbende Felsen und Türme, dahinter regelrechte Bastionen mit klaffenden Rissen – die Felsenwildnis des Konradsbergs hat dem Steinliebhaber einiges zu bieten.

Zur Burgruine Hartenstein Mit der Nummer 2 umrundet ihr das Felsmassiv nach links und werdet dann von eurem Wanderzeichen aus dem Wald leicht rechts zu einem Schotterweg getragen. Letzterem folgt ihr nach links und wechselt, kurz bevor ihr rechter Hand die Straße erreicht, hinter einer Bank an einer kleinen Wandertafel auf die Weiße Nummer 3 auf Grünem Grund. Sie führt euch auf unscheinbarem Pfad nach links ein Stück hinauf und nach rechts zurück in den Wald. Auf schmalem Trampelpfad steigt ihr auf der Innenseite des Waldrands den Hang entlang und dann geschwungen nach unten auf eine Lichtung. Hier folgt ihr der sich rechts zwischen den Bäumen ein wenig vor euren suchenden Blicken versteckenden Nummer 3 geradewegs nach unten. Mit Blick auf die Burg Hartenstein überquert ihr eine Wiese, geht vorbei an einer Bank, schwenkt dann auf geschottertem Weg nach links und erreicht, vorbei an einem Regenrückhaltebecken, eine Straße. Hier trefft ihr wieder auf das Rote Andreaskreuz des Albquerwegs, das euch nach rechts zu einer Einmündung mitnimmt und dort mit euch nach links und hinauf Richtung Burg abzweigt. Ihr wandert nach Hartenstein hinein. Wenn der Albquerweg vor der Kirche nach rechts unten abzweigt, verlasst ihr diesen und geht ohne Wanderzeichen links an der Kirche vorbei und dahinter, nach der Hausnummer 18 des Burgbergs, auf dem mit Geländer gesicherten Weg nach links hinauf. Über ein paar Stufen mündet ihr in eine weitere Straße, in die ihr nach links abzweigt und nach rechts schwingend vor das imposante Tor der Burg Hartenstein gelangt.

21

Gut 750 Jahre ist das stolze Bauwerk alt. Das heute als Palas bezeichnete, große Gebäude, das die Silhouette der Burganlage prägt, wurde erst Mitte des 16. Jahrhunderts erbaut. Seit dem Dreißigjährigen Krieg fand die einst wehrhafte Burg immer wieder Verwendung als Kaserne. Zudem stellte Hartenstein die Verbindung zwischen Amberg und der kurbayerischen Festung Rothenberg dar. Als Hartenstein im Spanischen Erbfolgekrieg von den aus Nürnberg anrückenden, kaiserlichen Truppen eingenommen wurde, sprengten diese die Verteidigungsanlagen und schädigten die Statik der Burg in einem solchen Maß, dass deren langsamer, aber stetiger Verfall einsetzte. Anfang des 19. Jahrhunderts, nachdem Franken unter Napoleon Bonaparte an das Königreich Bayern zugewiesen wurde, wurden Standorte wie Hartenstein und Rothenberg überflüssig, verlassen und endgültig dem Verfall preisgegeben. Heute ist es einfach nur großartig, auf dem Burggelände auf Entdeckungsreise zu gehen und die schöne Aussicht zu genießen.

Auf den Hirtenberg Von der Burg Hartenstein kommend gelangt ihr auf dem Weg, auf dem ihr gekommen seid, zurück zur Kirche und biegt an dieser nach links unten an die Hartensteiner Hauptstraße ab. Hier empfängt euch gegenüber der Kirche eine große Wandertafel. Euer neues Wanderzeichen, die Weiße Nummer 4 auf Grünem Grund, weist euch den Weg entlang der Hauptstraße nach rechts in Richtung Hirtenberg. Lasst euch von der fehlenden Nummer 4 auf den nächsten mit Wanderzeichen geradezu tapezierten Laternenmasten nicht irritieren und folgt einfach immer weiter der Hauptstraße. Bald versichern euch Wandertafeln am Wegesrand, dass ihr richtig seid. Hinter einem Kriegerdenkmal tritt dann auch die Nummer 4 selbst in Erscheinung und führt euch leicht nach links oben, damit ihr für ein kurzes Stück nicht direkt auf der Straße laufen müsst. Dahinter geht es wieder auf den normalen Gehsteig. Doch nur für einen Moment. Denn nach wenigen Metern zweigt ihr mit der Nummer 4 unvermittelt nach links oben ab und gelangt, direkt vorbei an einem Privatgrundstück, in den Wald. Nachdem ihr den Wald betreten habt, gabelt sich der Weg. Besonders sportliche Menschen können nun links den kurzen, dafür sehr fordernden Pfad nutzen, um auf den Felsengrat des Hirtenbergs zu gelangen. Jedoch sei euch aufgrund der größeren Schauwerte der bequemere, mit der Nummer 4 beschilderte Weg empfohlen. Auf diesem werdet ihr schon bald gewaltiger Felsen gewahr, die den Hang links von euch Stück für Stück zu erobern scheinen. Der Weg schwenkt nach links oben und führt euch an eine Gabelung. Hier folgt ihr der Nummer 4 auf steinigem Pfad entlang der Felsen scharf nach links und hinauf. Bald tragen euch Stufen in Kehren und an herrlichen Felsformationen entlang dem Plateau entgegen, das von kleinen, grün bemoosten Felsen und gedrungenen Bäumen bewohnt wird. Dahinter lichtet sich der Wald und der schmale Steinpfad trägt euch sicher auf dem mit allerlei Buschwerk bewachsenen Grat dem Aussichtspunkt des Hirtenbergs entgegen. Im Frühsommer umwehen den Besucher hier mediterran anmutende Düfte und der Gesang der Grillen liefert dazu die passende musikalische Untermalung. Dann fühlt man sich hier oben, als wäre man in deutlich südlicheren Gefilden unterwegs. Vorne beim Gipfelkreuz öffnet sich vor euch ein überwältigendes Panorama. Weit schweifen eure Blicke über das unter euch liegende Hartenstein und das Umland.

Zur Hainkirche Vom Aussichtspunkt des Hirtenbergs kehrt ihr auf dem bezaubernden Felsenweg zur letzten Weggabelung zurück und biegt ohne erkennbares Wanderzeichen auf schmalem Weg nach links unten ab. Links über euch erheben sich die gewaltigen Felswände des Hirtenbergs, auf denen ihr noch vor wenigen Minuten unterwegs wart. Der schmale Steig trägt euch abenteuerlich nach unten und mündet dann in einen breiten Schotterweg, in den ihr nach links einbiegt. Hier trefft ihr auf euer neues Wanderzeichen, den Blauen Querstrich auf Weißem Grund. Am linken Rand einer großen Lichtung, flankiert von den steinernen Stationen eines Kreuzwegs, führt er euch an einer Bank vorbei bald wieder in den Wald und an den Fuß der Felsklippen des Rabesberges, die sich links von euch erhaben aus dem Waldboden dem Himmel entgegen recken. Rechter Hand gibt es ein weiteres, kleineres Felsenspektakel zu bestaunen, das mit einem hölzernen Geländer gesichert ist. Daran vorbei folgt ihr dem Blauen Querstich nach rechts oben und erreicht binnen weniger Minuten eine schöne, kleine Kapelle, die einsam auf einer Lichtung auf Besucher wartet.

An der Kreuzung hinter der Kapelle biegt ihr mit eurem Wanderzeichen nach links ab und gelangt sanft hinunter, zuletzt vorbei an einem einzelnen Felsenturm, an eine große Kreuzung mit Wandertafel. Bevor ihr dem Blauen Querstrich geradeaus über die Kreuzung Richtung Petershöhle folgt, biegt ihr für einen lohnenden Abstecher zur grandiosen Hainkirche mit dem Roten Punkt auf Weißem Grund, dem Zeichen des Korbmachersteigs, nach rechts ab. Schon nach wenigen Metern erreicht ihr eine weitere Wandertafel. Direkt dahinter folgt ihr dem Roten Punkt scharf nach rechts auf einem Trampelpfad nach unten. Es geht stellenweise ganz schön steil hinab. Rechts von euch präsentieren sich die schroffen Wände des gewaltigen Felsmassivs, das weiter vorne auch die Hainkirche beherbergt. Abhängig vom Blätterwuchs könnt ihr das große Portal dieser fantastischen Höhle bald im Fels erkennen. Einige Pfade winden sich ihm vom Wanderweg nach rechts durchs Gebüsch entgegen. Eine mögliche Variante, die Hainkirche zu erklimmen, bietet sich euch nach einer geschwungenen Kurve direkt

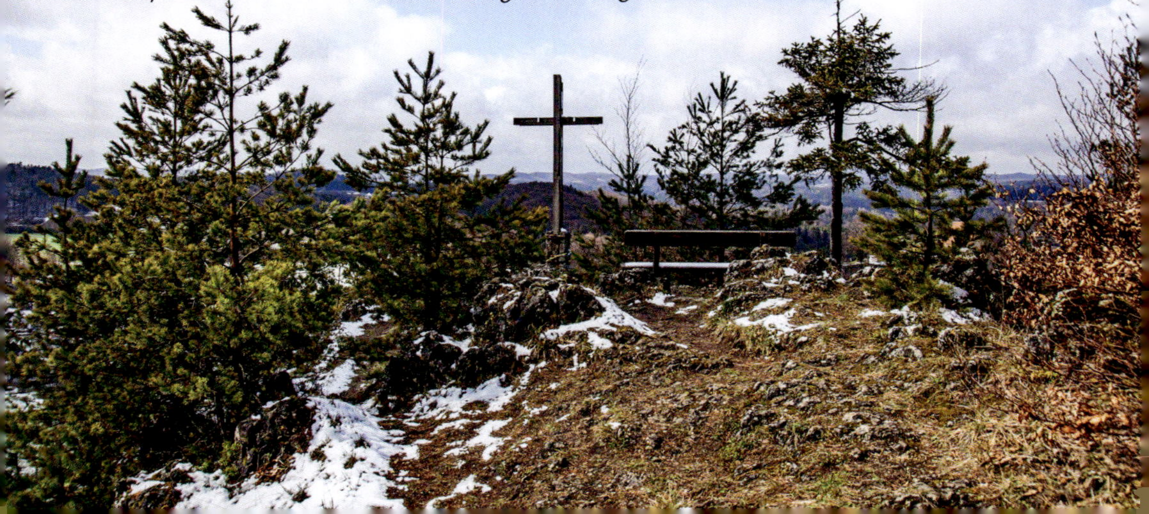

Auf dem Hirtenberg

gegenüber einem Jägersitz. Am linken Baum findet ihr, zwecks Orientierung, den Roten Punkt.

Der schmale Pfad führt euch ohne Wanderzeichen, teilweise über Totholz, ein Stück hinauf, biegt dann leidlich steil nach links oben ab, um euch zuletzt an einer Gabelung unterhalb des Felsens nach rechts hinauf und auf einem spannenden, schmalen Hangpfad vor die Portale der Hainkirche zu tragen. Tatsächlich bietet diese Höhle nicht nur einen, sondern gleich sieben Eingänge. Sie führen euch in einen großen Innenraum. Daneben findet ihr noch eine weitere, kleinere Höhle, die sich als schmaler Gang einige Meter in den Fels windet. Manch einem Besucher mag die Hainkirche wie die perfekte Räuberhöhle erscheinen: am Hang gelegen und dadurch für Angreifer schwer zugänglich. Nach allen Seiten hin offen, damit nahende Feinde leicht ausgemacht werden können und es immer einen Fluchtweg gibt. Groß genug und mit Nischen als Schlafgelegenheiten. Und dank der kleinen Höhle verfügt sie sogar über eine Extra-Kammer für die geraubten Schätze. Nicht nur dank derartiger fantasievoller Gedanken vergeht die Zeit in der Hainkirche wie im Flug.

Zur Petershöhle Von der Hainkirche steigt ihr auf demselben Weg, auf dem ihr gekommen seid, hinab und kehrt dann auf dem mit dem Roten Punkt markierten Pfad steil nach links oben und dort nach links zu der großen Kreuzung zurück. Nun übernimmt wieder der Blaue Querstrich die Führung. Er ist das letzte Wanderzeichen der heutigen Tour und trägt euch nach rechts, vorbei an einigen Infotafeln und Stationen des Naturerlebnispfads, hinauf auf ein Plateau, das im weiteren Verlauf zum Gratweg wird, der euch durch eine wahre Felsenwildnis führt. Ein wunderschöner Weg, von dem aus ihr immer wieder hinüber Richtung Neuhaus und zur dortigen, hoch über dem Ort thronenden Burg Veldenstein blicken könnt. Dieser Weg entfaltet einen ganz besonderen Zauber. Die oft von dichtem Moos überzogenen Felsen, deren saftiges Grün im Sonnenlicht in den verschiedensten Farbnuancen schimmert und leuchtet. Im Kontrast dazu die seltsam in sich gewundenen Bäume, die, von Stürmen gebrochen und entwurzelt, am Wegesrand liegend von der Vergänglichkeit der Dinge zeugen. Dazu der sanft schwingende Weg, der euren Füßen mit knorrigen Wurzeln und harten Steinen inmitten des weich federnden Waldbodens wonnereiche Abwechslung und dadurch eine natürliche Fußmassage bietet und euch eine teure Fußmassage erspart.

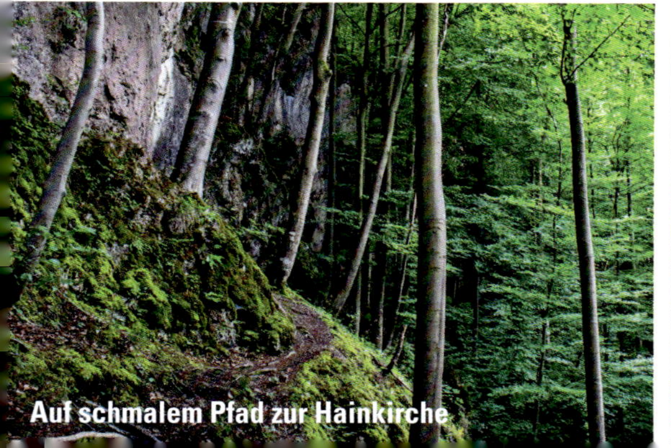
Auf schmalem Pfad zur Hainkirche

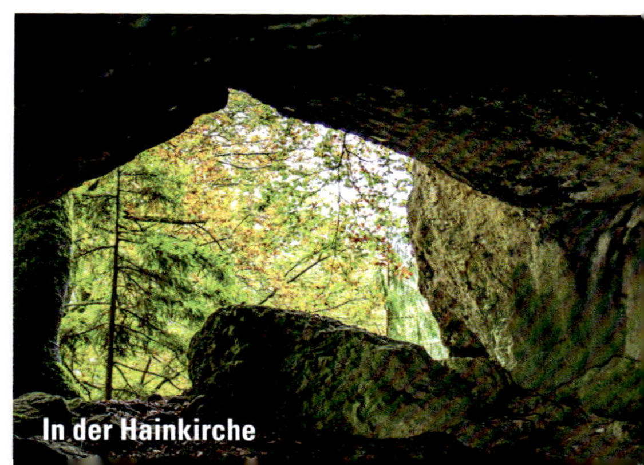
In der Hainkirche

Zuletzt wird der Weg zum schmalen Pfad und führt euch unterhalb eines stattlichen Felsmassivs nach rechts an die obere Kante des Felsenkessels, der direkt unter euren Füßen das gewaltige Tor der Peterskirche beherbergt. Dorthin gelangt ihr, indem ihr dem schmalen Steig an der linken Seite des Kessels bis nach vorne folgt und dann, möglichst behände nach rechts in den Höhlenvorhof kraxelt. Zum Glück ragen aus dem Erdreich etliche Wurzeln, die euch nur allzu gern Halt bieten. ‚Fantastisch' ist sicher das richtige Wort, um das riesige Tor der Petershöhle zu beschreiben. Wenn ihr es durchschreitet, nimmt euch der sich linker Hand öffnende Fels auf. Im Inneren der Höhle empfängt euch tiefschwarze Dunkelheit. Spätestens hier solltet ihr eure Taschenlampen anschalten. Ihr gelangt in den großen Hauptsaal, an dessen linker Seite sich euch einige fantastische Formen präsentieren. Dazu gehört auch eine an ein Guckloch erinnernde Ausspülung, hinter der euch ein verquollenes Gesicht hämisch anzublicken scheint. Vom Hauptsaal führt noch ein Weg nach links tiefer in den Fels und in einen weiteren Raum, von dem aus ihr durch einen engen Durchlass in die obere Etage der Höhle gelangen könnt. Dafür wird jedoch spezielle Höhlenausrüstung inklusive Helm und leistungsstarker Taschenlampe empfohlen.

Entdeckt wurde die Petershöhle im Jahr 1914 von Kuno Peters, dem sie auch ihren Namen verdankt. Neandertaler sowie moderne Menschen fanden hier Unterschlupf und einen stimmungsvollen Ort für kultische Zeremonien. Und nicht nur Menschenkindern bot sie Sicherheit. Auch Höhlenbären scheinen die Petershöhle als Aufenthaltsort geschätzt zu haben. Davon zeugen die Reste von mehr als 2000 dieser Tiere, die bei Ausgrabungen zutage gefördert wurden.

Nach Velden Von der Petershöhle kehrt ihr auf dem bekannten, spannenden Steig aus dem Felsenkessel nach oben zurück und folgt dem Blauen Querstrich leicht rechts steil hinunter zu einer Weggabelung. Dort empfängt euch eine Wandertafel, an der euer Zielort Velden bereits angeschrieben ist. Auf schmalem, wurzeldurchzogenem Pfad gelangt ihr Richtung Velden nach rechts an einen breiteren Waldweg, in den ihr nach rechts einmündet. Eine gewaltige Felsenwand im Rücken geht es bald wieder in den Wald und einer großen Waldkreuzung entgegen. An dieser biegt ihr mit eurem Wanderzeichen nach links unten in die Waldstraße ab. An der nächsten Wegteilung haltet ihr euch links und zweigt direkt dahinter mit dem Blauen Querstrich nach links unten ab. Nach 300 Metern verlasst ihr die Waldautobahn und folgt eurem

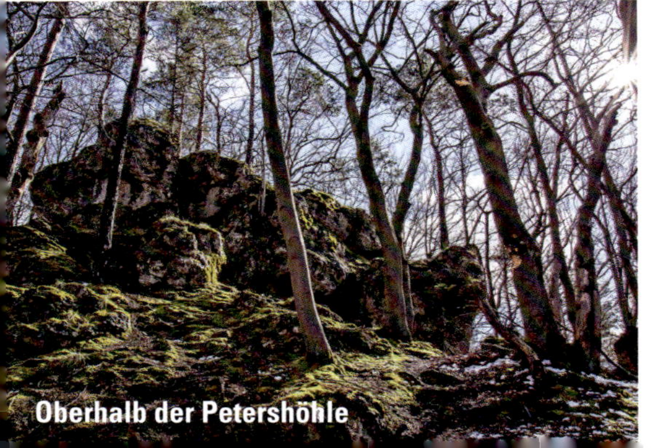

Oberhalb der Petershöhle

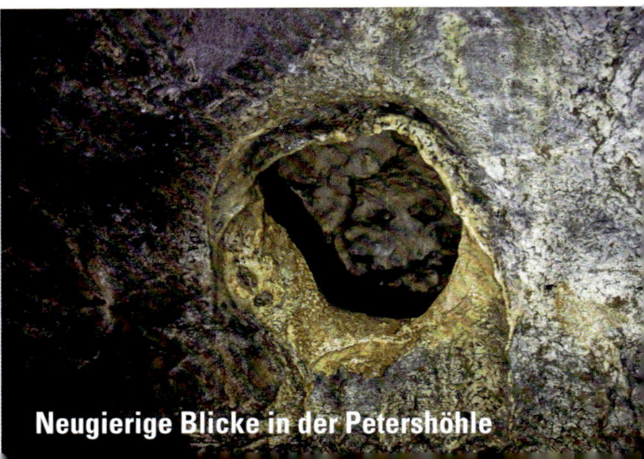

Neugierige Blicke in der Petershöhle

Wanderzeichen nach rechts in einen Waldweg, der sich kurz darauf gabelt. Welchen der beiden Wege ihr nehmt, könnt ihr selbst entscheiden, denn sie finden kurz darauf wieder zueinander und schwingen sich unterhalb der riesigen Felsbrocken eines Steinbruchs nach links. Nun folgt der letzte Aufstieg der Wanderung.

Durch ein schönes Waldstück, anfangs mit dichtem Moosteppich geschmückt, geht es, zuletzt unterhalb markanter Felsen, hinauf und dort an einer Weggabelung nach rechts unten. Von den zwei parallel zueinander verlaufenden Wegen, die euch nach Velden tragen, sei euch der rechte empfohlen. Er bietet euch über längere Strecken, dank seines geringeren Anteils an Schotterstücken, das größere Wandervergnügen.

Nahe Velden soll einst ein zauberkundiger Schneider gelebt haben, der ein uraltes Zauberbuch sein Eigen nannte. Als der Schneider eines Tages außer Haus war, öffneten seine neugierigen Kinder das Buch. Während sie die Worte laut vorlasen, stoben aus dem Kessel über dem Kaminfeuer plötzlich Funken. Mit tosendem Lärm und allerlei Trompetenklängen marschierte eine ganze Armee griesgrämig dreinschauender Miniatursoldaten aus dem Topf und auf den Zimmerboden, formierten sich, legten auf die entsetzten Kinder an und ... gerade noch rechtzeitig kehrte der Schneider zurück und beschwor die Armee der Winzlinge mit einem Zauberspruch, woraufhin die Zwerge, von einem unsichtbaren Tornado gepackt, einer nach dem anderen in den Kessel zurückgeschleudert wurden.

Nachdem ihr den Wald verlassen habt, gelangt ihr, vorbei an einer Weidefläche, an eine Weggabelung mit Bank und Wandertafel. Euer Wanderzeichen gibt den Weg nach rechts unten Richtung Veldener Bahnhof vor. Mit ordentlichem Gefälle steigt ihr mit dem Blauen Querstrich, weiter unten in Kehren, hinab und überquert im Talgrund die

Die Petershöhle

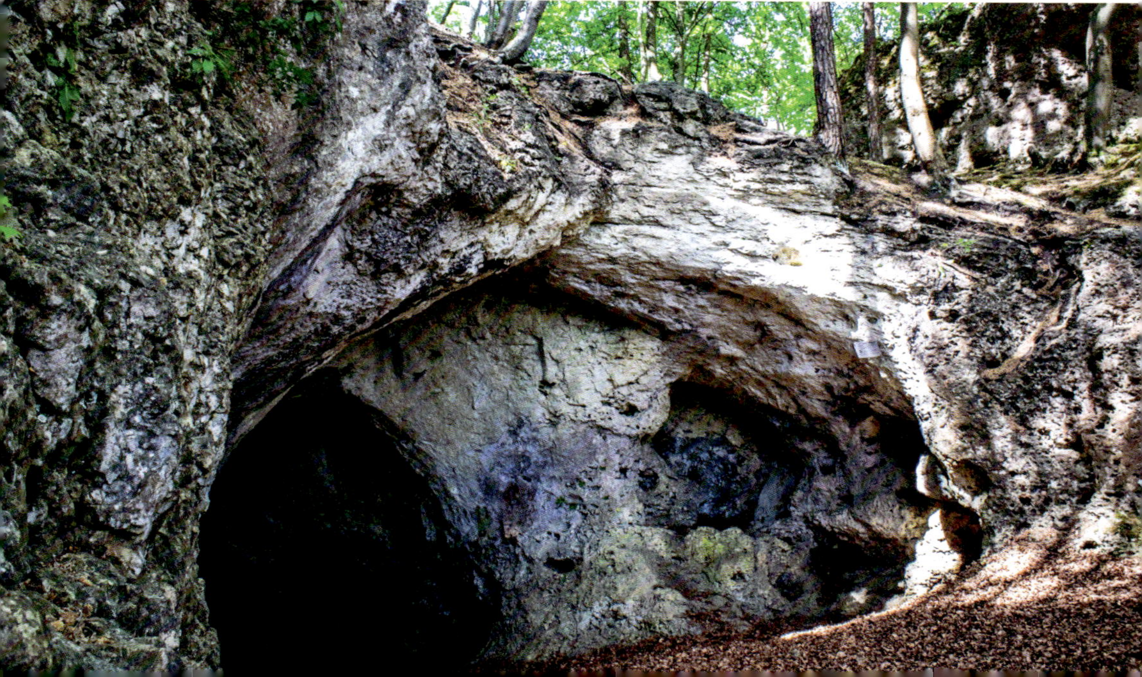

Pegnitz nach links. Ihr gelangt an die Straße und überquert hinter einer Eisenbahnbrücke die Straße, um auf den gegenüberliegenden Stufen und dahinter nach rechts den Bahnhof Velden zu erreichen, wo ihr diese schöne Wanderung beendet.

Wissen für Angeber

Der Höhlenbär Seine ungeheure Größe ringt uns auch heute noch ehrfürchtiges Staunen ab. Der Höhlenbär war mit bis zu 3,50 Metern Länge gut einen Meter größer als heute lebende Grizzlybären. Doch das weitaus prägnantere Unterscheidungsmerkmal zu seinen heutigen Verwandten war, dass er sich vorrangig, wenn nicht sogar ausschließlich, von Pflanzen ernährte und im Sommer am liebsten draußen im Wald lebte. Höhlen suchte er nur für die Winterruhe auf. Wenn dann dort im Lauf der Geschichte – die Gattung Höhlenbär gab es etwa 400.000 Jahre lang – der eine oder andere Vertreter dieser Spezies verstarb, summierte sich das im Lauf der Jahrtausende schnell auf. So wurden in manchen Höhlen die Überreste von Hunderten, wenn nicht gar Tausenden Bären gefunden. Ob am Ende sein Aussterben klimatischen Veränderungen oder der Überjagung durch den Menschen geschuldet war, wurde bis heute noch nicht ganz geklärt. Immerhin hat der Höhlenbär zumindest zum Teil überlebt. Denn in der DNA der heutigen Braunbären finden sich Reste der Höhlenbär-DNA.

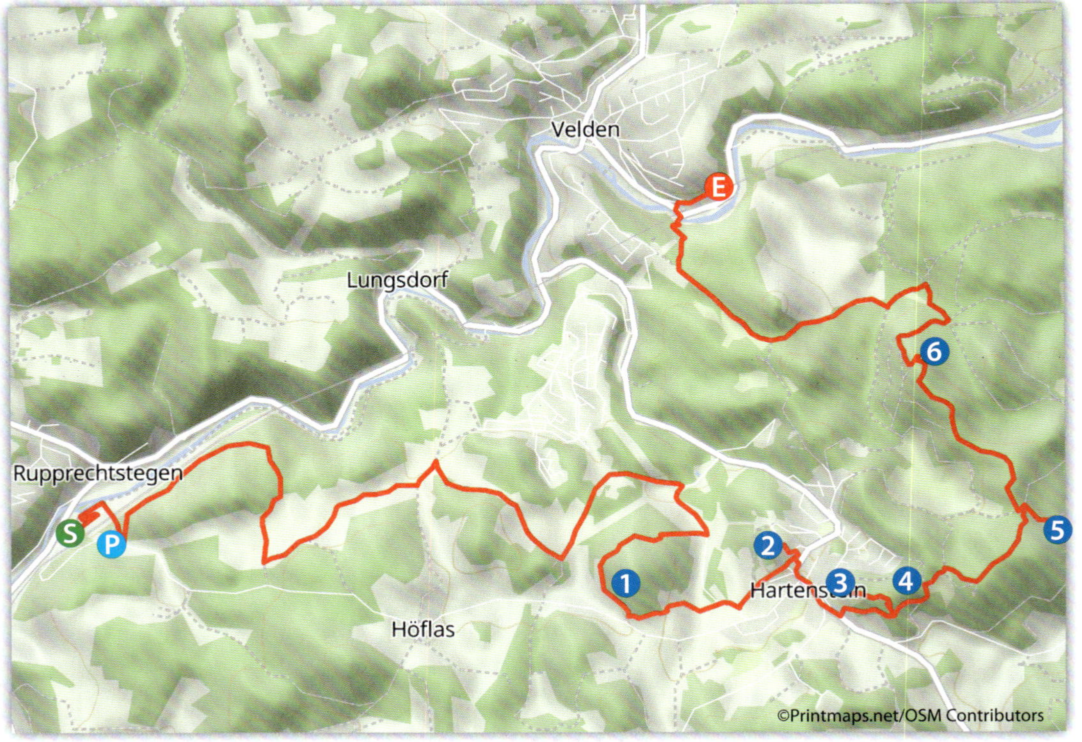

22

Die verfluchten Frauen bei Krottensee

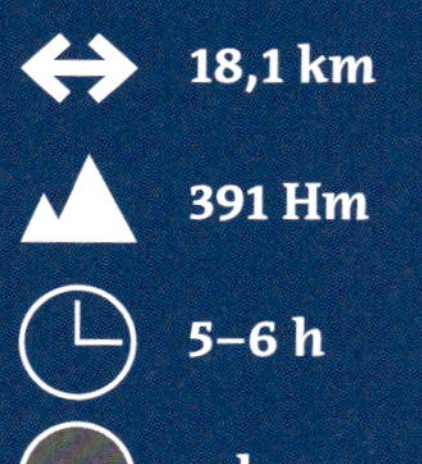

Eckdaten:

- **Schatten/Sonne:** ausgeglichenes Verhältnis zwischen sonnigen Feld- und schattigen Waldwegen
- **Start-/Endpunkt:** Bahnhof Neuhaus (Pegnitz) Linien RB 30, RE 30, RE 31, RE 33
- **Parkplatz:** Bahnhof Neuhaus (Pegnitz) Bahnhofstr. 13, 91284 Neuhaus
- **Ausrüstung:** Taschenlampe, wasserdichtes Schuhwerk, Handtuch für die Füße nach dem optionalen Besuch eines Kneipp-Beckens
- **Einkehrtipp:** Gasthof Grottenhof gegenüber der Maximiliansgrotte, Telefon 09156 434
- **Extra-Tipp:** Ein Besuch der Maximiliansgrotte, Führungen von Ostern bis 1. Nov. Telefon 09156 434

Rund um Krottensee bei Neuhaus an der Pegnitz findet ihr eine Landschaft übervoll mit fantastischen und geheimnisvollen Höhlen. Neben den faszinierenden Tropfsteinen in der Maximiliansgrotte und den gewaltigen Felsgebilden in der Steinernen Stadt findet ihr auf dieser Wanderung auch die weniger bekannte, dafür umso spektakulärere Schelmbachsteinhöhle. Die Geschichten zur sagenumwobenen Mysteriengrotte sowie zur unheimlichen Breitensteiner Bäuerin jagen so manchem Besucher einen kalten Schauer über den Rücken. Und dank einer Infotafel an der Schlieraukapelle gelingt es euch, das grausige Geheimnis der Maximiliansgrotte zu lüften.

Highlights:

1. Distlergrotte
2. Mysteriengrotte
3. Schelmbachsteinhöhle
4. Anton-Völkel-Höhle
5. Breitensteiner Bäuerin
6. Maximiliansgrotte
7. Weissingkuppe
8. Steinerne Stadt
9. Ape-Index-Grotte
10. Vogelherdgrotte
11. Opfersteine

Die Sage

Die Breitensteiner Bäuerin Der Hirte von Eschenfelden war ein zauberkundiger Mann, dessen Künste weithin bekannt waren. Man rief ihn immer dann, wenn man unerwünscht mit unheimlichen Mächten in Berührung gekommen war. Für eine warme Mahlzeit und das eine oder andere frisch gezapfte Bier half er gerne. Denn er wusste, dass nichts Leib und Seele so gut zusammenhält, wie leckeres Essen.
Eines Tages, es war im Winter, schickten die neuen Pächter des großen Breitensteiner Hofes nach ihm. Ein übler Poltergeist ging nachts auf ihrem Hof um. In der Stube ließ der Geist die Schubladen und Türen krachen und scheppern, warf Teller und Besteck durch die Gegend und löschte das Feuer im Kamin, sodass es im ganzen Haus bitterkalt wurde. Im Stall wurden die schlafenden Kühe umgeworfen und die Milch wurde sauer. Kurzum, der Spuk sorgte dafür, dass auf dem Hof niemand mehr in Ruhe und Frieden leben konnte. Und immer dann, wenn Mensch und Tier besonders unglücklich über das gespenstische Treiben waren und an ihrem Schicksal verzweifelten, hörte man es aus den Ecken und Winkeln bösartig kichern.

Auch der Hirte aus Eschenfelden wurde Zeuge dieses unheimlichen Geschehens. Nachdem ihn die Bauersleute am Abend fürstlich bewirtet und ihm ihr Leid geklagt hatten, verbarg er sich hinter dem warmen Kachelofen und beobachtete still und leise den Spuk, der sich auch in dieser Nacht in der Stube vollzog. Am nächsten Morgen schilderte er den bemitleidenswerten Pächtern sein Erlebnis. Urheber des Treibens war niemand anderes als der Geist der alten Breitensteiner Bäuerin, die es im Tode nicht ertragen konnte, wie ihr Hof von den neuen Pächtern bewirtschaftet wurde. Es waren freundliche und zuvorkommende Menschen, die ihr Gesinde gerecht behandelten und bezahlten, ihren Tieren gutes Futter gaben und den Hof auf Vordermann brachten, wie es ihre hartherzige und geizige Vorgängerin aufgrund ihrer Missgunst und Gier zu tun nicht in der Lage gewesen war. Aus diesem Grund schikanierte ihr ruheloser Geist die gütigen Nachfolger nun bis aufs Äußerste. So böse und rachsüchtig war der Geist der Breitensteiner Bäuerin, dass alles gute Zureden des Hirten nichts bewirkte. Nacht für Nacht versuchte er, den Spuk gütlich zu beenden und der verhärmten Seele die Auffahrt in den Himmel zu ermöglichen. Doch die Tote wollte von ihrem ehemaligen Hof um nichts auf der Welt ablassen.

Und so sah sich der zauberkundige Hirte am Ende dazu genötigt, dem Geist mit rabiateren Mitteln Einhalt zu gebieten. In seinem Besitz befand sich ein Erdspiegel, ein aus sieben Metallen gefertigtes Zauberwerkzeug, mit dem geübte und auserkorene Benutzer in die Zukunft sehen und Schätze entdecken können und der zudem spiegelt, was an der Oberfläche geschieht und es ins Gegenteil zu verkehren vermag. Mit diesem Spiegel verwandelte er die Breitensteinerin in eine Krähe und bannte sie in eine tiefe Höhle im unteren Wald, die seitdem ihren Namen trägt. Dort wird sie noch heute hin und wieder gesehen. Mal als schwarze Krähe und mal in der Gestalt einer alten Bauersfrau. Man sagt, wer die Breitensteiner Bäuerin um ihre Höhle herumschleichen sieht und sie ignoriert, dem geschieht nichts. Doch wer sie anspricht, der wird sich danach in dem dichten Wald verirren und erst nach vielen Stunden wieder herausfinden.

Nach Dr. Wilhelm Schwemmer: Die Sage von der „Breitensteinbäuerin" und ihr geschichtlicher Hintergrund, Heimat 5/1939, S. 31 f.

Die Wegbeschreibung

Zur Distlergrotte Von den Gleisen des Neuhauser Bahnhofs gelangt ihr direkt an die Bahnhofstraße. Leicht rechts auf der gegenüberliegenden Straßenseite erwartet euch eine große Wandertafel. Hier findet ihr das erste Wanderzeichen eurer heutigen Tour, den Grünen Punkt auf Weißem Grund. Er ist das Zeichen des Karstkundlichen Pfads und führt euch Richtung Mysteriengrotte nach rechts an der Bahnhofstraße entlang. Am besten wählt ihr die baumgesäumte, rechte Straßenseite. Sie bietet euch den schöneren Weg. Bald schiebt sich links von euch die beeindruckende Burg Veldenstein mit ihrem sich malerisch auf einem Fels erhebenden Bergfried in euer Blickfeld. Ihr folgt dem Grünen Punkt

22

auf der Bahnhofstraße, an einer Gabelung links haltend, bis ihr in den Unteren Markt mündet. Mit eurem Wanderzeichen überquert ihr nach rechts die Pegnitz und gelangt direkt dahinter rechts über eine Treppe hinunter auf den neben dem Fluss verlaufenden, geteerten Uferweg. Nach nicht einmal hundert Metern passiert ihr eine Abzweigung mit Wandertafel. Hier werdet ihr auf eurem Rückweg, von links kommend, in den Uferweg einmünden. Doch jetzt folgt ihr erst einmal dem Lauf der Pegnitz weiter geradeaus. Dabei kommt ihr kurz darauf an einem Kneipp-Becken und einem Spielplatz vorbei, bevor ihr an eine Weggabelung mit drei Abzweigungen gelangt.

Rechts davor führen ein paar Stufen in das an dieser Stelle gerade mal kniehohe Flussbett der Pegnitz. Im Sommer, wenn die Socken nach den durchaus ambitionierten 18,1 Kilometern dieser Wanderung anfangen zu qualmen und ihr auf dem Rückweg erneut an die Uferpromenade gelangt, bieten das vorher erwähnte künstliche oder dieses natürliche Kneipp-Becken eine überaus willkommene Erfrischung.

An der genannten Weggabelung haltet ihr euch mit dem Grünen Punkt des Karstkundlichen Pfads ganz rechts und wandert auf geschottertem Weg weiter entlang der Pegnitz. Schon bald ragt links von euch ein stattliches Felsmassiv empor, zu dessen Füßen sich der Weg gabelt. Ihr wählt mit eurem Wanderzeichen die rechte Abzweigung und entfernt euch Schritt für Schritt ein wenig vom Flusslauf, dessen idyllisches Panorama nun von einer kleinen Auenlandschaft abgewechselt wird. Diese entstand, als sich vor Urzeiten der Urstrom der Pegnitz seinen Weg durch das Juragestein graben musste und sich an dieser Stelle staute. Es bildete sich ein großer See, der im Lauf der Zeit zu dieser schönen Auenlandschaft wurde. Dahinter gabelt sich der Schotterweg und trägt euch leicht links an die Postheimstraße, der ihr nach rechts folgt. Sie mündet nach rechts in die Landstraße, die ihr überquert und auf breitem Schotterweg geradewegs in das sanft geschwungene Haselohetal wandert. So gelangt ihr nach einem kleinstädtisch geprägten Spaziergang direkt ins grüne Herz der Natur. Begleitet wird der Grüne Punkt auf diesem ersten Teilstück übrigens unter anderem von dem mit einem Zug gekennzeichneten Pendolino-Wanderweg. Dieser wird im

Die Mysteriengrotte

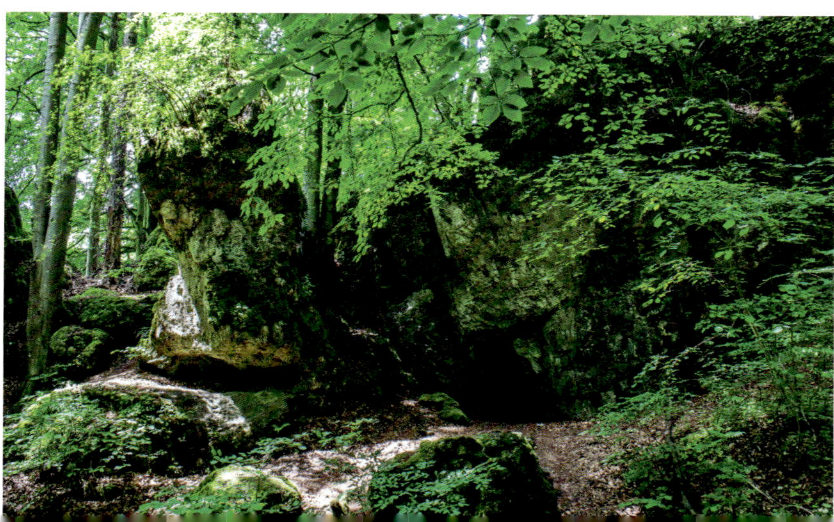

weiteren Verlauf, kurz hinter der Mysteriengrotte, die Führung übernehmen. Nach etwa 200 Metern im Tal zweigt ihr hinter einer Bank an einer Informationstafel des Karstkundlichen Pfads ohne Wanderzeichen scharf links in den Wald und nach oben hin ab. Rechts von euch erhebt sich am Hang eine graue Felsbastion, der sich der Pfad schon bald entgegen schwingt. Inmitten des Massivs empfängt euch der sehr schmale, gemauerte Eingang der Distlergrotte. Also Rucksack abgesetzt, Taschenlampe ausgepackt, Bauch eingezogen und hinein in die Dunkelheit, die euch direkt nach der Durchquerung des engen Einstiegs in dem dahinter liegenden Hohlraum umfängt. Links vom Eingang führt ein steiler Gang steil hinunter, an dessen Ende ein kleiner Höhlensee bläulich schimmert. Ohne geeignete Ausrüstung und Erfahrung sollte dieser Gang jedoch besser gemieden werden. Dafür erschließt sich euch nach rechts ein mit weiteren Gängen und Stufen spannend geartetes Höhlensystem, das zu einer kleinen Erkundungstour einlädt.

Zur Mysteriengrotte Ihr windet euch durch den engen, münzschlitzartigen Ausgang der Distlergrotte, kehrt ins gleißend helle Tageslicht zurück, folgt dem unmarkierten Pfad nach links um die Felsbastion und mündet dort wieder in den breiten Schotterweg, in den ihr mit dem Grünen Punkt nach links einbiegt. An der nächsten Weggabelung haltet ihr euch rechts und folgt, den Wald verlassend, dem Weg durch das Hasellohetal. Über freie Flächen und durch Waldabteile findet ihr dank der hervorragenden Beschilderung mit dem Grünen Punkt leicht den richtigen Weg.

Nachdem ihr die Ortsgrenze von Neuhaus etwa zwei Kilometer hinter euch gelassen habt, zweigt ihr mit eurem Wanderzeichen vom breiten Fahrweg am rechten Waldrand nach links hinüber ab. Durch die Bäume des dortigen Waldstücks erkennt ihr, je nach Jahreszeit und Grünwuchs, schon das Grau der Felsen, in deren Mitte die Mysteriengrotte ihr Portal für euch öffnet. Ihr taucht in den Wald ein und erreicht das Massiv mit vorgelagertem Felsenturm, vor dem euch zudem eine Sitzgruppe in Empfang nimmt. Nach rechts gelangt ihr vor die Mysteriengrotte. Doch vorher empfiehlt sich ein kurzer Abstecher nach links, der euch auf schmalem Pfad nach einem Rechtsschwenk in einen kleinen, wilden

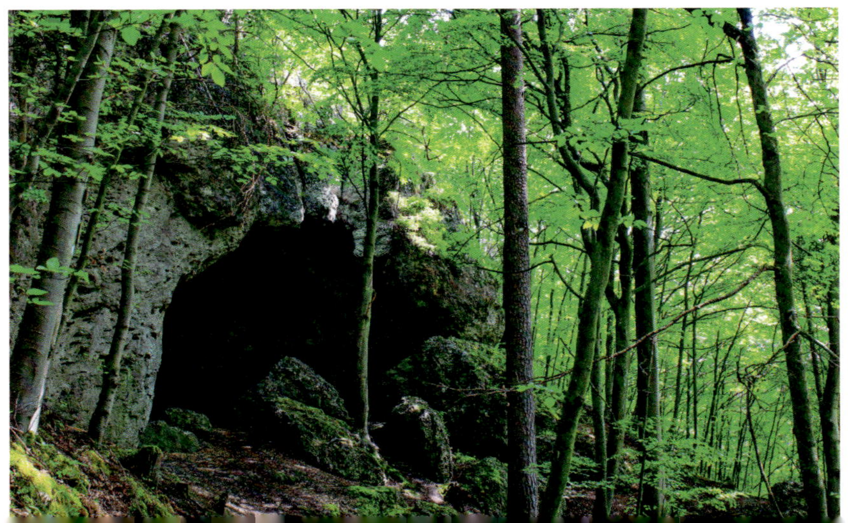

Die Schelmbachsteinhöhle

22

und urtümlichen Felsenkessel führt. Danach zurück und vorbei an der Sitzgruppe zur Mysteriengrotte, deren malerischer Eingang die Felsen für euch zur Seite zu schieben scheint und den Weg in einen einzelnen Höhlenraum freigibt.

Dort soll der verfluchte Geist der Gräfin Kunigunde von Orlamünde als unheilvolle „Weiße Frau" umgehen. Der Sage nach verliebte sie sich nach dem Tod ihres Gatten in den Nürnberger Burggrafen Albrecht den Schönen. Dieser erwiderte ihre Gefühle, teilte ihr jedoch mit, dass einer Hochzeit mit ihr vier Augen im Wege stünden. Gemeint waren seine Eltern. Doch sie missverstand ihn, tötete blind vor Liebe ihre beiden Kinder aus erster Ehe und versteckte die toten Körper in eben dieser Höhle. Albrecht, von dieser Tat entsetzt, wandte sich von Kunigunde ab. Zur Sühne stiftete sie das Kloster Himmelkron. Doch bis heute findet ihr Geist keine Ruhe und wurde unter anderem an der Mysteriengrotte immer wieder gesichtet. Auch auf der Burg Burgthann, die im Jahr 1347 in ihren Besitz überging, soll sie bis heute als „Weiße Frau" spuken.

Zur Schelmbachsteinhöhle Aus der Mysteriengrotte tretend folgt ihr dem Grünen Punkt nach links. Er führt euch durch den Wald an die Straße. Hier verlasst ihr den Grünen Punkt für eine Weile und wechselt scharf rechts auf den Pendolino-Weg. Am linken Rand einer Wiese wandert ihr bis zu einer Weggabelung und biegt dort, eurem neuen Wanderzeichen folgend, rechts in eine Schotterstraße ein, die euch in den Wald führt. Nach etwa 300 Metern verlasst ihr die Waldautobahn an einer Kreuzung nach links in einen wunderschönen Waldweg. Dichter, das Braun des Waldbodens nahezu komplett verschluckender Moosteppich überzieht Steine, Äste und Baumstümpfe links und rechts des Weges. Die hohen Bäume werfen lange Schatten. Die hindurch fallenden Sonnenstrahlen tauchen den Wald in unterschiedliche Lichtstimmungen und entlocken ihm mit abwechslungsreichen Farbkompositionen einen märchenhaften Zauber. Viel zu schnell trägt euch der Waldweg wieder an eine Waldautobahnkreuzung, die ihr mit dem Pendolino-Weg geradeaus überquert, bevor ihr der Waldstraße gut 600 Meter stetig nach oben folgt. Dann erreicht ihr eine Kreuzung. Hier biegt ihr mit eurem Wanderzeichen scharf links in den sanft hinab führenden, bewachsenen Weg ein. An dieser Abzweigung gesellt sich euer nächstes Wanderzeichen, der Blaue Punkt auf Weißem Grund, das Zeichen der Erzweg-Schlaufe-Plech, hinzu. Er wird euch für die nächsten 2,5 Kilometer leiten. Pendolino-Weg und Blauer Punkt tragen euch in eine lichte Senke und direkt wieder hinauf in den Wald. Rechts von euch könnt ihr schon das imposante Portal der Schelmbachsteinhöhle zwischen den Bäumen ausmachen. Weiter oben, an einer Weggabelung, übernimmt der Blaue Punkt und trägt euch nach rechts und bald nach links in Kehren der Schelmbachsteinhöhle entgegen. Gewaltig, wie sich der Höhleneingang gleich einem prunkvollen Triumphbogen von rechts nach links spannt und den Blick in die gewaltige Halle freigibt. In dem riesigen Raum findet ihr sogar eine in den Fels gehauene Sitzbank, der perfekte Ort für eine Rast mit Blick durch das weit geöffnete Höhlentor. Im hinteren Bereich fallen durch einen teilweise mit Felsbrocken verschütteten, zweiten Eingang vereinzelte Sonnenstrahlen in den Innenraum. Ihr steigt über die Felsbrocken, die sich hervorragend als weit ausladende Treppenstufen eignen, hinauf und gelangt in einen Felsenkessel. Um genau zu sein, handelt es sich um die Doline, also den eingestürzten Teil der Schelmbachsteinhöhle, die früher noch viel größer gewesen sein muss. Dieser Doline und dem dadurch entstandenen zweiten Eingang verdankt die Höhle ihren alten Namen „Sonnenuhr im Schelmbachstein“. Denn dank des durch den Spalt einfallenden Lichtes konnten die auf den Feldern der Umgebung arbeitenden Bauern die ungefähre Uhrzeit bestimmen. Die Hänge des Schelmbachsteins waren in früheren Zeiten karg und kahl und noch nicht von dichtem Baumwuchs geschmückt. Das Portal war also weithin sichtbar. Sonst hätte die Sache mit der Sonnenuhr sicher nicht geklappt.

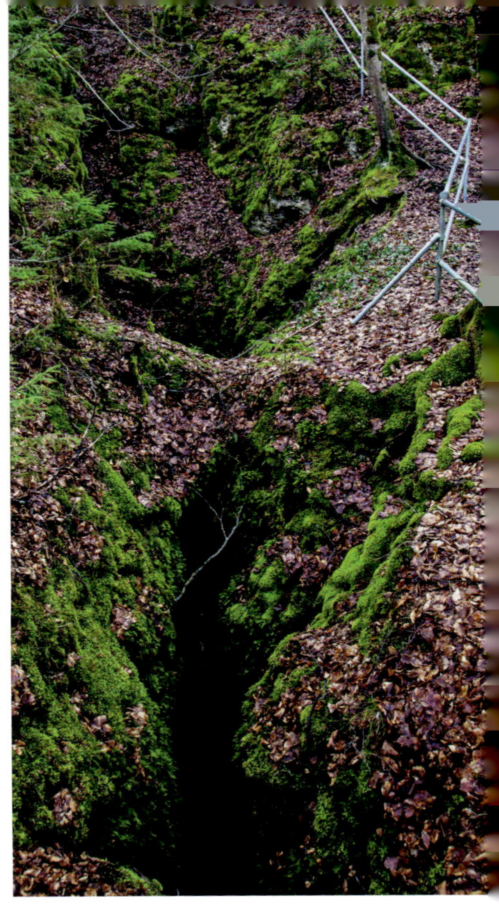

Die Breitensteiner Bäuerin

Über die Anton-Völkel-Höhle zur Breitensteiner Bäuerin Aus der Doline windet sich ein unmarkierter Trampelpfad nach links oben und mündet dort in einen weiteren unmarkierten Weg. Nach links gelangt ihr auf einen Felsvorsprung, von dem sich euch ein wundervoller Blick bis zur Burg Hohenstein bietet. Vom Aussichtspunkt folgt ihr dem unmarkierten Weg oberhalb der Doline ein Stück zurück und geht an deren oberem Rand nach rechts. Dann heißt es aufpassen: Mit Blick rechts hinunter in die Doline und zum oberen Eingang der Schelmbachsteinhöhle schwenkt ihr scharf nach links hinunter in eine kleine Felsenschlucht. Diese durchquerend und dem Weg ohne Wanderzeichen weiter nach unten folgend, zweigt ihr nach etwa 100 Metern auf einem schmalen Pfad zwischen dicht stehenden Bäumen nach rechts zur Anton-Völkel-Grotte ab. Vor dem niedrigen und sehr schmalen Eingang informiert euch eine Tafel darüber, dass hier das KPD-Mitglied Ludwig Göhring im Jahr 1933 mit einer Druckmaschine, die in Einzelteile zerlegt in die Höhle transportiert und dort wieder zusammengebaut worden war, Flugblätter gegen das Naziregime druckte. Von der Anstrengung, die damit verbunden gewesen sein muss, bekommt ihr eine leise Ahnung, wenn ihr auf allen vieren in den niedrigen Eingang kriecht. Vorausgesetzt euch stören die vielen Mücken in der Höhle nicht, die sich bestimmt darauf freuen, euch kennenzulernen. Von der Anton-Völkel-Grotte kehrt ihr zum Weg zurück und folgt diesem nach rechts unten, wo er nach rechts wieder in den vom Pendolino-Weg flankierten Blauen Punkt mündet. Der Weg schwingt nach rechts und trägt euch vor die monströs im Hang klaffende Breitensteiner Bäuerin. Die zwei Einstiege der tiefen Schachthöhle muten wie alles verschlingende, direkt in den Hades führende Abgründe an. Gut, dass die Höhlenränder mit einem Geländer gesichert sind. Doch wer weiß, vielleicht geht die echte Bedrohung gar nicht von der Höhle selbst

22

aus. Vielleicht treibt sich deren verfluchte Namensgeberin ganz in der Nähe herum. Wenn ihr also eine alte Bauersfrau umherstreifen seht, sprecht sie besser nicht an, wenn ihr heute noch euer nächstes Ziel, die Maximiliansgrotte erreichen wollt.

Über die Schlieraukapelle zur Maximiliansgrotte Von der Breitensteiner Bäuerin folgt ihr dem Blauen Punkt auf dem schönen, sich elegant nach links unten schwingenden Weg bis zu einer Weggabelung. Nach rechts gelangt ihr mit dem Blauen Punkt bald an die Straße. Ihr wandert mit eurem Wanderzeichen etwa 200 Meter nach links an der Straße entlang und kehrt dann wieder nach rechts in den Wald zurück. Dort weist euch der Blaue Punkt den Weg bergan. Zu Beginn noch gemäßigt, dann nach links, fordert euch der Blaue Punkt kurz vor der Überquerung eines Schotterwegs mit einer ordentlichen Steigung und wiederholt diese fast schon alpin anmutende Offensive hinter dem Schotterweg, um euch den Atem zu nehmen. Weiter oben, wo sich der Wald durch Abholzung gelichtet hat, lohnt sich ein Blick über die Schulter in die Ferne. Dort erkennt ihr die Burg Veldenstein in Neuhaus und werdet euch bewusst, dass ihr heute schon einiges an Distanz zurückgelegt habt. Noch ein kleines Stück und ihr habt den Aufstieg geschafft. Nach links wandert ihr auf schönem Weg wieder etwas bergab und erreicht eine Einmündung. Hier verlasst ihr den Blauen Punkt und wechselt nach links auf den Gelben Punkt auf Weißem Grund. Diesem folgt ihr bald darauf an einer weiteren Einmündung nach links unten in eine geschotterte Waldstraße. Nun könnt ihr euch mit dem Gelben Punkt einfach bis zur Schlieraukapelle treiben lassen. Meist geht es sanft bergab. Waldautobahn, Wald- und Feldwege wechseln einander ab. Ein herrliches Stück für gepflegte Kommunikation oder einfach

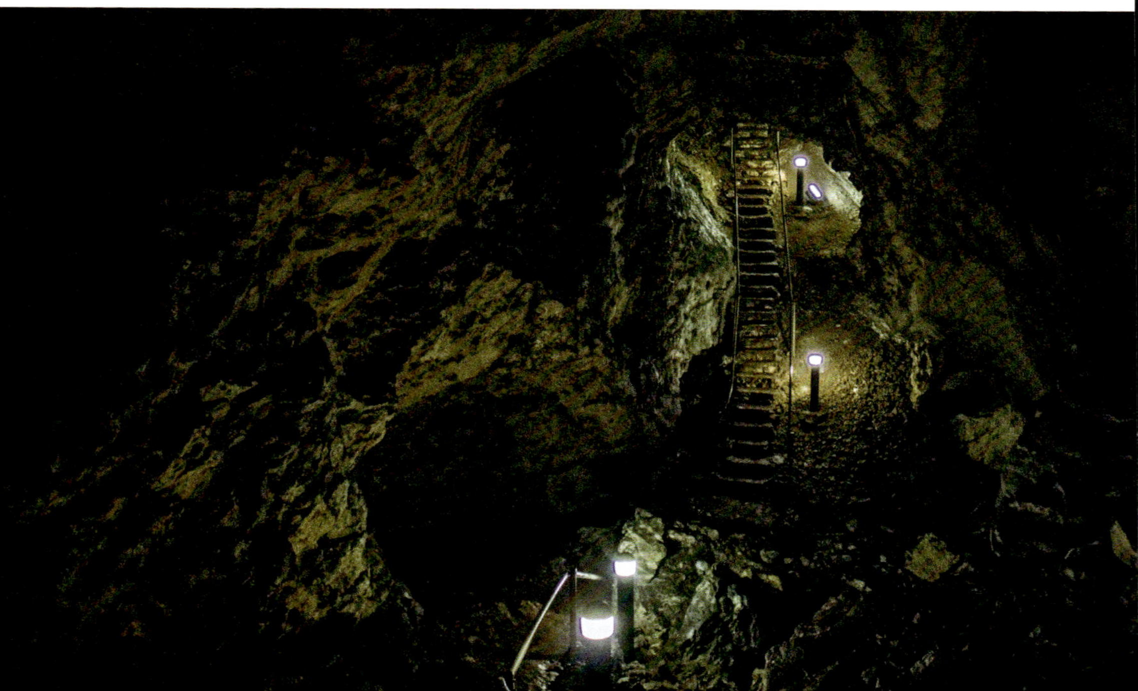

In der Maximiliansgrotte

nur mal zum Genießen, und um entspannt zu schlendern. An der kleinen, malerisch in einer Senke gelegenen Schlieraukapelle kündet eine Infotafel von den schrecklichen Ereignissen während und nach der im Rahmen des Spanischen Erbfolgekriegs geschlagenen Schlacht bei Krottensee.

Was euch die Tafel nicht verrät, ist, dass die kaiserlichen und Nürnberger Truppen vorher noch die Festung Rothenberg sowie die Burg Hartenstein belagert und erobert hatten. Den Nürnbergern waren die bayerischen Befestigungen mitten im Nürnberger Land schon lange unangenehm aufgestoßen.

An der Schlieraukapelle wechselt ihr wieder auf den Grünen Punkt auf Weißem Grund, das Zeichen des Karstkundlichen Pfads, der euch von hier bis zum Ende der Wanderung begleiten wird. Euer nächstes Ziel, die Maximiliansgrotte, ist bereits angeschrieben. Der Grüne Punkt führt euch auf dem Schotterweg bis vor eine Wandertafel und von dort nach rechts, den Hang hinauf. Oben erreicht ihr die Krottenseer Allee und biegt, dem parallel zur Straße verlaufenden und von Bäumen flankierten Fußweg auf der gegenüberliegenden Seite folgend, nach rechts oben ab.

Wenn die Straße nach links abzweigt, haltet ihr euch mit dem Grünen Punkt geradeaus und wandert nach oben dem Wald entgegen, der euch wohltuend kühl aufnimmt. Im Wald geht es noch ein wenig bergauf und bei der nächsten Gelegenheit mit eurem Wanderzeichen nach links. Dieser Pfad führt euch vorbei an dem engen, direkt am Wegesrand liegenden Einstieg des Kleinen Zinnbergschachts und an das Windloch der Maximiliansgrotte.

Hier wurden nach der Schlacht bei Krottensee mehrere tote bayerische Soldaten samt ihren Uniformen und Habseligkeiten hinabgeworfen und eingesegnet. Vermutlich, um sich zeitaufwendige Erdbestattungen zu ersparen. Ein schreckliches Ende für die Männer, die für das Streben einiger Mächtiger ihr Leben lassen mussten.
Lange zuvor, im Dreißigjährigen Krieg, verbargen die Bauern der Umgebung dort unten ihre Familien sowie ihre Habe vor umherstreifenden Soldaten und Söldnern. Sie ließen ihre Liebsten an Seilen in das Windloch hinunter, denn einen anderen Zugang zur Höhle gab es damals noch nicht. Der heutige Eingang wurde erst mehr als 200 Jahre später aufgebrochen.
Heute ist das Windloch mit einem Geländer und einem Gitter gesichert. Das war leider nicht immer so. Vor fast 200 Jahren stürzte die geistig verwirrte Wirtsfrau Anna Maria Friedl in das furchterregend tiefe Windloch. Fünf Tage lang suchten ihre Verwandten die Vermisste vergebens. Erst am sechsten Tag drangen ihre verzweifelten, erschöpften Rufe aus dem Windloch an die Ohren der Suchmannschaft, sodass es diesen gelang, die alte Friedl zu retten. Beim Sturz soll sie auf den Gebeinen und somit in dem Wust der alten Uniformen der vormals dort unten bestatteten Soldaten halbwegs weich gelandet sein und dadurch

überlebt haben. Und dies war nicht das einzige Wundersame. Sogar ihr verwirrter Geist soll sich während der fünf Tage in der Dunkelheit wieder geklärt haben.

Vom Windloch aus umrundet der Grüne Punkt den Zinnberg auf teilweise mit Geländer gesichertem Weg nach rechts. Er trägt euch zuletzt über einige Stufen hinunter vor das mit Fachwerk geschmückte Kassenhaus und den spartanischen Eingang der spannenden Maximiliansgrotte, um die sich zahlreiche Geschichten ranken.

Neben den erwähnten Begebenheiten diente die Höhle bereits vor etwa 400 Jahren dem Kurfürsten Friedrich IV. von der Pfalz als kuriose Einnahmequelle. Nachdem andere Versuche, aus dem Höhleninneren Profit zu schlagen, gescheitert waren, ließ er Wasser aus der Höhle fördern und verkaufte es wundergläubigen Menschen als Heilmittel. Ihren heutigen Namen erhielt sie erst 1853 in Gedenken an Maximilian II. von Bayern. Und dabei ist die Maximiliansgrotte schon 100 Millionen Jahre alt – also sogar älter als die Dinosaurier. Die Massen an Tropfsteinen scheinen an den Decken und Wänden regelrecht entlang zu fließen und schaffen so eine fantastisch anmutende Höhlenwelt, in der Form und Zeit miteinander verschmelzen. Hinzu kommt, dass die Maximiliansgrotte den mit sechs Metern Höhe größten Tropfstein Deutschlands – den „Eisberg" – beherbergt. Ein Besuch ist also absolut empfehlenswert.

Zur Weissingkuppe Von der Maximiliansgrotte trägt euch der Grüne Punkt Richtung Weissingkuppe und Steinerne Stadt schon nach wenigen Metern vor ein beachtliches Felsmassiv. Ein kaum erkennbarer Trampelpfad zweigt vom Wanderweg ab und verschwindet, nach oben fliehend, zwischen den der Formation vorgelagerten Felsbrocken. Der gewölbte Überhang scheint euch im Wald, der noch viele weitere Felsenwunder für euch bereithält, willkommen zu heißen.

Das folgende Wegstück überrascht euch mit mehreren matschigen Passagen, die gefühlt drei Viertel des Jahres die Oberhand behalten. Mittlerweile bieten rechts und links des Matschweges immer wieder alternative Trampelpfade Gelegenheit, dieses Stück halbwegs sauberen Schuhs zu meistern. Dahinter überquert ihr mit eurem Wanderzeichen eine Waldautobahn und erklimmt schon 100 Meter weiter über eine sich romantisch nach rechts in den Fels windende Treppe das Massiv der Weissingkuppe. Diese ist ein ehemaliges Schwammriff, das hauptsächlich aus den Skeletten von Kieselschwämmen besteht. Es ist immer wieder faszinierend, sich vorzustellen, dass man auf dem ehemaligen Meeresgrund des Jurameers umherwandert. Vorbei geht es an einem echten Naturwunder. Ein gewaltiger, bauchiger Felsen wird, gleich einem riesigen Pilz, nur von einem kleinen, ausgespülten Stück Stein getragen und in Balance gehalten. Unwillkürlich möchte man bei diesem Anblick Reißaus nehmen. Wer weiß, wie lange der Fels noch an Ort und Stelle bleiben wird? Dahinter durchquert ihr eine kurze, mit Moos und Farnen dekorierte Klamm, nach der ihr mit dem Weg nach links schwingt und durch eine enge Schlucht über ein paar Stufen hinaus aus dem Massiv der Weissingkuppe gelangt.

In die Steinerne Stadt Der Grüne Punkt führt euch ein wenig hinauf und oberhalb einer langen Klippe entlang. Geradezu schwindelerregend kann der Blick in die Tiefe sein. Bald schwenkt der Weg über in den Fels gehauene Stufen nach rechts unten und nimmt euch mit an den Fuß der soeben noch von oben bewunderten Klippen. Wie steil die gewaltigen und zerklüfteten Felswände nach unten stürzen. Und mittendrin formen sich kleine Höhlen und Felsentore aus der grauen Mauer. Doch denkt daran, immer erst stehen zu bleiben und euch dann an dem ehrfurchtgebietenden Anblick zu weiden. Denn die Steine und Wurzeln im Waldboden spielen euch nur zu gerne garstige Stolperstreiche, wenn ihr ihnen nicht die gebührende Aufmerksamkeit schenkt. Schließlich leitet euch euer Wanderzeichen über eine Treppe und ein steiles Wegstück hinunter und nach links in einen breiten, erneut von Matschbegeisterung beseelten Fahrweg. Auch hier gönnt ein am linken Rand des Fahrwegs entlang führender Trampelpfad euren Schuhen einen Rest Unversehrtheit. Bald mündet der Matschweg nach links in eine Waldautobahn. An der nächsten Einmündung haltet ihr euch kurz links und zweigt dann mit dem Grünen Punkt nach rechts in einen deutlich schöneren Waldweg ab. Bald überquert ihr eine weitere Waldstraße und zweigt kurz darauf mit eurem Wanderzeichen nach links oben ab. Über einen von Wurzeln durchdrungenen Pfad steigt ihr steil hinauf und dem ersten Felsen der Steinernen Stadt entgegen, dem sogenannten „Spitzen Turm".

In der Steinernen Stadt

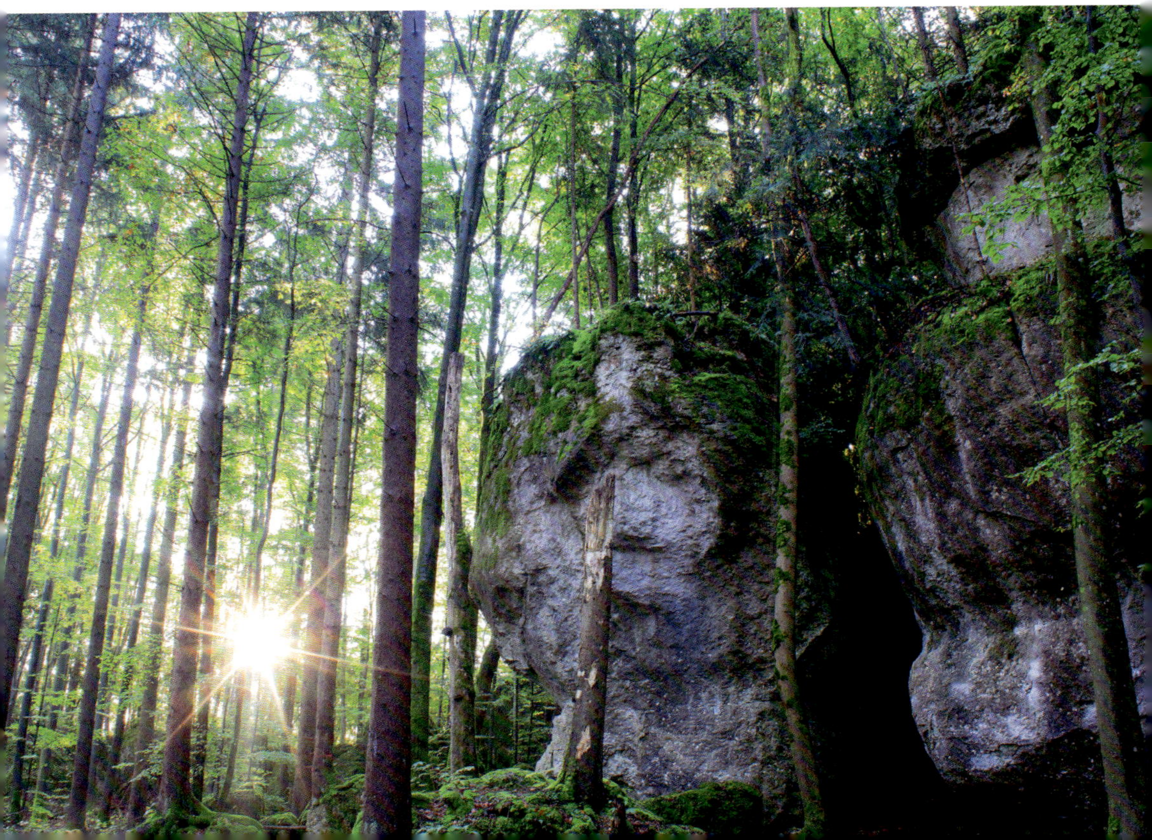

22

Riesig, gewaltig, grandios, spektakulär – all diese Worte kommen einem in den Sinn, wenn man nach den Eindrücken gefragt wird, die man aus der Steinernen Stadt mitgenommen hat. Vom „Spitzen Turm" geht es noch ein wenig hinauf. Dann könnt ihr entweder dem Grünen Punkt, vorbei an dem steinernen Gesicht des Waldgeistes, über eine natürliche Stufe geradeaus folgen. Oder ihr geht ein Stück nach links und biegt dann nach rechts in eine enge und hohe, das Sonnenlicht nahezu verschlingende Schlucht ein. Beide Wege führen euch in den geräumigen Innenhof der Steinernen Stadt. Oder sollte man besser sagen, auf den Marktplatz? Denn hier tobt das pralle Leben. Und damit sind nicht nur die vielen Wanderer und Kletterer gemeint, die diesen Ort an sonnigen Wochenenden bevölkern, sondern ebenso die vielen unterschiedlich geformten Felsformationen. Dominiert wird der Platz von den „Zwei Brüdern", zwei miteinander seit Urzeiten verwachsenen Felsenpilzen, die ein einzigartiges Naturschauspiel darstellen. Doch auch sonst überschwemmt dieser Ort eure Sinne mit faszinierenden Ansichten. Felsen, aufeinandergestapelt, als hätten Riesen sie einst als Baustein benutzt. Bizarre Türme, die miteinander an verschiedenen Stellen verwachsen zu sein scheinen. Schluchten und Spalten entzweien Steingiganten, zwischen denen ihr traumwandlerisch umherstreift.

Zur Ape-Index-Grotte Der Grüne Punkt führt euch vom großen Innenhof vorbei an weiteren, fantastischen Felsgebilden und umrundet das Massiv nach links. Es geht ein wenig hinauf. Dann zweigt ein Pfad nach links zur „Schönen Aussicht" ab. Der Aussichtspunkt ist leider zugewachsen. Doch die Felsen auf dem Weg dorthin begeistern. Allen voran eine ausgewaschene Felswand, die sich gleich einer brechenden Welle über den schmalen Pfad wölbt. Ihr kehrt zum Weg zurück und folgt eurem Wanderzeichen nach rechts. Am Ende verabschiedet euch linker Hand der „Waldkopf" mit seinem heftigen Überhang aus der Steinernen Stadt. Dahinter geht es geradeaus steil bergab und hinunter in ein erneut von

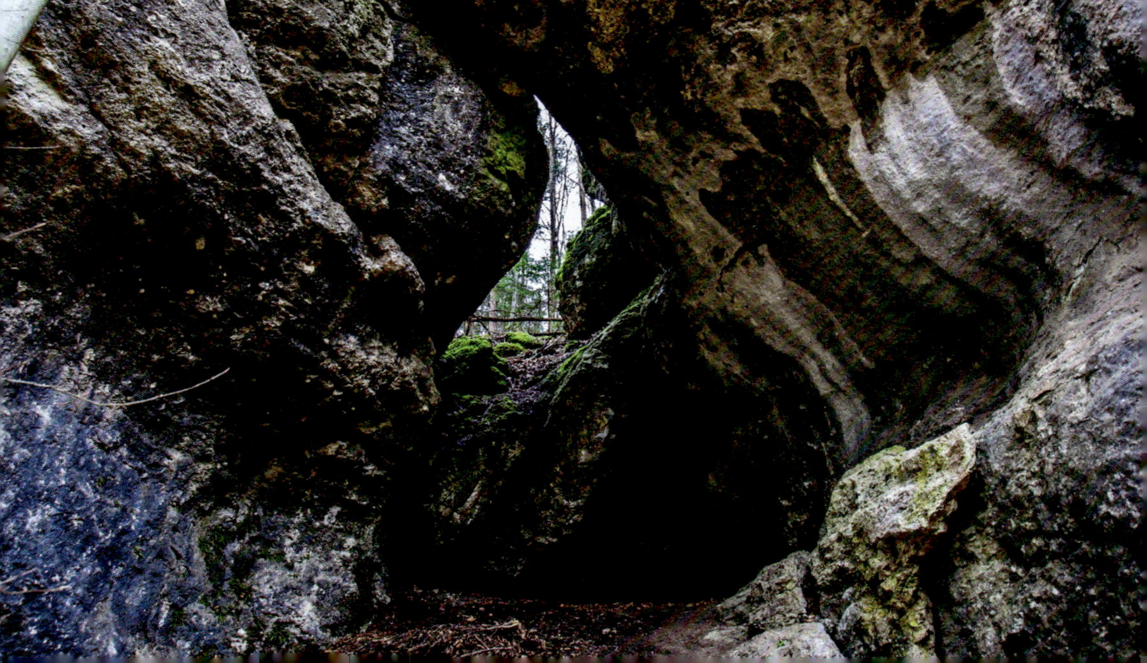

Das verborgene Felsentor der Ape-Index-Grotte

Felsen eingerahmtes Tal, in dem abermals der Matsch regiert. Beim Weg aus dem Tal nach oben heißt es aufpassen: Der Anstieg führt zuerst nach links hinauf und biegt dann nach rechts ab. In dieser Rechtskurve zweigt vom markierten Weg ein kaum erkennbarer Pfad nach links ab. Auf diesem gelangt ihr über Totholz hinweg und dann steil und anspruchsvoll nach oben vor das beeindruckende Felsentor der Ape-Index-Grotte. So lautet zumindest ihr Klettername. Unabhängig vom Namen fasziniert diese Grotte mit den in der Mitte herabgestürzten Felsen und entfaltet einen außergewöhnlich düsteren Zauber.

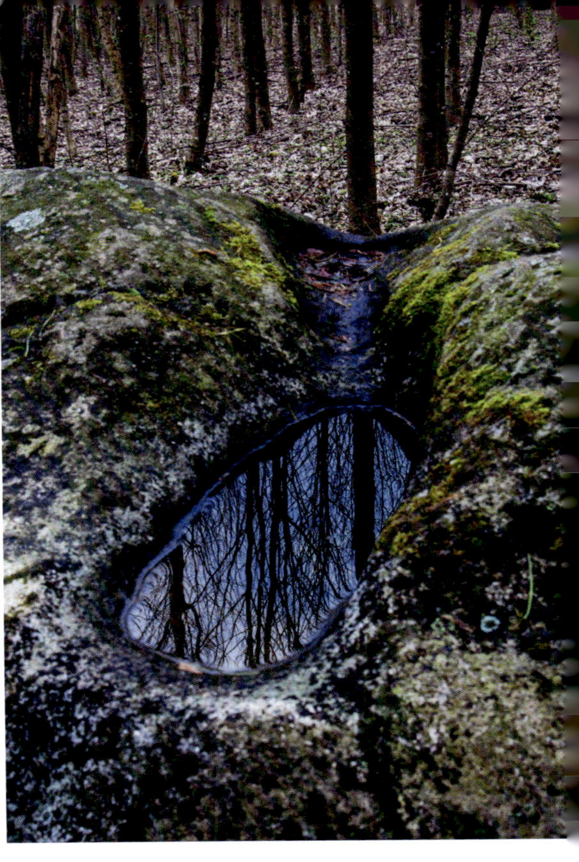

Einer der Opfersteine

Zur Vogelherdgrotte Es erwartet euch das letzte große Highlight der Wanderung. Von der Ape-Index-Grotte kehrt ihr zum Wanderweg zurück und mündet nach links oben in eine Waldstraße, der ihr mit dem Grünen Punkt Richtung Vogelherdgrotte nach rechts folgt. Nach 400 Metern zweigt ihr an einer Kreuzung mit eurem Wanderzeichen nach links oben ab. Ein letzter fordernder Anstieg führt euch über den freigelegten Hang hinauf zur großartigen Durchgangshöhle der Vogelherdgrotte. Besonders imponiert die Höhe der Felsenhalle, die durch die beiden Eingänge dämmrig beleuchtet wird. Dreht euch nach dem Verlassen der Durchgangshöhle immer wieder mal um. Von der anderen Seite weiß ihr Anblick mindestens genauso zu begeistern.

Vorbei an den Opfersteinen zurück nach Neuhaus Hinter der Vogelherdgrotte informiert euch eine Wandertafel darüber, dass es mit dem Grünen Punkt noch 3,9 Kilometer bis Neuhaus sind. Auch der Rückweg ist hervorragend mit dem Wanderzeichen des Karstkundlichen Pfads ausgeschildert. Kurz darauf haltet ihr euch an einer Weggabelung mit dem Grünen Punkt rechts. Er trägt euch auf die Ebene und nach links zur Straße hinüber, der ihr nach rechts unten folgt. Nach 300 Metern zweigt ihr von der Straße für einen Abstecher zu den Opfersteinen nach rechts und sofort wieder nach links ab. Dort liegen sie, die beiden als Kallmünzer bezeichneten Felsen mit ihren natürlich erklärbaren Vertiefungen. Doch die Vorstellung, dass die schüsselartigen Wölbungen in vorgeschichtlicher Zeit als Opferschalen Verwendung fanden, ist einfach viel faszinierender als trockene wissenschaftliche Analysen.

Von den Opfersteinen kehrt ihr mit eurem Wanderzeichen zur Straße zurück und wandert auf dieser nach rechts. Bald zweigt ihr von der Straße nach rechts in einen Fahrweg ab und gleich darauf wieder nach rechts unten. Mit schönem Panoramablick gelangt ihr mit dem zuverlässig leitenden Grünen Punkt nach Krottensee, überquert dort die

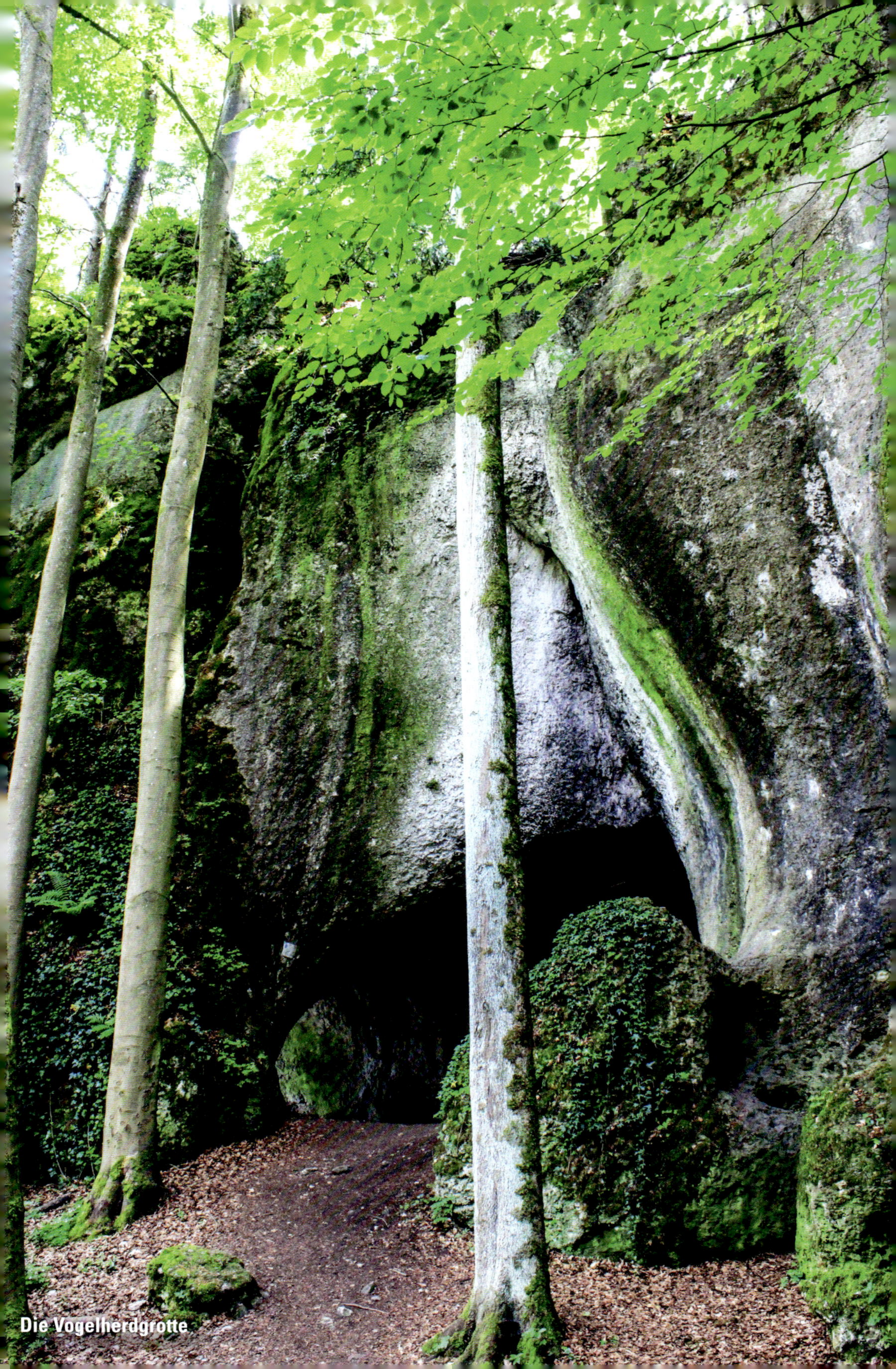
Die Vogelherdgrotte

Hauptstraße nach rechts, durchwandert mit dem präsenten Grünen Punkt das Wohngebiet und kehrt mit Blick auf Burg Veldenstein nach Neuhaus zurück. Kurz vor einer Eisenbahnbrücke biegt ihr mit dem Grünen Punkt links ab und erreicht das Ufer der Pegnitz, wo euch linker Hand die versprochenen Kneipp-Becken erwarten. Von dort folgt ihr einfach dem bekannten Weg mit dem Wanderzeichen des Karstkundlichen Pfads nach rechts zur Brücke und nach links über die Pegnitz zurück zum Bahnhof von Neuhaus, wo ihr eure Wanderung beendet.

Wissen für Angeber

Wie entstehen Tropfsteine? Durch oft winzige Spalten in der Höhlendecke gelangt Regenwasser ins Gestein, das auf seinem Weg nach unten Kalk löst und mitnimmt. An der Höhlendecke wird der Kalk teilweise abgegeben und bildet die nach unten weisenden Stalaktiten. Daran rinnt das Wasser entlang und tropft nach unten. Auf dem Boden wird erneut Kalk abgegeben und bildet so Schicht für Schicht Stalagmiten. Ein Tropfstein wächst durchschnittlich einen Zentimeter in eintausend Jahren.

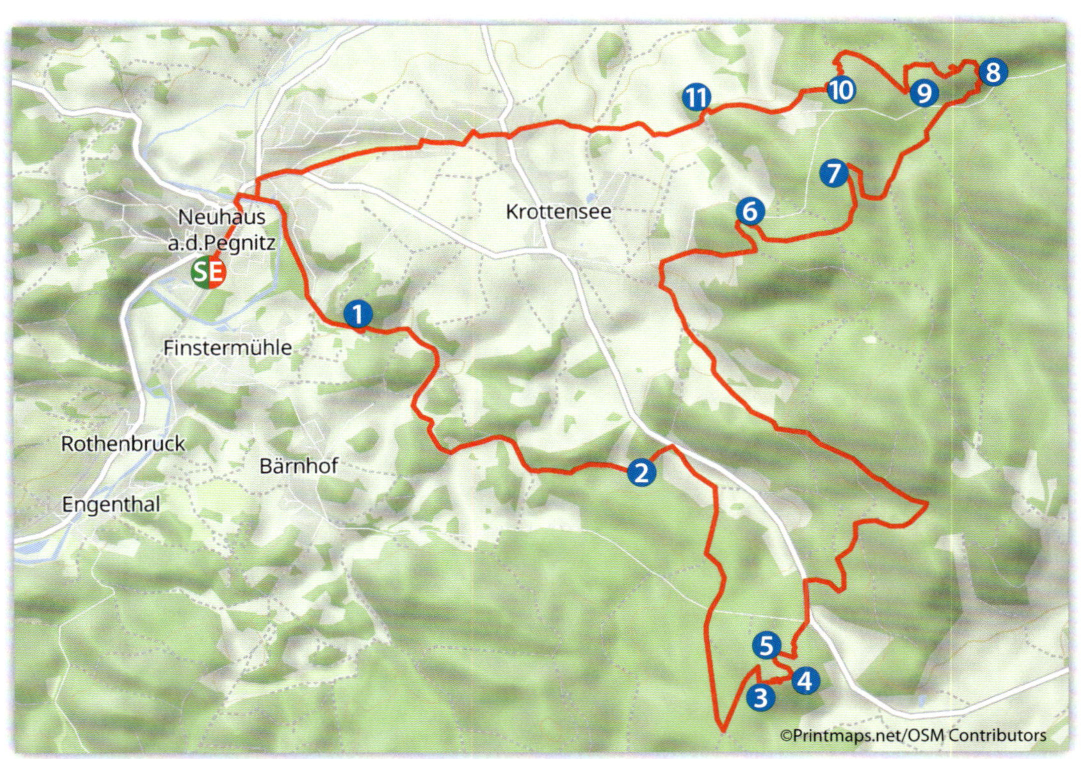

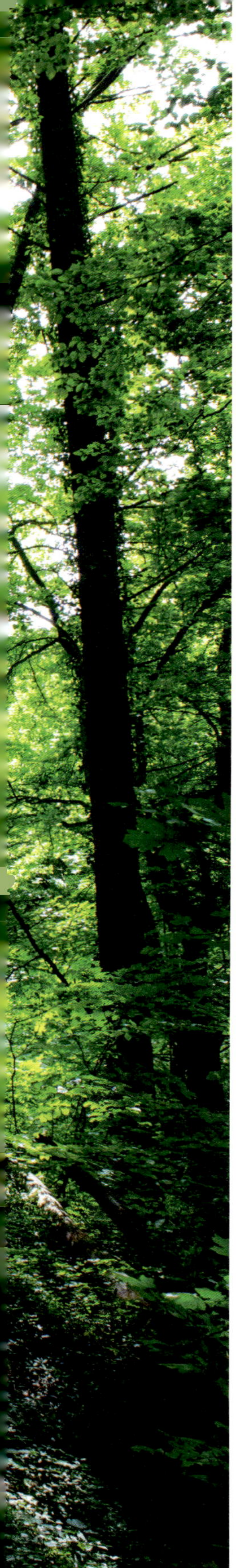

Danke an:

Meine Frau Simone –
für ihre Unterstützung und das „Rückenfreihalten"

Meinen (Wander-)Freunden Amir, Anne, Christoph, Günther, Hanno, Martina, Ralf und Thomas für ihre Geduld und Unterstützung beim Erkunden und Erwandern des Nürnberger Lands

Herrn Lambert Herrmann vom Fahner Verlag in Lauf a. d. Pegnitz –
für die Gelegenheit, mein zweites Buch zu veröffentlichen

Frau Yvonne Durmann – für das Lektorieren meiner Texte

Herrn Reinhard Dorn (Vinzenz) –
für das inspirierende Buch „Sagenhaft", die freundliche Unterstützung und die vielen zusätzlichen Informationen

Frau Dr. Ina Schönwald vom Stadtarchiv Lauf –
für die freundliche Unterstützung und die Kontrolle der historischen Fakten in „Tour 05 – Stadt, Land, Schlucht"

Frau Grünewald vom Stadtarchiv Lauf –
für die freundliche Unterstützung

Herr Jürgen Glassauer vom Heimatverein Schnaittach e.V. –
für die vielen Informationen, die Kontrolle der Sagen und Fakten zur Festung Rothenberg in „Tour 17 – Festungsmacht und Burgenglück" und die tolle Exklusiv-Führung auf der Festung Rothenberg

Herrn Ulrich Büscher vom Nürnberger Land Tourismus –
für die Beratung die Nahverkehrsanbindung betreffend

Herrn Stefan Pürner vom Felsenkeller Etzelwang –
für das schöne Gespräch und die Inspiration

Dem Autor und Heimatforscher Herrn Albert Geng –
für sein inspirierendes Lebenswerk und das angenehme Gespräch

Herrn Franz Lindenmayer –
für seine inspirierende Gestaltung der Internetseite www.lochstein.de

Herrn Sven König – für die vielen wertvollen Informationen zu den Felsenwundern unserer Heimat auf der Internetseite www.frankenjura.com

Herrn Rudolf Weber –
für die inspirierende Gestaltung seiner gleichnamigen Internetseite

Dem Gasthof Grottenhof –
für die inspirierende Gestaltung ihrer Internetseite

Den Caveseekers – für die inspirierende und humorvolle Gestaltung ihrer gleichnamigen Internetseite

Der Stadt Altdorf, der Stadt Hersbruck, der Stadt Lauf, der Stadt Velden, der Gemeinde Pommelsbrunn –
für die inspirierende Gestaltung ihrer Internetseiten

Der Gemeinde Burgthann und der Fördergemeinschaft Burg Burgthann e.V. – die sich seit vielen Jahren für den Erhalt der Burg Burgthann engagieren

Den Altstadtfreunden Lauf e.V. – die seit mehr als 40 Jahren Kultur und Denkmalpflege in Lauf an der Pegnitz fördern

Dem Künstler Herrn Peter Paul Kraus –
für die großartige Gestaltung des Baumbilderwegs bei Osternohe

Dem Künstler Herrn Peter Kuschel –
für die immer wieder ein Lächeln ins Gesicht zaubernde Gestaltung des Oiersingerbrunnens in Etzelwang

Der Dokumentationsstätte KZ Hersbruck e.V. –
für ihr Engagement wider das Vergessen

Dem Fränkischen Albverein e.V. –
für die Pflege und die Beschilderung der Wanderwege, dank derer Wanderer im Nürnberger Land immer den richtigen Weg finden

Dem Deutschen Alpenverein e.V. –
für die Pflege und Beschilderung der Wanderwege

Dem Naturschutzzentrum Wengleinpark e.V. –
für die Pflege des Wengleinparks

Den Naturfreunden Ortsgruppe Lauf e.V.,
Ortsgruppe Hersbruck e.V., Ortsgruppe Pommelsbrunn e.V.

Dem Naturpark Fränkische Schweiz – Frankenjura

Sollte ich jemanden vergessen haben, bitte ich dies zu entschuldigen. Wenn Sie dem Fahner-Verlag eine E-Mail schicken, wird Ihr Name nach Prüfung gerne in der Folgeauflage erwähnt.

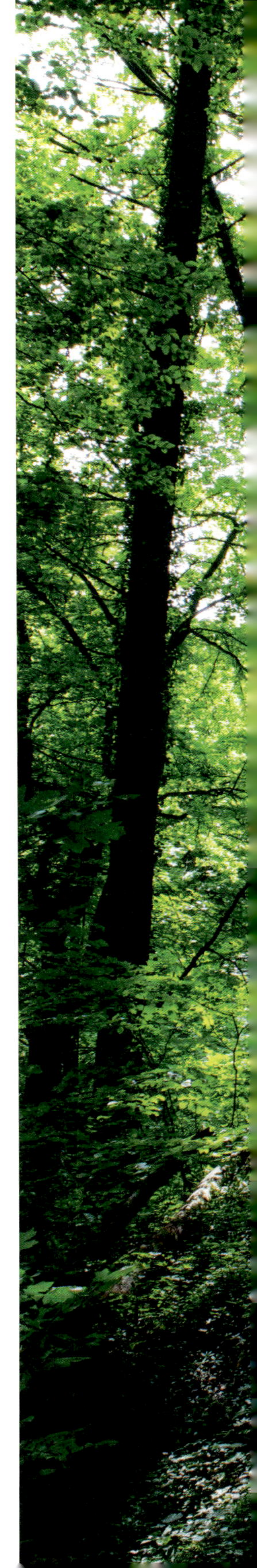

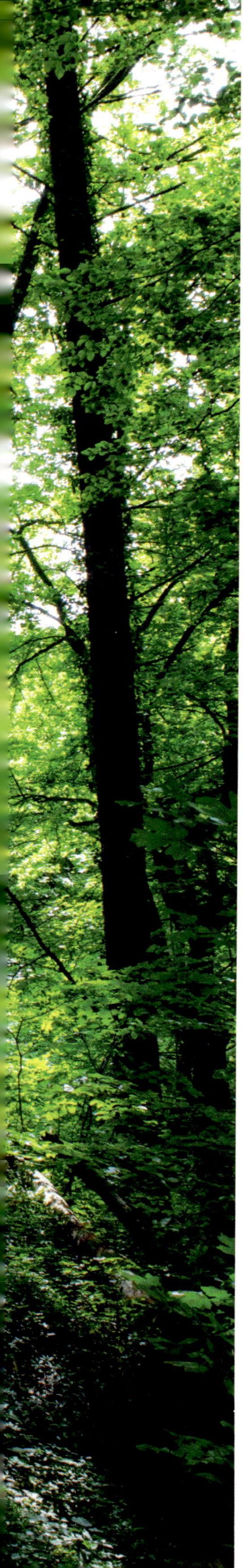

Literatur:

Auer, Horst M.: Fundort Geschichte Franken. Erste Auflage. ars vivendi verlag GmbH & Co. KG. Cadolzburg, 2014.

Auer, Horst M.: Fundort Geschichte Franken Band 2. Erste Auflage. ars vivendi verlag GmbH & Co. KG. Cadolzburg, 2015.

Auer, Horst M.: Fundort Natur – Naturdenkmäler zwischen Fränkischer Schweiz und Altmühltal. Vierte, überarbeitete und aktualisierte Neuauflage. ars vivendi verlag GmbH & Co. KG. Cadolzburg, 2013.

Bertelsmann, Reinhard Mohn OHG, Gütersloh (Hrsg.): Die Großen Ereignisse der Weltgeschichte. Lizenzausgabe für die Europäische Bildungsgemeinschaft Verlags-GmbH, Stuttgart die Buchgemeinschaft Donauland Kremayr & Scheriau, Wien und die Deutsche Buch-Gemeinschaft C. A. Koch's Verlag Nachf., Berlin-Darmstadt-Wien. Bertelsmann, Reinhard Mohn OHG. Gütersloh, 1980.

Böck, Emmi: Sagen aus Mittelfranken. Hofmann Druck Nürnberg, 1995.

Böck, Emmi: Sagen aus der Oberpfalz. Verlag Friedrich Pustet. Regensburg, 1986.

Bräunlein, Peter J.: Die Schwarzen Führer - Franken. Zweite, überarbeitete und neugestaltete Ausgabe, Eulen Verlag Harald Gläser, Freiburg i. Br., 1996.

Dippold, Günter: Kleine Geschichte Oberfrankens. Verlag Friedrich Pustet. Regensburg, 2020.

Dorn, Reinhard „Vinzenz": Sagenhaft. Pfeiffer Verlag. Hersbruck, 2011.

Geng, Albert: Wandern im Nürnberger Land. Pfeiffer Verlag und Medienservice. Hersbruck, 2011.

Geng, Albert: Wandern mit Kindern im Nürnberger Land. Pfeiffer Verlag und Medienservice. Hersbruck, 2012.

Hinse, Hubertus und Lauerer, Toni: Sagen aus der Oberpfalz. 2. Auflage. MZ-Buchverlag in der Battenberg Gietl Verlag GmbH, Regenstauf, 2020.

Haus der Bayerischen Geschichte: Nürnberger Land. Verlag Friedrich Pustet. Regensburg, 2014.

Herrmann, Friedrich: Höhlen der Fränkischen und Hersbrucker Schweiz. Verlag Friedrich Pustet. Regensburg, 1980.

Kniess, Michael und Wilkes, Johannes: Nürnberger Land. ars vivendi verlag GmbH & Co. KG. Cadolzburg, 2020.

Kohl, Friedrich: Wie's damals war. Land und Leute zwischen Pegnitz und Schwarzach. 3. erweiterte Auflage. Karl Pfeiffer's Buchdruckerei und Verlag. Hersbruck, 1993.

Kriegelstein, Alfred: Sagen, Legenden, Geschichten aus Mittelfranken. 2. Auflage. Delp'sche Verlagsbuchhandlung, München und Bad Windsheim, 1983.

Lipsky, Gisela und Ullmann, Gaby: Fundort Sagen und Legenden in Franken. Zweite, überarbeitete und aktualisierte Neuauflage. ars vivendi verlag GmbH & Co. KG. Cadolzburg, 2015.

Metzger, Frank: Kleine Geschichte Mittelfrankens. Verlag Friedrich Pustet. Regensburg, 2020.

Nürnberger Land Tourismus (Hrsg.): Wanderparadies Nürnberger Land Erleben. Nürnberger Land Tourismus.

Pfeiffer, Eckhardt (Hrsg.) Nuernberger Land. Karl Pfeiffer's Buchdruckerei und Verlag, 1982.

Gaede, Peter-Matthias (Hrsg.): Geo Epoche Nr. 47 – Die Kelten. Gruner + Jahr AG & Co. KG. Druck- und Verlagshaus, 2011.

Naturalis Verlag, München/Köln (Hrsg.): Weltgschichte – Eine Chronik. Naturalis Verlag. München/Köln, 1988.

Reichhardt, Hans: Was Ist Was Band 67 – Die Völkerwanderung. Tessloff Verlag. Hamburg, 1982.

Reichhardt, Hans: Was Ist Was Band 62 – Die Germanen. Tessloff Verlag. Hamburg, 1978.

Röker, Urlich und Harald: Franken 2 Kletterführer – Nördlicher Frankenjura Band 2 Volume 2. 3. Auflage. Gebro Verlag. Immenstadt, 2020.

Schönwald, Dr. Ina: Was machte Kaiser Karl IV. in Lauf? Fahner Verlag. Lauf, 2014.

Schönwald, Dr. Ina: Laufer Häuserpersönlichkeiten erzählen. Lauf a.d. Pegnitz, 2021.

Schwarm, Anna und Martin: Der Ausflugs-Verführer Hersbrucker Schweiz. Zweite und aktualisierte Auflage. ars vivendi verlag GmbH & Co. KG. Cadolzburg, 2020,

Sebald, Hans: Hexen damals und heute. Sonderausgabe für Gondrom Verlag GmbH & Co. KG, Bindlach. 1993. © 1987 Umschau Verlag Breidenstein GmbH. Frankfurt am Main.

Seibold, Hanns: Sagen aus der Nürnberger Landschaft. Karl Pfeiffer's Buchdruckerei und Verlag. Hersbruck, 1955.

Seidl, Helmut A.: Nürnberger Tand geht durchs ganze Land. Verlag Friedrich Pustet. Regensburg, 2012.

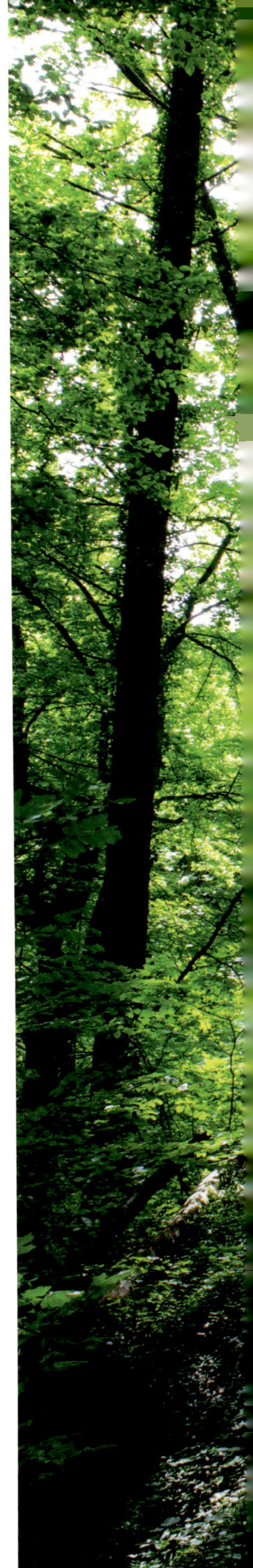

Impressum

Alexander Pavel: Wandern im sagenhaften Nürnberger Land
Tourenplanung, Recherche, Fotos, Texte und GPS-Daten:
Alexander Pavel
Foto vom Autor: Christoph Jadanowski
Kartenmaterial: ©Printmaps.net/OSM Contributors
Illustrationen: Linda Durmann
Lektorat: Yvonne Durmann
Gestaltung und Satz: Frank Siebenkäß
Druck und Bindearbeiten: Scandinavianbooks

Die Deutsche Nationalbibliothek verzeichnet diese Publikation in der Deutschen Nationalbibliografie; detaillierte bibliografische Daten sind im Internet über http://dnb.d-nb.de abrufbar.

1. Auflage 2022

Nürnberger Str. 19
91207 Lauf a. d. Pegnitz

ISBN 978-3-942251-64-8

Korrekturvorschläge und Anmerkungen bitte direkt an
buchverlag@fahnermedien.de

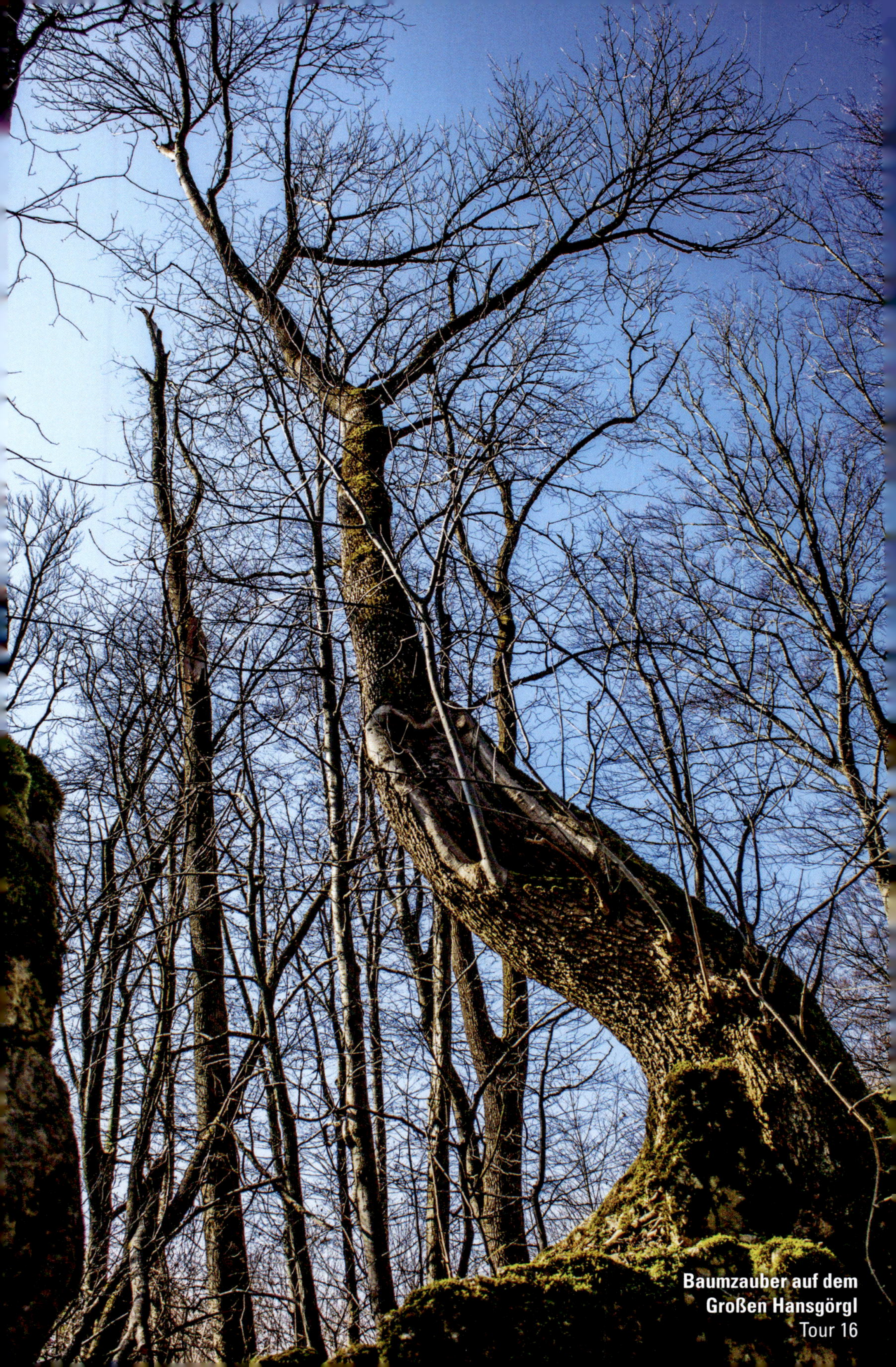

Baumzauber auf dem Großen Hansgörgl
Tour 16

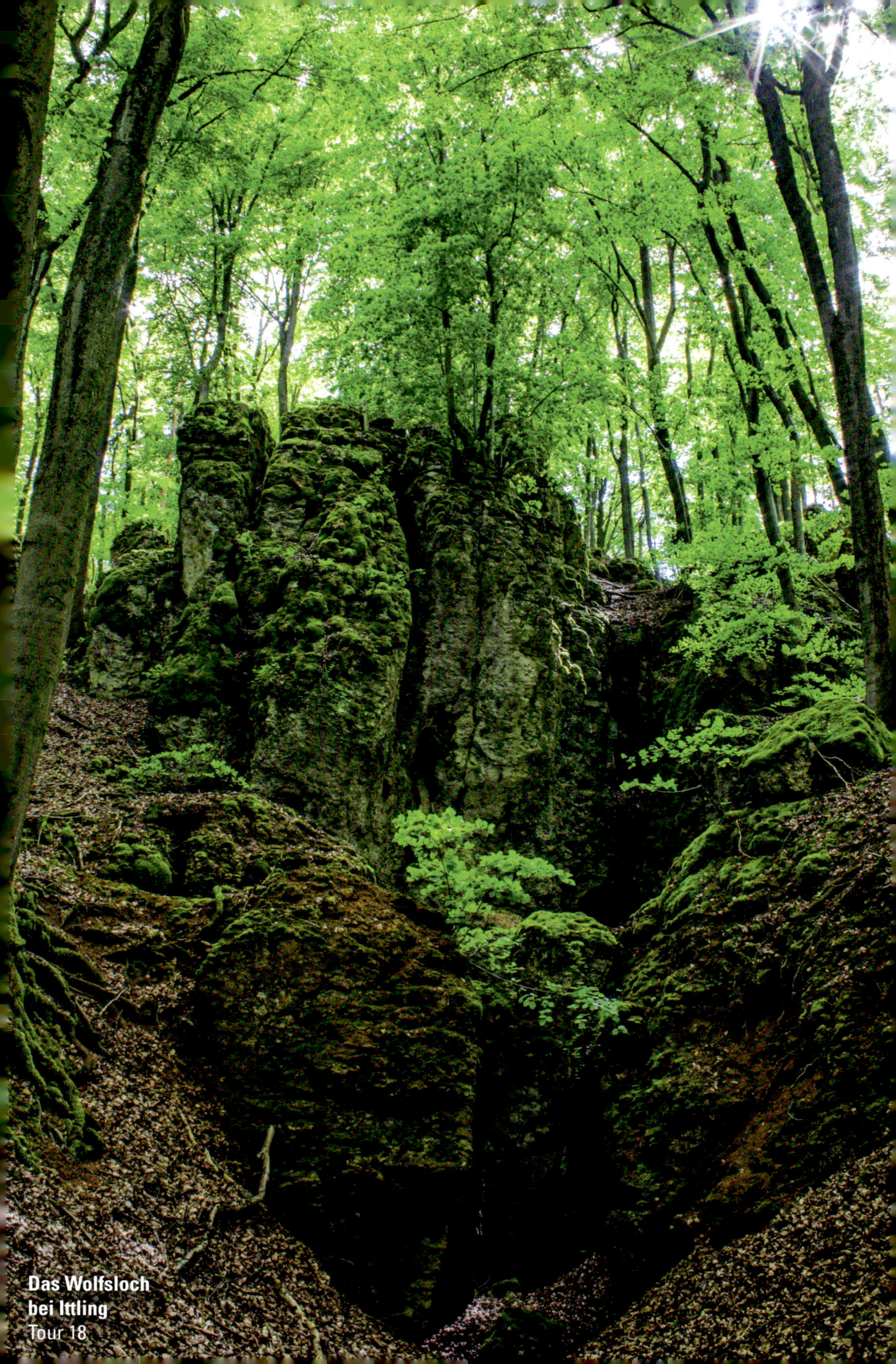

Das Wolfsloch bei Ittling
Tour 18